当代中国马克思主义政治经济学丛书
总主编：逄锦聚

奋斗与创新
——新中国经济理论与实践70年

逄锦聚　刘凤义　景维民　何自力　周云波　等著

中国财经出版传媒集团

经济科学出版社
Economic Science Press

图书在版编目（CIP）数据

奋斗与创新：新中国经济理论与实践70年/逄锦聚等著．
—北京：经济科学出版社，2019.10
ISBN 978-7-5141-9688-7

Ⅰ.①奋… Ⅱ.①逄… Ⅲ.①中国经济-经济理论-研究 Ⅳ.①F12

中国版本图书馆CIP数据核字（2019）第241341号

责任编辑：于海汛　于　源
责任校对：蒋子明
责任印制：李　鹏

奋斗与创新
——新中国经济理论与实践70年

逄锦聚　刘凤义　景维民　何自力　周云波　等著
经济科学出版社出版、发行　新华书店经销
社址：北京市海淀区阜成路甲28号　邮编：100142
总编部电话：010-88191217　发行部电话：010-88191522
网址：www.esp.com.cn
电子邮件：esp@esp.com.cn
天猫网店：经济科学出版社旗舰店
网址：http://jjkxcbs.tmall.com
北京季蜂印刷有限公司印装
710×1000　16开　27.25印张　500000字
2019年12月第1版　2019年12月第1次印刷
ISBN 978-7-5141-9688-7　定价：86.00元
（图书出现印装问题，本社负责调换。电话：010-88191510）
（版权所有　侵权必究　打击盗版　举报热线：010-88191661
QQ：2242791300　营销中心电话：010-88191537
电子邮箱：dbts@esp.com.cn）

中国特色社会主义经济建设协同创新中心成果
南开大学政治经济学研究中心成果
教育部哲学社会科学重大课题攻关项目成果
项目批准号：16JZD005

丛书总前言

习近平同志在 2016 年 5 月 17 日召开的哲学社会科学工作座谈会上强调：我国哲学社会科学的一项重要任务就是继续推进马克思主义中国化、时代化、大众化，继续发展 21 世纪马克思主义、当代中国马克思主义。① 在庆祝中国共产党成立 95 周年大会上的讲话中又提出：我们要以更加宽阔的眼界审视马克思主义在当代发展的现实基础和实践需要，坚持问题导向，坚持以我们正在做的事情为中心，聆听时代声音，更加深入地推动马克思主义同当代中国发展的具体实际相结合，不断开辟 21 世纪马克思主义发展新境界，让当代中国马克思主义放射出更加灿烂的真理光芒。②

发展 21 世纪马克思主义、开辟 21 世纪马克思主义新境界，是哲学社会科学的重要任务。政治经济学是马克思主义的重要组成部分，应该为发展 21 世纪马克思主义，开辟 21 世纪马克思主义新境界做出新贡献。基于这样的认识，在中国特色社会主义经济建设协同创新中心和教育部人文社会科学重点研究基地南开大学政治经济学研究中心的支持下，自 2014 年开始我组织国内一些学者开展中国特色社会主义政治经济学研究、当代中国马克思主义政治经济学研究、开辟 21 世纪马克思主义政治经济学新境界研究，形成一批成果。本丛书将在"当代中国马克思主义政治经济学"旗帜下，陆续出版这些成果。

逄锦聚

---

① 习近平：《在哲学社会科学工作座谈会上的讲话》，载于《人民日报》2016 年 5 月 19 日。
② 习近平：《在庆祝中国共产党成立 95 周年大会上的讲话》，载于《人民日报》2016 年 7 月 2 日。

前　言

辉煌历程　宝贵经验

2019 年是新中国成立 70 周年。70 年，在历史的长河中，弹指一挥间，但我们的国家不仅成功进行了社会主义革命，确立了社会主义制度，而且大规模开展经济建设，全面深化改革开放，着力经济发展和人民生活改善，开创了中国特色社会主义伟大事业，开辟了中国特色社会主义新时代，使近代以来久经磨难的中华民族迎来了从站起来、富起来到强起来的伟大飞跃，迎来了实现中华民族伟大复兴的光明前景。

新中国取得辉煌成就的原因和经验可以从不同角度进行总结，但归根结底，中国共产党领导全国人民勠力奋斗，改革开放，不断开辟社会主义新境界，是最根本的一条。

作为理论工作者，对新中国成立最好的庆祝，就是总结新中国成立以来取得的伟大成就，展现新中国 70 年探索的光辉历程，"深刻反映 70 年来党和人民的奋斗实践，深刻解读新中国 70 年历史性变革中所蕴藏的内在逻辑，讲清楚历史性成就背后的中国特色社会主义道路、理论、制度、文化优势，更好用中国理论解读中国实践，为党和人民继续前进提供强大精神激励。"[①] 以此为目标，我和我在的学术团队的学者们撰写完成了这部书稿，献给伟大的祖国，献给伟大的人民。

为达到这样的目标，本书做了以下努力：

一是在内容上，在反映新中国 70 年的探索历程、取得的辉煌成就的基础上，选择了一些重大问题，加强以经济理论解读实践。新中国革命、建设、改革、发展实践内容极其丰富，在一部书中完全展开是

---

① 《习近平看望参加政协会议的文艺界社科界委员》，载于《人民日报》2019 年 3 月 5 日。

有困难的，为此我们选择其中的一些重大内容进行理论阐释，包括：新中国成立以来社会主义道路的探索和中国特色社会主义道路的形成发展；社会主义发展阶段的探索和社会主义初级阶段理论的形成；所有制变革和中国特色社会主义基本经济制度形成和发展；收入分配和社会主义初级阶段分配制度的形成和发展；社会主义经济形式探索和社会主义市场经济理论；经济体制探索与改革理论；国有企业改革探索与发展；农村经济发展与"三农"理论；发展战略的选择与演变；经济发展实践探索和新发展理论；政府经济职能演变与宏观调控理论；开放理论的探索；以及对国外实践经验和经济理论的借鉴和启示。这些内容显然只是新中国实践和理论探索的一部分，但滴水见光辉，从它们中可以看出新中国经济建设、改革、发展的基本轨迹。

二是在体系结构上，既采取专题式的论述，又使各个专题之间保持一定的逻辑关系。全书的内容除前言、结语外，分十五章，第一章概括阐释新中国成立以来的实践和理论创新及基本经验，具有总论性质，其他各章分别就某一个方面的探索和取得的成就进行阐释。但纵观全书，各章之间又保持紧密的内在联系，从社会主义道路、发展阶段、经济制度，到社会主义经济形式、体制改革，到企业改革、"三农"问题、经济发展、民生改善，再到对外开放、宏观调控。这样的安排，既大致体现了新中国成立以来实践探索的历史发展脉络，又使各章具有理论的内在联系。

三是在基本观点上，坚持新中国70年不同历史时期本质上都是中国共产党领导人民进行社会主义建设实践探索的观点。新中国成立70年，有改革开放前和改革开放后两个历史时期，党的十八大以来中国特色社会主义进入新时代。习近平指出：改革开放前和改革开放后"这是两个相互联系又有重大区别的时期，但本质上都是我们党领导人民进行社会主义建设的实践探索。中国特色社会主义是在改革开放历史新时期开创的，但也是在新中国已经建立起社会主义基本制度并进行了20多年建设的基础上开创的。""虽然这两个历史时期在进行社会主义建设的思想指导、方针政策、实际工作上有很大差别，但两者决不是彼此割裂的，更不是根本对立的。""不能用改革开放后的历史时期否定改革开放前的历史时期，也不能用改革开放前的历史时期否定改革开放后的历史时期。"① 本书坚持了这一观点。基于此，本书各章大致都设四节，前三节分别阐述改革开放前、改革开放后和中国特色社会主义进入新时代的实践和理论探索，第四节总结经验和启示。这样做，把新中国各个时期作为承前启后、一脉相承的统一历史过程，符合历史事实。

四是在方法论上，坚持辩证唯物主义和历史唯物主义的根本方法论。新中国70年的探索历程和取得的成就，总体是辉煌的，但在探索过程中有曲折，甚至有严重失误。无论是辉煌还是失误，本书都不回避，而是把它们放在当时的历史条件下，考察其发生的国内、国际背景，分析其发生的原因。这是历史唯物主义的态度。对于探索过程中发生的曲折和失误，也坚持以辩证的观点看待。中国共产党的英明和社会主义制度的优越之处，不是能够完全避免在前进中的曲折和失误，而在于能够依靠人民的力量，通过自身的改革，发现和坚决纠正失误，使社会主义永葆生机和活力。回避曲折和失误，不是科学的态度；抓住其中的曲折和失误就否定党的领导，否定社会主义制度，也不是科学的态度。本书坚持实事求是，既承认曲折和失误，又充分肯定成就，认为成功的经验和失误的教训都是奋进新时代、继续前进的宝贵财富。

本书是集体劳动成果。参加本书初稿撰写的有：前言、结语和第一章逄锦聚，第二章景维民、裴伟东，第三章赵春玲，第四章王永兴，第五章周云波、吴婷，第六章冯新舟，第七章何自力、苏立君，第八章刘凤义，第九章张海鹏，第十章孙景宇，第十一章荆克迪，第十二章冯志轩，第十三章赵敏，第十四章张兵，第十五章王璐，全书初稿由刘凤义做了一遍修改，我做了最后的修改，统稿、定稿。

尽管作者们付出了努力，力图把书写得好一点，但由于水平所限，有些地方可能存在不足甚至错漏，敬请广大读者批评指正。

本书列入教育部哲学社会科学重大课题攻关项目（16JZD005）、

---

① 习近平：《关于坚持和发展中国特色社会主义的几个问题》，载于《求是》2019年第7期。

• 奋斗与创新 •

天津市 2018 年度哲学社会科学规划重点委托项目（TJKSZDWT1819 - 03），得到中国特色社会主义经济建设协同创新中心、南开大学政治经济学研究中心的大力支持，在出版过程中得到经济科学出版社的大力支持，在此表示衷心的感谢！

逄锦聚

2019 年 8 月 1 日

目　录

第一章　**新中国70年经济理论与实践创新及基本经验**／1

　　第一节　新中国成立70年的十大经济理论与实践创新／1

　　第二节　习近平新时代中国特色社会主义经济思想／19

　　第三节　新中国经济理论与实践创新的基本经验／25

　　第四节　新中国70年经济理论与实践创新的世界贡献／30

第二章　**中国特色社会主义道路的形成和发展**／34

　　第一节　改革开放前社会主义道路的探索／34

　　第二节　改革开放新时期中国特色社会主义道路的开辟／36

　　第三节　新时代中国特色社会主义道路的发展／43

　　第四节　中国特色社会主义道路探索的基本经验／49

第三章　**社会主义发展阶段的探索**／55

　　第一节　改革开放前社会主义发展阶段的探索／55

　　第二节　改革开放新时期社会主义初级阶段理论的形成／63

　　第三节　新时代社会主义初级阶段理论的坚持和发展／76

第四节　社会主义发展阶段探索的基本经验 / 79

第四章　所有制理论的探索和基本经济制度的形成发展 / 82

第一节　改革开放前所有制理论和实践探索 / 82

第二节　改革开放新时期所有制改革和基本经济制度的形成 / 88

第三节　新时代所有制改革的深化和基本经济制度完善 / 97

第四节　所有制改革和理论探索的主要经验 / 102

第五章　收入分配探索和社会主义初级阶段分配制度 / 105

第一节　改革开放前我国收入分配理论与实践探索 / 105

第二节　改革开放新时期收入分配改革和基本分配制度的形成 / 111

第三节　新时代收入分配制度的完善 / 133

第四节　收入分配探索的主要经验 / 140

第六章　经济体制的探索和社会主义市场经济体制的建立和完善 / 143

第一节　改革开放前关于社会主义经济体制的探索 / 143

第二节　改革开放新时期社会主义市场经济体制的建立 / 152

第三节　新时代社会主义市场经济的发展和完善 / 157

第四节　社会主义市场经济探索的主要经验 / 162

第七章　经济改革和基本经验 / 166

第一节　改革开放前经济体制的变革 / 166

第二节　改革开放新时期的经济改革／170

第三节　新时代全面深化改革／180

第四节　经济改革的基本经验／189

第八章　国有企业改革与发展／198

第一节　改革开放前国有企业理论与实践探索／198

第二节　改革开放新时期国有企业改革与发展／203

第三节　新时代国有企业改革深化与发展／216

第四节　国有企业改革与发展的主要经验／227

第九章　农村经济发展与"三农"理论／230

第一节　改革开放前的"三农"理论与实践探索／230

第二节　改革开放新时期的"三农"实践与理论探索／237

第三节　新时代"三农"实践与理论探索／243

第四节　农村经济发展和"三农"理论与实践探索主要经验／251

第十章　发展战略的选择与完善／259

第一节　改革开放前发展战略的探索／259

第二节　改革开放新时期"三步走"发展战略的形成与完善／262

第三节　新时代发展战略的总体部署和安排／266

第四节　发展战略探索的主要经验／272

第十一章　经济发展实践探索和理论创新／276

第一节　改革开放前经济发展的实践探索与理论演变／276

　　　　　　第二节　改革开放新时期的实践探索与理论创新 / 283
　　　　　　第三节　新时代的发展实践创新和新发展理念 / 289
　　　　　　第四节　经济发展实践与理论探索的主要经验 / 298

第十二章　**政府经济职能与宏观调控探索** / 301
　　　　　　第一节　改革开放前的宏观经济理论与实践 / 301
　　　　　　第二节　改革开放新时期政府职能与宏观调控的探索 / 307
　　　　　　第三节　新时代政府经济职能转变与宏观调控的理论
　　　　　　　　　　与实践 / 319
　　　　　　第四节　宏观经济管理的主要经验 / 323

第十三章　**改善民生实践探索与理论创新** / 325
　　　　　　第一节　改革开放前发展经济改善民生的探索 / 325
　　　　　　第二节　改革开放新时期发展经济改善民生的探索 / 331
　　　　　　第三节　新时代改善民生的理论和实践创新 / 340
　　　　　　第四节　改善民生的主要经验 / 346

第十四章　**开放发展与对外开放理论** / 348
　　　　　　第一节　改革开放前开放发展的理论和实践探索 / 348
　　　　　　第二节　改革开放新时期开放发展的理论和实践探索 / 353
　　　　　　第三节　新时代开放发展的理论和实践探索 / 367
　　　　　　第四节　开放发展理论和实践探索的主要经验 / 377

第十五章　**对国外经验和经济学理论的学习和借鉴** / 382
　　　　　　第一节　改革开放前对国外经济学理论的学习和借鉴 / 382

第二节　改革开放新时期对国外经济学理论的学习
　　　　和借鉴 / 389

第三节　新时代对国外经济学理论的学习和借鉴 / 398

第四节　学习借鉴国外经验和经济学理论的启示 / 406

结束语　**奋进新时代** / 411

主要参考文献 / 414

第一章

新中国 70 年经济理论
与实践创新及基本经验

　　新中国成立 70 年，我国经济建设、改革、发展取得了举世瞩目的成就。我国经济规模不断扩大，综合国力与日俱增，对世界经济增长的贡献大幅提升，国际地位和影响力显著增强。2018 年国内生产总值比 1952 年增长 174 倍，年均增长 8.1%；2018 年我国人均国民总收入达到 9732 美元，高于中等收入国家平均水平，人民生活从温饱不足到实现总体小康，正在迈向全面小康；2018 年末，我国外汇储备余额为 30727 亿美元，连续 13 年稳居世界第一。① 在实践探索基础上，马克思主义政治经济学基本原理与中国实践相结合取得了一系列重大创新成果，并创立了中国特色社会主义政治经济学。这些创新成果不仅有力地指导中国社会主义建设事业从胜利走向新的胜利，而且为世界的发展贡献了中国力量和中国智慧。

第一节　新中国成立 70 年的十大经济理论与实践创新

一、丰富发展了马克思主义社会主义的学说

　　新中国 70 年重大创新之一，是丰富发展了马克思主义社会主义的学说，创

---

① 国家统计局：《沧桑巨变七十载民族复兴铸辉煌——新中国成立 70 周年经济社会发展成就系列报告之一》，http：//www.stats.gov.cn/tjsj/zxfb/201907/t20190701_1673407.html。

新形成了中国特色社会主义理论体系，政治经济学是其重要组成部分。

社会主义是中国共产党从成立开始就确立的奋斗目标，新中国成立后的实践是按照马克思主义科学社会主义原则一步步展开的。马克思恩格斯在对资本主义基本矛盾进行深刻剖析的基础上，揭示了资本主义的特殊运动规律和人类社会发展的一般规律，提出了科学社会主义的一系列基本原则，创立了科学社会主义学说，为建设社会主义的实践提供了根本的理论指导。但"马克思的整个世界观不是教义，而是方法。它提供的不是现成的教条，而是进一步研究的出发点和供这种研究使用的方法。"① 究竟什么是社会主义、社会主义的本质是什么的问题，是在实践与理论探索中逐步深化认识的。

从新中国成立到1978年改革开放前的30年中，关于什么是社会主义的探索，有成功的经验也有曲折的教训。成功在于，以毛泽东为代表的第一代共产党人创造了符合中国实际的新民主主义社会向社会主义过渡时期的理论，生产资料的社会主义改造理论，明确了建设社会主义必须根据本国情况走自己的道路，并对适合中国情况的社会主义建设道路进行了初步的探索。教训在于，由于缺乏经验和主观认识上的偏差，犯了在一段时间内把生产资料公有制作为社会主义的唯一形式，把计划经济模式当作社会主义的错误。

始于1978年的改革开放在认真汲取社会主义发展经验教训的基础上，把马克思主义基本原理与当代中国实际相结合，创新形成了中国特色社会主义理论体系，并将建设中国特色社会主义作为改革开放以来党的全部理论与实践的主题，使马克思恩格斯创立的科学社会主义学说在中国的大地上焕发了时代的生机和活力。改革开放首先要回答的问题是什么是社会主义，社会主义的本质是什么，怎么建设社会主义。对此，经过探索，认识发生了几次飞跃，产生了当代中国马克思主义的回答。这首先集中反映在邓小平同志的讲话中，邓小平说："社会主义的本质是解放生产力，发展生产力，消灭剥削，消除两极分化，最终达到共同富裕。"② 党的十五大报告对邓小平关于社会主义本质的理论作了高度评价，同时指出："我们建设有中国特色社会主义的各项事业，我们进行的一切工作，既要着眼于人民现实的物质文化需要，同时又要着眼于促进人民素质的提高，也就是要努力促进人的全面发展。这是马克思主义关于建设社会主义新社会的本质要求。我们要在发展社会主义社会物质文明和精神文明的基础上，不断推进人的全

---

① 恩格斯：《致韦尔纳·桑巴特（1895年3月11日）》，引自《马克思恩格斯文集》第10卷，人民出版社2009年版，第691页。

② 《邓小平文选》第3卷，人民出版社1993年版，第373页。

面发展。"① 进入21世纪以后,我国社会主义实践发展到一个新阶段。党的十六届三中全会提出要"坚持以人为本,树立全面、协调、可持续的发展观,促进经济社会和人的全面发展","社会和谐是中国特色社会主义的本质属性,是国家富强、民族振兴、人民幸福的重要保证"②。

党的十八大以来,以习近平为代表的中国共产党人从实际出发,结合历史经验教训,运用马克思主义原理,对社会主义本质理论进行了新的丰富和发展。2013年习近平在新进中央委员和候补委员研讨班上,系统阐述了社会主义发展史,2014年6月,在中共中央政治局第十六次集体学习时进一步指出,"中国特色社会主义不是别的主义,而是科学社会主义,它的最本质的特征就是坚持中国共产党的领导"③。此后,习近平又在党的十九大报告中强调"中国特色社会主义最本质的特征是中国共产党领导"④ 的论断,反映了新时期共产党人对什么是社会主义的认识达到了新的高度,是社会主义本质理论的最新创新与发展。

二、创新形成了中国特色社会主义初级阶段的理论

新中国70年,丰富和发展了马克思主义关于社会主义发展阶段的学说,创新形成了中国特色社会主义初级阶段的理论。

社会主义要不要划分阶段?马克思、恩格斯、列宁都有一些原则的论述。马克思恩格斯曾经认为,发达的资本主义社会进入共产主义阶段需要经历过渡时期、共产主义的第一阶段或低级阶段,以及高级阶段。⑤ 列宁论述了共产主义与社会主义的本质联系和经济上成熟程度的差别,提出了社会主义国家在向共产主义社会前进的过程中,会经历"初级形式的社会主义""不完全的共产主义"等阶段。同时他指出,"把社会主义看成一种僵死的、凝固的、一成不变的东西的这种观念,是非常荒谬的",社会主义一定会使人类社会的生产力蓬勃发展,但生产力将以什么速度向前发展,最终实现共产主义,"这都是我们所不知道而且也不可能会知道的","因为现在还没有可供解决这些问题的材料。"⑥

---

① 《江泽民文选》第3卷,人民出版社2006年版,第294页。
② 《中共中央关于构建社会主义和谐社会若干重大问题的决定》,人民出版社2006年版,第1页。
③ 《习近平在中共中央政治局第十六次集体学习时的讲话》,载于《人民日报》2014年7月1日。
④ 习近平:《决胜全面建成小康社会 夺取新时代中国特色社会主义伟大胜利——在中国共产党第十九次全国代表大会上的报告》,新华社,2017年10月27日,http://news.cnr.cn/native/gd/20171027/t20171027_524003098.shtml。
⑤ 《马克思恩格斯文集》第3卷,人民出版社2009年版,第435、445页。
⑥ 《列宁专题文集(论社会主义)》,人民出版社2009年版,第35~39页。

中国的社会主义发展还要不要划分阶段,毛泽东带领全党全国人进行过初步的探索。早在党的七届二中全会上,毛泽东把人民民主革命胜利后的中国社会称为新民主主义社会,并提出新民主主义革命胜利后,党的工作任务就是"迅速地恢复和发展生产,对付国外的帝国主义,使中国稳步地由农业国转变为工业国,把中国建设成为一个伟大的社会主义国家。"① 这是最早的关于新中国成立后所处社会发展阶段的正确判断,这一判断为新中国成立初期国民经济的顺利恢复奠定了理论基础。1956 年我国生产资料社会主义改造完成后,毛泽东又指出,我国社会主义制度还刚刚建立,还没有完全建成,还不完全巩固。其后在经历"大跃进"的曲折之后,1959 年底到 1960 年初,毛泽东在读苏联《政治经济学教科书》时,对社会主义发展阶段问题进行了深入的思考,认为:社会主义可能分为两个阶段,第一个阶段是不发达的社会主义,第二个阶段是比较发达的社会主义,后一个阶段可能比前一个阶段需要更长的时间。经过后一个阶段,到了物质产品、精神财富都极为丰富和人们对共产主义觉悟极大提高的时候,就可以进入共产主义了。② 毛泽东关于社会主义发展的多阶段理论,为改革开放开始后社会主义初级阶段理论的形成提供了宝贵的思想来源。

改革开放开始后,1981 年 6 月党的十一届六中全会通过的《关于建国以来党的若干历史问题的决议》第一次提出:"我们的社会主义制度还处在初级阶段","我们的社会主义制度由比较不完善到比较完善,必然要经历一个长久的过程";③ 1982 年 9 月,党的十二大肯定,"我国的社会主义社会现在还处在初级发展阶段"④;党的十三大对社会主义初级阶段作了全面的论述,指出"正确认识我国社会现在所处的历史阶段,是建设有中国特色社会主义的首要问题,是我们制定和执行正确的路线和政策的根本依据。对这个问题,我们党已经有了明确的回答:我国正处在社会主义的初级阶段。"⑤ 同时指出,我国正处在社会主义初级阶段包括两层含义:第一,就我国的社会性质来看,它已经是社会主义社会,因此,我们必须坚持而不能离开社会主义;第二,就我国社会主义社会成熟程度来看,它还处在社会主义初级阶段。党的十三大以后,我国根据改革开放和现代

---

① 《毛泽东著作选读》下册,人民出版社 1986 年版,第 704 页。
② 龚育之等:《毛泽东读书生活》,生活·读书·新知三联书店 2005 年版,第 167 页。
③ 《关于建国以来党的若干历史问题的决议》,中国政府网,2008 年 6 月 23 日,http://www.gov.cn/test/2008-06/23/content_1024934.htm。
④ 胡耀邦:《全面开创社会主义现代化建设的新局面》,中国网,2011 年 4 月 12 日,http://www.china.com.cn/cpc/2011-04/12/content_22343780.htm。
⑤ 《沿着有中国特色的社会主义道路前进——在中国共产党第十三次全国代表大会上的报告》,中国共产党历次全国代表大会数据库:http://cpc.people.com.cn/GB/64162/64168/64566/index.html。

化建设实践的发展，不断深化对社会主义初级阶段问题的认识。1992年党的十四大把社会主义初级阶段理论作为邓小平理论的重要组成部分加以概括，党的十五大进一步肯定中国现在处于并将长期处于社会主义初级阶段，同时具体阐述了我国社会主义初级阶段的基本纲领和要实现的目标。党的十八大重申：我国仍处于并将长期处于社会主义初级阶段的基本国情没有变，在任何情况下都要牢牢把握社会主义初级阶段这个最大国情，推进任何方面的改革发展都要牢牢立足社会主义初级阶段这个最大实际。党的十九大在做出中国特色社会主义进入新时代，我国社会主要矛盾已经转化为人民日益增长的美好生活需要和不平衡不充分的发展之间的矛盾重大论断的同时，进一步指出：我国社会主要矛盾的变化，没有改变我们对我国社会主义所处历史阶段的判断，我国仍处于并将长期处于社会主义初级阶段的基本国情没有变，我国是世界最大发展中国家的国际地位没有变。[①]

社会主义初级阶段理论的确立，是对长期社会主义建设经验的总结，是对马克思主义科学社会主义理论的丰富和发展，为解决经济文化相对落后国家建设社会主义所面临的新课题，为制定正确的路线方针政策提供了根本依据。由于社会主义初级阶段理论的创新，我国确立公有制为主体、多种所有制经济共同发展的基本经济制度和按劳分配为主体、多种分配方式并存的分配制度，就有了坚实的实践基础和理论基础。

三、创新形成了中国社会主义社会基本矛盾、主要矛盾的理论

新中国70年，丰富发展了马克思主义生产力和生产关系、经济基础和上层建筑的相互关系的学说，创新形成了中国社会主义社会基本矛盾、主要矛盾的理论。

生产力和生产关系、经济基础和上层建筑的关系是马克思主义唯物史观的重要内容。运用唯物史观，马克思揭示了人类社会发展的一般规律，使社会主义代替资本主义成为必然。但是，在我国社会主义制度建立后，生产力和生产关系、经济基础和上层建筑的关系是怎么一个状况，怎么妥善处理生产力和生产关系、经济基础和上层建筑的矛盾，这是需要在实践中探索和解决的重大理论课题。

改革开放前30年，毛泽东坚持马克思主义的基本观点，带领全党全国人民对我国社会主义制度建立后社会基本矛盾和主要矛盾进行了探索，在理论上做出

[①] 习近平：《决胜全面建成小康社会 夺取新时代中国特色社会主义伟大胜利——在中国共产党第十九次全国代表大会上的报告》，新华社，2017年10月27日，http：//news.cnr.cn/native/gd/20171027/t20171027_524003098.shtml。

了创造性的贡献。1956年生产资料的社会主义改造基本完成以后,我国开始转入全面的大规模的社会主义建设。1956年9月党的第八次全国代表大会召开,大会指出:社会主义制度在我国已经基本上建立起来,国内主要矛盾已经不再是工人阶级和资产阶级的矛盾,而是人民对于建立先进的工业国的要求同落后的农业国的现实之间的矛盾,是人民对于经济文化迅速发展的需要同当前经济文化不能满足人民需要的状况之间的矛盾;全国人民的主要任务是集中力量发展社会生产力、实现国家工业化、逐步满足人民日益增长的物质和文化需要;虽然还有阶级斗争,还要加强人民民主专政,但其根本任务已经是在新的生产关系下保护和发展生产力。1957年,毛泽东发表了《关于正确处理人民内部矛盾的问题》一文,对社会主义社会矛盾进行了分析,指出,"在社会主义社会中,基本的矛盾仍然是生产关系和生产力之间的矛盾,上层建筑和经济基础之间的矛盾"①。他要求,必须正确处理社会主义基本矛盾,调动一切积极性,建设社会主义。党的八大关于社会主义社会主要矛盾的提出,毛泽东对社会主义社会基本矛盾的分析,提高了全党对经济建设重要性的认识,推动了党的工作重心的转移。1958年,毛泽东又提出要把党和国家的工作重点转到技术革命和社会主义建设上来。这些都是八大路线的继续发展,具有长远的指导意义。

改革开放以来,从理论到实践,我们一以贯之地坚持马克思主义关于生产力和生产关系、经济基础和上层建筑的基本原理,在总结改革开放前社会主义经济建设经验教训的基础上,进一步探索解决生产力和生产关系、经济基础和上层建筑的矛盾的途径和措施。1978年党的十一届三中全会做出把全党的工作重心转到经济建设上来的决定,开辟了改革开放新时期。1984年党的十二届三中全会通过的《中共中央关于经济体制改革的决定》确认:"社会主义社会的基本矛盾仍然是生产关系和生产力、上层建筑和经济基础之间的矛盾。我们改革经济体制,是在坚持社会主义制度的前提下,改革生产关系和上层建筑中不适应生产力发展的一系列相互联系的环节和方面。"②

党的十八届三中全会通过的《中共中央关于全面深化改革若干重大问题的决定》进一步指出,全面深化改革,必须立足于我国长期处于社会主义初级阶段这个最大实际,坚持发展仍是解决我国所有问题的关键这个重大战略判断,以经济建设为中心,发挥经济体制改革牵引作用,推动生产关系同生产力、上层建筑同

---

① 《毛泽东文集》第7卷,人民出版社1999年版,第214页。
② 《中共中央关于经济体制改革的决定》,中国政府网,2008年6月26日,http://www.gov.cn/test/2008-06/26/content_1028140.htm。

经济基础相适应，推动经济社会持续健康发展。① 党的十九大坚持生产力和生产关系、经济基础和上层建筑关系的原理，做出中国特色社会主义进入新时代，我国社会主要矛盾已经转化为人民日益增长的美好生活需要和不平衡不充分的发展之间的矛盾重大判断，同时提出，我国社会主要矛盾的变化是关系全局的历史性变化，对党和国家工作提出了许多新要求。我们要在继续推动发展的基础上，着力解决好发展不平衡不充分问题，大力提升发展质量和效益，更好满足人民在经济、政治、文化、社会、生态等方面日益增长的需要，更好推动人的全面发展、社会全面进步。②

新中国70年，我国经济快速发展，人民生活大幅改善，综合国力极大增强，重要原因是我们探索到了社会主义条件下，通过不断改革解决社会主义基本矛盾和主要矛盾的根本途径和方法，从而在理论和实践的结合上解决了促进社会主义制度自我发展自我完善的重大课题。

四、创新形成了中国特色社会主义基本经济制度理论

新中国70年，丰富发展了马克思主义关于社会主义基本经济制度理论，创新形成了中国特色社会主义基本经济制度理论。

按照马克思恩格斯的设想，建立在高度发达资本主义社会生产力基础上的社会主义，可以在全社会范围内使用生产资料进行生产。后人把这种在全社会范围内使用生产资料理解为社会主义生产资料的公有制，列宁斯大林则结合苏联的实际情况，把生产资料公有制具体化为国家所有制和集体所有制两种形式。

在这些理论的指导和影响下，从新中国成立到改革开放之前的30年间，虽然理论界和中央领导层也有人在总结过渡时期生产资料的社会主义改造基础上，提出过在经济活动中应允许一部分个体经营自由生产和自由市场作为补充③，但占主导的理论是把公有制看成是社会主义的本质要求，在相当一段时间内甚至认为越公越好，越大越好。

马克思关于社会主义所有制的理论对于我国社会主义实践无疑具有重大指导

---

① 《中共中央关于全面深化改革若干重大问题的决定》，中国政府网，2013年11月15日，http://www.gov.cn/jrzg/2013-11/15/content_2528179.htm。

② 习近平：《决胜全面建成小康社会 夺取新时代中国特色社会主义伟大胜利——在中国共产党第十九次全国代表大会上的报告》，新华社，2017年10月27日，http://news.cnr.cn/native/gd/20171027/t20171027_524003098.shtml。

③ 参见《陈云文集》第3卷，人民出版社1995年版，第13页。

意义。但是，经过社会主义经济制度确立之后的多年探索，我们发现，我国已经建立了的社会主义制度，还是建立在生产力水平不够发达的基础上，处于社会主义的初级阶段。由处于社会主义初级阶段基本国情所决定，一方面必须坚持社会主义社会方向不动摇，另一方面，又不能拘泥于经典作家对未来社会的预测，而要以有利于生产力发展和人民生活水平提高为宗旨，改革不适应生产力发展的公有制形式，探索适合于我国社会主义初级阶段基本国情的基本经济制度及其实现形式。基于这样的认识，改革开放40年来，我们对社会主义基本经济制度进行了大胆的探索。1984年党的十二届三中全会指出，个体经济不再是"资本主义的尾巴"，而是社会主义经济必要的有益的补充，是社会主义经济的组成部分，与此同时，公有制企业生产积极性得到激发，非公有制经济成分的发展也得到允许与鼓励，直接推动我国工业生产与国民经济出现了高速增长。1992年，党的十四大提出，一方面要提高国有经济的活力、竞争力与控制力，更加为公有制的主体地位提供保障；另一方面，个体、私营、外资等非公有制经济成分的发展也得到了支持与鼓励。党的十五大将公有制经济的主体地位和多种所有制经济共同发展，用"制度"固定下来。党的十六大提出必须"坚持两个毫不动摇"，即"必须毫不动摇地巩固和发展公有制经济"，"必须毫不动摇地鼓励、支持、引导非公有制经济发展"[①]。党的十八大提出，要积极探索社会主义基本经济制度的实现形式，发展混合经济。党的十九大进一步重申，必须坚持和完善我国社会主义基本经济制度，毫不动摇巩固和发展公有制经济，毫不动摇鼓励、支持、引导非公有制经济发展。

改革开放40年的探索，最终确立并不断完善了公有制为主体、多种所有制经济共同发展的基本经济制度，这是理论的重大突破和创新。这又一次证明了，实践总是为理论的创新开辟道路，是科学理论产生的不竭源泉。

五、创新形成了中国特色社会主义分配制度理论

新中国70年，丰富发展了马克思主义关于社会主义分配制度的理论，创新形成了中国特色社会主义分配制度理论。

社会主义基本经济制度的确立，要求建立与之相适应的分配制度。按照马克思的设想，在共产主义的第一阶段即社会主义社会阶段，与生产资料全社会占有

---

① 江泽民:《全面建设小康社会，开创中国特色社会主义事业新局面——在中国共产党第十六次全国代表大会上的报告》，中国国情－中国网，2012年10月17日，http://www.china.com.cn/guoqing/2012-10/17/content_26821180.htm。

相适应，对个人消费品实行按劳分配。实行按劳分配，可以排除凭借对生产资料的占有而占有他人劳动成果的可能，从而对实现共同富裕的目标具有重要意义；能够把每个劳动者的劳动和报酬直接联系起来，从而使每个劳动者从物质利益上关心自己的劳动成果，这有利于促进社会生产力的发展；实行按劳分配，实现了劳动平等和报酬平等，有利于实现社会分配的公平与公正，从而可以调动劳动者的积极性。从这样的意义上说，实行按劳分配是人类历史上分配制度的一场深刻革命。

在这样的理论指导下，改革开放前30年，我国在公有制企业实行固定工资制，在农村实行工分制，其目的是排除因生产资料占有不同引起的收入分配差距，但实际的后果是平均主义，这样的分配束缚了劳动者的积极性，不利于社会主义优越性的发挥。

改革开放开始以后，我们逐步认识到，我国所处的社会主义初级阶段，与马克思设想的共产主义的第一阶段，无论是生产力的发达程度还是生产关系的完善程度都有差异。过去几十年社会主义建设实践和理论探索告诉我们，在社会主义初级阶段，个人收入分配不能实行单一的按劳分配，必须贯彻按劳分配原则，实行按劳分配为主体、多种分配方式并存的分配制度。在这样认识的基础上，我们开始了不断探索的过程。1978年在农村推广家庭联产承包责任制，在城市开始将工资分配权下放给企业，由企业根据职工的工作实绩决定其工资收入，并且允许存在工资差距。1987年党的十三大明确提出反对平均主义，除劳动以外其他生产要素可以参与收入分配。1992年之后，随着社会主义市场经济体制改革目标的确立和改革的逐步深入，党的十三届四中全会明确提出允许个人资本等各项要素参与收入分配，党的十五大提出允许和鼓励资本、技术等要素参与收入分配，党的十六大确立了劳动、资本、技术和管理等各项要素按照贡献参与收入分配的制度。党的十八大提出要坚持社会主义基本经济制度和分配制度，调整国民收入分配格局，加大再分配调节力度，着力解决收入分配差距较大问题，使发展成果更多更公平惠及全体人民，朝着共同富裕方向稳步前进。党的十九大进一步提出，坚持按劳分配原则，完善按要素分配的体制机制，促进收入分配更合理、更有序。鼓励勤劳守法致富，扩大中等收入群体，增加低收入者收入，调节过高收入，取缔非法收入。坚持在经济增长的同时实现居民收入同步增长、在劳动生产率提高的同时实现劳动报酬同步提高。拓宽居民劳动收入和财产性收入渠道。履行好政府再分配调节职能，加快推进基本公共服务均等化，缩小收入分配差距。经过长期的探索，我国终于确立了按劳分配为主体、多种分配方式并存的分配制度，这既是实践发展的结果，也是理论创新的结晶。

六、创新形成了社会主义市场经济理论

新中国70年,丰富发展了马克思主义关于商品生产、商品交换的学说,创新形成了社会主义市场经济理论。

在对未来社会预测时,马克思曾指出:"在一个集体的、以生产资料公有为基础的社会中,生产者不交换自己的产品;用在产品上的劳动,在这里也不表现为这些产品的价值,不表现为这些产品所具有的某种物的属性,因为这时,同资本主义社会相反,个人的劳动不再经过迂回曲折的道路,而是直接作为总劳动的组成部分存在着。"① 恩格斯也曾说:"一旦社会占有了生产资料,商品生产就将被消除,而产品对生产者的统治也将随之消除。"②

从社会主义经济制度建立到改革开放前,在缺乏社会主义经济建设实践经验的情况下,我们曾依据经典作家的论述,同时也学习借鉴苏联的做法,在一段时间里实行了计划经济。计划经济的突出特点是指令性计划配置资源,忽视甚至否定商品生产、商品交换。当发现计划经济的弊端,特别是发现"大跃进"和人民公社化运动中的错误时,毛泽东提出了不能剥夺农民,不能超越阶段,反对平均主义,强调发展商品生产、遵守价值规律和做好综合平衡。理论界和其他中央领导同志提出了许多理论观点,例如,生产资料可以作为商品进行流通的观点等等。所有这些,在当时和以后对指导社会主义经济建设都有重大的意义。

改革开放开始后,我们逐步认识到,对于马克思主义创始人对未来社会的预测,我们不应该拘泥于个别结论,而应该注重把握他们进行这种预测的世界观和方法论。马克思恩格斯的世界观和方法论是科学的,那么,为什么对未来社会的预测在是否存在市场经济问题上与后来的实践发生偏差呢?根本的原因是,实践中的社会主义与马克思恩格斯预测的社会主义在产生前提条件上发生了重大变化。我国的社会主义制度不是在资本主义高度发达的基础上而是在经济相当落后的基础上建立的,这是现实中的社会主义市场经济存在和发展的最深层次的原因。

我们荣幸地发现,当年马克思恩格斯做出这些预测的同时,也保持了十分的严谨和审慎。恩格斯说:"无论如何,共产主义社会中的人们自己会决定,是否应当为此采取某种措施,在什么时候,用什么办法,以及究竟是什么样的措施。

---

① 《马克思恩格斯文集》第3卷,人民出版社2009年版,第433~434页。
② 《马克思恩格斯文集》第3卷,人民出版社2009年版,第564页。

我不认为自己有向他们提出这方面的建议和劝导的使命。那些人无论如何也会和我们一样聪明。"① 他还说:"所谓'社会主义社会'不是一种一成不变的东西,而应当和任何其他社会制度一样,把它看成是经常变化的改革的社会。"② 马克思主义创始人没有终结真理,丰富和发展马克思主义历史地落在马克思主义后继者的身上。中国共产党人和中国人民关于社会主义市场经济理论的创新,在丰富和发展马克思主义的进程中做出了自己的贡献。

改革开放以来,我们对社会主义要不要发展市场经济的认识是逐步深化的。1979 年,邓小平在总结实践经验和理论界探索成果的基础上,从社会主义现实出发,指出:"说市场经济只存在于资本主义社会,只有资本主义的市场经济,这肯定是不正确的。社会主义为什么不可以搞市场经济?这个不能说是资本主义。我们是计划经济为主,也结合市场经济,但这是社会主义的市场经济。"③ 1992 年春,邓小平在南方谈话中进一步指出:"计划多一点还是市场多一点,不是社会主义与资本主义的本质区别。计划经济不等于社会主义,资本主义也有计划;市场经济不等于资本主义,社会主义也有市场。计划和市场都是经济手段。"④ 邓小平这些关于社会主义市场经济的思想,从根本上打破了把社会主义与市场经济对立起来的思想束缚,为形成社会主义市场经济理论奠定了坚实基础,对中国经济改革产生了极大的推动作用。此后,各种丰富和发展社会主义市场经济理论的观点陆续涌现,并逐步成为全党全国的共识。1992 年 10 月,党的十四大报告正式确立"我国经济体制改革的目标是建立社会主义市场经济体制",从而使社会主义经济理论实现了一次重大突破;1997 年,党的十五大提出"使市场在国家宏观调控下对资源配置起基础性作用";2002 年,党的十六大提出"在更大程度上发挥市场在资源配置中的基础性作用";2007 年,党的十七大提出"从制度上更好发挥市场在资源配置中的基础性作用";2012 年,党的十八大提出"更大程度更广范围发挥市场在资源配置中的基础性作用";2013 年,党的十八届三中全会根据实践发展和理论认识的深化,把市场在资源配置中的"基础性作用"修改为"决定性作用",同时提出更好发挥政府作用,反映了中国对市场经济的认识已经达到新的高度;2017 年党的十九大重申,加快完善社会主义市场经济体制,使市场在资源配置中起决定性作用,更好发挥政府作用,把发展社会主义市场经济提高到实现"两个一百年"奋斗目标、实现中华民族伟大复兴

---

① 《马克思恩格斯文集》第 10 卷,人民出版社 2009 年版,第 455~456 页。
② 《马克思恩格斯文集》第 10 卷,人民出版社 2009 年版,第 588 页。
③ 《邓小平文选》第 2 卷,人民出版社 1994 年版,第 236 页。
④ 《邓小平文选》第 3 卷,人民出版社 1993 年版,第 373 页。

的中国梦，全面建设现代化国家的战略高度。

改革开放实践充分证明，社会主义市场经济体制具有强大的生命力和内在活力，对推动我国经济社会发展具有不可替代的巨大作用。改革开放实践也充分证明，社会主义市场经济理论是科学的理论，是对马克思主义的一个重大发展。

七、创新形成了中国特色社会主义改革理论

新中国70年，丰富发展了马克思主义关于社会主义是不断发展的社会的学说，创新形成了中国特色社会主义改革理论。

马克思恩格斯创立了科学社会主义学说，但从来不认为社会主义是一成不变的，相反认为社会主义要在改革中不断发展和完善。恩格斯说："所谓'社会主义社会'不是一种一成不变的东西，而应当和任何其他社会制度一样，把它看成是经常变化和改革的社会。"① 同时，马克思、恩格斯都认为：人类社会的发展动力在于生产力与生产关系、经济基础与上层建筑的矛盾运动，并强调生产力是最根本的、最强大的动力。

毛泽东继承马克思、恩格斯的基本观点，结合中国的实际，进一步指出，在社会主义社会中，基本矛盾仍然是生产关系和生产力之间的矛盾。毛泽东关于社会主义社会基本矛盾的学说，在理论上为社会主义制度的不断改革完善做出了创造性的贡献。但在改革开放前30年，虽然我国曾对社会主义经济体制进行过几次调整和变革，但受到历史条件的限制，这些调整只是在计划经济体制框架内的围绕中央和地方权力集中或是分权的调整，谈不到真正的改革。

1978年12月中国共产党十一届三中全会召开，开启了改革开放新时期。邓小平总结了社会主义社会实践的历史经验和教训，提出：在社会主义社会，解决社会基本矛盾不再需要通过阶级斗争，而是通过改革来发展社会生产力。邓小平把生产力的发展与改革紧紧地联系在一起，从理论上解决了生产力的发展与改革之间的关系，从而为改革动力论奠定了理论基础。1984年党的十二届三中全会通过的《中共中央关于经济体制改革的决定》（中国共产党第十二届中央委员会第三次全体会议一九八四年十月二十日通过）从理论上对改革的性质、方向、目的、主要内容、方法步骤作了深刻的阐述，指出我们改革经济体制，是在坚持社会主义制度的前提下，改革生产关系和上层建筑中不适应生产力发展的一系列相互联系的环节和方面。这种改革，是在党和政府的领导下有计划、有步骤、有秩

---

① 《马克思恩格斯选集》第4卷，人民出版社2012年版，第601页。

序地进行的，是社会主义制度的自我完善和发展。改革的进行，只应该促进而绝不能损害社会的安定、生产的发展、人民生活的改善和国家财力的增强。社会主义的根本任务就是发展社会生产力，就是要使社会财富越来越多地涌现出来，不断地满足人民日益增长的物质和文化需要。社会主义要消灭贫穷，不能把贫穷当作社会主义。必须下定决心，以最大的毅力，集中力量进行经济建设，实现工业、农业、国防和科学技术的现代化，这是历史的必然和人民的愿望。全党同志在进行改革的过程中，应该紧紧把握住马克思主义的这个基本观点，把是否有利于发展社会生产力作为检验一切改革得失成败的最主要标准。[①] 这在当时是指导经济体制改革的纲领性文件。其后，党的十四届三中全会、十六届三中全会根据改革的发展，先后做出《中共中央关于建立社会主义市场经济体制若干问题的决定》《中共中央关于完善社会主义市场经济体制若干问题的决定》，都从理论上对建立和完善社会主义市场经济体制做出了理论的阐释和战略的部署。

党的十八大以来，中央反复强调，改革开放是决定当代中国命运的关键一招，也是决定实现"两个一百年"奋斗目标、实现中华民族伟大复兴的关键一招，实践发展永无止境，解放思想永无止境，改革开放也永无止境，停顿和倒退没有出路，改革开放只有进行时、没有完成时。面对新形势新任务，党的十八届三中全会通过《中共中央关于全面深化改革若干重大问题的决定》，对全面深化改革的重大意义、指导思想、总体思路、目标进行阐述，对经济、政治、文化、社会、生态文明、国防和军队等各个方面的改革进行部署，提出"全面深化改革的总目标是完善和发展中国特色社会主义制度，推进国家治理体系和治理能力现代化。必须更加注重改革的系统性、整体性、协同性，加快发展社会主义市场经济、民主政治、先进文化、和谐社会、生态文明，让一切劳动、知识、技术、管理、资本的活力竞相迸发，让一切创造社会财富的源泉充分涌流，让发展成果更多更公平惠及全体人民"。"经济体制改革是全面深化改革的重点，核心问题是处理好政府和市场的关系，使市场在资源配置中起决定性作用和更好发挥政府作用"[②] 等新理论。《决定》是新时代全面深化改革的纲领，标志着从1978年开始中国改革开放进入到新阶段。

---

① 《中共中央关于经济体制改革的决定》，中国政府网，2008年6月26日，http://www.gov.cn/test/2008-06/26/content_1028140.htm。

② 《中共中央关于全面深化改革若干重大问题的决定》，中国政府网，2013年11月15日，http://www.gov.cn/jrzg/2013-11/15/content_2528179.htm。

八、创新形成了中国特色社会主义宏观经济运行和宏观调控的理论

新中国 70 年，丰富发展了马克思主义关于社会再生产的学说，创新形成了中国特色社会主义宏观经济运行和宏观调控的理论。

马克思主义经济学有丰富的社会按比例分配劳动时间和社会再生产理论。马克思关于价值规律调节商品生产、商品交换的理论和社会必要劳动时间两重含义的理论，关于社会资本循环、周转和社会总资本再生产理论等，为社会主义条件下国民经济按比例发展和政府宏观调控提供了重要的理论基础。

改革开放前的 30 年，我国实行的是计划经济体制，以指令性计划为基本形式对国民经济进行管理是这种体制的重要特征。计划经济体制虽然在特定的条件下曾经对恢复国民经济发挥过积极作用，但因为统得过死，排斥市场作用，所以束缚企业积极性的发挥。

在实行计划经济过程中，中国共产党带领全国人民从实际出发，曾经进行了如何保持国民经济协调发展的探索。1956 年 4 月，在总结第一个五年计划经济建设取得的重大成就的基础上，也以苏联经验为鉴戒，毛泽东同志发表了《论十大关系》。《论十大关系》对我国社会主义建设中带有全局性的重大关系进行了系统论述，包括：重工业和轻工业、农业的关系，沿海工业和内地工业的关系，经济建设和国防建设的关系，国家、生产单位和生产者个人的关系，中央和地方的关系，汉族和少数民族的关系，党和非党的关系，革命和反革命的关系，是非关系，中国和外国的关系。在此基础上，提出了调动一切积极因素为社会主义建设事业服务的基本方针，明确了建设社会主义的根本思想是必须根据本国情况走自己的道路，并对适合中国情况的社会主义建设道路进行了初步的探索。《论十大关系》提出的一些新思想新理论，为党的八大的召开作了重要准备。除此之外，毛泽东还在领导纠正"大跃进"和人民公社化运动中的错误时提出了遵守价值规律和做好综合平衡，主张以农轻重为序安排国民经济计划的观点；中央其他领导同志也提出了计划指标必须切合实际，建设规模必须同国力相适应，人民生活和国家建设必须兼顾，制定计划必须做好物资、财政、信贷平衡等观点。这些观点，在当时和之后的实践中对指导社会主义经济建设起到了重要作用。

改革开放以来，我们在进一步总结经验和深入探索的基础上，确认我国经济是社会主义市场经济。在此基础上，借鉴国外经济理论中的有益成分，引进了国民经济总供求分析和宏观调控的概念，对国民经济按比例协调发展进行深入探讨，建立了与社会主义市场经济相适应的宏观经济体制，在宏观经济理论方面取

得重大创新。这些创新包括宏观调控模式理论的创新、政府转变职能理论的创新,也包括宏观调控体系理论的创新等。

宏观调控的核心问题是妥善处理政府与市场的关系。对政府与市场关系处理的方式不同决定了不同的宏观调控模式。党的十二大提出了"计划经济为主,市场调节为辅"的调控模式,强调计划调节在资源配置方式中是基本的、主要方面,市场调节是从属的、次要方面。党的十三大提出了建立与有计划的商品经济相适应的"国家调节市场,市场引导企业"的调控模式。党的十四大提出了建立社会主义市场经济体制的改革目标,并且强调"我们要建立的社会主义市场经济体制,就是要使市场在社会主义国家宏观调控下对资源配置起基础性作用。"① 这些探索的结果,使我国摒弃了计划经济体制模式,初步建立起与社会主义市场经济发展要求相适应的宏观调控模式。宏观调控的主体是政府。在政府经济职能转变方向上,先后提出了要转变政府职能,建立适合现代市场经济和社会化大生产发展的有力政府,让政府与市场有机结合,解决政府在市场中的"错位""缺位""越位"问题。实施有效宏观调控要完善国家宏观调控体系,提出"进一步健全国家计划和财政政策、货币政策等相互配合的宏观调控体系",国家计划明确宏观调控目标和总体要求,"财政政策要在促进经济增长、优化结构和调节收入方面发挥重要功能"。同时提出要"完善统计体制,健全经济运行监测体系,加强各宏观经济调控部门的功能互补和信息共享,提高宏观调控水平。"②

党的十八大以来,在已有创新的基础上宏观理论又有了进一步创新。作为宏观调控的主要理论基础,党的十八届三中全会明确提出"使市场在资源配置中起决定性作用和更好发挥政府作用"。习近平对此作了说明,指出:"既不能用市场在资源配置中的决定性作用取代甚至否定政府作用,也不能用更好发挥政府作用取代甚至否定使市场在资源配置中起决定性作用。"③ 这是对计划与市场关系认识的升华。同时还对实行科学的宏观调控,有效的政府治理,转变政府职能,深化行政体制改革,创新行政管理方式,建设法治政府和服务型政府等提出了一系列新理论。关于健全宏观调控体系,提出宏观调控的主要任务是保持经济总量平衡,促进重大经济结构协调和生产力布局优化,减缓经济周期波动影响,防范区

---

① 江泽民:《加快改革开放和现代化建设步伐,夺取中国特色社会主义事业的更大胜利——在中国共产党第十四次全国代表大会上的报告》,中国国情 - 中国网,2012 年 9 月 12 日,http://www.china.con.cn/guoqing/2012. - 09/12/content_26748045. htm。

② 《中共中央关于完善社会主义市场经济体制若干问题的决定》,中国网,2003 年 10 月 22 日,http://www.china.com.cn/chinese/zhuanti/sljszqh/426675. htm。

③ 《习近平谈治国理政》,外文出版社 2014 年版,第 117 页。

域性、系统性风险,稳定市场预期,实现经济持续健康发展。健全以国家发展战略和规划为导向、以财政政策和货币政策为主要手段的宏观调控体系,推进宏观调控目标制定和政策手段运用机制化,加强财政政策、货币政策与产业、价格等政策手段协调配合,提高相机抉择水平,增强宏观调控前瞻性、针对性、协同性。形成参与国际宏观经济政策协调的机制,推动国际经济治理结构完善。关于全面正确履行政府职能,提出要进一步简政放权,深化行政审批制度改革,最大限度减少中央政府对微观事务的管理,政府要加强发展战略、规划、政策、标准等的制定和实施,加强市场活动监管,加强各类公共服务提供。加强中央政府宏观调控职责和能力,加强地方政府公共服务、市场监管、社会管理、环境保护等职责。对于深化机构改革,提出"优化政府机构设置、职能配置、工作流程,完善决策权、执行权、监督权既相互制约又相互协调的行政运行机制。严格绩效管理,突出责任落实,确保权责一致","并且要统筹党政群机构改革,理顺部门职责关系。"①

九、创新形成了中国特色社会主义发展理论

新中国 70 年,丰富发展了马克思主义关于发展的学说,创新形成了中国特色社会主义发展理论。

马克思主义有丰富的关于发展的学说。关于社会基本矛盾是经济社会发展的根本动力的理论;关于社会再生产按比例发展的理论;关于抽象劳动是价值的唯一源泉,劳动力和生产要素是社会财富的源泉,资本积累是扩大再生产的源泉的理论;关于劳动生产率是由劳动者的平均熟练程度、科学技术的发展水平及其在生产中的应用程度、生产过程的社会结合形式、劳动对象的状况以及自然条件等因素决定的理论;关于人的全面发展是经济发展的根本目的的理论;关于人口、资源和环境要协调发展的理论等;都是经济发展理论中的重要部分。这些理论对当代中国的经济社会发展具有重要的指导意义。

在马克思主义的指导下,中国共产党人带领全国各族人民完成了新民主主义革命,进行了社会主义改造,确立了社会主义基本制度,为当代中国一切发展、进步奠定了根本政治前提和制度基础。在这样的基础上,改革开放 40 年,我们在继承发展马克思主义关于发展的思想,总结中国和世界经济发展实践经验,吸

---

① 《中共中央关于全面深化改革若干重大问题的决定》,中国政府网,2013 年 11 月 15 日,http://www.gov.cn/jrzg/2013-11/15/content_2528179.htm。

收国外有益的发展理论成果,形成了中国特色社会主义发展理论,深刻回答了什么是发展,中国需要怎样的发展,怎样实现发展等问题,为经济社会的全面协调可持续发展提供了科学的理论指导。

党的十一届三中全会确定的"把全党的工作重心转到经济建设上来",邓小平提出的"发展是硬道理",无论是从实践上还是理论上,都具有开创性意义。其后在实践中逐步形成的科学发展观,强调第一要义是发展,核心是以人为本,基本要求是全面协调可持续,根本方法是统筹兼顾,反映了我们对发展问题认识的新高度。

党的十八大以来,以习近平同志为核心的党中央开拓创新,形成了创新、协调、绿色、开放、共享新发展理念。新发展理念强调"创新是引领发展的第一动力","协调是持续健康发展的内在要求","绿色是永续发展的必要条件和人民对美好生活追求的重要体现","开放是国家繁荣发展的必由之路","共享是中国特色社会主义的本质要求"。[1] 新发展理念坚持以人民为中心的发展思想,把实现人民幸福作为发展的目的和归宿,强调发展为了人民、发展依靠人民、发展成果由人民共享;围绕人民中心,必须坚定不移把发展作为党执政兴国的第一要务,坚持解放和发展社会生产力,坚持社会主义市场经济改革方向,推动经济持续健康发展。新发展理念是马克思主义基本原理与当代中国实际相结合的产物,是中国特色社会主义理论体系关于发展的最新成果。牢固树立并切实贯彻创新、协调、绿色、开放、共享的新发展理念,是关系我国发展全局的一场深刻变革。要充分认识这场变革的重大现实意义和深远历史意义,深化改革,开拓前进,推动我国发展迈上新台阶。

十、创新形成了中国特色社会主义开放理论和经济全球化理论

新中国 70 年,丰富发展了马克思主义世界经济学说,创新形成了中国特色社会主义开放理论和经济全球化理论。

在马克思创立的政治经济学中包含丰富的关于国际贸易和世界经济的思想。马克思指出,国际贸易在社会再生产过程中处于"中间环节"和"媒介要素"的地位,"而世界贸易则是大机器工业的必不可少的条件"[2]。马克思在《共产党宣言》中也曾经指出:"资产阶级,由于开拓了世界市场,使一切国家的生产

---

[1] 《中共中央关于制定国民经济和社会发展第十三个五年规划的建议》,新华社,2015 年 11 月 3 日,http://politics.people.com.cn/n/2015/1103/c1001 - 27772701 - 2. html。

[2] 《马克思恩格斯文集》第 10 卷,人民出版社 2009 年版,第 49 页。

和消费都成为世界性的了。""过去那种地方的和民族的自给自足和闭关自守状态,被各民族的各方面的互相往来和各方面的互相依赖所代替了。""资产阶级在它的不到一百年的阶级统治中所创造的生产力,比过去一切世代创造的全部生产力还要多,还要大。"① 马克思的这些论述是关于经济全球化的最早的经典性论述。

改革开放前30年,毛泽东以世界格局的大视野提出:"我们的方针是,一切民族、一切国家的长处都要学,政治、经济、科学、技术、文学、艺术的一切真正好的东西都要学。但是,必须有分析有批判地学,不能盲目地学,不能一切照抄,机械搬用。他们的短处、缺点,当然不要学。"② 这为我国对外开放提供了思想理论的指导。但由于当时的国际环境,特别是由于帝国主义国家对我国经济的封锁,导致我国的对外开放和国际经济关系主要是在社会主义国家之间和第三世界国家之间进行。

改革开放开始以后,随着实践和时代的发展,我国对开放理论不断丰富和发展,包括:将开放与改革一起,看做是决定中国命运的关键选择,是中华民族复兴的必由之路,对外开放是我国实现社会主义现代化的基本国策的理论;建设经济特区理论;"三资"企业是社会主义经济有益补充有利于社会主义发展的理论;全方位开放理论;"引进来"与"走出去"相结合理论;更好利用两个市场、两种资源,优化资源配置理论;以开放促改革理论等等,这些理论对促进和指导我国的对外开放起到十分重要的作用。

党的十八大以来,随着中国特色社会主义进入新时代,我国的对外开放继续扩大,开放理论取得了一系列重大创新。包括:坚持推动构建人类命运共同体,建设持久和平、普遍安全、共同繁荣、开放包容、清洁美丽的世界的理论;统筹国内国际两个大局,奉行互利共赢的开放战略,谋求开放创新、包容互惠的发展前景的理论;推动形成全面开放新格局,中国开放的大门只会越开越大的理论;以"一带一路"建设为重点,遵循共商共建共享原则,加强创新能力开放合作,形成陆海内外联动、东西双向互济的开放格局的理论;拓展对外贸易,培育贸易新业态新模式,推进贸易强国建设的理论;实行高水平的贸易和投资自由化便利化政策,大幅度放宽市场准入,扩大服务业对外开放,保护外商投资合法权益的理论;优化区域开放布局,加大西部开放力度的理论;赋予自由贸易试验区更大改革自主权,探索建设自由贸易港的理论;创新对外投资方式,促进国际产能合

---

① 《马克思恩格斯文集》第2卷,人民出版社2009年版,第35、36页。
② 《毛泽东文集》第7卷,人民出版社1999年版,第41页。

作,加快培育国际经济合作和竞争新优势的理论;推动经济全球化朝着更加开放、包容、普惠、平衡、共赢的方向发展;积极促进"一带一路"国际合作,努力实现政策沟通、设施联通、贸易畅通、资金融通、民心相通,打造国际合作新平台,增添共同发展新动力的理论;加大对发展中国家特别是最不发达国家援助力度,促进缩小南北发展差距的理论;支持多边贸易体制,促进自由贸易区建设,推动建设开放型世界经济的理论;秉持共商共建共享的全球治理观,积极参与全球治理体系改革和建设,不断贡献中国智慧和力量的理论,等等。① 这些理论是新时代我国对外开放的理论指南,是对推动经济全球化健康发展,推进全球治理的中国智慧和重大贡献。

第二节 习近平新时代中国特色社会主义经济思想

一、新中国经济理论创新的最新成果

在长期探索发展的基础上,以党的十八大为标志,中国特色社会主义进入新时代,形成了习近平新时代中国特色社会主义思想,其中习近平中国特色社会主义经济思想是重要组成部分。

习近平新时代中国特色社会主义经济思想是中国经济建设改革发展经验的凝结,时代发展的结晶,是新中国70年理论创新的最新成果,是马克思主义中国化的最新成果,是中国特色社会主义政治经济学、21世纪马克思主义政治经济学的最新成果。

二、习近平新时代中国特色社会主义经济思想的丰富内涵

习近平新时代中国特色社会主义经济思想是以中国特色社会主义为方向、以中国共产党的领导为根本组织保证、以满足人民不断增长的对美好生活需要为目的、以新发展理念为核心、以改革开放为动力,集揭示经济发展规律、社会发展规律和人与自然关系为一体的理论体系,内涵极其丰富,主要包括:

---

① 习近平:《决胜全面建成小康社会 夺取新时代中国特色社会主义伟大胜利——在中国共产党第十九次全国代表大会上的报告》,新华社,2017年10月27日,http://news.cnr.cn/native/gd/20171027/t20171027_524003098.shtml。

· 奋斗与创新 ·

1. 坚持和发展中国特色社会主义的基本方向。坚持和发展什么样的中国特色社会主义、怎样坚持和发展中国特色社会主义,是习近平新时代中国特色社会主义思想集中回答的时代课题。经济制度是整个社会制度的基础,经济建设是各项建设的中心。习近平明确提出中国特色社会主义是改革开放以来党的全部理论和实践的主题,坚持和发展中国特色社会主义总任务是实现社会主义现代化和中华民族伟大复兴,在全面建成小康社会的基础上,分两步走,在21世纪中叶建成富强民主文明和谐美丽的社会主义现代化强国;明确中国特色社会主义事业总体布局是"五位一体"、战略布局是"四个全面",强调必须坚持和完善我国社会主义基本经济制度和分配制度,毫不动摇巩固和发展公有制经济,毫不动摇鼓励、支持、引导非公有制经济发展。这不仅凸显了中国特色社会主义经济制度的基础作用和经济建设的中心地位,而且把经济制度的完善和经济建设与政治文化社会在生态文明各个领域的发展和建设结合起来,更重要的是为我国经济的发展确定了明确的社会主义方向。

2. 坚持党对经济工作集中统一领导。习近平新时代中国特色社会主义思想明确提出中国特色社会主义最本质的特征是中国共产党领导,中国特色社会主义制度的最大优势是中国共产党领导,党是最高政治领导力量。党政军民学,东西南北中,党是领导一切的。同时提出完善坚持党的领导的体制机制,提高党把方向、谋大局、定政策、促改革的能力和定力,确保党始终总揽全局、协调各方。这就把经济工作的领导权牢牢掌握在党的手中,并且上升到社会主义本质特征的高度从制度上确立下来,这为中国特色社会主义经济发展提供了根本的组织保证。

3. 坚持以人民为中心。任何经济思想都有其出发点和立足点,都是一定社会群体利益的代表和反映。习近平经济思想最鲜明的特点是坚定不移代表广大人民群众的根本利益,坚持以人民为中心的发展思想。从担任总书记伊始做出的"人民对美好生活的向往,就是我们的奋斗目标"的庄严承诺①,到全面建成小康社会、建成社会主义现代化强国、着力改善民生和共享发展理念的提出,再到明确新时代我国社会主要矛盾是人民日益增长的美好生活需要和不平衡不充分的发展之间的矛盾,必须坚持以人民为中心的发展思想,不断促进人的全面发展、全体人民共同富裕,以上都体现了习近平同志以人民为中心的发展思想。

4. 坚持以新发展理念引领发展建设现代化经济体系。发展是解决我国一切问题的基础和关键。必须坚定不移把发展作为党执政兴国的第一要务,坚持解放和发展社会生产力,推动经济持续健康发展。发展是一个不断变化的过程,适时

---

① 《习近平谈治国理政》,外文出版社2014年版,第3页。

把握我国经济进入新常态和世界经济发展出现的新趋势，习近平提出适应、把握、引领新常态，必须坚定不移贯彻创新、协调、绿色、开放、共享的发展理念，在此基础上根据我国经济已由高速增长阶段转向高质量发展阶段，正处在转变发展方式、优化经济结构、转换增长动力的攻关期，建设现代化经济体系是跨越关口的迫切要求和我国发展的战略目标，提出必须坚持质量第一、效益优先，以供给侧结构性改革为主线，推动经济发展质量变革、效率变革、动力变革，提高全要素生产率，着力加快建设实体经济、科技创新、现代金融、人力资源协同发展的产业体系，着力构建市场机制有效、微观主体有活力、宏观调控有度的经济体制，不断增强我国经济创新力和竞争力。这集中反映了党对经济社会发展规律认识的深化，是我国对发展理论的又一次创新。

5. 坚持全面深化改革。习近平提出："只有社会主义才能救中国，只有改革开放才能发展中国、发展社会主义、发展马克思主义。"① 改革开放是决定中国命运的关键一招，也是决定实现"两个一百年"奋斗目标，实现中华民族伟大复兴的关键一招。改革开放只有进行时，没有完成时。② 全面深化改革总目标是完善和发展中国特色社会主义制度、推进国家治理体系和治理能力现代化；坚决破除一切不合时宜的思想观念和体制机制弊端，突破利益固化的藩篱，吸收人类文明有益成果，构建系统完备、科学规范、运行有效的制度体系，充分发挥我国社会主义制度优越性；坚持社会主义市场经济改革方向，使市场在资源配置中起决定性作用，更好发挥政府作用，坚决扫除经济发展的体制机制障碍。所有这些都进一步明确了改革的任务和方向，坚定了全党全国人民全面深化改革的信心。③

6. 坚持人与自然和谐共生。经济发展不仅要尊重经济规律，而且要尊重自然规律和社会发展规律。"建设生态文明是中华民族永续发展的千年大计。必须树立和践行绿水青山就是金山银山的理念，坚持节约资源和保护环境的基本国策，像对待生命一样对待生态环境，统筹山水林田湖草系统治理，实行最严格的生态环境保护制度，形成绿色发展方式和生活方式，坚定走生产发展、生活富裕、生态良好的文明发展道路，建设美丽中国，为人民创造良好生产生活环境，为全球生态安全作出贡献。"④

---

①④ 习近平：《决胜全面建成小康社会 夺取新时代中国特色社会主义伟大胜利——在中国共产党第十九全国代表大会上的报告》，新华社，2017 年 10 月 27 日，http://news.cnr.cn/native/gd/20171027/t20171027_524003098.shtml。

② 《习近平总书记系列重要讲话读本》，学习出版社、人民出版社 2016 年版，第 67、68 页。

③ 《习近平谈治国理政》，外文出版社 2014 年版，第 67、75~77、86~87 页。

7. 坚持对外开放基本国策推动经济全球化深入发展构建人类命运共同体。习近平同志提出要更好统筹国内国际两个大局,利用好国内国际两个市场、两种资源,发展更高层次的开放型经济,积极参与全球经济治理,同时坚决维护我国发展利益,积极防范各种风险,确保国家经济安全。① 在世界范围,提出构建以合作共赢为核心的新型国际关系,打造人类命运共同体,奉行双赢、多赢、共赢的新理念,谋求开放创新、包容互惠的发展前景。② 同时提出"始终不渝走和平发展道路、奉行互利共赢的开放战略,坚持正确义利观,树立共同、综合、合作、可持续的新安全观,谋求开放创新、包容互惠的发展前景,促进和而不同、兼收并蓄的文明交流,构筑尊崇自然、绿色发展的生态体系,始终做世界和平的建设者、全球发展的贡献者、国际秩序的维护者。"③ 这些重要思想对于中国进一步走向世界,推动世界的和平与发展具有重要的指导作用。

8. 坚持科学的方法论。科学的思想是建立在科学的方法论基础之上的。坚持辩证唯物主义和历史唯物主义世界观和方法论,是习近平经济思想深厚的哲学基础,也是习近平观察、分析、解决经济问题的根本世界观和方法论。在第十一次、二十次中央政治局集体学习时的重要讲话,集中体现了他对辩证唯物主义和历史唯物主义世界观和方法论的坚定信仰和高度重视。他指出,"辩证唯物主义是中国共产党人的世界观和方法论,我们党要团结带领人民协调推进全面建成小康社会、全面深化改革、全面依法治国、全面从严治党,实现'两个一百年'奋斗目标、实现中华民族伟大复兴的中国梦,必须不断接受马克思主义哲学智慧的滋养,更加自觉地坚持和运用辩证唯物主义世界观和方法论,增强辩证思维、战略思维能力,努力提高解决我国改革发展基本问题的本领。"④ 正是坚持了这样的方法论,以习近平同志为核心的党中央善于把握天下大势,抢抓机遇,顺势而为,提出协调推进全面建成小康社会、全面深化改革、全面依法治国、全面从严治党的"四个全面"战略布局,确立了新的历史条件下党和国家各项工作的战略

---

① 《习近平在中共中央政治局第二十八次集体学习时强调立足我国国情和我国发展实践发展当代中国马克思主义政治经济学》,人民网 – 人民日报,2015 年 11 月 25 日。

② 《习近平出席第七十届联合国大会一般性辩论并发表重要讲话,强调继承和弘扬联合国宪章宗旨和原则,构建以合作共赢为核心的新型国际关系,打造人类命运共同体》,载于《人民日报》2015 年 9 月 29 日。

③ 习近平:《决胜全面建成小康社会 夺取新时代中国特色社会主义伟大胜利——在中国共产党第十九次全国代表大会上的报告》,新华社,2017 年 10 月 27 日,http://news.cnr.cn/native/gd/20171027/t20171027_524003098.shtml。

④ 《习近平在中共中央政治局第二十次集体学习时强调坚持运用辩证唯物主义世界观方法论提高解决我国改革发展基本问题本领》,2015 年 5 月 31 日,人民网 – 人民日报。

目标和战略举措,是我国新形势下治国理政的总方略和长远发展的总战略。"四个全面"总战略的提出,是习近平娴熟运用辩证唯物主义和历史唯物主义观察、分析和解决重大经济问题的战略思维和高超艺术的集中体现,为实现"两个一百年"奋斗目标、实现中华民族伟大复兴的中国梦提供了重要保障。

三、21世纪马克思主义政治经济学的最新发展

习近平新时代中国特色社会主义经济思想,回应时代的关切,实现了马克思主义政治经济学的新飞跃,成为21世纪马克思主义政治经济学的最新发展,使马克思主义政治经济学进一步焕发出蓬勃的生机和真理的光芒。

政治经济学本质上是一门历史的科学,站在时代和实践发展的前沿,聆听时代的声音,回应时代和实践发展的要求,是政治经济学的历史使命。党的十八大以来,习近平多次强调要构建中国特色社会主义政治经济学。2014年,习近平同志提出,各级党委和政府要学好用好政治经济学。① 2015年,他在主持政治局第二十八次集体学习时强调,要立足我国国情和我国发展实践,揭示新特点新规律,提炼和总结我国经济发展实践的规律性成果,把实践经验上升为系统化的经济学说,不断开拓当代中国马克思主义政治经济学新境界。② 在2015年中央经济工作会议上,他又进一步强调要坚持中国特色社会主义政治经济学重大原则。③ 在习近平的倡导和身体力行推动下,中国特色社会主义政治经济学呈现出繁荣发展的新局面,一批反映中国实践、中国经验、中国理论的优秀经济学成果纷纷涌现。

新时代中国特色社会主义政治经济学的构建是新中国成立以来对政治经济学的探索的继续。新中国成立到改革开放前,我国对政治经济学的探索主要集中在:一是进一步学习马克思主义政治经济学经典著作,特别是《资本论》、列宁的《帝国主义是资本主义发展的最高阶段》和关于社会主义建设的理论。高校开设《资本论》选读课程,理论界阐释《资本论》中的马克思主义政治经济学原理,学习的目的是努力从《资本论》和列宁的论述中寻求指导社会主义经济建设的理论。二是引进、学习斯大林《社会主义经济问题》和苏联《政治经济学教科书》。1952年2~9月,斯大林写作了《苏联社会主义经济问题》一书,对苏

---

① 《中共中央就当前经济形势和下半年经济工作召开党外人士座谈会》,新华网,2014年7月29日。
② 《习近平在中共中央政治局第二十八次集体学习时强调立足我国国情和我国发展实践发展当代中国马克思主义政治经济学》,人民网-人民日报,2015年11月25日。
③ 《中央经济工作会议12月9日至11日在北京举行》,载于《人民日报》2014年12月11日。

联 30 多年社会主义建设的经验和第二次世界大战后资本主义的发展进行了理论概括。1954 年,根据斯大林《苏联社会主义经济问题》基本观点编写的《政治经济学教科书》正式出版。《苏联社会主义经济问题》,"在很大程度上反映了苏联 30 多年社会主义经济建设的经验,在政治经济学史上具有一定的意义。斯大林肯定了社会主义经济中商品生产和商品交换的必要性,肯定了价值规律是一个'很好的实践的学校',等等。但同时,该书也包含一些不正确或不符合实际的论断。例如,关于全民所有制经济内部交换的生产资料实质上不是商品,价值规律对社会主义生产只起影响作用、不起调节作用,排斥市场机制等,它们长期禁锢着人们对思想,束缚着经济管理体制的改革。"[1] 对于苏联的这些理论,我国理论界一方面受到其影响,形成了与计划经济模式相适应的计划经济理论,另一方面也对其进行质疑,从我国实际出发加以矫正和创新。三是从中国的实际出发,总结我国社会主义革命建设的实践,对一系列社会主义经济理论进行了初步探索,提出了一些有价值的理论观点。四是开始了政治经济学教科书的编写探索。1958 年"大跃进"中和之后的"文化大革命"中,学者们都曾尝试过从中国实际出发编写政治经济学教科书,取得了一些成果,但由于受到当时社会环境和人们认识水平的限制,明显打上了当时政治的烙印。

改革开放新时期,我们把马克思主义政治经济学基本原理同现代化建设和改革开放新的实践结合起来,不断丰富和发展马克思主义政治经济学,形成了中国特色社会主义政治经济学的许多重要理论成果,例如,关于社会主义本质的理论,关于社会主义初级阶段基本经济制度的理论,关于树立和落实创新、协调、绿色、开放、共享的发展理念的理论,关于发展社会主义市场经济、使市场在资源配置中起决定性作用和更好发挥政府作用的理论,关于我国经济发展进入新常态的理论,关于推动新型工业化、信息化、城镇化、农业现代化相互协调的理论,关于用好国际国内两个市场、两种资源的理论,关于促进社会公平正义、逐步实现全体人民共同富裕的理论,等等。这些理论成果,是适应当代中国国情和时代特点的中国特色社会主义政治经济学的重要理论,不仅有力指导了我国经济发展实践,而且开拓了马克思主义政治经济学新境界。[2] 党中央适时总结这些理论成果,做出关于经济改革发展的若干重要决定,如 1984 年《中共中央关于经济体制改革的决定》、1994 年《中共中央关于建立社会主义市场经济体制若干问题的决定》、2003 年《中共中央关于完善社会主义市场经济体制若干问题的决

---

[1] 张卓元主编:《中国经济学 60 年》,中国社会科学出版社 2009 年版,第 74 页。
[2] 《习近平在中共中央政治局第二十八次集体学习时强调立足我国国情和我国发展实践发展当代中国马克思主义政治经济学》,人民网 - 人民日报,2015 年 11 月 25 日。

定》，等等，这些党的重大决定，实际上都是改革开放新时期的政治经济学。与此同时，理论界和教育界认真吸取现代化建设和改革开放取得的理论成果，借鉴世界多国经济学的有益成分，开展了持续不懈卓有成效的政治经济学教科书的建设，涌现出一批各具特色不同版本的政治经济学教科书，例如，20世纪70年代末80年代初中期的《政治经济学（社会主义部分）》（北方本、南方本），90年代初期的《政治经济学（社会主义部分）》，20世纪末21世纪初的《政治经济学》，特别是2009年列入马克思主义理论研究和建设工程的教科书《马克思主义政治经济学概论》。中国特色社会主义政治经济学的建设发展呈现出繁荣的景象。①

党的十八大以来，在习近平中国特色社会主义经济思想的指引下，一批更具中国特色中国风格的中国特色社会主义政治经济学专著和教科书出版。例如，高等教育出版社2017年4月出版的《中国特色社会主义政治经济学》、经济科学出版社2017年9月出版的《中国特色社会主义政治经济学通论》、江苏人民出版社2016年11月出版的《中国特色社会主义政治经济学读本》，等等。这些以中国特色社会主义政治经济学冠名的政治经济学专著和教科书的共同特点是，坚持以习近平新时代中国特色社会主义经济思想为指导，反映新时代中国经济改革发展的最新实践经验和理论成果，在理论体系和话语体系建设上有所创新。

以党的十八大召开和习近平提出中国特色社会主义政治经济学的范畴为标志，中国特色社会主义政治经济学的建设进入新阶段。

第三节 新中国经济理论与实践创新的基本经验

一、坚持马克思主义基本原理与中国实际相结合

这是在中国长期的革命改革建设实践中积累的具有根本方法论意义的重要经验，也是在70年理论创新中积累的重要经验。科学的经济理论归根结底来源于

---

① 谷书堂、宋则行主编：《政治经济学（社会主义部分）》（北方本），陕西人民出版社1979年版；蒋家骏、吴宣恭主编：《政治经济学（社会主义部分）》（南方本），上海人民出版社1979年版；吴树青、卫兴华、谷书堂、吴宣恭主编：《政治经济学（社会主义部分）》，高等教育出版社1990年版；逄锦聚、洪银兴、林岗、刘伟主编：《政治经济学》，高等教育出版社2002年版；编书组：《马克思主义政治经济学概论》，高等教育出版社、人民出版社2009年版。

对实践经验的总结，同时也离不开对前人科学成果的继承，而这两者，都离不开科学方法论的指导。马克思主义提供了辩证唯物主义和历史唯物主义科学方法论，这是经济理论创新发展必须坚持以马克思主义为指导思想的基本原因所在。

之所以要坚持以马克思主义为指导，还因为马克思主义在揭示资本主义经济制度特有规律的同时，还揭示了人类社会发展和社会化大生产的一般规律，并且对未来社会进行了科学的预测，这些都为经济理论创新提供了指南。中国的实践证明，马克思主义是科学的理论、人民的理论、实践的理论、不断发展的开放的理论，"马克思主义的命运早已同中国共产党的命运、中国人民的命运、中华民族的命运紧紧连在一起，它的科学性和真理性在中国得到了充分检验，它的人民性和实践性在中国得到了充分贯彻，它的开放性和时代性在中国得到了充分彰显！"[①]

坚持马克思主义不仅要坚持马克思主义基本原理，更重要的是将马克思主义基本原理与中国的实际相结合，与时代的发展相结合。新中国成立以来，根据发展的社会主义建设的实践，我国坚持了马克思主义与中国实际相结合、与时代特点相结合，丰富了在新民主主义革命时期就形成的毛泽东思想。在毛泽东思想指引下，在1978年前的近30年的社会主义探索中，我国社会主义建设取得了伟大成就，为其后的改革和发展奠定了坚实的基础。在1978年开始的改革开放进程中，我国坚持马克思主义基本原理与中国实际相结合，发展了毛泽东思想，形成了邓小平理论、"三个代表"重要思想和科学发展观；党的十八大以来，我国坚持马克思主义基本原理与中国实际相结合，开辟了中国特色社会主义新时代，创立了习近平新时代中国特色社会主义思想，并在这一思想指导下，在实践与理论的结合上实现了更大的历史性的创新。

坚持马克思主义基本原理与中国实际相结合，是新中国成立70年实践探索成功的最宝贵经验，也是经济理论创新的最宝贵经验。实事求是、与时俱进是马克思主义最显著的理论品质。在新时代继续实现理论创新，仍然必须坚持马克思主义基本原理与中国实际相结合。

二、坚持实践第一在不断实践探索中实现理论创新

新中国70年，我们坚持实践第一，根据时代变化和实践发展，不断总结经验，实现理论创新和实践创新良性互动，在这种互动中创造并不断发展社会主义

---

① 习近平：《在纪念马克思诞辰200周年大会上的讲话》，载于《人民日报》2018年5月5日。

经济理论，再以创新的理论指导实践。

新中国70年，我国经济社会实践发展经历了改革开放前后两个时期，并以党的十八大的召开标志着中国特色社会主义进入新时代。与经济社会发展的阶段性和连续性相适应，我国的经济理论创新也经历了实践—理论—再实践—再理论的不断发展过程。改革开放之前，在中国共产党的领导下，中国人民努力奋斗，"完成社会主义革命，确立社会主义基本制度，推进社会主义建设，完成了中华民族有史以来最为广泛而深刻的社会变革，为当代中国一切发展进步奠定了根本政治前提和制度基础，实现了中华民族由近代不断衰落到根本扭转命运、持续走向繁荣富强的伟大飞跃。"[1] 在总结实践经验的基础上，马克思主义政治经济学得以进一步学习和运用，毛泽东思想得以进一步丰富和发展。学术界在学习借鉴苏联社会主义建设经验和经济理论成果的同时，从中国实际出发探索社会主义建设规律，开始政治经济学教材建设的探索。

改革开放以来，在实践中，在中国共产党的领导下，中国人民"进行改革开放新的伟大革命，破除阻碍国家和民族发展的一切思想和体制障碍，开辟了中国特色社会主义道路，使中国大踏步赶上时代"[2]，实现了从站起来到富起来的飞跃。在总结实践经验的基础上，产生了马克思主义中国化的理论成果——邓小平理论、"三个代表"重要思想和科学发展观，其中包含着丰富的中国特色社会主义经济思想。学术界开展了大量中国特色社会主义经济的研究，编写了多种反映中国改革开放和现代化建设经验的政治经济学教科书，取得了一系列重大理论进展。

党的十八大以来，在实践中，在中国共产党领导下，中国人民共同奋斗，"中国特色社会主义进入新时代，意味着近代以来久经磨难的中华民族迎来了从站起来、富起来到强起来的伟大飞跃，迎来了实现中华民族伟大复兴的光明前景；意味着科学社会主义在二十一世纪的中国焕发出强大生机活力，在世界上高高举起了中国特色社会主义伟大旗帜；意味着中国特色社会主义道路、理论、制度、文化不断发展。"[3] 在理论上，产生了习近平新时代中国特色社会主义经济思想。在习近平新时代中国特色社会主义经济思想指引下，理论界共同努力，推动了经济学的繁荣发展，催生创立了中国特色社会主义政治经济学。

新中国70年的实践和理论探索充分证明，实践是认识的源泉，科学的理论只能来源于实践并在接受实践检验中不断完善和发展。中国特色社会主义是发展

---

[1][2][3] 习近平：《决胜全面建成小康社会 夺取新时代中国特色社会主义伟大胜利——在中国共产党第十九次全国代表大会上的报告》，新华社，2017年10月27日，http://news.cnr.cn/native/gd/20171027/t20171027_524003098.shtml。

的制度，中国特色社会主义经济学理论也必然是发展的经济理论。进一步发展和完善中国特色社会主义理论，要坚持实践探索不停步，理论创新也不停步，在实践中创新理论，在实践检验中完善发展理论，创造更多更科学的理论和学说，指导中国特色社会主义建设事业不断前进。

三、坚持党的领导依靠人民尊重知识实现理论创新

实践是人民群众的实践，人民群众是社会历史的主体，是历史的创造者，是推动社会变革的决定力量。新中国70年的全部历史都是中国人民实践探索的历史，没有人民的伟大实践就没有新中国的成就，也就没有中国特色社会主义经济理论的创新和发展。

在人民群众中有一个特殊的群体是知识分子，他们是人民的一部分，但与直接从事经济社会实践活动的人民群众社会分工又不同，他们从事理论研究、学术探索和人才培养，以自己的知识和智慧把人民群众的直接实践经验上升为理论，繁荣学术，服务经济社会的发展。新中国成立70年成就的取得知识分子功不可没，没有知识分子的艰辛劳动，中国今天的成就特别是经济理论的发展创新也是不可能的。理论探索的历程证明了这一点。早在新中国成立初期的社会主义建设中，理论界在总结否定商品生产和价值规律作用教训的基础上，就曾提出社会主义商品生产和计划与市场关系的理论。如孙冶方1956年提出把计划和统计放在价值规律的基础上的观点，强调社会主义经济发展计划必须以价值规律为基础。[1] 于光远在1959年提出，社会主义制度下两种公有制之间的交换、国营企业与国营企业之间的交换以及社会个人之间的交换都是商品关系。[2] 在总结1958年"大跃进"导致国民经济失衡教训基础上，理论界提出社会主义按比例发展和综合平衡理论。如薛暮桥等提出，速度必须建立在客观可能的基础上，而且必须保持国民经济各部门的基本比例关系，这样才能保证国民经济的高速度发展。[3] 杨坚白提出，综合平衡是计划经济的基本方针或基本方法，是国民经济的全局的整体的平衡。[4] 另外，在社会主义生产目的理论、经济效果理论、企业理论、产业结构理论、价格理论、财政理论、金融理论、社会保障理论、对外开放理论等方面也都开展了讨论并取得有益成果。在改革开放进程中，知识界对社会主义初级

---

[1] 参见孙冶方：《把计划和统计放在价值规律等基础上》，载于《经济研究》1957年第3期。
[2] 参见于光远：《关于社会主义制度下商品生产问题的讨论》，载于《经济研究》1959年第7期。
[3] 参见薛暮桥：《社会主义经济的高速度和按比例发展》，载于《人民日报》1959年1月7日。
[4] 杨坚白：《关于国民经济综合平衡的几个争论问题》，载于《江汉学报》1964年第6期。

阶段、社会主义基本经济制度、分配制度、社会主义市场经济、改革开放等理论的形成都做出了重要贡献。如陈宗胜于1987年提出我国所有制改革的目标模式是"混合经济"的观点，并指出这样的混合经济不是私有制居相对主体的混合经济，而是公有制居相对主体的混合经济。① 谷书堂等于1988年就提出社会主义按劳分配与按生产要素分配相结合的观点，后为党的文件所确认。② 吴敬琏1991年提出我国改革的目标是建立社会主义市场经济体制，并对新体制的框架作了比较详细的论证。③ 王建1988年提出"国际大循环理论"；洪银兴1997年提出为适应知识经济和高新技术产业蓬勃发展的需要，中国外贸发展战略从以比较优势转向以竞争优势为导向实为必然的选择。④ 这些观点对我国经济发展起了重要推动作用。

人民群众的实践，知识分子的理论探索，是在中国共产党领导下进行的。中国共产党是社会主义事业的领导核心，中国共产党的领导是新中国70年成就取得的根本保证。在中国共产党的领导下，人民群众的实践创新、知识分子的理论创新融为一体，变成推动经济发展的路线政策方针和现实的力量，这是新中国70年理论创新的宝贵经验，是中国特色社会主义经济理论发展的不竭动力和活力的源泉。

四、在开放发展中学习借鉴人类文明成果实现理论创新

社会主义经济理论是开放的体系。在坚持马克思主义指导、从中国实际出发的同时，还需要充分吸收人类文明的一切成果。人类文明成果是人类长期实践经验的总结，吸收借鉴这些有益的成果，从中汲取滋养，对我国经济理论的创新和中国特色社会主义经济学的建设和发展是有益的。新中国70年特别是改革开放以来，我们有分析地学习借鉴别国实践经验和经济学成果，为我所用。实践证明，这种做法是必要的，有益的。当然在学习过程中我们也有教训，付过学费。

改革开放开始之前，主要是学习苏联的理论和经验。学习的过程有我国自己的创新，例如，过渡时期及其总路线的制定、生产资料社会主义改造、"十大"

---

① 陈宗胜：《论所有制改革的目标模式》，载于《南开经济研究》1987年第3期。
② 参见谷书堂、蔡继明：《按贡献分配是社会主义初级阶段的分配原则》，引自中共中央宣传部主编：《理论纵横》上篇，河北人民出版社1988年版。
③ 吴敬琏、刘吉瑞：《论竞争性市场体制》，中国财政经济出版社1991年版。
④ 王建：《关于"国际大循环"经济发展战略的构想》，载于《经济日报》1988年1月5日；洪银兴：《从比较优势到竞争优势》，载于《经济研究》1997年第6期。

经济关系的处理，等等，但在当时特殊的背景下也有照抄照搬的问题，最典型的是计划经济理论和计划经济体制的形成在很大程度上是学习苏联的产物。

1978年改革开放开始后，在最初的一段时间内，我国理论界曾经大量地介绍学习东欧一些经济学家的改革理论，比较流行的如锡克的理论、兰格的理论、布鲁斯的理论、克尔内的理论等，但苏联解体、东欧剧变后，苏东改革理论失去吸引力，而西方经济理论则大量进入，对中国经济学建设产生了比较大的影响。其后果有正面的，也有负面的。正面的主要是学习借鉴了发达国家的市场经济理论，为我所用，负面的主要是出现了某种程度的盲目崇拜、照搬西方经济理论的倾向。

在这两个阶段对别国理论和经验的学习都是有经验和教训可以总结的。最突出的是，在学习借鉴别国理论和经验时，一定要从本国实际出发，要有分析地借鉴，而绝不可盲目照搬。在这方面教训是深刻的。照搬苏联的理论，搞了计划经济体制，结果严重束缚了社会主义优越性的发挥；盲目照搬西方理论的路子显然也走不通，2008年爆发的美国次贷危机和由此引发的世界金融危机又一次证明所谓的西方现代经济学的主流理论即使在西方有时也会失灵，在中国就更难行得通。经验和教训都说明，搞现代化建设不学习借鉴别国经验和理论不行，但学习借鉴别国理论只能从我国实际出发而绝不可照抄照搬。

第四节 新中国70年经济理论与实践创新的世界贡献

一、为世界社会主义的发展提振了信心

任何科学的理论都是实践和时代的产物，而科学思想一旦形成又将成为指导实践引领时代前进的旗帜。在中国特殊国情基础上创造的经济理论首先具有特殊性，但在这些特殊性中也包含着从本质上揭示的人类经济发展的一般规律。

首先，新中国的经济理论创新揭示了什么是社会主义和如何建设社会主义，为世界社会主义的发展提振了信心，提供了中国智慧和理论。

新中国70年是社会主义实践和理论探索的70年。这70年世界社会主义有高潮，也遇到过挫折。当20世纪80年代后世界社会主义处于低潮时，中国开始了史无前例的改革开放，中国特色社会主义以其蓬勃朝气和活力屹立在世界东方。中国特色社会主义的实践和理论向全世界昭示，社会主义依然是人类美好的

社会制度，具有巨大的活力、潜力和广阔的发展前景。在中国特色社会主义发展基础上创新形成的关于社会主义本质是发展生产力，解放生产力，消灭剥削，消除两极分化，实现共同富裕的理论；中国共产党领导是社会主义最本质的特征的理论；社会主义以经济建设为中心的理论；社会主义初级阶段的理论；社会主义初级阶段基本经济制度的理论、分配制度的理论；社会主义市场经济理论；社会主义改革开放发展理论，社会主义宏观调控理论，等等；不仅揭示了中国特色社会主义的特殊规律，对中国特色社会主义事业发展具有指导意义，而且包含着社会主义发展的一般规律，对世界社会主义的发展也具有重要指导意义，是世界社会主义的宝贵财富。

二、拓展了发展中国家走向现代化的途径

新中国的经济理论创新"拓展了发展中国家走向现代化的途径，给世界上那些既希望加快发展又希望保持自身独立性的国家和民族提供了全新选择"①。

中国是世界上最大的发展中国家，在短短70年的时间里，从一个落后的半封建半殖民地国家迅速成长为世界第二大经济体，人均国民收入达到近1万美元，解决了13亿多人口的吃饭问题。指导这样实践的理论是从本国实际出发借鉴学习他国的经验坚定走自己发展道路的理论，是科学发展坚持创新、协调、绿色、开放、共享发展理念的理论，是顺应世界潮流不断改革开放的理论，是工业化、信息化、农业现代化与城镇化协调发展的理论。这些理论不仅是适合中国发展的理论，也揭示了发展中国家从后发到发达的一般道路和理论。

三、为实现世界各国的互利共赢发展贡献了中国智慧和中国方案

新中国的经济理论创新揭示了新世纪世界经济发展的方向，为解决人类共同面临的问题，实现世界各国的互利共赢发展贡献了中国智慧和中国方案。

新中国70年，是世界经历大发展大变革的70年。特别是人类社会进入21世纪第二个十年，无论是中国还是世界，经济社会发展都发生着深刻的、复杂的变化，面临重大的时代课题，迫切需要给予战略性前瞻性回答。就中国而言，最关键的是把握历史发展的新方位，在已经取得成就的基础上，攻难克艰，坚持和

---

① 习近平：《决胜全面建成小康社会 夺取新时代中国特色社会主义伟大胜利——在中国共产党第十九次全国代表大会上的报告》，新华社，2017年10月27日，http：//news.cnr.cn/native/gd/20171027/t20171027_524003098.shtml。

发展中国特色社会主义，决胜全面建成小康社会，夺取新时代中国特色社会主义伟大胜利，实现中华民族伟大复兴。就世界而言，最迫切的是，把握大发展大变革大调整的大势，推动经济全球化朝着更加开放、包容、普惠、平衡、共赢的方向发展，推动人类命运共同体建设，共同创造人类的美好未来。中国的经济理论创新特别是习近平新时代中国特色社会主义经济思想，产生于中国特色社会主义新时代，适应世界多极化、经济全球化、文化多样化、社会信息化深入发展，科技进步日新月异的世界发展潮流，揭示经济全球化条件下人类经济社会发展的新趋势和发展规律呈现的新特点、新形式，回应了国际社会对加强全球治理能力、早日走出困境的殷切期盼，坚定了各国对全球化前景的信心，提出了如何坚定不移推进经济全球化，引导好经济全球化走向，打造富有活力的增长模式、开放共赢的合作模式、公正合理的治理模式、平衡普惠的发展模式，牢固树立人类命运共同体意识，共同担当，同舟共济，共促全球发展，为促进世界经济的发展引领世界前进贡献了智慧和方略。

四、为全人类经济学建设贡献了中国版本

在实践基础上产生的习近平新时代中国特色社会主义经济思想和在这一思想指导下构建的中国特色社会主义政治经济学，为全人类经济学建设贡献了中国版本。习近平新时代中国特色社会主义经济思想是对中国传统优秀经济思想的传承和弘扬，是对马克思主义政治经济学的继承和最新发展，是中国特色社会主义政治经济学、21世纪马克思主义政治经济学的最新成果。习近平新时代中国特色社会主义经济思想的创立，为马克思主义政治经济学宝库中增添了新的奇葩，为世界经济学的发展贡献了中国版本。

在中国优秀传统经济思想中，经济就是经世济民，经济学就是经世济民的科学。马克思创立时的政治经济学虽然明确研究资本主义生产方式及其与之相适应的生产关系和交换关系，但马克思政治经济学最本质的特征是为无产阶级和广大人民群众服务。习近平新时代中国特色社会主义经济思想把以人民为中心作为根本的发展思想，一切从满足人民美好生活需要出发，一切为了人民，这就矫正了把经济学单纯作为资源配置的学问的偏颇，使中国特色社会主义政治经济学回到了"经世济民"的本质，不仅为中国人民服务，也要为全人类服务；要为有效地推进中国特色社会主义制度完善，实现国家治理能力和治理体系现代化服务，也要为推进全球共同治理服务，要为推进中国和全球经济社会的发展，促进民众福祉的不断提高提供理论的指导和支持。

马克思主义政治经济学是开放的发展的科学。从马克思政治经济学的创立开始，经历了列宁主义、毛泽东思想的发展，形成了中国特色社会主义理论体系的经济思想。政治经济学本质上是一门历史的科学，站在时代和实践发展的前沿，聆听时代的声音，回应时代和实践发展的要求，是政治经济学的历史使命。习近平新时代经济思想，回应时代的关切，实现了马克思主义政治经济学的新飞跃，成为21世纪马克思主义政治经济学的最新发展，使马克思主义政治经济学进一步焕发出蓬勃的生机和真理的光芒。

第二章

中国特色社会主义道路的形成和发展

道路决定方向，道路决定命运。中国共产党自成立开始，就领导中国人民进行了革命道路的探索，在新民主主义革命成功的基础上，新中国成立70年后，特别是改革开放40多年来，中国共产党带领中国人民进行了社会主义革命、建设、改革、发展道路的探索，开辟了中国特色社会主义道路，为建成社会主义现代化强国实现中华民族伟大复兴提供了坚实的保障。

第一节 改革开放前社会主义道路的探索

一、新民主主义革命道路的探索

新中国成立后社会主义革命、建设、改革、发展道路的探索，是在新民主主义革命成功的基础上进行的。

鸦片战争以后，无数志士仁人为国家的独立和民族的解放而不懈奋斗，但因为没有正确理论的指导，始终未能找到适合中国的正确道路。

五四运动之后，中国共产党成立，在经历了一系列革命运动的洗礼之后，积累了丰富的革命经验并逐渐成长起来。中国共产党从1921年成立开始，就以马克思主义为指导，把实现共产主义作为崇高理想和远大目标，领导中国人民进行新民主主义革命，在革命道路的探索中，将马克思主义基本原理与中国实际相结合，开辟了农村包围城市，武装夺取政权的革命道路。沿着这条道路，"在经历了长期的艰难曲折的武装斗争和其他形式的斗争以后，终于推翻了帝国主义、封建主义和官僚资本主义的统治，取得了新民主主义革命的伟大胜利，结束了半殖民地、半封建的历史，建立了中华人民共和国。从此，中国人民掌握了国家的权力，成为国家的主人"①。

二、社会主义革命和建设道路的探索

新中国成立后，从1949年10月到1956年，中国共产党领导全国各族人民有步骤地实现从新民主主义到社会主义的转变，迅速恢复了国民经济并开展了有计划的经济建设，在全国绝大部分地区基本上完成了对生产资料私有制的社会主义改造。

新中国成立后的头3年，在胜利完成繁重的社会改革任务和进行伟大的抗美援朝、保家卫国战争的同时，我们迅速恢复了在旧中国遭到严重破坏的国民经济，全国工农业生产在1952年底已经达到历史的最高水平。

从1953年开始，我国开始第一个五年计划经济建设，依靠我们自己的努力，加上苏联和其他友好国家的支援，我国同样取得了重大的成就。一批为国家工业化所必需而过去又非常薄弱的基础工业建立了起来。我国经济发展比较快，经济效果比较好，重要经济部门之间的比例比较协调。市场繁荣，物价稳定，人民生活显著改善。在这样的背景下，1956年4月，毛泽东同志发表《论十大关系》的讲话，初步总结了我国社会主义建设的经验，提出了探索适合我国国情的社会主义建设道路的任务。

同年，以《论十大关系》中的思想为指导，中国共产党召开了第八次全国代表大会，提出了我国"国内主要矛盾已经不再是工人阶级和资产阶级的矛盾，而是人民对于经济文化迅速发展的需要同当前经济文化不能满足人民需要的状况之间的矛盾；全国人民的主要任务是集中力量发展社会生产力，实现国家工业化、逐步满足人民日益增长的物质和文化需要；虽然还有阶级斗争，还要加强人民民主专政，但其根本任务已经是在新的生产关系下面保护和发展生产力。"② 党的八大的路线是正确的，它为新时期社会主义事业的发展指明了方向。

社会主义改造基本完成、社会主义制度确立以后，中国共产党领导全国各族人民开始转入全面的大规模的社会主义建设。直到"文化大革命"结束，我们虽然有过严重失误和挫折，但仍然取得了很大的成就。

总之，从新中国成立到改革开放前的近30年中，中国共产党领导中国人民

---

① 《中华人民共和国宪法》，中国民主法治出版社2018年版，第3页。
② 《中国共产党第八次全国代表大会关于政治报告的决议》，中国政府网，http：//www.gov.cn/test/2008-06/04/content_1005260.htm。

恢复国民经济，进行社会主义改造，完成社会主义革命，确立社会主义基本制度，完成了中华民族有史以来最为广泛而深刻的社会变革，为当代中国一切发展进步奠定了根本政治前提和制度基础，实现了中华民族由近代不断衰落到根本扭转命运、持续走向繁荣富强的伟大飞跃，开辟了一条将马克思主义基本原理与中国实际相结合的社会主义革命和建设道路。但由于新中国成立的时间不长，我们党领导社会主义事业的经验不多，党的领导人对形势的分析和对国情的认识有主观主义的偏差，所以发生过把阶级斗争扩大化和在经济建设上急躁冒进的错误。后来，又发生了"文化大革命"这样全局性的、长时间的严重错误。这就使得我们没有取得本来应该取得的更大成就。①

第二节　改革开放新时期中国特色社会主义道路的开辟

一、中国特色社会主义道路探索的新起点

1978年党的十一届三中全会召开，实现了新中国成立以来党的历史上具有深远意义的伟大转折，开启了改革开放和社会主义现代化的伟大征程，是中国特色社会主义道路探索的崭新起点。

"文化大革命"结束后，全国各项事业百废待兴，人民群众急切地希望纠正"文革"中的错误政策，扭转社会中的不正常风气，实现整个社会的"拨乱反正"。党的十一届三中全会分析了我国面临的主要矛盾，提出：大规模的急风暴雨式的群众阶级斗争已经基本结束，对于社会主义社会的阶级斗争，应该按照严格区别和正确处理两类不同性质的矛盾的方针去解决，按照宪法和法律规定的程序去解决，绝不允许混淆两类不同性质矛盾的界限，绝不允许损害社会主义现代化建设所需要的安定团结的政治局面。在此基础上，会议决定在经济、政治等方面进行改革，并实行积极的对外开放政策。

党的十一届三中全会之后，党和国家在各领域进行了全面的调整。在政治领域，大规模的平反工作迅速进行，这为推动改革开放奠定了牢固的干部基础和群众基础。在经济领域，农村经济改革首先进行，原先"一大二公"的组织形式被

---

① 本部分参见：《中国共产党中央委员会关于建国以来党的若干历史问题的决议》，载于《人民日报》1981年6月27日。

逐渐废除，家庭联产承包制在全国范围内迅速推广开来。家庭联产承包责任制实施之后，农民的积极性被普遍地调动起来，农业生产因此得到了迅速的发展，在1979~1982年之间，我国的农业生产总值年均增长率达到了8%。在农村经济改革基础上，改革的中心逐步转向城市，国有企业由此获得了较大的经营自主权，运营效率不断提高，国民经济的活力也不断增强。在对外开放方面，我国建立了厦门、珠海等经济特区，大力吸引外资的进入，积极学习国外的管理经验。同时，我国与西方资本主义国家的关系也有了很大的改善，随着《中日和平友好条约》的签订和中美之间建立正式的外交关系，我国与国际社会的交流和联系不断加强，这为我国的改革开放和现代化建设创造了良好的外部环境。

党的十一届三中全会打破教条主义的束缚，重新确立了一切从实际出发、实事求是、理论联系实际的思想路线，使我们能够更好地将马克思主义基本原理和中国的实际结合起来。在经济上，摒弃了高度集中的计划经济体制，开始探索建立适合生产力发展的经济体制。在民主法治建设上，重新确立了民主集中制和集体领导制度，完善了国家的法律法规，开启了依法治国的道路。在对外开放方面，改变了我国封闭半封闭的状态，与世界各国建立了政治经济联系，开创了我国对外交流的新局面。所有这些都意味着我国开始寻找一条更加符合我国实际的发展道路。

二、中国特色社会主义道路的开辟

党的十一届三中全会之后，中国共产党领导中国人民开始了对中国特色社会主义道路的不懈探索。

改革从农村开始，安徽小岗村实行的家庭联产承包制拉开了改革的序幕，而后逐步在全国农村推开。各领域的改革先试点再推广，从农村到城市，从个别领域到各个领域，从沿海到内地全方位开放。改革开放涤荡旧体制，探索新体制，如火如荼地展开，并不断取得成功。

为推动改革开放和现代化建设的深入，中共中央在1981年6月召开了十一届六中全会，通过了《关于建国以来党的若干历史问题的决议》。决议对新中国成立以来党的重大历史问题特别是"文化大革命"、毛泽东的历史地位及功过和毛泽东思想基本内容与指导意义作了总结和评价；肯定了党的十一届三中全会以来逐步确立的适合中国国情的建设社会主义现代化强国的正确道路；进一步指明中国社会主义事业和党的工作继续前进的方向。

1982年党的十二大召开，邓小平在大会开幕词中提出，"把马克思主义基本原理同我国的具体实际结合起来，走自己的道路，建设有中国特色的社会主义。"① 这是党的大会最早明确提出建设中国特色社会主义，并把中国特色社会主义与走自己的道路联系在一起。

党的十二大之后，党和国家继续在建设中国特色社会主义的道路上探索，并在理论和实践上取得了重要的突破。

在理论层面上，第一，党中央做出了我国正处于社会主义初级阶段的判断，科学地揭示我国的基本国情。在党的十二大报告以及之后的一系列文件中，我国正处于社会主义初级阶段的论断被不断提出。在党的十三大上，党中央更是明确地指出我国正处于社会主义初级阶段，并对社会主义初级阶段的内涵做了全面的阐述。在这个基础上，初步回答了"什么是社会主义""怎样建设社会主义"的问题，为开辟中国特色社会主义道路打下了理论基础。第二，提出了社会主义经济是有计划的商品经济的论断，打破了计划经济体制对我国经济发展的束缚，为深化改革指明了方向，并为党在十四大提出建设社会主义市场经济体制做了理论准备。第三，中国共产党第十二届中央委员会第三次全体会议在1984年10月20日通过《中共中央关于经济体制改革的决定》，分析了我国当前的经济和政治形势，总结了我国社会主义建设正反两方面的经验，特别是近几年城乡经济体制改革的经验，提出必须按照把马克思主义基本原理同中国实际结合起来，建设有中国特色的社会主义的总要求，进一步贯彻执行对内搞活经济、对外实行开放的方针，加快以城市为重点的整个经济体制改革的步伐，以利于更好地开创社会主义现代化建设的新局面，同时对改革的性质、目标、重点、中心、步骤做了全面谋划。第四，做出了和平与发展是当今世界的两大主题的判断。邓小平在1985年与日本访华团的谈话中提出："现在世界上真正大的问题，带全球性的战略问题，一个是和平问题，一个是经济问题或者说发展问题。和平问题是东西问题，发展问题是南北问题。概括起来，就是东西南北四个字。南北问题是核心问题。"② 这一判断正确指出了当时的国际局势，促使我国坚定不移地加大了改革开放的力度，推动了我国经济的快速发展。

在实践层面上，首先，城市经济改制取得了重大突破。企业承包制度的不断推广，在很大程度上提高了企业的活力，促进了企业经营效率的提升。公有制经济一统天下的局面被打破，大量个体经济和私营经济出现，形成了多种所有制共同存在的新局面。生产关系的重大改变使其能够更好地适应生产力发展的要求，

---

① 《邓小平文选》第3卷，人民出版社1993年版，第3页。
② 《邓小平文选》第3卷，人民出版社1993年版，第105页。

促进了我国生产力的迅速提高。其次,乡镇企业飞速发展,开创了我国农村经济发展的新局面。农村经济体制改革开始后,乡镇企业以出人意料的速度迅猛发展起来,正如邓小平所说:"农村改革中,我们完全没有预料到的最大的收获,就是乡镇企业发展起来了,突然冒出搞多种行业,搞商品经济,搞各种小型企业,异军突起。"① 随着乡镇企业的发展,我国农村的工业化迅速展开,大幅度提高了农民的生活水平,为我国农村经济的发展开辟了新的道路。最后,对外开放不断深入,逐渐在全国形成了较为完整的开放体系。继深圳、厦门等四个经济特区成立后,我国又在1984年开放了14个沿海城市;1985年,我国相继建立了长江三角洲、珠江三角洲等沿海经济开放区;1988年,海南被设立为我国最大的经济特区。至此,我国形成了由经济特区—沿海开放城市—沿海经济开放区—内地组成的多层次的对外开放格局。

党的十三大后,中国共产党领导中国人民不断深化对中国特色社会主义道路的探索。1992年初,邓小平对南方地区进行了视察,并发表了著名的南方谈话。谈话针对当时人们思想中普遍存在的疑虑,重申了深化改革、加速发展的必要性和重要性,并从中国实际出发,深刻地总结了十多年改革开放的经验教训,在一系列重大的理论和实践问题上有了重大新突破,将建设中国特色社会主义的理论与实践大大地向前推进了一步。邓小平的南方谈话,对中国90年代的经济改革与社会进步起到了关键性的推动作用。在邓小平南方谈话基础上,党的十四大明确提出了要建立社会主义市场经济体制的改革目标,并从社会主义的发展道路、社会主义的发展阶段、社会主义的根本任务、社会主义的发展动力、社会主义建设的外部条件、社会主义建设的政治保证、社会主义建设的战略步骤、社会主义的领导力量和依靠力量、祖国统一问题等方面,进一步概括了中国特色社会主义理论的内容,这就是邓小平理论。在党的十五大上,邓小平理论作为党的指导思想,被正式写入党章,标志着我国在探索中国特色社会主义的道路上前进了一大步。

邓小平逝世之后,以江泽民为核心的第三代领导集体继续前进,不断对中国特色社会主义道路进行深入探索。党的十五大确定了"三位一体"的社会主义建设基本纲领,并以此为基础进行了理论建设和实践开拓。从经济建设方面来看,在建立社会主义市场经济体制的过程中,国家逐渐完善了以公有制为主体、多种所有制共同发展的基本经济制度,确立了以按劳分配为主体、多种分配方式并存的分配制度,同时,党和国家还不断促进我国经济增长方式的转变,大力推动实

---

① 《邓小平文选》第3卷,人民出版社1993年版,第238页。

施西部大开发战略，促进了我国区域经济的协调发展。从政治建设方面来看，党在建设社会主义民主政治和社会主义法治国家的道路上不断探索，促进了我国民主法治的进一步完善。从文化建设方面来看，党在加强物质文明和政治文明建设的同时，提出要发展社会主义先进文化。随着理论和实践的推进，以江泽民为核心的党中央在总结相关经验的基础上，提出"我们党必须始终代表中国先进生产力的发展要求，代表中国先进文化的前进方向，代表中国最广大人民的根本利益。"① 回答了在探索中国特色社会主义道路的过程中，应该"建设什么样的党，怎样建设党"的问题，使中国特色社会主义道路的内涵得到了进一步的丰富。

人类社会进入到21世纪，我国面临的国内外形势也发生了重大改变。面对这种情况，以胡锦涛为总书记的党中央提出了科学发展观，成为进入新世纪指导我国社会主义建设的重要思想。首先，在经济发展过程中，国家坚持以科学发展统筹全局，加大对我国经济发展方式的转变力度，解决了大量影响我国经济高质量发展的突出问题，促进了我国经济的又好又快发展。其次，在坚持"三位一体"总布局的基础上，党中央提出了建设社会主义和谐社会的目标，并指出社会和谐是中国特色社会主义的本质属性。以此为指导，我国将民生建设提高到了与经济、政治、文化建设同等重要的地位，确立了"四位一体"的社会主义建设的总布局。再次，党中央提出社会主义核心价值观，推动了社会主义核心价值体系的建设。在社会主义核心价值观中，最重要的就是以爱国主义为核心的民族精神和以改革创新为核心的时代精神，这些精神有力地凝聚和鼓舞了人们建设社会主义事业的斗志，为人民建设中国特色社会主义提供了强大的精神动力。

随着理论和实践创新的不断进行，中国特色社会主义道路得到了进一步的完善。在党的十七大上，胡锦涛代表党中央对中国特色社会主义道路的内涵做出明确界定，指出"中国特色社会主义道路，就是在中国共产党领导下，立足基本国情，以经济建设为中心，坚持四项基本原则，坚持改革开放，解放和发展社会生产力，巩固和完善社会主义制度，建设社会主义市场经济、社会主义民主政治、社会主义先进文化、社会主义和谐社会，建设富强民主文明和谐的社会主义现代化国家。"②

---

① 《江泽民文选》第3卷，人民出版社2006年版，第536页。
② 胡锦涛：《高举中国特色社会主义伟大旗帜 为夺取全面建设小康社会新胜利而奋斗——在中国共产党第十七次全国代表大会上的报告》，中国新闻网，2007年10月25日，http://www.cnr.cn/2007zt/sqdjs/wj/200711/t20071102_504610399_1.html。

三、中国特色社会主义道路的科学内涵

中国特色社会主义道路是马克思主义基本理论和中国具体实际相结合的产物。其丰富内涵包括：

第一，中国特色社会主义道路的最本质特征就是坚持共产党的领导。中国共产党在社会主义建设过程中领导地位的确立，是人民和历史选择的结果。中国共产党不仅领导中国人民取得新民主主义革命的胜利，建立新中国，而且带领人民经过了艰苦奋斗，取得社会主义革命和建设的胜利。改革开放之后，中国共产党继续带领人民进行艰苦奋斗，将中国发展成为世界第二大经济体，工业产值居世界第一，人均GDP也从改革开放之初的几百美元上升到了近一万美元，人民的生活水平有了大幅度提高。历史和现实已经证明，只有在中国共产党的领导下，中国才能实现中华民族伟大复兴的目标。

坚持中国共产党领导，就要坚持从中国国情出发，实事求是，建设中国特色社会主义。"在中国这样落后的东方大国中建设社会主义，是马克思主义发展史上的新课题。我们面对的情况，既不是马克思主义创始人设想的在资本主义高度发展的基础上建设社会主义，也不完全相同于其他社会主义国家。照搬书本不行，照搬外国也不行，必须从国情出发，把马克思主义基本原理同中国实际结合起来，在实践中开辟有中国特色的社会主义道路。"① 我国现阶段最主要的国情就是我国正处于并将长期处于社会主义初级阶段，因此，我们只有把马克思主义基本原理与中国社会主义初级阶段的具体实际结合起来，并根据时代的变化开辟中国特色社会主义道路，才能将我国建设成为一个社会主义现代化强国。

第二，"一个中心，两个基本点"是中国特色社会主义道路的基本要求。坚持以经济建设为中心，坚持"四项基本原则"，坚持改革开放，是党在社会主义初级阶段基本路线的基本要求。改革开放以来，党和国家的工作重心转移到了经济建设上，极大促进了我国经济的迅速发展和人民生活水平的大幅度提高。在未来的很长时期，只要我国处于社会主义初级阶段的国情没有变，那就仍然要继续坚持以经济建设为中心，只有这样，才能在中国特色社会主义道路上越走越好。

坚持"四项基本原则"是走中国特色社会主义道路的政治保证。只有坚持四项基本原则，才能保证我国发展的社会主义方向，才能为国家发展建立稳定的政

---

① 《十一届三中全会以来党的历次全国代表大会中央全会重要文件选编》（上），中央文献出版社1997年版，第446页。

治环境，才能将我国的社会主义事业推向深入。

"坚持改革开放"是中国特色社会主义道路的根本动力。改革开放是中国人民和中华民族发展史上的一次伟大革命，是党和人民大踏步赶上时代的重要法宝，是坚持和发展中国特色社会主义的必由之路，是决定当代中国命运的关键一招。在探索社会主义道路的过程中，我国通过改革开放，使社会主义保持生机和活力，在坚持独立自主的前提下积极吸收国外先进经验，不断探索解决问题的新方法，促进了我国社会主义制度的不断自我完善。改革开放40年来，我国陆续解决了发展过程中出现的许多重大问题，并以此为基础开辟了中国特色社会主义道路，保障了我国经济、政治、文化、社会、生态文明的健康快速发展。在今后，实现"两个一百年"奋斗目标、实现中华民族伟大复兴仍然要靠改革开放。

第三，"五位一体"建设社会主义现代化国家是中国特色社会主义道路的核心内容。在改革开放初期，邓小平提出了一手抓物质文明建设，一手抓精神文明建设，"两手抓，两手都要硬"的思想。在党的十三大上，党中央正式提出了建设富强、民主、文明的社会主义现代化国家的目标，确定了促进经济、政治和文化全面发展的方针。在随后的发展过程中，民生问题受到了党和国家的进一步关注。在党的十六届六中全会上，党中央提出了经济建设、政治建设、文化建设、社会建设"四位一体"的社会主义建设总布局。在党的十八大上，随着建设生态文明目标的加入，社会主义建设总布局由"四位一体"发展成为"五位一体"，社会主义现代化国家的内涵也越加丰富。在经济建设上，国家的主要任务是不断完善社会主义市场经济体制，使市场在资源配置中起决定性作用，同时更好发挥政府作用。积极推动我国产业升级，促进我国经济发展方式的转变，实现我国经济的高质量发展。政治建设上，主要是要加强对社会主义民主法治的建设，在党的领导下巩固和完善人民民主专政制度，加强建设实现人民当家作主的人民代表大会制度，加强我国的法律法规体系建设和执行力度，推动依法治国体系不断完善。最终实现将坚持党的领导、人民当家作主和依法治国有机统一起来，从而在走中国特色社会主义道路的过程中坚定维护好人民的利益。文化建设上，主要是加强建设社会主义核心价值体系，并以此为基础建设社会主义先进文化，为全国乃至全世界创造出更多更好的文化产品，以促进我国文化软实力的提升。社会建设上，坚持以人民利益为中心，注重解决人民群众最关心的问题，使人民能够更好地分享社会经济发展的成果，推动人民生活水平不断提高。生态文明建设上，要将生态文明建设融入我国经济建设、政治建设、文化建设、社会建设的各个方面，促进国家经济发展方式和人民生活观念的转变，以从源头上扭转生态环境恶化趋势，为人民创造良好生产生活环境，为全球生态安全做出贡献，实现中华民族的永续发展。

第三节　新时代中国特色社会主义道路的发展

一、中国特色社会主义进入新时代

党的十八大以来，党中央团结带领全党全国各族人民，全面审视国际国内新的形势，通过总结实践、展望未来，深刻回答了新时代坚持和发展什么样的中国特色社会主义、怎样坚持和发展中国特色社会主义这个重大时代课题，形成了新时代中国特色社会主义思想，坚持统筹推进"五位一体"总体布局、协调推进"四个全面"战略布局，坚持稳中求进工作总基调，对党和国家各方面工作提出一系列新理念新思想新战略，推动党和国家事业发生历史性变革、取得历史性成就，中国特色社会主义进入了新时代。[①]

中国特色社会主义进入新时代，我国面临的国内外形势都发生了巨大的变化：

第一，在综合国力方面，经过70年的艰苦奋斗，我国从一个落后的农业国家发展成为工业产值位居世界第一的工业大国，拥有着全世界最完整的工业体系。而且，随着我国新型工业化道路的不断前进，我国的工业化、信息化、城镇化和农业现代化水平也有了明显的提高，我国的综合国力进一步增强。随着我国工业实力的不断增强，我国人民可以获得的生活资料的数量和质量不断提升，人们的生活水平有了大幅度的提高。在过去的几十年中，我国超过七亿人脱离贫困，逐渐过上了小康生活。除了物质生活之外，我国也加强了对民主法治、公平正义和环境等方面的建设，尽力满足人们对美好生活的广泛需要。在党的建设和社会环境方面，党和国家着重加大了反腐力度，建立和完善了一系列的监督机制，对腐败行为采取了零容忍的态度，反腐败斗争取得了重大成效，社会风气焕然一新。

第二，社会主要矛盾转化为人民日益增长的美好生活需要和不平衡不充分的发展之间的矛盾。所谓发展不平衡不充分，主要是指虽然我国综合国力增强，人民收入不断提高，但面对人们对美好生活更高的要求时，我们在政治、文化、社

[①] 习近平：《在庆祝改革开放40周年大会上的讲话》，载于《人民日报》2018年12月19日，第2版。

会和生态等领域的建设还不够充分，不能很好地满足人们的需要。同时，产业结构不合理、区域经济发展的不平衡也是我国发展不平衡不充分的重要表现。这说明，我国社会主要矛盾的新变化，并没有改变我国正处于社会主义初级阶段的事实，"全党要牢牢把握社会主义初级阶段这个基本国情，牢牢立足社会主义初级阶段这个最大实际，牢牢坚持党的基本路线这个党和国家的生命线、人民的幸福线，领导和团结全国各族人民，以经济建设为中心，坚持四项基本原则，坚持改革开放，自力更生，艰苦创业，为把我国建设成为富强民主文明和谐美丽的社会主义现代化强国而奋斗。"①

第三，经济发展进入新常态。首先，我国经济发展逐渐由高速增长转变为中高速增长。其次，我国经济结构不断优化升级。第三产业的产值已经超过第二产业，成为我国产业结构中最主要的组成部分。消费需求在经济增长中的占比也不断上升，逐渐成为推动我国经济增长的第一动力。共享发展取得重大成效，区域差距和城乡差距不断缩小，使全社会人民都能更好地享受社会发展的成果。最后，经济增长从要素驱动、投资驱动转变为创新驱动。

第四，党和国家面临新的重大历史使命，就是到建党一百年时建成经济更加发展、民主更加健全、科教更加进步、文化更加繁荣、社会更加和谐、人民生活更加殷实的小康社会，然后再奋斗30年，到新中国成立一百年时，基本实现现代化，把我国建成社会主义现代化国家。为完成这样的使命，党中央做出战略安排：

"第一个阶段，从二〇二〇年到二〇三五年，在全面建成小康社会的基础上，再奋斗十五年，基本实现社会主义现代化。到那时，我国经济实力、科技实力将大幅跃升，跻身创新型国家前列；人民平等参与、平等发展权利得到充分保障，法治国家、法治政府、法治社会基本建成，各方面制度更加完善，国家治理体系和治理能力现代化基本实现；社会文明程度达到新的高度，国家文化软实力显著增强，中华文化影响更加广泛深入；人民生活更为宽裕，中等收入群体比例明显提高，城乡区域发展差距和居民生活水平差距显著缩小，基本公共服务均等化基本实现，全体人民共同富裕迈出坚实步伐；现代社会治理格局基本形成，社会充满活力又和谐有序；生态环境根本好转，美丽中国目标基本实现。

第二个阶段，从二〇三五年到本世纪中叶，在基本实现现代化的基础上，再奋斗十五年，把我国建成富强民主文明和谐美丽的社会主义现代化强国。到那

---

① 习近平：《决胜全面建成小康社会　夺取新时代中国特色社会主义伟大胜利——在中国共产党第十九次全国代表大会上的报告》，新华社，2017年10月27日，http://news.cnr.cn/native/gd/20171027/t20171027_524003098.shtml。

时，我国物质文明、政治文明、精神文明、社会文明、生态文明将全面提升，实现国家治理体系和治理能力现代化，成为综合国力和国际影响力领先的国家，全体人民共同富裕基本实现，我国人民将享有更加幸福安康的生活，中华民族将以更加昂扬的姿态屹立于世界民族之林。"①

新时代要求我们，以习近平新时代中国特色社会主义思想为指导，继续解放思想，实事求是，不断发展和完善中国特色社会主义道路，向着建设社会主义现代化强国，创造人民美好未来生活的目标奋勇前进。

二、进一步发展和完善中国特色社会主义道路

中国特色社会主义进入新时代，对中国特色社会主义道路的发展和完善也提出了新的要求：

第一，更好地加强党的领导。为了更好地带领人民推进伟大事业，实现伟大梦想，要全面从严治党，不断提高党的执政能力和领导水平。首要前提就是加强党的建设，包括党的政治建设、思想建设、组织建设、先进性和纯洁性建设、作风建设，全面增强党的执政能力。政治建设，要坚持党要管党、从严治党的原则，确保全体党员严守政治纪律和政治规矩，并在思想和行动上与党中央保持高度一致。思想建设，是指要用习近平新时代中国特色社会主义思想武装全党，更加自觉地为实现党在新时代的历史使命不懈奋斗。组织建设，要加强党的民主集中制建设，实现民主基础上的集中和集中指导下的民主的有机结合，坚决反对宗派主义、圈子文化和码头文化的存在，提高全党的凝聚力。先进性和纯洁性建设，要建设高素质专业化干部队伍，夺取反腐败斗争的压倒性胜利。建设高素质专业化干部队伍的关键在于人才，必须实施更加有效的人才政策，将党内外和国内外的人才聚集在一起，共同为建设社会主义伟大事业而奋斗。作风建设，最关键的在于紧紧保持与人民群众的血肉联系，加强党员的群众观念，认真对待群众强烈反应的问题，对损害人民利益的行为坚决予以纠正。只有这样，共产党才能增强自身的学习本领、政治领导本领、改革创新本领、依法执政本领、群众工作本领和狠抓落实本领，促进党的执政能力的全面提升。

第二，贯彻新发展理念，促进我国经济高质量发展。为了实现"两个一百年"奋斗目标，党和国家必须坚持以经济建设为中心，大力发展生产力，推动经

---

① 习近平：《决胜全面建成小康社会　夺取新时代中国特色社会主义伟大胜利——在中国共产党第十九次全国代表大会上的报告》，新华社，2017年10月27日，http://news.cnr.cn/native/gd/20171027/t20171027_524003098.shtml。

济持续健康高质量发展。首先，必须加强供给侧结构性改革，将发展重点放在建设创新型产业、提升供给体系的质量水平上，以促进我国产业结构优化升级，提高经济发展的质量。其次，必须推动落后地区快速发展，缩小城乡差距，促进区域协调发展。在农村地区，要切实推进乡村振兴战略的实施，将解决"三农问题"作为工作的重点，通过各种方式促进城乡发展深度融合，农业生产现代化以及农村治理现代化。在相对落后地区，要推动西部大开发深入进行，加大对革命老区、边疆地区等落后地区的支持力度，深化对传统产业的改革以促进东北老工业基地的振兴，发挥中部地区优势促进中部地区崛起，最终建成各地区协调发展的新机制。最后，为了使市场在资源配置中起决定性作用并更好发挥政府作用，要加快完善社会主义市场经济体制。在经济体制改革的过程中，重点是要完善产权制度，实现要素的市场化配置，建立公平有序、反应灵活的市场经济制度体系。要深化对国有企业的改革，促进国有资产保值增值和国有资本的做大做强，建成一批在世界市场有强大竞争力的一流企业。要大力支持民营企业的发展，通过改革市场行业准入制度，破除银行信贷歧视等方式，为民营企业创造良好的经营环境，从而更有效地激发各类市场参与者的活力。

第三，实现最广泛的人民民主。要健全人民当家作主制度体系，发展社会主义民主政治。我国是人民民主专政的社会主义国家，为了更好地保护人民的利益，需要建立完善的制度体系来保障人民当家作主。一方面，要实现坚持党的领导、人民当家作主、依法治国有机统一。党的领导是人民当家作主和依法治国的根本保证，要不断完善党的领导方式，使各部门在党的集中领导下更好地开展工作，更有效地治理国家。人民当家作主是社会主义民主政治的本质特征，要加强民主制度建设，努力促进人民有序参与政治，使人民能够更好地实现对国家机构各项工作和人员的民主监督，促进各项政策的民主决策。依法治国是党领导人民治理国家的基本方式，要实现全面依法治国，推进科学立法、严格执法、公正司法和全民守法，党的领导干部和全体党员要带头守法，维护法律的权威，让任何人都不能有超越法律的特权。另一方面，要完善人民代表大会制度和政治协商制度。人民代表大会制度是实现我国人民当家作主的根本制度，必须发挥人民代表的作用，加强人民代表与群众的联系，同时要加强对人民代表大会组织制度的完善，使人民能够更好地通过人民代表大会行使国家权力。人民政协是实现我国协商民主的专门机构，有利于促进各人民团体在协商中实现利益共融。为此，需要将协商民主贯穿于党和国家工作的各个过程，以最大限度地实现人民之间的共识和团结。

第四，促进物质文明和精神文明的协调发展，为中华民族的伟大复兴提供强大助力。要坚定文化自信，推动社会主义文化繁荣兴盛。文化是国家和民族的灵魂，没有文化的繁荣和人民的文化自信，中华民族就不能实现伟大复兴。因此，必须"坚持中国特色社会主义文化发展道路，激发全民族文化创新创造活力，建设社会主义文化强国。"首先，必须推动马克思主义中国化和大众化，使社会主义意识形态深入人心。特别是要大力弘扬新时代中国特色社会主义精神和社会主义核心价值观，并将其与中华民族的优秀传统文化结合起来，使之融入人们的日常生活和行为当中，让这些文化在新时代焕发出新的风采。其次，要大力加强社会主义文化事业和文化产业的建设。随着生活水平的改善，人们对文化产品的质量的要求也在不断提高。在这种情况下，国家要秉承将社会效益放在首位，社会效益和经济效益相统一的原则，一方面要加强对公共文化服务体系的建设，开展文化惠民工程，从而丰富人们的文化生活。另一方面则要加强对文化产业市场的体制改革，为企业生产更高质量的文化产品提供良好的市场环境。

第五，满足人民日益增长的美好生活的需要，实现社会的有效治理。维护和实现人民的利益是我们党最重要的奋斗目标，在党的工作中处于最高地位，必须采取各种措施让人们更多地享受到社会发展的成果，从而带领人们走向共同富裕。首先，要加强对教育的投入，通过促进城乡教育一体化、完善职业教育体系、延长义务教育年限、提升高等教育水平和培养高水平教师队伍等方式提高全国人民的素质。要深化医疗卫生体制改革，建立和完善我国的基本医疗制度和医疗保障制度，为人民提供更为优质的医疗服务。要不断完善城镇职工基本养老保险制度，城乡居民基本养老保险制度，失业、工伤保险制度和最低生活保障制度，"全面建成覆盖全民、城乡统筹、权责清晰、保障适度、可持续的多层次社会保障体系。"① 其次，保障人民就业，增加人民收入。要坚持实施积极的就业政策和鼓励创业相结合的原则，在加强对劳动者的职业培训，提高其就业质量的同时，为劳动者构建良好的创业环境，实现劳动者多渠道就业创业。要构建完善的收入分配制度，"扩大中等收入群体，增加低收入者收入，调节过高收入，取缔非法收入"，② 大力缩小不同群体之间的收入差距，实现全社会的共同富裕。最后，构建党委领导、政府负责、社会协同、公众参与、法治保障的社会治理体制，实现政府、社会和居民之间的良性互动，从而加强国家预防和化解社会矛盾，打击违法犯罪行为的能力，构建人民安居乐业的和谐社会。

第六，建设人与自然和谐共处的现代化国家，满足人们对优美环境的需要。

---

①② 习近平：《决胜全面建成小康社会　夺取新时代中国特色社会主义伟大胜利——在中国共产党第十九次全国代表大会上的报告》，新华社，2017年10月27日，http：//news.cnr.cn/native/gd/20171027/t20171027_524003098.shtml。

要加快生态文明体制改革,建设美丽中国。自然是人类社会存在和发展的基础,只有在遵循自然规律的基础上对自然进行开发利用,才不会在社会发展过程中受到自然的惩罚。因此,首先要建立绿色发展的经济体系,鼓励和支持节能环保产业、清洁能源产业和清洁生产产业的发展,从源头上减少经济发展对环境的损害。同时,要推动绿色发展思想深入人心,引导人们减少资源浪费和不合理消费的行为,使社会形成一种低碳节约的生活方式。其次,对当前突出的环境问题进行重点治理。粗放的经济发展方式导致我国产生了严重的大气污染、河流污染、海洋污染、土壤污染和固体废弃物污染,这些污染严重威胁到了人民的身体健康乃至国家安全,必须"构建政府为主导、企业为主体、社会组织和公众共同参与的环境治理体系"[①],还人们一个山清水秀的美好家园。最后,改革和完善我国生态环境的保护监管机制,建立生态环境管理机构,加强对生态文明建设的领导,以统一行使修复生态环境、管理国土空间用途、监管各地污染排放以及行政执法的职责,从而更好地促进各项保护生态环境的法律法规的实施,最终建成人与自然和谐相处的现代化建设新格局。

三、坚定中国特色社会主义道路自信

发展和完善中国特色社会主义道路,前提是要坚定对中国特色社会主义道路的自信。我们之所以对中国特色社会主义道路有强烈的自信,其原因在于中国特色社会主义道路具有科学的理论基础、深厚的历史和现实依据以及相比于其他国家的巨大优势。

首先,中国特色社会主义道路是人类社会发展规律的本质要求。马克思主义唯物史观深刻阐述了人类社会发展的一般规律。我国是在生产力不发达的情况下进入社会主义社会的,因此将长期处于社会主义初级阶段。从这样的基本国情出发,走中国特色社会主义道路就必须以经济建设为中心,大力解放和发展生产力。同时,为了让生产关系更好地适应生产力的发展,就必须不断改革和完善社会主义市场经济体制,激发人们创造财富的活力,以适应并促进社会生产力的发展。

其次,中国特色社会主义道路源自中国共产党九十多年的探索实践,具有深厚的历史和现实依据。在新民主主义革命时期,中国共产党就开创了符合中国国

---

① 习近平:《决胜全面建成小康社会 夺取新时代中国特色社会主义伟大胜利——在中国共产党第十九次全国代表大会上的报告》,新华社,2017年10月27日,http://news.cnr.cn/native/gd/20171027/t20171027_524003098.shtml。

情的新民主主义革命道路，取得了新民主主义革命的全面胜利。在新中国成立之后的社会主义改造过程中，对民族资产阶级采取"赎买"政策，对资本主义工商业进行公私合营，以和平方式完成了对资本主义工商业的社会主义改造，迅速而平稳地在中国建立了社会主义制度，走出了中国独特的生产资料社会主义改造道路。改革开放之后，中国共产党提出了建设中国特色社会主义的目标，开辟了中国特色社会主义道路。改革开放40年来的成就证明了中国特色社会主义道路的正确性，极大地增强了中国人民的道路自信。

最后，坚定不移走中国特色社会主义道路，使我国获得了更大的发展优势，显示出中国特色社会主义的巨大优越性。自苏联解体、东欧剧变后，世界社会主义处于低潮。而中国的改革开放开创了中国特色社会主义道路，实现了经济的快速发展和人民生活水平的大幅度提高。实践证明我国的社会主义道路具有明显的优越性。

第四节 中国特色社会主义道路探索的基本经验

一、立足中国基本国情坚持马克思主义基本原理与中国实际相结合

中国道路、中国特色社会主义道路是马克思主义基本原理与中国具体实际相结合的产物，是马克思主义中国化的结果。立足中国基本国情，坚持马克思主义基本原理与中国实际相结合，是中国道路探索的基本经验之一。

如果从历史渊源和发展的历程看，以1921年中国共产党成立为起点，中国道路经历了三次重大选择。

第一次是新民主主义革命时期对革命道路和建立社会主义新中国奋斗目标的选择。中国共产党领导中国人民，立足半殖民地半封建社会的基本国情，面对帝国主义、封建主义和官僚资本主义的压迫，选择了农村包围城市武装夺取政权的革命道路和建立社会主义新中国的奋斗目标，经过28年浴血奋战，完成了新民主主义革命，1949年成立了中华人民共和国，实现了中国从几千年封建专制政治向人民民主的伟大飞跃。

第二次是从新中国成立到改革开放前对社会主义革命和建设道路的选择。中国共产党带领中国人民深刻认识到，实现中华民族伟大复兴，必须建立符合中国实际的先进社会制度。在这样的认识基础上，团结带领人民完成社会主义革命，

确立社会主义基本制度，完成了中华民族有史以来最为广泛而深刻的社会变革，为当代中国一切发展进步奠定了根本政治前提和制度基础，实现了中华民族由近代不断衰落到根本扭转命运、持续走向繁荣富强的伟大飞跃。在社会主义建设道路的探索上，尽管在一段时间走了弯路，付出了代价，但依然取得了巨大成就，为其后的社会主义建设积累了宝贵经验，奠定了基础。

第三次是改革开放以来对中国特色社会主义道路的选择。中国共产党深刻认识到，实现中华民族伟大复兴，必须合乎时代潮流、顺应人民意愿，勇于改革开放，让党和人民事业始终充满奋勇前进的强大动力。在总结中国共产党成立以来、新中国成立以来中国道路探索的基础上，中国共产党团结带领人民进行改革开放新的伟大革命，破除阻碍国家和民族发展的一切思想和体制障碍，开辟了中国特色社会主义道路，使中国大踏步赶上时代。

党的十八大以来，中国特色社会主义进入新时代，面对国内外形势变化和我国各项事业发展的新形势新要求，中国共产党领导中国人民，在理论和实践结合的基础上系统回答了新时代坚持和发展什么样的中国特色社会主义、怎样坚持和发展中国特色社会主义的重大时代课题，坚持解放思想、实事求是、与时俱进、求真务实，坚持辩证唯物主义和历史唯物主义，紧密结合新的时代条件和实践要求，以全新的视野深化对共产党执政规律、社会主义建设规律、人类社会发展规律的认识，进行艰辛理论探索，取得重大理论创新成果，形成了习近平新时代中国特色社会主义思想，进一步发展完善了中国特色社会主义道路。"中国特色社会主义道路是实现社会主义现代化、创造人民美好生活的必由之路。"党的十九大强调，全党要在习近平新时代中国特色社会主义思想的指引下，更加自觉地增强道路自信、理论自信、制度自信、文化自信，保持政治定力，坚持实干兴邦，始终坚持和发展中国特色社会主义。①

历史表明，中国道路是中国共产党带领中国人民从中国实际出发选择的光明之路，胜利之路。

二、在中国实践中不断探索、在改革发展中不断完善

实践是人类生存和发展的最基本的活动，"全部社会生活在本质上是实践

---

① 习近平：《决胜全面建成小康社会　夺取新时代中国特色社会主义伟大胜利——在中国共产党第十九次全国代表大会上的报告》，新华社，2017年10月27日，http://news.cnr.cn/native/gd/20171027/t20171027_524003098.shtml。

的"①。中国道路不是一成不变的道路，而是在中国革命、建设、改革、发展实践探索中不断发展的道路。

如果把历史追溯得更久，在中国共产党成立之前，中华民族就曾经探索过近代中国的革命和发展道路。1840年鸦片战争以后，中国逐步成为半殖民地、半封建社会，帝国主义列强对中国疯狂侵略，封建统治日益腐败，祖国山河破碎，人民备受奴役。争取民族独立、人民解放，实现国家富强、人民富裕，成为中华民族必须完成的历史任务。为改变中华民族的命运，中国人民和无数仁人志士进行了千辛万苦的探索和不屈不挠的斗争，但一次次抗争，又一次次失败。他们还努力学习西方，试图向西方国家寻找真理，以改变中国落后、挨打的面貌。"洪秀全，康有为，严复和孙中山，代表了在中国共产党出世以前向西方寻找真理的一派人物。那时，求进步的中国人，只要是西方的新道理，什么书也看。向日本，英国，美国，法国，德国派遣留学生之多，达到了惊人的程度。国内废科举，兴学校，好像雨后春笋，努力学习西方。"但"帝国主义的侵略打破了中国人学西方的迷梦。很奇怪，先生为什么老是侵略学生呢？中国人向西方学得很不少，但是行不通，理想总是不能实现。国家的情况一天一天坏，环境迫使人们活不下去。"②孙中山先生领导的辛亥革命，结束了统治中国几千年的君主专制制度，对推动中国社会进步具有重大意义，但也未能改变中国半殖民地、半封建的社会性质和中国人民的悲惨命运。实践说明，不触动封建根基的自强运动和改良主义，旧式的农民战争，资产阶级革命派领导的革命，照搬西方资本主义的种种方案，都不能完成中华民族救亡图存的民族使命和反帝反封建的历史任务。要解决中国发展进步问题，必须找到能够适合中国国情的道路。

中国共产党成立后，确立了马克思主义的指导地位和共产主义的远大目标，但在革命道路问题上依然经历了曲折的探索。在初期，共产党的个别领导人曾经试图学习俄国的首先武装夺取大城市而后实现全国胜利的革命道路，但是一次次失败的实践证明，这样的道路在中国走不通。只有确立了把马克思主义基本原理与中国实际相结合的正确路线，在革命的实践中开辟了以农村包围城市武装夺取政权的正确道路，才取得了新民主主义革命的胜利。

新中国成立后，什么是社会主义，如何建设社会主义，是摆在中国共产党和中国人民面前的重大课题。中国共产党紧紧依靠人民完成了社会主义革命，确立了社会主义基本制度，创造性地实现由新民主主义到社会主义的转变，使占世界

---

① 《马克思恩格斯选集》第1卷，人民出版社2012年版，第135页。
② 毛泽东：《论人民民主专政》，载于《人民日报》1949年7月1日。

人口1/4的东方大国进入社会主义社会，实现了中国历史上最广泛最深刻的社会变革。新中国建立起独立的比较完整的工业体系和国民经济体系，积累了在一个社会生产力水平十分落后的国家进行社会主义建设的重要经验。当然，在探索中我们也出现了严重失误，走过弯路，使本来可以在更大程度上发挥的社会主义制度的优越性没有充分发挥出来。

在总结实践经验教训的基础上，同时借鉴国际经验，党的十一届三中全会以来，我们以巨大的政治勇气、理论勇气、实践勇气实行改革开放，经过艰辛探索，形成了党在社会主义初级阶段的基本理论、基本路线、基本纲领、基本经验，建立和完善了社会主义市场经济体制，坚持全方位对外开放，探索到了中国特色社会主义道路。党的十八大以来，在新时代新的改革和建设实践中，中国共产党带领全国人民进一步发展完善中国特色社会主义道路，推动社会主义现代化建设取得更大的成就。

近代以来中国革命、改革、建设和社会发展进步的全部历史说明，是历史和人民在中国实践发展中，经过反复探索和比较，选择了社会主义，选择了改革开放，开创并发展了中国特色社会主义道路。

三、坚持中国共产党的领导，尊重人民群众的首创精神

中国共产党不仅领导中国人民取得新民主主义革命的胜利，开辟革命的道路，而且领导中国人民进行"改革开放新的伟大革命，极大激发广大人民群众的创造性，极大解放和发展社会生产力，极大增强社会发展活力，人民生活显著改善，综合国力显著增强，国际地位显著提高，开辟了中国特色社会主义道路。""中国共产党领导中国人民取得的伟大胜利，使具有5000多年文明历史的中华民族全面迈向现代化，让中华文明在现代化进程中焕发出新的蓬勃生机；使具有500年历史的社会主义主张在世界上人口最多的国家成功开辟出具有高度现实性和可行性的正确道路，让科学社会主义在21世纪焕发出新的蓬勃生机；使具有60年历史的新中国建设取得举世瞩目的成就，中国这个世界上最大的发展中国家在短短几十年里摆脱贫困并跃升为世界第二大经济体，创造了人类社会发展史上惊天动地的发展奇迹，使中华民族焕发出新的蓬勃生机"，"赶上了时代，使中国人民迎来了从站起来到富起来、强起来的伟大飞跃。"[①] 历史告诉我们，没有

---

① 习近平：《在庆祝中国共产党成立95周年大会上的讲话》，载于《人民日报》2016年7月2日，第2版。

用先进理论武装起来的中国共产党的领导,没有中国共产党顺应历史潮流、勇担历史重任、敢于做出巨大牺牲,中国人民就无法打败压在自己头上的各种反动派,中华民族就无法改变被压迫、被奴役的命运,我们的国家就无法团结统一、在社会主义道路上走向繁荣富强。历史还告诉我们,历史和人民选择中国共产党领导中华民族伟大复兴的事业是正确的,必须长期坚持、永不动摇;中国共产党领导中国人民开辟的中国特色社会主义道路是正确的,必须长期坚持、永不动摇。

人民是历史的创造者,是真正的英雄,是开辟发展中国道路决定国家前途命运的根本力量。没有中国共产党的领导,中国道路就不能开辟,没有人民的拥护和奋斗,中国道路同样不能开辟。在中国革命、建设、改革、发展的长期过程中,中国共产党形成并坚持群众路线,坚持人民主体地位,坚持立党为公、执政为民,践行全心全意为人民服务的根本宗旨,把党的群众路线贯彻到治国理政全部活动之中,把人民对美好生活的向往作为奋斗目标,依靠人民创造历史伟业。所以,坚持共产党的领导与坚持人民主体地位相统一,是中国道路探索的又一条基本经验。

四、弘扬中华民族五千年优秀文化,充分借鉴世界各国文明成果

中国道路是中国共产党领导中国人民扎根中国大地,在长期的革命、建设、改革、发展中形成和不断完善的,也是在不断吸纳人类文明优秀成果的过程中不断发展完善的。

中国是世界上历史最悠久的国家之一,具有五千年的文明史。中国各族人民共同创造了光辉灿烂的文化,具有光荣的革命传统,这是中国道路的深厚基础。"站立在960万平方公里的广袤土地上,吸吮着中华民族漫长奋斗积累的文化养分,拥有13亿中国人民聚合的磅礴之力,我们走自己的路,具有无比广阔的舞台,具有无比深厚的历史底蕴,具有无比强大的前进定力,中国人民应该有这个信心,每一个中国人都应该有这个信心。历史和现实都表明,一个抛弃了或者背叛了自己历史文化的民族,不仅不可能发展起来,而且很可能上演一场历史悲剧。"[①] 新民主主义革命时期我们走自己的革命道路,社会主义建设我们也是走自己的道路,特别是改革开放开始以来,我们更加坚定地走中国特色社会主义

[①] 习近平:《在全国哲学社会科学工作座谈会上的讲话》,今日中国网,2016年5月19日,http://www.chinatoday.com.cn/chinese/sz/news/201605/t20160519_800057144_3.html。

道路。

  强调中国道路的历史底蕴和民族特色并不是要排斥其他国家和民族的优秀文化成果。中国革命、建设、改革、发展的成就是同世界人民的支持分不开的，中国的前途是同世界的前途紧密地联系在一起的。所以，坚持中国道路，要在对世界各国优秀文化比较、对照、批判、吸收、升华的基础上，使中国道路更加符合当代中国和当今世界的发展要求，在发展好自己的同时，有更强能力去解决世界性问题。但是在学习外国道路时，一定要有分析、有鉴别，适用的就拿来用，不适用的就不要生搬硬套。对此邓小平讲过："我们的现代化建设，必须从中国的实际出发。无论是革命还是建设，都要注意学习和借鉴外国的经验。但是照抄照搬别国经验、别国模式，从来不能得到成功。这方面我们有过不少教训。"[①] 习近平也讲过："对国外的理论、概念、话语、方法，要有分析、有鉴别，适用的就拿来用，不适用的就不要生搬硬套。"[②] 所以，在这样认识的基础上，我们在参与世界事务时，既坚持独立自主的对外政策，坚持互相尊重主权和领土完整、互不侵犯、互不干涉内政、平等互利、和平共处的五项原则，坚持和平发展道路，又坚持互利共赢开放战略，发展同各国的外交关系和经济、文化交流，推动构建人类命运共同体；坚持反对帝国主义、霸权主义、殖民主义，加强同世界各国人民的团结，支持被压迫民族和发展中国家争取和维护民族独立、发展民族经济的正义斗争，为维护世界和平和促进人类进步事业而努力。这实际上就是我国主张的世界和平发展道路。

[①] 《邓小平文选》第3卷，人民出版社1993年版，第2页。
[②] 习近平：《在全国哲学社会科学工作座谈会上的讲话》，今日中国网，2016年5月19日，http://www.chinatoday.com.cn/chinese/sz/news/201605/t20160519_800057144_3.html。

第三章

社会主义发展阶段的探索

正确认识中国国情,客观判断我国社会主义所处的发展阶段,是科学决策的基础。新中国成立70年,在科学把握我国社会主义发展阶段问题上,我们有经验,也有教训,但最终还是做出我国处于并将长期处于社会主义初级阶段的科学判断,为中国特色社会主义的建设和发展奠定了科学的理论基础。

第一节 改革开放前社会主义发展阶段的探索

一、毛泽东对社会主义发展阶段的探索与思考

(一)从新民主主义向社会主义的过渡时期

中华人民共和国的成立,标志着中国的历史进入了由新民主主义向社会主义过渡的时期。怎样实现这个过渡?共和国的缔造者在新中国成立后的前3年一致认为,要经过一段相当长的时间,而不是立刻实现社会主义。这就是说,因为我国不是在社会生产力发达的资本主义社会的基础上建立社会主义,而是在社会生产力相对落后的半殖民地、半封建社会基础上建立社会主义。这就需要有一段过渡时期来为实现社会主义做充分的准备,创造必要的条件。

1949~1952年,中国共产党领导全国人民,经过3年时间的艰苦奋斗,使濒临崩溃的国民经济得到了恢复,并使其在恢复的同时有了一定程度的发展,为以后大规模的经济建设事业奠定了必要的基础。在我国国民经济恢复阶段将要结束的1952年底,中共中央根据毛泽东的建议,提出了党在过渡时期的总路线,"要

·奋斗与创新·

在一个相当长的时期内，逐步实现国家的社会主义工业化，并逐步实现国家对农业、手工业和资本主义工商业的社会主义改造。"① 要完成过渡时期总路线所规定的总任务，当时设想大约需要经过3个五年计划，即大约15年的时间。但在实际执行中，单就社会主义改造这项任务而言，只花了4年左右的时间就完成了。

1956年，我国基本完成了对生产资料私有制的社会主义改造，确立了社会主义制度。同年召开的党的八大指出："社会主义改造已经取得了决定性胜利"，"几千年来阶级剥削制度的历史已经基本结束了，社会主义的社会制度在我国已经基本建立起来了。"毛泽东在1956年1月召开的知识分子问题会议上，提出了我国的社会主义社会已经进入，但尚未完成。1957年2月，在《关于正确处理人民内部矛盾的问题》的讲话中，毛泽东结合我国工业化任务尚未完成的情况，把社会主义区分为"建立"和"建成"两个不同的发展阶段。他指出：我国社会主义制度只是"刚刚建立"，还没有"完全建成"，还不"完全巩固"②。在这里，毛泽东吸取了斯大林的教训，把社会主义划分为"建立"和"完全建成"两个阶段，但对所需时间却估计较短，如在1957年7月发表的《一九五七年夏季的形势》一文中，他写道："必须懂得，在我国建立一个现代化的工业基础和现代化的农业基础，从现在起，还要十年至十五年。只有经过十年至十五年的社会生产力的比较充分的发展，我国的社会主义的经济制度和政治制度，才算获得了自己的比较充分的物质基础（现在，这个物质基础还很不充分），我们的国家（上层建筑）才算充分巩固，社会主义社会才算从根本上建成了，现在还未建成，还差十年至十五年时间"③。

从上述可以看出，新中国成立初期，党中央领导已经开始了社会主义发展阶段的探索，但由于我国当时刚刚进入社会主义社会，没有足够的经验使我们能够对社会主义建设和社会主义社会的发展规律具有很清楚的认识，因此，关于社会主义发展阶段，还没有能够得出完整的、符合实际情况的结论。

（二）超越发展阶段的错误思想

1953年开始，我国实行第一个五年计划，并取得很大成功。在这样的情况下，社会主义建设中出现了急于求成的思想。1957年9月，毛泽东在党的八届三中全会上改变了1956年党的八大关于我国社会主要矛盾和主要任务的观察和判

---

① 《毛泽东文集》第7卷，人民出版社1999年版，第214、216页。
② 《毛泽东文集》第7卷，人民出版社1999年版，第214页。
③ 《建国以来毛泽东文稿》第6册，中央文献出版社1992年版，第549页。

断，批评"反冒进"的决策。1958年以后在发展阶段认识上，出现新的冒进思想，试图在我国还"一穷二白"的情况下，迅速过渡到共产主义。当时，我国的一些地方和部门，在开展共产主义协作的名义下，搞起了"一平二调"，刮起了"共产风"，把均贫富和平均主义当成了共产主义。为了接近和实现共产主义的"按需分配"，农村人民公社普遍办起了公共食堂，实行吃饭不要钱；一些机关和单位，把工资制改变为短缺经济下的配给制、津贴制。① 这种做法实际上是把我们在战争年代的供给制和十月革命胜利初期苏联实行的战时共产主义分配政策与共产主义混同在一起。这种超越发展阶段的理论和"左"的方针、政策，严重脱离了中国国情，超越了发展阶段，不利于社会生产力的发展。这是新中国在社会主义建设实践中的一个重大历史教训。

（三）提出社会主义可分为不发达和比较发达两个阶段

在"大跃进"运动受挫以后，经过初步总结社会主义建设的经验教训，毛泽东开始认识到社会主义社会应当经过不同发展阶段，意识到了在中国建设社会主义的艰巨性、复杂性和长期性。

1958年12月，党的八届六中全会通过了由毛泽东主持起草的《关于人民公社若干问题的决议》。该决议提出："由社会主义过渡到共产主义是一个相当长相当复杂的发展过程，而在这整个过程中，社会的性质仍然是社会主义的""在由社会主义向共产主义过渡的问题上，我们不能在社会主义阶段上停步不前，但是也不能陷入超越社会主义阶段而跳入共产主义阶段的空想。我们是马克思列宁主义的不断革命论者，我们认为，在民主革命和社会主义革命之间，在社会主义和共产主义之间，没有隔着也不允许隔着万里长城；我们又是马克思列宁主义的革命发展的阶段论者，我们认为不同的发展阶段反映事物的质的变化，不应当把这些不同质的阶段互相混淆起来。"② 这里已经体现出社会主义本身也存在着不同发展阶段的思想。

1959年底，毛泽东在《读苏联〈政治经济学教科书〉的谈话》中提出了社会主义发展两阶段的思想，并谈到我国现在正处在不发达的社会主义阶段。他认为斯大林在20世纪30年代提出苏联建成社会主义的标准过低，强调要通过生产力的发展与人民富裕程度的定量考察来研究建成社会主义的问题，即阶段特征问题。毛泽东明确提出："社会主义这个阶段，又可能分为两个阶段，第一个阶段

---

① 苏星：《新中国经济史》，中共中央党校出版社2007年版，第332～333页。
② 《建国以来重要文献选编》第5册，人民出版社1995年版，第605、607页。

是不发达的社会主义,第二个阶段是比较发达的社会主义。后一阶段可能比前一阶段需要更长的时间,经过后一阶段,到了物质产品,精神财富都极为丰富和人民的共产主义觉悟极大提高的时候,就可以进入共产主义社会了"。① 到1962年初,在总结"大跃进"的教训时,毛泽东更加深了对社会主义长期性的认识。他指出,"在我们这样的国家,完成社会主义建设是一个艰巨任务,建成社会主义不要讲得过早了。"② 中国的人口多、底子薄,经济落后,要"建设强大的社会主义经济,在中国,五十年不行,会要一百年,或者更多的时间。"③ 毛泽东的这些认识无疑是正确的。

毛泽东在纠正"大跃进"的错误时,批评急于向共产主义过渡的人混淆了社会主义和共产主义、按劳分配和按需分配、集体所有制和全民所有制的区别,同时他还批评了否认价值规律和等价交换等错误思想倾向。根据毛泽东关于社会主义发展阶段的这些认识,1963年9月的中共中央工作会议上做出了国民经济分两步走的战略部署:第一步,从第三个五年计划(1966年起)开始,用15年时间,即在1980年以前,建成一个独立的、比较完整的工业体系和国民经济体系,使我国工业接近世界先进水平;第二步,在20世纪内,使我国工业走在世界前列,全面实现农业、工业、国防和科学技术的现代化,使我国国民经济走在世界前列。

(四)把社会主义看作从资本主义到共产主义的革命转变时期,中断了探索的正确之路

20世纪60年代,在当时的国际国内条件下,党的指导思想方面"左"的倾向有所发展。1962年党的八届十中全会提出,在整个社会主义社会中,始终存在着无产阶级和资产阶级之间的阶级斗争,存在社会主义和资本主义两条路线的斗争,阶级斗争、两条路线的斗争仍然是社会主要矛盾,强调要"以阶级斗争为纲",还要持久地开展无产阶级专政条件下的继续革命。1963年6月14日,由毛泽东亲自起草的中共中央《关于国际共产主义运动总路线的建议》写道:"马克思和列宁都认为,在进入共产主义社会的高级阶段以前,都适用于从资本主义到共产主义的过渡时期,都是无产阶级专政时期。""在社会主义国家里,社会主义和资本主义谁战胜谁的问题,需要一个很长的历史时期才能逐步解决。"④ 加

---

① 《毛泽东文集》第8卷,人民出版社1999年版,第116、303页。
② 《毛泽东文集》第8卷,人民出版社1999年版,第116页。
③ 《毛泽东著作选读》(下册),人民出版社1986年版,第828页。
④ 《关于国际共产主义运动总路线的建议》,载于《人民日报》1963年6月17日。

上国内外其他一些复杂因素，其后又发生了"文化大革命"，从而中断了对我国社会主义发展阶段的正确探索。

尽管如此，毛泽东在社会主义发展阶段上的多次反复的探索及其所取得的理论成果，为我们逐步认识建设社会主义的规律提供了宝贵的经验和教训。毛泽东对社会主义发展阶段的划分，对混淆社会主义同共产主义、对否认价值规律和等价交换等观点的批评，反映了以毛泽东为核心的党中央领导集体对什么是社会主义以及如何搞好社会主义做了开拓性探索和创新贡献，为后来我国社会主义社会发展阶段的探索提供了思想先导和实践基础。

二、经济学界对社会主义发展阶段的探索

（一）关于社会主义发展阶段的划分及其向共产主义过渡的客观条件

20世纪50年代和60年代初，在党的领导下，经济学界在学习马克思主义政治经济学、借鉴国外经济理论特别是苏联社会主义经济理论的同时，根据中国的实践，对社会主义发展阶段及相关问题开展了讨论和争鸣，提出了一些有价值的观点。理论界的探索，为党的理论创新提供了深刻的思想启迪。

20世纪50年代末，在关于社会主义发展阶段的实践探索基础上，薛暮桥曾提出，社会主义经济发展的方针、政策的确定，直接取决于我们对社会主义发展阶段的理解。搞社会主义建设，首先要明确我们所处的发展阶段，确定我们所处的历史位置。研究社会主义经济理论，也首先要搞清楚社会主义的发展阶段。他认为，从社会主义到共产主义的过渡，不能"一步走"，即同时完善集体所有制到全民所有制的过渡和从按劳分配到按需分配的过渡，而应分"两步走"，即先完成从集体所有制到社会主义全民所有制的过渡，再进行从按劳分配到按需分配，也就是从社会主义全民所有制到共产主义全民所有制的过渡。[①] 这种"两步走"的观点，实质上是把社会主义划分为这样两个阶段：第一，多种所有制形式并存的阶段；第二，单一的社会主义全民所有制和按劳分配阶段。他还提出，在每一个阶段中，还可能有若干小阶段，每一个小阶段也有一些小的质变。

1959年9月薛暮桥发表了《怎样认识社会主义经济》一文，对由社会主

[①] 薛暮桥：《社会主义经济理论中的一些重要问题》，载于《政治经济学研究参考资料》1960年第76期。

向共产主义过渡的客观条件做了理论分析，他从生产资料所有制、按劳分配制度及人和人的关系三个方面，分析了社会主义生产关系中不成熟或不完善的部分存在的客观必然性。他认为勉强地使集体经济迅速地过渡到全民所有制经济，是一种不能允许的冒险行为，并提出"从社会主义到共产主义的过渡，首先决定于生产力的发展水平，不能想迟就迟，想早就早。"①

薛暮桥提出的社会主义发展"两步走"（即两阶段）理论，代表着当时中国经济学家在社会主义发展阶段理论研究中所达到的水平，标志着中国经济学家在社会主义发展阶段理论研究方面迈出了可贵的第一步。②

(二) 关于如何理解生产关系要适应生产力发展的含义

1956年生产资料的社会主义改造完成后，我国生产关系变革的步伐越来越快，1958年推行国民经济"大跃进"和人民公社化，开始跑步迈向共产主义。面对这种所有制不断升级、生产关系的"大跃进"情况，20世纪50年代末和60年代初，国内经济学界对此进行了初步的反思，对生产力和生产关系的关系也展开过热烈的讨论，并提出了一些有价值的观点。讨论主要集中于两个方面：一是生产关系能否走到其生产力的前面；二是如何理解生产关系要适应生产力发展的含义。③

一种观点认为，生产关系不可能跑到其生产力的前面，否则，无异于承认可以无视客观经济规律而任意改变生产关系。④ 生产力是基础，生产关系是为生产力发展提供适合的形式。生产关系不适应或者脱离生产力的发展，不仅表示为落后于生产力的发展，也表示为走在生产力前面。⑤ "人们不能超越生产力发展的性质和水平去改变生产关系。如果人为地过早地改变生产关系，超越了生产力的发展阶段，那么这种生产关系就会起来反对生产力的发展，破坏生产力"⑥。

另一种观点认为，两者是辩证的关系，先进的生产关系往往超越既定的生产力水平而促进生产力的发展，这是生产关系反作用的表现。⑦ 对这种观点，有学

---

① 薛暮桥：《怎样认识社会主义经济》，载于《新建设》1959年第10期。
② 杨欢进：《薛暮桥经济思想研究》，中国经济出版社1992年版，第77页。
③ 颜鹏飞、丁霞：《马克思主义经济学中国化研究》，中国社会科学出版社2015年版，第35页。
④ 张东明：《生产关系走到生产力前面的论点是有害的》，载于《解放日报》1956年10月29日。
⑤ 高安：《生产关系走到生产力前面的说法是否违背了历史唯物主义原理》，载于《解放日报》1965年11月5日。
⑥ 张友仁：《关于生产关系一定要适合生产力性质的规律》，载于《北京大学学报（社会科学版）》1963年第2期。
⑦ 黄楠生：《论我国现阶段生产力和生产关系的关系》，载于《新建设》1957年第3期。

者提出批评,"把主要矛盾简单地理解为'生产关系跑到生产力前面',这种看法就可能使我们对生产关系滋生一种'万事大吉的情绪',就会给我们在实践上带来危害"。即使生产关系变革也不一定必然推动生产力发展,因为生产力和生产关系之间"矛盾的特点也表现在生产关系某些环节的缺陷,使它未能适合生产力发展的需要"①。

这场争论随后扩展到高级农业合作社这种生产关系是否已超越生产力的水平的争论,以张克灿为代表,认为高级社的生产关系是完全适合于生产力的性质,而以关梦觉②为代表,则认为高级农业合作社的社会主义生产关系,跑到其生产力的物质因素和技术条件的前面了,因为,建立在手工劳动基础上的高级社的社会主义生产关系,其生产工具和技术条件与社会主义的生产关系暂时还是不相称的,农业的技术改造远远落后于其生产关系的改造。

此外,平心还指出了当时在生产力和生产关系的关系上存在的错误,即"把生产关系绝对化,把生产力简单化,认为生产力始终要依赖生产关系才能增长,生产力不能有任何相对独立的运动"③的错误观念。平心的观点已经开始触及当时脱离国情、脱离发展阶段的"左"倾路线的实质了,但当时的政治环境已经容不得更进一步的研究。④正如孙冶方后来所指出的,"平心同志所提出的问题,显然是和当时居主流地位的那股错误思潮不合拍的,所以受到了不应有的批判"⑤。

(三)关于过渡时期社会主义基本经济规律的讨论

关于社会主义基本经济规律的讨论,其实质是对新中国成立初期中国的社会性质和发展阶段的探讨。围绕着过渡时期的基本经济规律这一中心问题的讨论形成了三种代表性观点:一是以王学文⑥、林里夫⑦为代表,认为过渡时期的经济条件还不能形成一个基本经济规律,而是有多种基本经济规律在起作用,多种经济成分都有其各自的"主要法则",国营经济的主要法则对于其他经济的法则起

---

① 严北溟:《我国生产力和生产关系矛盾的特点》,载于《新闻日报》1957年4月27日。
② 关梦觉:《关于高级农业生产合作社生产力与生产关系问题》,载于《新建设》1956年第7期。
③ 平心:《论生产力与生产关系的相互推动和生产力的相对独立增长——七论生产力性质》,载于《学术月刊》1960年第7期。
④ 张卓元:《中国经济学60年(1949-2009)》,中国社会科学出版社2009年版,第54页。
⑤ 李平心:《论生产力问题》,生活·读书·新知三联书店1980年版,第14页。
⑥ 王学文:《中国新民主主义的几个基本法则》,载于《新建设》1953年第10期。
⑦ 林里夫:《论决定我国过渡时期的各种生产的社会形态的基本经济法则》,载于《经济研究》1955年第2期。

领导的主导的作用,并不能代替或取消其他经济的法则。二是以苏星①、徐禾②为代表,认为我国过渡时期还不是一个独立的而是具有过渡性质的社会经济形态,因此,还没有一个决定整个社会生产发展的一切主要方面和主要过程的基本经济规律,但存在着社会主义的和资本主义的两种基本经济规律,从而决定了两种对立的经济成分的并存性;而社会主义基本经济规律是在整个国民经济中起主导作用的规律,从而反映了国营经济的指导作用。当时相当多的人倾向于这一观点。这一观点是符合我国过渡时期的社会经济特征的。三是以许涤新③、王亚南④等为代表,明确提出社会主义基本经济规律就是我国过渡时期的基本经济规律,在我国过渡时期多种经济成分并存的情况下,由于占有主导地位的是国营经济,因而反映社会主义的基本经济规律就成为我国过渡时期的基本经济规律。

关于过渡时期经济规律问题的讨论能够突破传统理论体系的新观点并不多,主要是因为受到苏联传统政治经济学体系的影响很深以及研究讨论中具有简单化的倾向,争论双方往往只以斯大林的《苏联社会主义经济问题》书中的论述为论据,不是深入实际分析经济过程,从中发现经济规律的作用及其之间的关系,而是简单地进行逻辑推理。⑤ 这种不足在当时就有人指出。1957年3月4日,苏星在《人民日报》上发表《对于研究经济发展规律的一些意见》,他中肯地指出:有许多文章很少是根据中国统计材料的研究,往往只是用若干实例来证明某些结论。产生这种现象的原因很多,根本原因还在于我们没有真正运用马克思主义从实际出发、详细占有材料的研究方法,所以研究问题不是在马克思主义一般原理的指导下,对中国的具体情况做具体分析,而往往是满足于把这些原理照搬在现实经济生活的头上。

---

① 苏星:《社会主义基本经济法则在我国过渡时期的作用问题》,载于《学习》1954年第4期;《目前争论的主要分歧在哪里》,载于《经济研究》1955年第1期。

② 徐禾:《关于在我国过渡时期经济领域内的基本经济法则问题》,载于《学习》1954年第9期。

③ 许涤新:《论过渡时期中社会主义基本经济法则——斯大林著作(苏联社会主义经济问题)读后》,载于《新经济》1953年第10期。

④ 王亚南:《社会主义基本经济法则在我国过渡时期的经济总量运动过程中究竟起什么作用》,载于《经济研究》1955年第2期。

⑤ 胡希宁、张锦栓:《二十世纪中国经济思想简史:马克思主义经济学在中国》,中央党校出版社1999年版,第225页。

第二节　改革开放新时期社会主义初级阶段理论的形成

一、社会主义初级阶段理论的提出与发展

（一）社会主义初级阶段理论的初步提出

1978年党的十一届三中全会召开，中国共产党在深刻总结我国社会主义建设发展的历史经验和教训，正确分析基本国情的基础上，逐步形成了社会主义初级阶段理论。

在1979年3月召开的理论务虚会上，邓小平指出，要使中国实现现代化，至少有两个重要特点是必须看到的：一是底子薄。现在中国仍然是世界上很贫穷的国家之一。中国的科学技术力量很不足，科学技术水平从总体上看要比世界先进国家落后二三十年。二是人口多，耕地少。这种情况不是很容易改变的。这就成为中国现代化建设必须考虑的特点。离开现实，超越阶段是搞不成社会主义的。① 同年9月，党的十一届四中全会通过的叶剑英《在庆祝建国30周年大会的讲话》中指出：我国"社会主义制度还处在幼年时期"，"还不成熟、不完善"，"在我国实现现代化，必然要有一个由初级到高级的过程"②。

1981年6月党的十一届六中全会首次正式提出中国处在社会主义初级阶段的基本论断，全会通过的《关于建国以来党的若干历史问题的决议》中提出："尽管我们的社会主义制度还是处于初级的阶段，但是毫无疑问，我国已经建立了社会主义制度，进入了社会主义社会。任何否认这个基本事实的观点都是错误的。……当然，我们的社会主义制度由比较不完善到比较完善，必须要经历一个长久的过程。"③ 这是在中国共产党的历史文献中第一次正式提出社会主义制度的"初级阶段"的概念。1982年9月，党的十二大报告又一次确认我国的社会主义社会现在还处在初级发展阶段。1986年9月，党的十二届六中全会通过的《关于社会主义精神文明建设指导方针的决议》重申：我国还处在社会主义的

---

① 《邓小平文选》第2卷，人民出版社1994年版，第163~164页。
② 中共中央文献研究室编：《三中全会以来重要文献选编》（上），人民出版社1982年版，第205、197、217页。
③ 中共中央文献研究室编：《三中全会以来重要文献选编》（下），人民出版社1982年版，第748页。

初级阶段,并说明了社会主义初级阶段的一些特征。

(二) 社会主义初级阶段理论的系统阐述

随着实践的发展,需要对我国的国情和所处的社会发展阶段做出更加明确的阐述,以便为进一步扩大改革开放提供科学的理论依据。因此,党的十三大召开前夕,邓小平在会见意大利共产党领导人的谈话中强调:"我们党的十三大要阐述中国社会主义是处在一个什么阶段,就是处在初级阶段,是初级阶段的社会主义。社会主义本身是共产主义的初级阶段,而我们中国又处在社会主义的初级阶段,就是不发达的阶段。一切都要从这个实际出发,根据这个实际来制定规划。"① 这个论述,第一次把社会主义初级阶段作为事关全局的基本国情加以把握,明确了这一问题是制定路线、政策的出发点和根本依据。

根据邓小平这一思想,党的十三大对"我国处于社会主义初级阶段"的论断做了全面系统阐述,指明了这一历史阶段的历史前提、基本含义和特征、主要矛盾、基本路线等,形成了比较完备的社会主义初级阶段理论,表明了党对社会主义和中国国情认识上的一次飞跃。列宁曾经指出,根据书本争论社会主义纲领的时代已经过去了,今天只能根据经验来谈论社会主义。党的十三大能够在思想上、理论上、政治上做出重大的突破,提出社会主义初级阶段的理论,是坚持一切从中国的国情出发,把马克思主义基本原理同中国的具体实践相结合的结果。

1992年,邓小平的南方谈话,又一次谈到了社会主义初级阶段,"我们搞社会主义才几十年,还处在初级阶段。巩固和发展社会主义制度,还需要一个很长的历史阶段,需要我们几代人、十几代人,甚至几十代人坚持不懈地努力奋斗,决不能掉以轻心。"② 正是从社会主义初级阶段"这个实际出发",邓小平提出了中国现代化建设分三步走的发展战略,"本世纪走两步,达到温饱和小康,下个世纪用三十年到五十年时间再走一步,达到中等发达国家的水平。"③ "三步走"发展战略的提出和确立,创造性地、科学地回答了社会主义的发展阶段和发展战略问题。

(三) 社会主义初级阶段理论的进一步完善

党的十四大以来,以江泽民同志为核心的党的第三代中央领导集体根据改革开放和现代化建设实践的发展,不断完善社会主义初级阶段理论。党的十四大报

---

① 《邓小平文选》第3卷,人民出版社1993年版,第252页。
② 《邓小平文选》第3卷,人民出版社1993年版,第379~380页。
③ 《邓小平文选》第3卷,人民出版社1993年版,第251页。

告在阐述建设中国特色社会主义理论时,将初级阶段理论作为"中国特色社会主义"理论的重要内容,报告强调这是一个至少上百年的很长的历史阶段,制定一切方针政策都必须以这个基本国情为依据,不能脱离实际,超越阶段"。为反映社会主义初级阶段理论,党的十四大通过的《中国共产党章程》(修正案)和1993年八届全国人大一次会议通过的《中华人民共和国宪法修正案》做了相应修正。至此,"社会主义初级阶段"的概念和理论以党章和国家根本大法的形式确定下来。[1] 1997年5月29日,江泽民同志在中央党校省部级干部培训班毕业典礼上的讲话中指出:"面对前所未有的机遇和挑战,面对改革攻坚和开创新局面的艰巨任务,我们解决种种矛盾,澄清种种疑惑,认识为什么必须实行现在这样的路线和政策,关键还在于对所处社会主义初级阶段的基本国情要有统一认识和准确把握。"[2]

党的十五大坚持"我国处于社会主义初级阶段"的科学判断,指出处于社会主义初级阶段是我国"最大的实际",并进一步完善了社会主义的初级阶段理论。第一,将党的十三大概括的社会主义初级阶段五个特征进一步扩展成九个特征,增加的四个特征,强调了科技教育文化逐步发达,生活水平由贫到富,经济上缩小地区差距和树立共同理想、努力建设精神文明等方面,深化了对社会主义初级阶段基本特征的认识。第二,提出了充分反映我国社会主义建设和改革规律、集中体现党在社会主义初级阶段基本路线的基本纲领,精辟地回答了什么是社会主义初级阶段中国特色社会主义的经济、政治和文化,以及怎样建设这样的经济、政治和文化,进一步统一了全党全国人民的思想,在新的理论高度展示了社会主义初级阶段的丰富内涵。这标志着党对现阶段我国基本国情的认识进一步系统化、理论化。第三,党的十五大对社会主义初级阶段的长期性与巩固社会主义制度的长期性有了更深入的认识。党的十五大报告指出:初级阶段"这样的历史进程,至少需要一百年时间"[3]。第四,进一步把现代化三步走发展战略的第三步战略部署具体化,提出到21世纪中叶跨度达50年的新的"三步走"发展目标,即第一个十年实现国民经济总值比2000年翻一番,使人民的小康生活更加宽裕,形成比较完善的社会主义市场经济体制;再经过十年的努力,到建党一百年时,使国民经济更加发展,各项制度更加完善;到21世纪中叶新中国成立一百年时,

---

[1] 辛向阳:《社会主义初级阶段理论:马克思主义中国化的典范》,载于《马克思主义研究》2006年第6期。
[2] 《江泽民在中央党校发表重要讲话强调要高举邓小平理论旗帜》,载于《人民日报》1997年5月30日。
[3] 中共中央文献研究室编:《十五大以来重要文献选编》(上),人民出版社2001年版,第16页。

基本实现现代化,建成富强民主文明的社会主义国家。全国九届人大四次会议通过的"十五"计划纲要,正式制定了这一现代化第三步具体发展战略。这一规划把现代化发展阶段与社会发展阶段有机统一起来,从而进一步发展了社会主义初级阶段理论。

(四) 社会主义初级阶段理论的发展和深化

党的十六大提出了全面建设小康社会的发展战略,指明全面建设小康社会是社会主义初级阶段的一个新的具体发展阶段,进一步发展和深化了社会主义初级阶段理论。党的十六大报告指出,跨入新世纪我国已"总体上达到小康水平",进入全面建设小康社会、加快推进社会主义现代化的新的发展阶段。同时必须看到,"我国正处于并将长期处于社会主义初级阶段,现在达到的小康还是低水平的、不全面的、发展很不平衡的小康,人民日益增长的物质文化需要同落后的社会生产之间的矛盾仍然是我国社会的主要矛盾。还需要用二十年左右的时间全面建设小康社会。经过这个阶段的建设,再奋斗几十年,到本世纪中叶基本实现现代化,把我国建成富强民主文明的社会主义国家。"① 这就清楚地指明了全面建设小康社会和社会主义初级阶段的关系。一方面,进入全面建设小康社会并没有越过社会主义初级阶段这一历史过程,仍然是社会主义初级阶段中的一个现实社会形态。从大的社会发展阶段来说,解决温饱问题和达到小康的阶段性变化,还是整个社会主义初级阶段发展进程中所经历的阶段性变化,我国处在社会主义初级阶段的基本特征还没有根本改变。另一方面,总体达到小康水平,又标志着我们走出了贫困,跨越了温饱,已经向着富裕迈进,进入了全面建设小康社会的历史新阶段。这是我国社会主义社会发展过程中带有"新的里程碑"性质的阶段性、根本性变化。这些论述进一步丰富和拓展了社会主义初级阶段理论。

在党的十七大报告中,胡锦涛再次强调"我国仍处于并将长期处于社会主义初级阶段的基本国情没有变",强调要"牢记社会主义初级阶段基本国情""立足社会主义初级阶段这个最大的实际",并深刻指出"当前我国发展的阶段性特征,是社会主义初级阶段基本国情在新世纪新阶段的具体表现。强调认清社会主义初级阶段基本国情,不是要妄自菲薄、自甘落后,也不是要脱离实际、急于求成,而是要坚持把它作为推进改革、谋划发展的根本依据,我们必须始终保持清醒头脑,立足社会主义初级阶段这个最大的实际,科学分析我国全面参与经济全球化的新机遇新挑战,全面认识工业化、信息化、城镇化、市场化、国际化深入

---

① 《中国共产党第十六次全国代表大会文件汇编》,人民出版社2002年版,第17~18页。

发展的新形势新任务，深刻把握我国发展面临的新课题新矛盾，更加自觉地走科学发展道路，奋力开拓中国特色社会主义更为广阔的发展前景。"① 这些论述充分表明牢记社会主义初级阶段的基本国情在新世纪新阶段具有重要的现实意义。

二、社会主义初级阶段的科学内涵和基本特征

（一）社会主义初级阶段的科学内涵

社会主义初级阶段包括两方面含义：第一，就我国的社会性质来看，它已经是社会主义社会，因此，我们必须坚持而不能离开社会主义，这与由资本主义向社会主义过渡的过渡时期有着本质的区别。第二，就我国社会主义社会成熟程度来看，它还处在社会主义初级阶段，仍然没有从根本上摆脱贫穷落后的状态，必须认清这一点，必须从这个实际出发，绝不能超越这个阶段。邓小平关于社会主义初级阶段的这一定位既坚持了马克思主义未来社会发展阶段理论，又发展了这一科学理论，是运用马列主义的科学方法对中国社会主义历史和现状进行再认识的新成果。

社会主义初级阶段的这两层含义是相辅相成的。社会主义是基本前提，初级阶段是发展程度。只有把社会主义社会的性质同它的发展程度有机地统一起来，构成一个科学概念，才能够深刻地理解和把握住我国的基本国情。不了解当前我国的社会性质或者对其做出了错误的判断，就不可能对我国社会的基本特征、主要矛盾、根本任务和发展方向做出正确的分析，因而也不可能制定出符合实际的正确的路线和政策，推动社会向前发展；不能正确地分析当前我国社会所处的发展阶段，就有可能出现超越阶段或者落后于形势的判断，从而做出错误的决策。

党的十一届三中全会以前，中国共产党对我国社会性质问题的判断是正确的，但对我国社会主义发展阶段和发展程度的判断上曾经出现过失误，提出的任务和政策脱离了国情，严重地影响了社会主义现代化建设事业的发展。因此，正确把握国情必须全面地认识我国社会所处的历史方位，把社会性质同它的发展程度统一起来。

社会主义初级阶段的两层基本含义既区别又联系，构成了一个具有特定内涵的新概念。党的十三大报告指出，社会主义初级阶段，"并不是泛指任何国家进

---

① 胡锦涛：《高举中国特色社会主义伟大旗帜，为夺取全面建设小康社会新胜利而奋斗》，人民出版社2007年版，第14页。

入社会主义都会经历的起始阶段，而是特指我国在生产力发展水平不高、商品经济不发达条件下建设社会主义必然要经历的特定历史阶段。在这个阶段，我们所面临的主要矛盾，是人民日益增长的物质文化需要同落后的社会生产之间的矛盾。我国从20世纪50年代生产资料所有制的社会主义改造基本完成，到社会主义现代化的基本实现，至少需要上百年时间，都属于社会主义初级阶段。"① 换言之，它是经济文化落后的中国所特有的或不可逾越的特殊阶段。因为，我们的社会主义是脱胎于半殖民地半封建社会，生产力水平远远落后于发达的资本主义国家，这就决定了我们必须经历一个很长的初级阶段，去实现别的许多国家在资本主义条件下实现的工业化和生产的商品化、社会化和现代化。这个提法既具有严密的学理性，又具有高度的政治智慧，从而为我国建设有中国特色的社会主义事业奠定了坚定的理论基石。

（二）社会主义初级阶段的基本特征

党的十三大报告把我国还处在社会主义初级阶段作为整个报告立论的基础，从这个基本国情出发，对社会主义初级阶段的特点做了五个方面的概括："我国社会主义初级阶段，是逐步摆脱贫穷、摆脱落后的阶段；是由农业人口占多数的手工劳动为基础的农业国，逐步变为非农产业人口占多数的现代化的工业国的阶段；是由自然经济半自然经济占很大比重，变为商品经济高度发达的阶段；是通过改革和探索，建立和发展充满活力的社会主义经济、政治、文化体制的阶段；是全民奋起，艰苦创业，实现中华民族伟大复兴的阶段。"②

经过进一步的认识和实践，党的十五大更加全面地从现代化发展的水平、产业结构状况、经济运行方式、文化教育发展水平、人民富裕程度、地区发展状况、体制改革、精神文明建设及国际比较九个方面，对社会主义初级阶段的特征做出新的概括。党的十五大指出："社会主义初级阶段，一是逐步摆脱不发达状态，基本实现社会主义现代化的历史阶段；二是由农业人口占很大比重、主要依靠手工劳动的农业国，逐步转变为非农业人口占多数、包含现代农业和现代服务业的工业化国家的历史阶段；三是由自然经济半自然经济占很大比重，逐步转变为经济市场化程度较高的历史阶段；四是由文盲半文盲人口占很大比重、科技教育文化落后，逐步转变为科技教育文化比较发达的历史阶段；五是由贫困人口占很大比重、人民生活水平比较低，逐步转变为全体人民比较富裕的历史阶段；六是地区经济文化很不平

---

① 《沿着有中国特色的社会主义道路前进——在中国共产党第十三次全国代表大会上的报告》，载于《人民日报》1987年11月4日。

② 中共中央文献研究室编：《十三大以来重要文献选编》（上），人民出版社1991年版，第12~13页。

衡，通过有先有后的发展，逐步缩小差距的历史阶段；七是通过改革和探索，建立和完善比较成熟的充满活力的社会主义市场经济体制、社会主义民主政治体制和其他方面体制的历史阶段；八是广大人民牢固树立建设有中国特色社会主义共同理想，自强不息，锐意进取，艰苦奋斗，勤俭建国，在建设物质文明的同时努力建设精神文明的历史阶段；九是逐步缩小同世界先进水平的差距，在社会主义基础上实现中华民族伟大复兴的历史阶段。"[1] 其中，第一条和第九条是对社会主义初级阶段基本特点和历史任务的总概括，其他七条是对社会主义初级阶段基本特点和历史任务在经济、政治、文化等各方面的展开。这九条充分体现了社会主义初级阶段历史发展的过程性特征，是对党的十三大概括的五大特征的丰富和发展。

社会主义初级阶段是一个相当长的动态的发展过程，在不同时期会显现出不同的阶段性特征。这种动态的发展过程，是由量变积累引起部分的质变，在新的基础上再由新的量变积累引起新的部分质变的过程。

党的十七大从八个方面分析和概括了新世纪新阶段我国发展呈现出的新的阶段性特征：一是经济实力显著增强，同时生产力水平总体上还不高，自主创新能力还不强，长期形成的结构性矛盾和粗放型增长方式尚未根本改变；二是社会主义市场经济体制初步建立，同时影响发展的体制机制障碍依然存在，改革攻坚面临深层次矛盾和问题；三是人民生活总体上达到小康水平，同时收入分配差距拉大趋势还未根本扭转，城乡贫困人口和低收入人口还有相当数量，统筹兼顾各方面利益难度加大；四是协调发展取得显著成绩，同时农业基础薄弱、农村发展滞后的局面尚未改变，缩小城乡区域发展差距和促进经济社会协调发展任务艰巨；五是社会主义民主政治不断发展，依法治国基本方略扎实贯彻，同时民主法制建设与扩大人民民主和经济社会发展的要求还不完全适应，政治体制改革需要继续深化；六是社会主义文化更加繁荣，同时人民精神文化需求日趋旺盛，人们思想活动的独立性、选择性、多变性、差异性明显增强，对发展社会主义先进文化提出了更高要求；七是社会活力显著增强，同时社会结构、社会组织形式、社会利益格局发生深刻变化，社会建设和管理面临诸多新课题；八是对外开放日益扩大，同时面临的国际竞争日趋激烈，发达国家在经济科技上占优势的压力长期存在，可以预见和难以预见的风险增多，统筹国内发展和对外开放要求更高。党的十七大还指出"当前我国发展的这些阶段性特征，是社会主义初级阶段基本国情在新世纪新阶段的具体表现"[2]。只有既牢牢把握社会主义初级阶段这个大的历

---

[1] 中共中央文献研究室编：《十五大以来重要文献选编》（上），人民出版社2001年版，第15~16页。
[2] 胡锦涛：《高举中国特色社会主义伟大旗帜，为夺取全面建设小康社会新胜利而奋斗》，人民出版社2007年版，第13~14页。

史阶段，又认真分析不同时期具体的阶段性特征，才能准确判断我国社会发展的主流和方向，并据以制定正确的发展战略和政策。

三、社会主义初级阶段理论的科学依据

（一）我国进入社会主义的历史条件和基本国情

我国是在半殖民地、半封建社会的基础上，经过新民主主义而进入社会主义，这是中国特色社会主义的一个重要前提。历史使我们超越了资本主义充分发展的历史阶段，但是，生产力和商品经济的充分发展却是无法逾越的。以为不经过生产力的巨大发展就可以越过社会主义初级阶段，是革命发展问题上的空想论。我们必须在社会主义条件下用一个很长的历史阶段，去实现别的国家在资本主义条件下实现的工业化和经济的市场化、社会化、现代化的任务，去发展社会主义应有的发达的生产力的基础。江泽民在2000年6月9日全国党校工作会议上深刻地指出："我国现在处在社会主义初级阶段。这个初级阶段，是完成国家的工业化和实现国家经济的社会化、市场化、现代化的历史长过程"。"在这个长过程中，我们已经经历了若干个具体的发展阶段，还要继续经历若干个具体的发展阶段"①。即使在实现全面小康的目标后相当长时间内，我们仍然要继续完成社会主义初级阶段的历史任务。至于进一步巩固和发展社会主义制度，那就需要更长的时间。邓小平在1992年南方谈话中指出："我们搞社会主义才几十年，还处在初级阶段。巩固和发展社会主义制度，还需要一个很长的历史阶段，需要几代人、十几代人，甚至几十代人坚持不懈地努力奋斗，决不能掉以轻心。"②这些论断，不仅强调了社会主义初级阶段的长期性，还强调了社会主义整个历史阶段的长期性，指明了初级阶段的长期性是由这个阶段所要解决的历史任务决定的。明确这一点，有利于我们从各个具体发展阶段的实际出发，制定正确的策略，增强坚持党的基本路线和基本纲领的自觉性。

（二）成熟的社会主义所必需的物质技术基础尚未完全建立

我国建设社会主义的起点比较低，从一个落后的半殖民地、半封建的国家，没有经过资本主义的充分发展而直接走上社会主义道路，由此产生的后果是，我

---

① 江泽民：《论"三个代表"》，中央文献出版社2001年版，第29页。
② 《邓小平文选》第3卷，人民出版社1993年版，第379~380页。

国无可选择地接受了生产力水平低、社会化大生产不发达、商品经济落后等历史遗产。这一历史事实决定了我国在生产资料私有制的社会主义改造基本完成以后的相当长历史时期内,生产力的落后仍然是主要的矛盾。尽管经过社会主义建设,特别是党的十一届三中全会以来的迅速发展,我国的生产力水平有了明显提高,各项事业有了很大进步,人民生活总体上达到了小康水平,但总的来说,我国的生产力和科技、教育还比较落后,成熟的社会主义所必需的物质技术基础尚未完全建立,实现工业化和现代化还有很长的路要走。总之,在经济和社会发展诸多方面存在的许多问题不是短时期能够解决的。与马克思主义创始人所设想的成熟的社会主义相比,中国的社会主义是不成熟、不发达的社会主义,这就是我国社会仍然处在社会主义初级阶段的现实依据。况且,随着生产力的迅速发展、经济和社会现代化水平的提高,社会主义所要求的物质技术基础也会不断提高。马克思设想的社会主义的物质技术基础是机器大工业,列宁进一步提出社会主义要建立在全国电气化的基础之上,我们现在所处的时代对生产力水平的要求则更高。因为现代化是一个动态的过程,现代化的水平和标准是不断提高的。正如邓小平所说:"什么叫现代化?五十年代一个样,六十年代不一样了,七十年代就更不一样了。"[①] 当今世界生产力迅猛发展,我们要实现现代化,肩负着更为艰巨、复杂的任务。一方面,工业化仍然是我国现代化进程中需要继续完成的历史性任务,我们还要为此付出巨大的努力;另一方面,我们又面临着以信息化为标志的新的科技革命的挑战,面临着综合国力竞争中所处不利地位的压力。所有这些,都决定了我国必须经过很长的初级阶段才能进入生产力比较发达、社会主义制度比较成熟的阶段。

（三）社会主义生产关系和上层建筑方面的不成熟不完善

从生产关系看,经过长时间的努力,作为社会主义基本特征的生产资料公有制、按劳分配的主体地位已经确立,这使我国实现共同富裕、避免两极分化的社会主义目标有了根本保证,并由此确立了我国经济的社会主义性质。但我国对于公有制的实现形式、公有制的生产资料与劳动者的结合方式、按劳分配的具体实现形式、如何处理好效率与公平的关系等问题认识还有待加深。由于生产力总体水平不够高和多层次、不平衡发展,在相当长的历史时期,我们还必须允许和鼓励多种非公有制经济成分发展,允许某些非劳动要素参与分配过程,从而不可避

[①] 中共中央文献研究室编:《邓小平年谱1975—1997》（上）,中共中央文献出版社2004年版,第372~373页。

免地存在某些分配不公、居民收入差距过大的问题，所有这些都还需要长期继续探索并解决。从上层建筑看，社会主义的上层建筑已经确立，社会主义基本政治制度已占社会统治地位，劳动人民成为国家主人，由此也确立了我国社会的社会主义性质。但我们的政治体制在具体的领导制度、组织形式和工作方式上，还需要进一步完善，官僚主义、封建残余思想、腐败现象还时有发生，有时还相当严重。这些都说明，完善社会主义民主，健全社会主义法制，改革上层建筑中不适应经济基础的部分，任务还是长期的、繁重的。

四、社会主义初级阶段理论的重大意义

1. 初步解决了经济相对落后的国家建设社会主义所面临的一系列基本问题，是对马克思主义社会发展阶段理论的创造性发展。

经济文化落后的国家建设社会主义首要的问题是认清国情，搞清楚现实社会的性质和发展阶段。马克思、恩格斯曾设想未来社会划分为三个阶段：从资本主义社会到共产主义社会的革命转变时期，共产主义社会的第一阶段和高级阶段。列宁明确地把共产主义社会的第一阶段确定为社会主义社会，认为社会主义社会将经历若干阶段，并提出过"初级形式的社会主义""发达的社会主义""完全的社会主义"等理论。我国在确立社会主义制度后，对社会性质的认识一直是正确的，但对社会的发展阶段却定位过高，其中一个重要原因，是对国情这个概念存在着片面的认识。以为认清国情就是认清社会性质，没有认识到认清国情还包括认清社会发展阶段。在认清国情的问题上，只讲性质和方向，不讲程度和水平，或者只讲程度和水平，不讲性质和方向，都会使人们陷入盲目、不清醒的状态，使社会主义事业遭受挫折和损失。历史表明，产生"左"和右的干扰的一个重要原因是对我国所处的历史方位认识不清。

社会主义初级阶段理论的确立第一次比较系统地回答了在中国这样经济比较落后的国家如何建设社会主义、如何巩固和发展社会主义的一系列基本问题。社会主义初级阶段的这一重要论断不仅证明了社会主义自身在发展过程中会经历几个不同的重要阶段，而且表明了中国社会主义社会正经历的阶段的特殊性。这一理论，初步解决了落后国家在社会主义社会发展过程中怎样区分为若干发展阶段和科学制定社会发展战略等重大理论和实践问题，解决了社会主义发展史上长期悬而未决的重大课题，纠正了长期以来在社会主义建设上超越阶段的认识，实现了马克思主义与中国实际相结合的又一次历史性飞跃。党的十五大报告提出"在党的纲领中明确提出社会主义初级阶段的科学概念，这在马克思主义历史上是第

一次。"① 这充分表明了社会主义初级阶段理论是对马克思主义社会发展理论的创造性发展。

2. 深化了对中国国情的认识，从整体上解决了我国社会主义建设的现实起点问题，为制定正确的路线、方针和政策提供了根本依据。

社会主义初级阶段是当代中国最基本的国情，它表明中国是一个处在从不发达状态向现代化过渡中的发展中国家，首要任务是实现经济和社会的现代化。社会主义初级阶段理论的确立使我们明确了现实社会所处的发展阶段，明确了社会主义发展的历史坐标，明确了我国社会主义建设的现实立足点。国情是政策的依据，确定了社会主义初级阶段这个基点，认清了这一基本国情，并由此来认识社会主义建设的其他基本问题，就能使建设中国特色社会主义的决策者们更理性，思路更正确，并能使以此为依据制定的各项方针、策略更具有科学性、针对性，全国人民前进的步伐也会更坚实。改革开放以来，我们正是立足于社会主义初级阶段的基本国情和基本理论，解决了社会主义建设上的一系列基本问题，发展了科学社会主义的一系列理论观点，形成了建设中国特色社会主义理论的科学体系。

3. 社会主义初级阶段理论为世界上经济文化相对落后的国家进行社会主义建设提供了有益的启示，为世界社会主义运动展现了光明之路。

社会主义初级阶段理论是在中国具体历史条件下产生的，带有中国的特色。但作为理论概括，它所揭示的本质性和规律性的东西，包含着真理性的认识，也具普遍意义。因为这个理论所要解决和回答的问题，也是现在各个社会主义国家共同面临的问题。只要在经济文化落后国家建设社会主义，就不能回避这个问题。在党的十三大提出社会主义初级阶段理论不久，日本《读卖新闻》在1987年11月10日发表了一篇评论，题目是《中国的"社会主义初级阶段论"将对第三世界产生影响》。作者丹藤佳纪说："中国的'初级阶段论'对苏联和东欧国家也会产生刺激，对越南等第三世界的社会主义国家将直接产生重大的影响。在这些发展中的社会主义国家中，多数忽视国情，急急忙忙地实现了国有化和集体化，结果，连人类最基本的吃的权利也难以得到保障。"②

社会主义初级阶段理论为世界社会主义运动提供了光明之路，具有深远的历史意义和现实意义。它有力地回击了资产阶级对社会主义的种种诬蔑和诅咒，不仅坚持了在一定条件下，经济文化相对落后的国家可以不经过资本主义的充分发

---

① 江泽民：《高举邓小平理论伟大旗帜，把建设有中国特色社会主义事业全面推向二十一世纪——在中国共产党第十五次全国代表大会上的报告》，人民出版社1997年版，第16页。

② 转引自陈先奎、辛向阳：《焦点问题》，华夏出版社1998年版，第76页。

展进入社会主义的观点,维护了社会主义制度,而且指出了这些国家巩固和发展社会主义的正确道路,澄清了人们在社会主义发展阶段问题上的模糊认识,既坚持了社会主义的性质和方向,又摆正了社会发展阶段的历史定位。"完满地回答了长期困扰社会主义运动健康发展的这道世纪性难题。"[①] 在国际共产主义运动处于暂时低潮的情况下,为历经磨难的社会主义注入强大的发展活力,使人民认识到,世界社会主义不仅没有失败,而且在中国迸发出蓬勃生机,重新点亮了复兴社会主义之光。

五、经济理论界对社会主义初级阶段理论形成的贡献

(一)社会主义社会也应当划分发展阶段

党的十一届三中全会以来,随着解放思想、实事求是的思想路线的贯彻,经济理论界围绕着社会主义初级阶段问题不断突破传统理论的藩篱,提出了很多新观点、新认识,"不少重要的研究成果还被党中央和国务院所采纳,成为党和国家经济政策的组成部分"[②],对党的社会主义初级阶段理论的创新起到了积极的作用,为党和国家的科学决策提供了理论论证和智力支持。

早在 20 世纪 70 年代末,有学者就提出无产阶级取得政权后社会发展阶段的划分问题,[③] 认为从资本主义社会到共产主义高级阶段可以分为三个阶段:第一个阶段是从资本主义到社会主义的过渡阶段。它又分为两个时期:第一个时期就是从无产阶级革命胜利后到生产资料所有制的社会主义改造基本完成。此后,就进入第二个时期,即不发达的社会主义。第二个阶段是发达的社会主义;最后一个阶段才进入到共产主义高级阶段。他们指出,划分阶段,可以避免把某一阶段存在的现象、因素,扩大成为社会主义几个发展阶段上都有的现象或因素,比如,如果把发达的社会主义阶段才应该做的事,拿到不发达社会主义阶段来做,就会导致过早地消灭个体经济,取消自留地和家庭副业,取消按劳分配、商品生产和商品交换,甚至急于向共产主义过渡。另有学者则认为,无产阶级取得政权后的社会发展阶段应当做这样的划分:第一个阶段,从资本主义到社会主义的过渡时期;第二个阶段,共产主义第一阶段即社会主义,又分为两个时期:不发达

---

① 韩荣璋:《社会主义国家对于社会主义发展阶段的认识》,载于《马克思主义研究》2004 年第 4 期。
② 张卓元:《中国经济学 60 年(1949 – 2009)》,中国社会科学出版社 2009 年版,第 5 页。
③ 冯兰瑞等:《无产阶级取得政权后的社会发展阶段问题》,载于《经济研究》1979 年第 5 期。

的社会主义时期和发达的社会主义时期;第三个阶段,共产主义的高级阶段即共产主义。①

(二) 中国还处在不发达阶段的社会主义,是还没有完全成熟的、不完善的社会主义阶段

薛暮桥在1979年出版的《中国社会主义经济问题研究》中提出,在小农经济广泛存在的国家,社会主义存在一个低级阶段,就是"还没有完全成熟的,不完善的社会主义"阶段,"我国现在处于这个阶段"。这样,整个社会主义社会,就分为两种公有制(全民所有制和集体所有制)共存的"低级阶段"和单一的全社会公有制的"成熟阶段"这样两个发展阶段。"社会主义达到完全成熟的阶段以后,还要向共产主义高级阶段继续前进。完全成熟的社会主义建成之日,也可能就是从社会主义向共产主义过渡开始之时"。他强调指出,把社会主义社会分为两个阶段十分重要,可以避免把马克思所说的共产主义的第一阶段(即完全成熟的社会主义)的某些原理,生搬硬套到我国社会里来。薛暮桥还具体论述了建成完全成熟的社会主义社会必须具备的几个条件,同时,指出认识完全成熟的社会主义具备的条件,可以使我们充分认识社会主义的长期性和它的阶段性,有助于杜绝急于过渡的思想和做法。② 何建章认为,"这样明确地把社会主义社会划分为'不完善的'和'完全成熟的'两个阶段,并详细论述由前者向后者过渡的条件,在国内尚属首创。至于区分两个阶段的主要标志,以及过渡的条件,当然还可以商榷。"③

于光远在20世纪80年代初专门写了《论社会主义初级阶段经济》一书,系统地论述了社会主义初级阶段的理论与社会主义初级阶段的经济。后来他回忆说:"1981年我在参与起草《中国共产党中央委员会关于建国以来党的若干历史问题的决议》的过程中,主张要将我国仍处在社会主义初级阶段的判断写入文件,以便更深刻地认识走过的弯路。当时有的同志不同意这样做,还发生了争论。但最后,社会主义初级阶段的概念还是写进了文件"④。

---

① 朱述先:《也谈无产阶级取得政权后的社会发展阶段问题——与苏绍智、冯兰瑞同志商榷》,载于《经济研究》1979年第8期。
② 薛暮桥:《中国社会主义经济问题研究》,人民出版社1979年版,第23~27页。
③ 何建章:《薛暮桥同志在社会主义经济理论上的重要贡献》,载于《经济研究》1984年第10期。
④ 转引自胡冀燕等:《改革的黄金年华:我们眼中的于光远》,人民出版社2016年版,第381页。

•奋斗与创新•

第三节　新时代社会主义初级阶段理论的坚持和发展

一、社会主义初级阶段是建设中国特色社会主义的"总依据"

党的十八大开启了中国特色社会主义的新时代，党的十九大报告对我国社会主义所处的历史阶段进行了新论述，指出中国特色社会主义进入新时代，我国社会主要矛盾已经转化为人民日益增长的美好生活需要和不平衡不充分的发展之间的矛盾，同时强调"我国社会主要矛盾的变化，没有改变我们对我国社会主义所处历史阶段的判断，我国仍处于并将长期处于社会主义初级阶段的基本国情没有变，我国是世界最大发展中国家的国际地位没有变"①。这一重大论断，是对中国特色社会主义进入新时代、社会主义主要矛盾发生新变化后，如何认识我国社会主义所处的发展阶段的新判断。

党的十八大以来，习近平反复强调社会主义初级阶段是我们建设中国特色社会主义的"总依据"。在党的十八大结束后中央政治局第一次集体学习时，他指出："强调总依据，是因为社会主义初级阶段是当代中国的最大国情、最大实际。我们在任何情况下都要牢牢把握这个最大国情"，"不仅在经济建设中要始终立足初级阶段，而且在政治建设、文化建设、社会建设、生态文明建设中也要始终牢记初级阶段；不仅在经济总量低时要立足初级阶段，而且在经济总量提高后仍然要牢记初级阶段；不仅在谋划长远发展时要立足初级阶段，而且在日常工作中也要牢记初级阶段"②。2015年习近平在中央政治局第二十次集体学习时指出，"当代中国最大的客观实际，就是我国仍处于并将长期处于社会主义初级阶段，这是我们认识当下、规划未来、制定政策、推进事业的客观基点，不能脱离这个基点"③。他还强调：既要看到社会主义初级阶段基本国情没有变，也要看到我国经济社会发展每个阶段呈现出来的新特点。要清醒认识和正确把握我国仍处于并

---

① 习近平：《决胜全面建成小康社会　夺取新时代中国特色社会主义伟大胜利——在中国共产党第十九次全国代表大会上的报告》，人民出版社2017年版，第12页。
② 习近平：《紧紧围绕坚持和发展中国特色社会主义学习宣传贯彻党的十八大精神》，载于《求是》2012年第23期。
③ 《习近平在中共中央政治局就辩证唯物主义基本原理和方法论进行第二十集体学习上的讲话》，新华社北京2015年1月24日电。

将长期处于社会主义初级阶段这个基本国情,把它作为推进改革、谋划发展的根本依据。2017年习近平在"7·26"重要讲话中,再次强调:"全党要牢牢把握社会主义初级阶段这个最大国情,牢牢立足社会主义初级阶段这个最大实际,更准确地把握我国社会主义初级阶段不断变化的特点,坚持党的基本路线,在继续推动经济发展的同时,更好解决我国社会出现的各种问题,更好实现各项事业全面发展,更好发展中国特色社会主义事业,更好推动人的全面发展、社会全面进步。"① 这些重要论述清楚地表明了当代中国的历史方位,明确了中国特色社会主义新时代的历史任务,为更好发展中国特色社会主义事业指明了方向。

二、我国社会发展新的阶段性特征

在坚持我国仍处于并将长期处于社会主义初级阶段的基本国情没有变的前提下,党的十八大以来,以习近平同志为核心的党中央强调,要正确认识和把握我国社会发展的阶段性特征。

经过改革开放40年的发展,我国经济社会发展呈现出许多新的阶段性特征:从社会需求方面看,我国已经稳定解决了十几亿人的温饱问题,2020年将全面建成小康社会,社会需求不仅大幅增加,而且需求结构、质量都发生变化;从社会供给方面看,我国社会生产力水平总体上显著提高,经济总量稳居世界第二,对世界经济增长贡献率超过30%,对外贸易、对外投资、外汇储备居世界前列。这表明,在新的历史起点上,我国在社会生产力水平和人民群众需求这两个方面都发生了新的重大变化。但与此同时,我国人均国内生产总值仍排在世界第80位左右,仍处在中等收入阶段;城乡之间、地区之间发展差距仍然较大,发展质量和效益还不高,实体经济还不够强,生态环境保护任重道远,民生领域还有不少短板,发展不平衡不充分的一些突出问题尚未解决。认识、把握这些新变化,就是为了认识和把握我国社会发展的阶段性特征。

我国经济社会发展中出现的这些阶段性特征,反映在社会主要矛盾上就是:一方面,人民群众在解决温饱问题和进入小康社会以后,对美好生活的需要日益广泛,不仅要生活富裕还要有更高质量,有更多的获得感、幸福感、安全感,对民主、法治、公平、正义、安全等方面的要求日益增长,期盼得到更好的教育、更稳定的工作、更满意的收入、更可靠的社会保障、更高水平的医疗卫生服务、

---

① 《在省部级主要领导干部"学习习近平总书记重要讲话精神,迎接党的十九大"专题研讨班开班式上的重要讲话》,载于《人民日报》2017年7月28日。

更舒适的居住条件、更优美的环境、更丰富的精神文化生活，因而"物质文化需要"的表述也已经涵盖不了人民的需要。经过改革开放40年的努力，我国的综合国力取得巨大的进步和发展，我国社会生产能力在很多方面进入世界前列，很多方面在世界上已经从"跟跑"到"并跑"，甚至"领跑"，从整体看，"落后的社会生产"的问题已经得到基本解决，因而不能再用"落后的社会生产"来概括。但另一方面，发展不平衡不充分的问题凸显出来，成为满足人民日益增长的美好生活需要的主要制约因素，也制约着社会主义初级阶段任务的完成和社会主义现代化目标的实现。党的十九大报告做出我国社会主要矛盾已经发生转化的重大论断，是对新时代中国社会发展阶段性特征的科学判断。我们要紧扣社会主要矛盾的变化，在继续推动发展的基础上着力解决好发展不平衡不充分问题，大力提升发展质量和效益，高度重视改善民生，更好满足人民在经济、政治、文化、社会、生态等方面日益增长的需要，不断实现好、维护好、发展好人民根本利益，更好推动人的全面发展、社会全面进步。

三、我国仍处于并将长期处于社会主义初级阶段的基本国情没有变

党的十九大指出，必须认识到，我国社会主要矛盾的变化，没有改变我们对我国社会主义所处历史阶段的判断，我国仍处于并将长期处于社会主义初级阶段的基本国情没有变。

首先，我国社会主义初级阶段是社会主义的不发达阶段。改革开放之初，我们在认识到社会主义初级阶段是我国的基本国情时，就强调社会主义初级阶段的内涵，是指我国在生产力落后、市场经济不发达条件下建设社会主义必然要经历的特定阶段。这表明了社会主义初级阶段的特征之一是社会主义现代化还未基本实现。当前，虽然我国已经取得举世瞩目的发展成就，但生产力水平尚未达到已经实现现代化的水平，我国实现社会主义现代化的任务还没有完成，这一时期呈现出的发展阶段性特征，仍是在社会主义初级阶段这个大背景下的新特征。我国仍是世界上最大的发展中国家，仍然面对一系列严峻挑战，发展不平衡不充分的一些突出问题尚未解决，发展质量和效益还不高，创新能力不够强，实体经济水平有待提高，生态环境保护任重道远；民生领域还有不少短板，脱贫攻坚任务艰巨，城乡区域发展和收入分配差距依然较大，群众在就业、教育、医疗、居住、养老等方面面临不少难题；社会文明水平尚需提高；社会矛盾和问题交织叠加，全面依法治国任务依然繁重，国家治理体系和治理能力有待加强；制度建设还不够成熟，还需要不断完善和发展，从而在各方面形成一整套更加成熟、更加定型

的制度,把中国特色社会主义制度的优势充分发挥出来;意识形态领域斗争依然复杂,国家安全面临新情况;一些改革部署和重大政策措施需要进一步落实;党的建设方面还存在不少薄弱环节。① 这些问题都是社会主义初级阶段基本国情没有改变的现实反映,也是我们全面深化改革、决胜全面建成小康社会和促进社会主义现代化建设的立足点和基本前提。

其次,社会主义初级阶段是一个长期动态的发展过程。这个阶段,既不同于社会主义经济基础尚未奠定的阶段,又不同于已经实现社会主义现代化的阶段。对于社会主义初级阶段的长期性,我们要有清醒的认识,不能因为社会主要矛盾发生了转化,就超越社会发展阶段,谋划发展、制定政策。要始终牢牢把握社会主义初级阶段这个基本国情。脱离社会主义初级阶段这个最大实际,在实践中就会吃苦头。只有牢牢立足社会主义初级阶段这个最大实际,才能牢牢坚持党的基本路线这个党和国家的生命线、人民的幸福线。

强调不能做超越发展阶段的事情,并不是要墨守成规、无所作为,而是要根据现有条件把能做的事情尽量做起来,要抓住时代机遇,量力而行、尽力而为。任何落后于实际、无视深刻变化着的客观事实而因循守旧、故步自封的观念和做法,都要坚决纠正。

第四节 社会主义发展阶段探索的基本经验

一、坚持解放思想实事求是判断社会主义发展所处的阶段

解放思想、实事求是是理论创新和实践创新的首要前提,没有思想解放作为先导,不从守旧僵化的思想藩篱中解脱出来,就不可能在实践中不断推进理论创新和实践创新。

马克思恩格斯反复强调:原则不是问题的出发点,而是它的最终结果。"我们的理论是发展的理论,而不是必须背得烂熟并机械加以重复的教条。"② 党的十一届三中全会以来,我国恢复了一切从实际出发,理论联系实际,实事求是,在实践中检验真理和发展真理的思想路线,逐步摆脱了教条主义和"左"的思想

---

① 杨煌:《社会主要矛盾变化没有改变我国基本国情》,载于《人民日报》2018年7月31日。
② 《马克思恩格斯选集》第4卷,人民出版社1995年版,第681页。

的影响，创造性地提出社会主义初级阶段理论，突破了长期形成的从某些原则和先验模式出发的教条主义思维模式，真正把出发点和立足点转到现实生活中来，在新的实践基础上继承前人又突破陈规，开拓了马克思主义的新境界。总结这一基本经验，对于有效清除停留在对马克思主义的某些原则、某些本本的教条式理解上，停留在对社会主义的一些不科学的甚至是扭曲的认识上，停留在那些超越社会主义初级阶段的不正确的思想上，具有重要意义。

新时代，全面深化改革扩大开放，努力把我国建设成为社会主义现代化强国，依然要强调解放思想，实事求是。没有解放思想，就不可能在实践中不断推进理论创新和实践创新，把改革开放不断推向前进，始终走在时代前列。而不采取科学态度对待马克思主义，马克思主义经典作家没有说过的就不能说，这不是马克思主义的态度，生搬硬套地用马克思主义经典作家的语录来"裁剪"活生生的实践发展与创新，这也不是马克思主义的态度。[1] 马克思主义基本原理是普遍真理，具有永恒的思想价值，但马克思主义经典作家并没有穷尽真理，而是不断为寻求真理和发展真理开辟道路。新时代改革开放面临的时代背景和历史任务，人类社会的巨大深刻变化和我国发展的广度和深度远远超出了马克思主义经典作家当时的想象。同时，我国社会主义只有几十年实践、还处在初级阶段，事业越发展新情况新问题就越多，也就越需要我们在实践上大胆探索、在理论上不断突破，做出新概括，不断开辟马克思主义中国化新境界，让当代中国马克思主义放射出更加灿烂的真理光芒。

二、坚持立足国情判断社会主义发展阶段

从国情出发，坚持实事求是，就是要承认和尊重本国客观存在着的实际情况，清醒认识和正确把握我国仍处于并将长期处于社会主义初级阶段这个基本国情，并据此来探索和掌握符合国情的现代化建设的规律。新中国成立以后，中国最基本的国情是中国社会主义处于不发达阶段，即初级阶段。过去我们在建设社会主义中走过弯路，就是因为脱离国情、超越发展阶段，不尊重客观经济规律，结果给经济社会发展造成严重损失。党的十一届三中全会以后，随着解放思想、实事求是思想路线的恢复，我们坚持正确认识基本国情，使我们对社会主义发展阶段问题有了系统的、科学的认识，并形成了社会主义初级阶段理论。

进入新时代，依然要立足社会主义初级阶段这个最大国情。"推进改革发展、

---

[1] 习近平：《在哲学社会科学工作座谈会上的讲话》，载于《人民日报》2016年5月17日。

制定方针政策,都要牢牢立足社会主义初级阶段这个最大实际,都要充分体现这个基本国情的必然要求,坚持一切从基本国情出发。任何超越现实、超越阶段而急于求成的倾向都要努力避免,任何落后于实际、无视深刻变化着的客观事实而因循守旧、故步自封的观念和做法都要坚决纠正。"① 推进实践基础上的理论创新,同样不能偏离这个最大国情和最大实际,要坚决抵制、自觉纠正脱离社会主义初级阶段的错误观念和主张,既不妄自菲薄,也不妄自尊大,以实事求是的态度不断深化对初级阶段中国特色社会主义发展规律认识,推进理论创新向着更高水平迈进。

---

① 习近平:《在纪念毛泽东同志诞辰120周年座谈会上的讲话》,新华网,2013年12月26日。

第四章

所有制理论的探索和基本经济制度的形成发展

生产资料所有制是生产关系的基础，所有制变革体现生产关系的深层变革。新中国成立70年来，我国对所有制关系从理论与实践结合上进行了不懈探索，创新形成了中国特色社会主义所有制理论，建立起了社会主义初级阶段基本经济制度，有力地促进了生产力发展。

第一节 改革开放前所有制理论和实践探索

一、过渡时期的所有制变革和理论探索

从新中国成立到1956年，是从新民主主义社会向社会主义社会过渡的时期。这一阶段所有制变革的根本任务是改变私有制经济，建立社会主义公有制经济。

（一）多种经济形态共存

早在1940年，毛泽东在《新民主主义论》中就提出，"在无产阶级领导下的新民主主义共和国的国营经济是社会主义性质的，是整个国民经济的领导力量"，但同时也强调不能禁止不操纵国计民生的资本主义生产的发展。此后，在1949年3月召开的中共七届二中全会上，毛泽东进一步明确指出，"国营经济是社会主义性质的，合作经济是半社会主义性质的，加上私人资本主义经

济，加上个体经济，加上国家和私人合作的国家资本主义经济，这些就是人民共和国的几种主要的经济成分，这些就构成新民主主义的经济形态。"[1] 1949年9月29日，政协全体会议通过的《中国人民政治协商会议共同纲领》把以上关于所有制变革的构想进一步细化，特别是在纲领第四章关于经济政策的部分，用六条内容集中阐释了中华人民共和国成立后的所有制格局构想，内容涵盖了每种所有制形式的基本性质、组织方式和政策定位等诸多方面，具体内容如表5-1所示。

表5-1　　　　　　　新中国成立初期所有制变革的基本构想

性质	形式	政策定位
社会主义性质的经济	国营经济	物质基础、领导力量
半社会主义性质的经济	合作经济	重要组成部分，扶助其发展，给予优待
私营经济事业	私人经营	鼓励积极性，扶助发展
国家资本主义性质的经济	合营、租借	鼓励私人资本向国家资本主义方向发展
个体经济	个体经营	保护农民已得土地的所有权

资料来源：《中国人民政治协商会议共同纲领》，中国人民政治协商会议全国委员会，http://www.cpcc.gov.cn/gzzd/200702130271.html。

总的来看，在新中国成立初期至社会主义改造之前，我国基本延续和落实了以上关于所有制变革的思想，而对于那些急于消灭资本主义经济，实行单一公有制的思想则有所遏制。如毛泽东在1950年6月党的七届三中全会上就明确批评了那些提前消灭资本主义实行社会主义的思想，认为其"不适合我们国家的情况"[2]。刘少奇等部分党和国家领导人也分别表达了类似的思想。在1950年底，我国还专门出台了《私营企业暂行条例》，这是新中国第一部关于私营企业的条例。该条例把私营企业定义为私人投资经营从事营利的各种经济事业，其第一条就开宗明义地指出"根据中国人民政治协商会议共同纲领的经济政策的规定，在国营经济领导之下，鼓励并扶助有利于国计民生的私营企业，特制定本条例。"这里，既强调了国营经济的领导作用，同时明确了对私营经济应采取"鼓励""扶助"的态度。这一时期五种经济成分"分工合作、各得其所"，所有制结构

---

[1] 《毛泽东选集》第4卷，人民出版社1991年版，第1433页。
[2] 《毛泽东文集》第6卷，人民出版社1999年版，第71页。

呈现公有制居领导地位，多种经济成分并存的特点。

新中国成立初期我国在所有制方面的探索基本符合当时生产力发展的客观要求，经过3年左右的建设，国有制、民族资本所有制、个体所有制和集体所有制经济成分在工业总产值中的比重分别达到了41.5%、34.6%、20.6%和3.3%①，基本实现了预定的目标。各种所有制成分协同前进，有力地促进了国民经济迅速恢复和发展。到1952年，"在胜利完成繁重的社会改革任务和进行伟大的抗美援朝、保家卫国战争的同时，我们迅速恢复了在旧中国遭到严重破坏的国民经济，全国工农业生产1952年底已经达到历史的最高水平。"②

（二）对私有制的"社会主义改造"

生产力的发展变化必然会引起生产关系的变化，人们对客观世界的探索和认识也不应该是一成不变的。随着生产力的发展，所有制关系的变革也势在必行。

首先，从理论基础上看，马克思和恩格斯在《共产党宣言》中曾明确指出"把一切生产工具集中在国家即无产阶级组成的统治阶级的手里"。恩格斯在《反杜林论》中也指出"无产阶级取得国家政权，并且首先把生产资料变为国家财产"和"国家真正作为整个社会的代表所采取的第一个行动，即以社会的名义占有生产资料"③。

其次，从国际经验看，当时可供借鉴的经验只能来自第一个社会主义国家苏联。苏联在1924年"社会主义改造"后取得的工业化建设成就为我国进一步的所有制变革提供了重要借鉴。

再次，从国内情况看，私营企业的发展也逐渐暴露出了一些问题，如行贿、偷税、窃取情报等问题。这些情况综合起来在一定程度上促使毛泽东等中央领导人下决心改变对私营经济的政策，党和国家最初提出的"在相当长的时期里，民族资本主义工商业将与社会主义工商业长期共存"的设想逐渐发生了变化。

从1953年开始，我国开始大规模推进生产资料的社会主义改造，体现在所有制层面就是从倡导国营经济领导下的多种经济成分并存，快速转向了要求全面向社会主义公有制过渡。

应该肯定的是，"在过渡时期中，我们党创造性地开辟了一条适合中国特点的社会主义改造道路。对资本主义工商业，我们创造了委托加工、计划订货、统

---

① 王梦奎：《我国所有制结构变革趋势与对策》（上），载于《管理世界》1993年第6期。
② 《关于建国以来党的若干历史问题的决议（1981年6月27日中国共产党第十一届中央委员会第六次全体会议通过）》，载于《人民日报》1981年6月27日。
③ 《马克思恩格斯文集》第9卷，人民出版社2009年版，第297页。

购包销、委托经销代销、公私合营、全行业公私合营等一系列从低级到高级的国家资本主义的过渡形式,最后实现了马克思和列宁曾经设想过的对资产阶级的和平赎买。个体农业,我们遵循自愿互利、典型示范和国家帮助的原则,创造了从临时互助组和常年互助组,发展到半社会主义性质的初级农业生产合作社,再发展到社会主义性质的高级农业生产合作社的过渡形式。对于个体手工业的改造,也采取了类似的方法。在改造过程中,国家资本主义经济和合作经济表现了明显的优越性。到1956年,全国绝大部分地区基本上完成了对生产资料私有制的社会主义改造。"①

所有制的变革促进了经济的发展和生产力水平的提高。从1953年到1956年,全国工业总产值平均每年递增19.6%,农业总产值平均每年递增4.8%。经济发展比较快,经济效果比较好,重要经济部门之间的比例比较协调。市场繁荣,物价稳定,人民生活显著改善。

但是,这项工作中也有缺点和偏差。在1955年夏季以后,农业合作化以及对手工业和个体商业的改造要求过急,工作过粗,改变过快,形式也过于简单划一,以致在长期间遗留了一些问题。1956年资本主义工商业改造基本完成以后,对于一部分原工商业者的使用和处理也不很适当。到1956年,我国国民经济中公有成分的占比已经达到了国民收入的92.9%,个体经济占比则从1952年的71.8%下降到了7.1%,私营经济基本消失。② 在工业产值占比方面,我国社会主义国营工业产值达到了工业总产值的67.5%,公私合营工业产值占工业总产值比例为32.5%,私营工业成分则从1952年时的17.1%下降到几乎为零。③ 但整个来说,在一个几亿人口的大国中比较顺利地实现了如此复杂、困难和深刻的社会变革,促进了工农业和整个国民经济的发展,这的确是伟大的历史性胜利。

二、"全面建设社会主义"时期至改革开放前的所有制变革和理论探索

生产资料的社会主义改造完成以后,中国共产党领导全国各族人民开始转入全面的大规模的社会主义建设。直到"文化大革命"前夕的10年中,虽然遭到过挫折,仍然取得了很大的成就。以1966年同1956年相比,全国工业固定资产

---

① 《关于建国以来党的若干历史问题的决议》,载于《人民日报》1981年6月27日。
② 胡绳:《中国共产党的七十年》,中央党校出版社1999年版,第359页。
③ 薛暮桥:《中国社会主义经济问题研究》,人民出版社1979年版,第38页。

按原价计算，增长了3倍。棉纱、原煤、发电量、原油、钢和机械设备等主要工业产品的产量，都有巨大的增长。在这期间，党积累了领导社会主义建设的重要经验。毛泽东在1958年又提出要把党和国家的工作重点转到技术革命和社会主义建设上来；其后在领导纠正"大跃进"和人民公社化运动中的错误时提出了不能剥夺农民，不能超越阶段，反对平均主义，强调发展商品生产、遵守价值规律和做好综合平衡，主张以农轻重为序安排国民经济计划等观点；朱德提出了要注意发展手工业和农业多种经营的观点；邓子恢等同志提出了农业中要实行生产责任制的观点。所有这些，在当时和以后都有重大的意义。党中央在调整国民经济过程中陆续制定的农村人民公社工作条例草案等文件，比较系统地总结了社会主义建设的经验，分别规定了适合当时情况的各项具体政策，至今对我们仍然有重要的借鉴作用。总之，我们现在赖以进行现代化建设的物质技术基础，很大一部分是这个期间建设起来的，这是这个期间工作的主导方面。

但是，这10年中，党的工作在指导方针上有过严重失误，在所有制变革上也有严重失误，经历了曲折的发展过程。1957年以后，毛泽东开始认为生产资料的社会主义改造基本完成之后，"小生产还会每日每时地大批地产生资本主义和资产阶级，因而形成了一系列'左'倾的城乡经济政策和城乡阶级斗争政策。"① 1958年8月29日，北戴河会议通过了《中共中央关于在农村建立人民公社问题的决议》，在这个决议中，毛泽东就所有制问题发表了一系列观点，其中包括"人民公社的集体所有制中，就已经包含有若干全民所有制的成分了。这种全民所有制，将在不断发展中继续增长，逐步地代替集体所有制……有些地方，可能较慢，需要五六年或者更长一些的时间。"② 此后，我国的农村开始刮"共产风""浮夸风"，片面追求"一大二公"，排斥市场机制作用，按劳分配的制度也遭受到了扭曲，导致生产效率急剧下降。针对出现的问题，中央先后召开了多次会议纠正"左"的错误，如把人民公社退到"三级所有，队为基础"，等等，但1959年7月的庐山会议却从"纠左"走向了"反右"，错过了一次纠正错误的机会。

1966年5月开始，我国进入了"文化大革命"阶段。在所有制上，把一切非公有制经济看成是与公有制经济对立的经济形式，甚至作为"资本主义尾巴"，取消城乡个体经济、家庭副业。到1978年，在我国总产值中公有制经济比重达到了98%，在工业领域，全民和集体经济分别占77.6%和22.4%，个体经济基

---

① 《关于建国以来党的若干历史问题的决议》，载于《人民日报》1981年6月27日。
② 《中共中央关于在农村建立人民公社问题的决议》，载于《人民日报》1958年9月10日。

本消失；在社会商品零售总额中，公有制占97.8%，其中全民和集体分别占54.5%和43.3%。① 这种单一的所有制结构在一定程度上限制了我国生产力的发展。

造成这种局面的原因，有客观方面的，也有主观方面的。客观地说，社会主义运动的历史不长，我国社会主义国家的历史更短，社会主义社会的发展规律有些已经比较清楚，更多的还有待于继续探索。从主观方面说，我们对社会主义建设经验不足，对经济发展规律和中国经济基本情况认识不足，夸大了主观意志和主观努力的作用，忽视了客观经济规律，使"左"倾错误严重地泛滥开来。

在理论上，我国在这一时期的所有制变革部分地受到了苏联经济模式的影响。苏联的主流理论认为，国家所有制是社会主义所有制的基本形式，集体所有制是一种低级形态，因此集体所有制必须向全民所有制转变，最终形成单一公有制形式。实际上，苏联的这一做法并不符合马克思主义政治经济学的基本原理。马克思指出："无论哪一个社会形态，在它所能容纳的全部生产力发挥出来以前，是决不会灭亡的；而新的更高的生产关系，在它的物质存在条件在旧社会的胞胎里成熟以前，是决不会出现的。"② 社会主义所有制的发展程度和实现形式应该符合生产力的发展水平。但是，在相当一段时期内，我们的实际做法未能符合这些基本要求，过分夸大了生产关系和上层建筑对生产力的反作用力，脱离生产力的现实发展水平，片面追求单一的公有制，偏离了马克思历史唯物主义。综合来看，这一时期我国在所有制变革探索中存在的问题主要是：主观主义、教条主义比较严重，理论与现实脱节比较突出。

但应该看到，我国虽然在这一时期经受了较为严重的挫折，但在理论和实践方面仍然取得了很多突破，社会主义事业取得了较大的进展。在理论发展方面，我们曾经提出了公有制为主多种经济形式发展的观点，在农村实现责任制度等观点，这些探索为社会主义建设积累了宝贵的经验。从实践结果上看，我国人均粮食占有量显著增加，煤、电、油、钢等主要工业产品的产量都有了巨大的提升，石油实现了自给自足，工业布局也初具面貌。铁路、桥梁等基础设施建设有了一定进展。此外，在核物理、人造卫星、杂交水稻等方面取得了重要技术突破。在取得成绩的同时，总体上看仍然存在诸多阻碍生产力发展的因素，因此亟须在所有制等各项体制机制方面解放思想，进行突破。

---

① 胡钧、周新城：《我国社会主义初级阶段所有制结构改革状况》，中国经济出版社2007年版，第8页。

② 《马克思恩格斯文集》第2卷，人民出版社2009年版，第592页。

第二节 改革开放新时期所有制改革和基本经济制度的形成

一、改革开放新时期对公有制经济的探索①

早在党的十一届三中全会召开之前,邓小平就指出:"社会主义制度优越性的根本体现,就是能够允许社会生产力以旧社会所没有的速度迅速发展,使人民不断增长的物质文化生活需要能够逐步得到满足。"②

党的十一届三中全会明确指出:"实现四个现代化,要求大幅度地提高生产力,也就必然要求多方面地改变同生产力发展不适应的生产关系和上层建筑,改变一切不适应的管理方式、活动方式和思想方式,因而是一场广泛、深刻的革命。"③党的十一届六中全会进一步指出:"社会主义生产关系的发展并不存在一套固定的模式,我们的任务是根据我国生产力发展的要求,在每一个阶段上创造出与之相适应和便于继续前进的生产关系的具体形式。"④

在这些思想指引下,我国的所有制变革首要的、重大的突破是从农村开始的。⑤只有迅速提高粮食产量,解放农村生产力,才能满足人民基本的生活需要,进而为进一步的改革提供坚实的物质基础。农村的所有制变革突出地体现在对集体所有制经济的探索上。

(一)家庭联产承包责任制的实施

1978年11月24日,安徽省凤阳县小岗村18位农民开始"分田到户",由此揭开了实施"家庭联产承包责任制"的序幕。改革之所以从农村开始,原因是农村的计划经济体制相对薄弱且聚集了中国绝大部分人口,只有解决农村问题,

---

① 这里讲的公有制理论探索,主要指对集体所有制的理论探索。关于国有经济探索的相关问题,本书有专门章节进行论述,因此本章仅作概略性表述。
② 《邓小平文选》第2卷,人民出版社1994年版,第128页。
③ 《中国共产党第十一届中央委员会第三次全体会议公报》,人民网,中国共产党历次全国代表大会数据库。
④ 《中国共产党第十一届中央委员会第六次全体会议公报》,人民网,中国共产党历次全国代表大会数据库。
⑤ 刘小丰:《所有制改革30年:回顾与展望》,载于《中州学刊》2008年第6期。

整个国民经济才能迅速发展。在实行包干到户后,小岗村当年即实现粮食产量66吨,几乎相当于1976年的4倍;人均年收入达到了400元,相当于1978年的18倍;油料产量相当于过去20年产量总和。到1979年,安徽省包产到户的生产队达到了3.8万个,到1980年,安徽省实行"大包干"的生产队已发展到了占全部生产队的70%。与此同时,河南、甘肃、四川等地的包产到户也迅速发展,全国约有一半数量的生产队在1981年实行了包产到户。①

农民的自发实验得到了党中央的充分肯定,1982年1月中央农村工作会议明确指出,"我国必须坚持社会主义集体化的道路,土地等基本生产资料公有制是长期不变的,集体经济要建立生产责任制也是长期不变的……专业承包联产计酬,联产到劳,包产到户等等,都是社会主义集体经济的生产责任制。"② 同年9月,党的十二大报告中首次出现了"多种经济形式并存"的提法,并从理论上阐释了多种经济形式并存的原因在于我国生产力总体水平较低,且发展不平衡。随后,1983年的中央一号文件更进一步地明确指出家庭联产承包责任制是"在党的领导下我国农民的伟大创造,是马克思主义农业合作化理论在我国实践中的新发展",家庭联产承包责任制获得了正式制度层面的有力支撑,因此实践上的进展得以更顺利地推进。到1983年底,全国已经有超过98%的农村集体实行了家庭联产承包责任制。此后,为了进一步提高农户持续投资的激励,土地承包期被延长到了15年。家庭联产承包责任制采取了集体统一经营和农户分散经营相结合的原则,同时发挥了集体优越性和个人积极性,贯彻了按劳分配原则,克服了平均主义的分配方式,因此,农村所有制改革的尝试极大地提高了劳动生产率。家庭联产承包责任制实施后,我国粮食、棉花、油料等主要农产品的产量迅速增长,对我国整个经济体制改革起到了良好的示范和引领作用。

(二) 乡镇集体经济的探索

改革开放后,随着计划体制的改革,各种体制外的经济活动逐渐增多,乡镇企业获取了发展机会,成为20世纪80~90年代初中国经济增长的重要推动力量。在此期间,乡镇企业的数量年均增速高达26.6%,产值增速更是达到了惊人的30%,是同期国企产值增速的3倍。③ 邓小平曾评价:"我们完全没有预料到的最大的收获,就是乡镇企业发展起来了,突然冒出搞多种行业,搞商品经济,

---

① 常修泽:《所有制改革与创新》,广东经济出版社2018年版,第37页。
② 《全国农村工作会议纪要》,载于《中华人民共和国国务院公报》1982年第8期。
③ 常修泽:《所有制改革与创新》,广东经济出版社2018年版,第50~51页。

搞各种小型企业，异军突起。"①

乡镇企业多具有"集体产权"的背景，是集体经济的重要组成部分，具有独特的优势。一方面，从所有制结构优化角度看，乡镇企业的发展有助于巩固公有制的主体地位；另一方面，乡镇企业依靠职工集资和集体自筹，减轻了国家的投资压力，同时增加了国家税收；此外，乡镇集体企业通常侧重于当地自然资源的小规模开发和农副产品加工，就业容量大，吸纳了大量农村剩余劳动力。但随着体制转型的推进，乡镇企业产权不清晰的弊端也逐渐凸显，从20世纪90年代中期开始，乡镇企业进行了大范围的产权改革，到2006年，绝大多数乡镇企业完成了多种形式的产权改革，转制成了股份制、股份合作制、个体私营等各种形式的企业。总的来看，乡镇企业的探索表现出明显的过渡和渐进特征，这种特征与我国改革的整体演进特征相契合。

在乡镇集体企业蓬勃发展的同时，我国城镇集体经济也在中央支持下取得了飞速发展。党中央、国务院先后颁布了《关于广开门路、搞活经济、解决城镇就业问题的若干决定》《关于城镇劳动者合作经营若干政策问题的暂行规定》等政策文件，很多地方政府陆续出台了发展城镇集体经济的措施，城乡集体经济比重大幅提高。城镇的集体经济企业的发展在吸纳剩余劳动力、丰富商品供应、增加收入等方面发挥了积极的作用。作为所有制改革的另外一条重要线索，国家（全民）所有制的改革也于20世纪80年代初在城市开始启动，国有企业相继经历了扩大企业自主权、两步"利改税"、承包制、建立现代企业制度、战略结构调整、管理体制创新、分类改革等诸多阶段，不断走向深化。

二、改革开放新时期对非公有制经济的探索

（一）对个体经济变革的探索

个体经济是指劳动者个人占有生产资料并从事生产经营活动和支配劳动产品的经济形式。我国在非公有制经济方面的变革首先从个体经济开始。1978年12月，邓小平在中央工作会议上发表重要讲话提出，"根据当地市场的需要，在征得有关业务主管部门同意后，批准一些有正式户口的闲散劳动力从事修理、服务和手工业的个体劳动，但不准雇工"。"先富论"的提出也为个体经济的发展提供了支撑，解决就业难题的压力也成为发展个体经济的现实推动力。1979年4

---

① 《邓小平文选》第3卷，人民出版社1993年版，第238页。

月,李先念在中央经济工作会议上报告指出,"大批人口要就业,这已经成为一个突出的社会问题,如果处理不当,就会严重影响安定团结。"① 1980 年 9 月,薛暮桥提出,"我国现阶段的社会主义经济是生产资料公有制占绝对优势,多种经济成分同时并存的商品经济。"② 提出了"在国家统筹规划指导下,实行劳动部门介绍就业、自愿组织起来就业和自谋职业相结合"的方针。在政策支持下,1980 年底,个体工商户的数量就从 1978 年的 14 万人猛增至 80.6 万人。1981 年,国务院又发布了《关于城镇非农业个体经济若干政策性规定》,明确规定"凡有城镇正式户口的待业青壮年,都可以申请从事个体经营。退休职工中,具有当前社会所急需的技术专长或者经营经验,能够包教学徒传授技艺的,也可以申请从事个体经营。"同时还指出个体经济对公有制经济具有"拾遗补缺"的作用。该规定同时还明确,个体经营户必要时"可以请一至两个帮手;技术性较强或有特殊技艺的,可以带两三个最多不超过五个学徒。"这些举措极大促进了个体经济的发展。

1982 年,党的十二大进一步要求"在农村和城市,都要鼓励劳动者个体经济在国家规定的范围内在工商行政管理下适当发展,作为公有制经济的必要的有益的补充"③。这相对于过去"拾遗补缺"的提法又是极大的突破。1982 年 12 月,全国人大通过了宪法修正案,明确规定个体经济是社会主义公有制经济的补充和保护个体经济的合法权利,在法律制度层面保障了个体经济的发展。在这一阶段,随着个体经营户雇用帮手等问题的出现,社会产生了较大的争论和震动,最终中央采用了"不提倡、不宣传、不取缔"的务实态度,允许先"看一看",到 1984 年底,我国个体工商户已经达到了 930 万人。④ 伴随着思想的解放,个体经济的生存空间大大增加,其蓬勃发展也为私营经济的发展提供了先行基础。

(二) 对私营经济变革的探索

私营经济是一种生产资料属于私人所有、存在着雇佣劳动和剥削关系的私有制经济成分。面对雇工超过规定人数上限的问题,党中央在 1987 年出台了《把农村改革引向深入》的文件,正式承认私营经济的存在,并明确"雇工人数超过

---

① 黄孟复:《中国民营经济史大事记》,社会科学文献出版社 2009 年版,第 147 页。
② 何光:《发展多种经济形式开创劳动就业新局面——在全国发展集体和个体经济安置城镇青年就业先进表彰大会上的讲话(摘要)》,载于《中国劳动》1983 年第 12 期。
③ 《中共中央关于经济体制改革的决定》,人民网,http://www.people.com.cn/GB/shizheng/252/5089/index.html。
④ 常修泽:《所有制改革与创新》,广东经济出版社 2018 年版,第 44 页。

这个限度的私人企业,也应允许存在"①。

此后,党的十三大报告又明确指出"对于城乡合作经济、个体经济和私营经济,都要继续鼓励它的发展"。党的十三大全面论述了社会主义初级阶段理论,为确立私营经济的发展提供了理论上的支持。1988年,七届全国人大通过了宪法修正案,增加了"国家允许私营经济在法律规定的范围内存在和发展。私营经济是社会主义公有制经济的补充。国家保护私营经济的合法权利和利益,对私营经济实行引导、监督和管理"的表述,从而从宪法层面确认了私营经济的地位。随后,国务院又颁布了《中华人民共和国私营企业暂行条例》《中共中央批转中央统战部〈关于工商联若干问题的请示〉的通知》等文件,首次提出了非公有制经济的概念,并确认了非公有制经济的历史地位。

1992年邓小平同志南方谈话以后,"三个有利于"标准的提出进一步鼓励和肯定了个体私营经济的发展,随后召开的党的十四大新增加了"多种经济成分长期共同发展,不同经济成分还可以自愿实行多种形式的联合经营"的内容。随着思想的不断解放,传统的就业观念得以逐渐改变,到1996年底,个体工商户和私营企业的数量分别达到了2700万户和82万户。② 个体和私营经济已经发展成为我国经济体系中一支不可忽视的重要力量,对我国的社会主义市场经济建设发挥了重要作用。1997年党的十五大报告明确了我国的基本经济制度,并进一步指出,"对个体、私营等非公有制经济要继续鼓励、引导,使之健康发展。这对于满足人们多样化的需要,增加就业,促进国民经济的发展有重要作用。"③ 这标志着改革开放以来,在个体和私营经济发展过程中始终萦绕的思想束缚得到了极大解放。用"三个有利于"作为衡量得失的标准是更为务实的思想,符合我国社会主义经济建设发展的实际。

(三) 对外资经济变革的探索

外资经济是指境外资本根据中国法律法规以合资、合作或独资的方式在中国境内开办企业而形成的经济形式。改革开放以来,我国发展和利用外资的思想在计划经济体制下发生了深刻的变革,从最开始的禁止外国在华投资,逐渐转变为主动寻求,并科学有效利用外资。

改革开放新时期我国对外资经济变革的探索可以划分为两个阶段:

---

① 中共中央文献研究室编:《十二大以来重要文献选编(下)》,人民出版社1981年版,第1237页。
② 常修泽:《所有制改革与创新》,广东经济出版社2018年版,第89页。
③ 《高举邓小平理论伟大旗帜,把建设有中国特色社会主义事业全面推向二十一世纪》,人民网,www.people.com.cn/GB/channel1/10/20000529/80728.html。

1. 改革开放初期利用外资经济思想的演进。20世纪70年代，随着"文化大革命"的终结，中国国内政治形势逐渐稳定，谋求经济发展与加强国际交流合作成为共识。党的十一届三中全会确立了改革开放的基本国策，由此拉开了中国利用外资的序幕。邓小平顺应历史潮流，在继承列宁、毛泽东思想的基础上，形成了邓小平利用外资思想，这也成为这一阶段中国发展和利用外资经济思想的主旋律。

首先，对利用外资的重要性有了新的认识。改革开放后，邓小平最早对外资重要性有了新的认识，他意识到，外资不仅对工业有推动作用，更是"发展社会生产力的一个补充"，这种补充是"重要的""有益的""不可或缺的"。同时，由于社会主义的经济基础很大，外资的引入不会动摇中国的社会主义制度，利用外资是不会导致资本主义的。然而，在利用外资时，要保持清醒的头脑，要注意鉴别外资的资本属性，取其精华，去其糟粕。邓小平提出："我们要有计划、有选择地引进资本主义国家的先进技术和其他对我们有益的东西，但是我们决不学习和引进资本主义制度，决不学习和引进各种丑恶颓废的东西"。[①] 邓小平的这些思想打消了当时中国利用外资的顾虑，为改革开放进一步展开和中国经济长足发展奠定了坚实的基础。

其次，对利用外资的原则有了新的认识。在过去的一段时间里，受到"左"的思想的影响，自力更生和对外开放被严格对立，利用外资也被打入冷宫。1972年中国政府曾明确表示："中华人民共和国不允许外国人在中国投资，中国也不向外国输出资本。"到了改革开放初期，邓小平根据变化的形势，及时做出了调整。他在继承毛泽东早年"自力更生为主，争取外援为辅"原则的基础上，提出了在自力更生基础上利用外资的原则。邓小平指出："独立自主不是闭关自守，自力更生不是盲目排外。科学技术是人类共同创造的财富。任何一个民族、一个国家，都需要学习别的民族、别的国家的长处，学习人家的先进科学技术。"[②] 此外，他还提出利用外资时要考虑自身的偿还能力，进一步完善了利用外资的原则。

再次，对利用外资的方式有了新的认识。近代中国，由于外敌入侵，外国资本大量涌入，导致中国经济畸形发展，民族危亡，人民苦难。毛泽东吸取历史教训，对外资利用采取保守谨慎的态度，主要通过外国贷款和中外合资的方式，将外资引向基础产业和基础设施建设。受制于国际政治环境，当时中国的外资来源

[①] 《邓小平文选》第3卷，人民出版社1993年版，第168页。
[②] 《邓小平文选》第2卷，人民出版社1994年版，第91页。

主要是以苏联为首的社会主义国家。改革开放开始后,党的十二大确立了以经济建设为中心、坚持四项基本原则、坚持改革开放的基本路线。党的十三大又明确提出,"进一步扩大对外开放的广度和深度,不断发展对外经济技术交流与合作"。邓小平在新的历史形势下,将利用外资作为一种战略考虑,力求实现外资全方位利用。首先,在外资来源国的选择上,邓小平认为不仅要向苏联和东欧国家开放,还要向西方国家、发展中国家开放。其次,在国内,依次设立经济特区、经济开发区,逐步形成了全方位、多层次、宽领域的对外开放格局。最后,在利用外资的具体手段上,采用外国贷款、中外合资、中外合作、外商独资、融资租赁、并购等多种方式。中国利用外资发展迅速。

2. 明确社会主义市场经济改革目标后利用外资经济思想的演进。1992年,党的十四大提出建立中国特色社会主义市场经济体制的目标。与此同时,在经济发展中出现两方面的情况：一方面是经济全球化的发展给中国带来了巨大的机遇；另一方面由于外资企业在我国享受"超国民待遇",内资企业发展受到影响,市场竞争不公平的问题日益凸显。面对这样的新情况,党中央结合中国具体实际提出了利用外资的一些新理论观点,推动了中国利用外资健康发展。

首先,对利用外资重要性的认识进一步提高。随着改革开放的推进和利用外资的扩大,合资企业已成为国民经济的有机组成部分,对促进国民经济发展起到了不容忽视的作用。江泽民关注到了这一变化,在继承邓小平思想的基础上,将利用外资的重要性从"社会主义经济的有益补充"提高到"社会主义经济的重要组成部分"。他指出："我们利用外资的实践及其经验,已成为建设中国特色社会主义伟大事业的不可缺少的组成部分"[1]。此外,在引进外资的同时,也引进了先进的技术和管理模式,这有助于我国从计划经济体制向社会主义市场经济转变。

其次,对利用外资的战略认识进一步提高。改革开放初期,我国更多实施的是"引进来"的利用外资战略。加入世界贸易组织后,中国需要更加积极地参与国际竞争、开拓国际市场。在这样的大环境下,江泽民提出了"走出去"利用外资的主张,同时坚持"引进来"和"走出去"有机结合。他指出："'引进来'和'走出去',是我们对外开放基本国策两个紧密联系、相互促进的方面,缺一不可"[2]。"引进来"和"走出去"相结合战略的提出,充分利用了国内国际两个市场、两种资源,提高了中国对外开放水平。然而,经过数年的实践,虽然"走

---

[1] 江泽民：《总结经验,开创利用外资工作的新局面》,引自李岚清主编：《中国利用外资基础知识》,中共中央党校出版社1995年版,序言。

[2] 《江泽民文选》第2卷,人民出版社2006年版,第92页。

出去"利用外资有了很大发展,但跟"引进来"式的引资相比仍有较大差距。有鉴于此,胡锦涛进一步强调"引进来"和"走出去"并重,二者"是中国深化对外经贸合作、促进与世界各国共同发展的有效途径"①。

再次,对利用外资方式的认识进一步提高。邓小平南方谈话之后,中国的对外开放格局逐渐完善,外资规模也迅速扩大。此时,江泽民认识到不能一味追求外资数量,还要着力提高利用外资的水平和质量。首先,利用外资水平的提高需要对外开放的进一步深化。党的十四大提出了对外开放的三个主要目标和任务,即对外开放的领域要扩大、利用外资的领域要拓宽、积极开拓国际市场。其次,利用外资要有明确的目标,要与推动中国经济发展相结合。江泽民强调,"要着眼于提高国民经济的素质和效益,增强综合国力和国际竞争力,坚持贯彻积极合理有效利用外资的方针。把利用外资与国内经济结构调整、国有企业改组改造结合起来,鼓励跨国公司投资农业、制造业和高新技术产业"②。最后,利用外资需要相应的制度安排。江泽民将加入世界贸易组织作为对外开放制度安排中的核心内容,认为加入世界贸易组织有利于我们"在更大的范围、更广的领域、更高的层次上参与国际经济技术合作"③。胡锦涛也在党的十七大报告中指出,"要创新利用外资方式,优化利用外资结构,发挥利用外资在推动技术创新、产业升级、区域协调发展等方面的积极作用"④。这一论断强调了利用外资的科学性,即加强体系性建设。

最后,对利用外资原则的认识进一步提高。江泽民和胡锦涛在坚持"独立自主"这一基本原则不动摇的前提下,结合自身所处的时代特征,提出了一些利用外资的新原则。江泽民认为,利用外资首先必须着眼于中国国情,其次必须注重自我积累、必须同消化创新相结合,最后必须为中国社会主义市场经济服务。胡锦涛指出,为适应经济全球化的新形势,利用外资必须坚持互利共赢原则、多元平衡原则和安全高效原则。在这些原则的指导下,中国利用外资工作取得了巨大成就。

---

① 胡锦涛:《在中国加入世界贸易组织十周年高层论坛上的讲话》,载于《人民日报》2011年12月12日。
② 《江泽民文选》第2卷,人民出版社2006年版,第91页。
③ 《江泽民指出:中国将加强国际经济技术合作》,载于《人民日报》2002年4月12日,第1版。
④ 《中国共产党历次全国代表大会》,人民网、www.peopel.com.cn/GB/shizheng/252/5089/index.html。

三、中国特色社会主义基本经济制度的形成和发展

经过改革探索，20世纪90年代初期我国所有制结构的多元化格局已经基本形成，这为所有制理论的突破提供了坚实的实践基础。1992年初，邓小平南方谈话对社会主义的本质进行了阐释，提出判断改革成败的标准是"三个有利于"，即："是否有利于发展社会主义社会的生产力、是否有利于增强社会主义国家的综合国力、是否有利于提高人民的生活水平。"这就进一步解放了思想，为所有制理论的突破提供了思想上的支撑。此后，党的十四大、十四届三中全会对公有制和非公有制的定位做出了更清晰的表述。在1997年召开的党的十五大上，正式提出并系统表述了我国的基本经济制度理论，明确指出公有制为主体、多种所有制经济共同发展是我国社会主义初级阶段的一项基本经济制度。社会主义基本经济制度理论的提出是这一时期我国在所有制变革理论上的最大突破，是我国改革实践经验的一次升华，为进一步的改革奠定了基础。其理论突破体现在以下几个方面：

一是拓展了公有制经济的范围。公有制经济不仅包括传统的国有经济和集体经济，还包括混合所有制经济中的国有和集体成分。这一表述和判断充分反映了我国经济发展的现实。

二是调整了国有经济战略布局。强调了对于关系国民经济命脉的行业和领域国有经济要占支配地位，其他行业可以通过重组着力提高国有资产的质量。

三是提出了公有制的实现形式可以而且应当多样化。股份制作为一种资本组织形式，社会主义也可以用，其性质取决于控股权，而公有制经济成分的主导地位决定了混合所有制经济的公有性质。[①]

此外，党的十五大还进一步提出非公有制经济是我国社会主义市场经济的重要组成部分，界定了公有制主体地位、国有经济主导作用的具体含义，从而使我国的所有制理论提高到了新的理论高度。在基本经济制度理论提出后，党中央不断地结合社会主义经济发展的实际完善和发展了这一理论。2002年，党的十六大又强调了"毫不动摇"和"一个统一"，即"必须毫不动摇地巩固和发展公有制经济"，"必须毫不动摇地鼓励、支持和引导非公有制经济发展"，二者"统一于社会主义现代化建设的进程中，不能把这两者对立起来"[②]。2007年，党的十

---

① 逄锦聚、景维民等：《中国特色社会主义政治经济学通论》（修订版），经济科学出版社2018年版，第228页。

② 中共中央文献研究室编：《十六大以来重要文献选编（上）》，人民出版社2005年版，第19~21页。

七大在基本经济制度理论中进一步强调了"两个平等",即公有制经济和非公有制经济法律上受到平等保护,经济上平等竞争,最终促使我国形成了各种所有制经济公平参与市场竞争,平等受到法律保护的格局。

第三节 新时代所有制改革的深化和基本经济制度完善

一、新时代新探索新突破

党的十八大后,中国特色社会主义进入新时代。我国社会的主要矛盾已经从过去的"人民日益增长的物质文化需要同落后的社会生产之间的矛盾"转变为"人民日益增长的美好生活需要和不平衡不充分的发展之间的矛盾"。社会主要矛盾的变化对所有制变革提出了新的要求,我国当前生产力发展不平衡、经济结构不平衡等问题仍然存在。要充分发挥所有制等生产关系领域的变革对生产力的反作用,才能更好地满足人民群众对"美好生活"的需要。

在新时代,我国在所有制变革领域进行了多方位的突破性的探索。2012年,党的十八大指出,要"毫不动摇鼓励、支持、引导非公有制经济发展,保证各种所有制经济依法平等使用生产要素、公平参与市场竞争、同等受到法律保护"。2013年,党的十八届三中全会公报指出,公有制为主体、多种所有制经济共同发展的基本经济制度,是中国特色社会主义制度的重要支柱,也是社会主义市场经济体制的根基。公有制经济和非公有制经济都是社会主义市场经济的重要组成部分,都是我国经济社会发展的重要基础。2017年,党的十九大再次强调,必须坚持和完善我国社会主义基本经济制度和分配制度,毫不动摇巩固和发展公有制经济,毫不动摇鼓励、支持、引导非公有制经济发展,使市场在资源配置中起决定性作用,更好发挥政府作用。可见,"新时代"中国特色社会主义经济制度中的所有制变革无论从深度上,还是从广度上,都得到了极大的推进。

二、毫不动摇地巩固和发展公有制经济

(一)做强做优做大国有企业和国有资本

马克思曾明确指出"不论生产的社会形式如何,劳动者和生产资料始终是生

产的因素",还指出"凡要进行生产,它们就必须结合起来。实行这种结合的特殊方式和方法,使社会结构区分为各个不同的经济时期。"① 这为我们理解国有企业改革的方向提供了基本的理论依据。在社会主义初级阶段,企业是劳动者与生产资料结合的基本载体,因此国企改革是巩固和发展公有制经济的重要一环。正如习近平指出,"国有企业是中国特色社会主义的重要物质基础和政治基础"②,这既指明了国企改革的重要性和必要性,也为国企改革的进一步深化提供了基本的理论支撑。

党的十八大以后,党中央高度重视国有企业改革问题,我国国有企业改革进入了新的阶段,特别是党的十八届三中全会后,我国国企改革在国企分类、混合所有制改革、企业党建、薪酬机制设计等诸多领域均取得了巨大突破,国企改革进程不断向纵深推进。随着各项试点的展开,日益丰富的实践经验为国企改革的理论突破提供了坚实的基础。在2016年6月4日召开的全国国有企业改革座谈会上,习近平又明确强调国有企业是"壮大国家综合实力、保障人民共同利益的重要力量,必须理直气壮做强做优做大,不断增强活力、影响力、抗风险能力"③,这一概括坚定了国企改革的信念和方向,表明做强做优做大国有企业是新时代中国特色社会主义建设的应有之义。此后,党的十九大又明确指出,"要完善各类国有资产管理体制,改革国有资本授权经营体制,加快国有经济布局优化、结构调整、战略性重组,促进国有资产保值增值,推动国有资本做强做优做大,有效防止国有资产流失。"④

理论上看,强调做强做优做大国有资本是完善我国基本经济制度的必然要求。公有制为主体、多种所有制经济共同发展的基本经济制度是中国特色社会主义制度的重要组成部分,只有做强做优做大国有企业,才能从根本上加强国有经济的主导作用和巩固公有制经济的主体地位,才能优化分配结构和保障人民的根本利益,才能提高我国的综合国力和保障国家安全。总体上看,我国国有企业改革的实践日益丰富、信念日益坚定、方向日益明晰、理论日益完善、成绩日益突出。

---

① 《马克思恩格斯文集》第6卷,人民出版社2009年版,第44页。
② 习近平:《坚持党对国企的领导不动摇》,新华网,http://www.xinhuanet.com//politics/2016-10/12/c_129319217.htm。
③ 《习近平对国有企业改革作出重要指示 强调理直气壮做优做大国有企业》,载于《人民日报海外版》2016年7月5日,第1版。
④ 习近平:《决胜全面建成小康社会 夺取新时代中国特色社会主义伟大胜利——在中国共产党第十九次全国代表大会上的报告》,新华社北京10月27日电,网址:http://www.xinhuanet.com/politics/19cpcnc/2017-10/27/c_1121867529.htm。

（二）积极发展混合所有制经济

"混合所有"的概念最早于党的十四届三中全会提出，会上通过的《关于建立社会主义市场经济体制若干问题的决定》指出，"随着产权的流动和重组，财产混合所有的经济单位越来越多，将会形成新的财产所有结构"[①]。党的十八大以后，我国基本经济制度理论的重大发展之一是推进了对混合所有制经济的认识。党的十八届三中全会首次以中央文件的形式将混合所有制确定为国企改革的主攻方向，明确指出"国有资本、集体资本、非公有资本等交叉持股、相互融合的混合所有制经济，是基本经济制度的重要实现形式，有利于国有资本放大功能、保值增值、提高竞争力，有利于各种所有制资本取长补短、相互促进、共同发展。允许更多国有经济和其他所有制经济发展成为混合所有制经济。国有资本投资项目允许非国有资本参股。允许混合所有制经济实行企业员工持股，形成资本所有者和劳动者利益共同体。"[②] 还指出，要"鼓励发展非公有资本控股的混合所有制企业"。党的十九大又进一步提出："深化国有企业改革，发展混合所有制经济，培育具有全球竞争力的世界一流企业"[③]，这表明我国发展混合所有制经济的目标路径已经明朗，已经有了清晰的理念和可操作的实施方案。

从理论上看，社会主义社会经济运行的微观产权基础是公有制企业，而我国现实要解决的首要问题就是如何实现公有制与市场经济相结合。理论上看，混合所有制在国有经济内部内在地引入了非国有所有权，创造了公有制经济内部的所有权交换载体，但正是混合所有制的这种功能，使市场经济与公有制具有了完全的兼容性。在公有制企业内部构筑多元产权主体，并以建立现代企业制度为方向，通过对国有企业公司制改造使混合所有制企业成为国民经济的重要组成部分，既实现了企业制度的创新，又保证了社会主义公有制的主体地位。

混合经济结构的优化应该是一个渐进的演化过程。我国的社会主义市场经济已经发展到了一个较高的水平。在所有制结构上，走向多种经济成分并存和谐发展的混合经济模式；在社会结构上，初步形成较为公平公正的橄榄型结构；在文化上，坚持文化自信，呈现多元文化并存、交融和不断创新的局面；在政治上，

---

① 中共中央文献研究室编：《十四大以来重要文献选编（上）》，中央文献出版社 2011 年版，第 456~458 页。
② 《中国共产党第十八届中央委员会第三次全体会议公报》，新华社北京 11 月 12 日电，网址：http://www.xinhuanet.com//politics/2013-11/12/c_118113455.htm。
③ 习近平：《决胜全面建成小康社会 夺取新时代中国特色社会主义伟大胜利——在中国共产党第十九次全国代表大会上的报告》，新华社北京 10 月 27 日电，网址：http://www.xinhuanet.com//politics/19cpcnc/2017-10/27/c_1121867529.htm。

坚定不移地走社会主义道路，进一步加强和完善中国共产党领导下的多党合作和政治协商制度，完善社会主义民主和法制，为和谐社会的实现提供保障。

我国目前的混合所有制经济虽然还处在发展阶段，实践层面还存在许多制约发展的因素，但是一些地区和行业通过实践已显示出了混合所有制经济的强大生命力，成为行业和地区的新增长点。这就要求我们进一步明确混合所有制经济的地位和作用，抓紧制定各种规范混合所有制经济的法律法规，以促进社会主义混合所有制的健康发展。

三、毫不动摇地鼓励、支持和引导非公有制经济发展

党的十八大后，党和国家对非公有制经济的研究和重视程度又有了进一步的提高。党的十八届三中全会指出，"国家保护各种所有制经济产权和合法利益，坚持权利平等、机会平等、规则平等，废除对非公有制经济各种形式的不合理规定，消除各种隐性壁垒，激发非公有制经济活力和创造力。"① 党的十八届五中全会特别强调"鼓励民营企业依法进入更多领域，引入非国有资本参与国有企业改革，更好激发非公有制经济活力和创造力。"② 习近平在党的十九大报告中指出："构建亲清新型政商关系，促进非公有制经济健康发展和非公有制经济人士健康成长。"③ 这一定位揭示了我国新型政商关系的本质，"亲"和"清"两个字明确了政商关系的基本规则，从而为非公有制经济的健康发展提供了保障。在2018年10月给受表彰民营企业家的回信中，习近平又特别强调了"支持民营企业发展，是党中央的一贯方针，这一点丝毫不会动摇。"④ 2018年11月，习近平总书记在民营企业座谈会上讲话再次肯定了民营经济的重要作用，概括了民营经济有"五六七八九"的特征，即民营经济"贡献了50%以上的税收，60%以上的国内生产总值，70%以上的技术创新成果，80%以上的城镇劳动就业，90%以上的企业数量。"⑤ 特别是，针对2018年初社会上产生的"消灭私有制""民营经济离场"等观点，习近平明确指出"任何否定、怀疑、动摇我国基本经济制度的言行都不符合党和国家方针政策，都不要听、不要信！所有民营企业和民营企

---

① 《中国共产党第十八届中央委员会第三次全体会议公报》，新华社北京11月12日电，网址：http：//www.xinhuanet.com/politics/2013-11/12/c_118113455.htm。
② 《中共中央关于制定国民经济和社会发展第十三个五年规划的建议》，新华网北京11月3日电。
③ 习近平：《决胜全面建成小康社会 夺取新时代中国特色社会主义伟大胜利——在中国共产党第十九次全国代表大会上的报告》，新华社北京10月27日电，网址：http：//www.xinhuanet.com//politics/19cpcnc/2017-10/27/c_1121867529.htm。
④⑤ 习近平：《在民营企业座谈会上的讲话》，载于《人民日报》2018年11月2日。

业家完全可以吃下定心丸、安心谋发展!"①

四、大力开拓利用外资经济新格局

党的十八大后,中国特色社会主义进入新时代。从国内形势看,中国利用外资的质量和水平显著提高。从国际形势看,世界经济格局正经历大变革、大调整。一方面,2008年经济危机的影响还未消除,世界经济复苏艰难而曲折;另一方面,美国逆经济全球化潮流而动实行贸易保护主义,搞贸易摩擦,给世界经济发展增大了不确定性。在这样复杂的国内国际形势中,习近平根据发展着的实际,提出了一系列扩大开放,进一步利用外资的新观点、新思想,这标志着中国利用外资经济思想的成熟。

(一) 利用外资的重要性:三个"不会变"

改革开放40年来,外资经济对中国科技水平的提高、经济管理模式的改善、中国经济的飞速增长起到了巨大的推动作用。鉴于此,习近平向世界承诺:"中国利用外资的政策不会变,对外商投资企业合法权益的保障不会变,为各国企业在华投资兴业提供更好服务的方向也不会变。"② 这三个"不会变",表明中国利用外资不会停止,更不会走回头路。

(二) 利用外资的吸引力:从依靠优惠政策到改善投资环境

过去,中国对外商来华投资给予了以税收优惠、土地优惠为主的一系列激励政策,主要通过这些优惠政策吸引外商投资。然而,随着形势的变化,中国对外资的策略需要及时转换以应对现实的变化。只有努力改善外商投资环境,抓住外商投资的需求点,才能形成对外资更强大的吸引力。正如习近平在博鳌亚洲论坛2018年年会开幕式上指出的,中国将"加强同国际经贸规则对接,增强透明度,强化产权保护,坚持依法办事,鼓励竞争、反对垄断"③。利用外资政策的重心调整为为外商提供更为广阔、公平的营商环境。

(三) 利用外资的方式:"人类命运共同体"新格局

经济全球化浪潮使国际资本、劳动力、技术等生产要素在各国之间快速流

---

① 习近平:《在民营企业座谈会上的讲话》,载于《人民日报》2018年11月2日。
②③ 《习近平出席博鳌亚洲论坛2018年年会开幕式并发表主旨演讲》,载于《人民日报》2018年4月11日。

动,世界各国日益成为一个不可分割的整体。习近平在全球化趋势下审视中国的发展现状,提出了构建人类命运共同体的伟大构想。"人类命运共同体"倡导的是对话协商、共建共享、合作共赢、交流互鉴、绿色低碳的国际交往方式,是一种以应对人类共同挑战为目的的全球价值观。而这一目标的实现,依赖于开放发展新理念,依赖于自贸区建设、"一带一路"倡议。利用外资也将在这一目标的引领下,走向更深层次、更宽领域、更高水平。

第四节 所有制改革和理论探索的主要经验

一、必须科学准确地理解马克思所有制理论

在新中国经济理论与实践探索的 70 年中,所有制变革问题始终是各项改革和理论研究中最核心的问题之一。经过不断的探索,我们在理论和实践上都积累了丰富的经验。

首先,必须把马克思主义普遍真理与中国的实际相结合,用科学的理论指导实践。过去的探索中走的弯路之一是把公有制与社会主义制度画了等号。我国所有制变革的理论突破之一就是否定了把"一大二公"作为所有制是否先进的评判标准,否定了单一所有制的传统观念,与时俱进地发展了马克思的所有制理论。马克思主义强调无产阶级夺取革命政权后,必须要同以往的所有制彻底决裂,最终实现生产资料的社会占有,对此我们必须从总体和实质上进行把握,而不能教条化。我们必须要理解马克思主义者最终追求的目标是人的解放,而所有制变革的作用就是为这一目标提供支撑,因此,所有制的改革必须能够促进生产力的发展,这是科学理解马克思主义所有制理论的前提。

二、必须坚持解放思想实事求是

实践是检验真理的唯一标准,只要符合"三个有利于"的标准,任何所有制形式都可以为中国特色社会主义现代化建设服务。没有 1978 年 5 月"实践是检验真理的唯一标准"问题的大讨论,就不会有党的十一届三中全会改革开放路线的及时提出;没有邓小平 1992 年南方谈话"三个有利于"判断标准的确立,就不会有此后社会主义市场经济的大发展。在所有制改革问题上反复探索的背后,

实际上隐藏着一个重要的理论问题，即衡量社会进步的标准究竟是生产力还是所有制？实际上，马克思、恩格斯早就明确提出，生产力是决定社会前进的根本动力，生产关系必须与生产力发展状况相适应。邓小平南方谈话提出的"三个有利于"判断标准，是对马克思主义基本原理的正确运用。总体上看，我国所有制改革的历程就是一个不断解放思想的过程，从"资本主义尾巴"到"有益补充"，再到"毫不动摇""平等竞争""平等保护"，无一不体现了思想的解放和理论的飞跃，新时代所有制改革的进一步突破，也必须建立在解放思想、实事求是的基础之上。

三、必须毫不动摇地巩固和发展公有制经济

公有制具有私有制经济无可替代的优势，坚持公有制为主体符合社会化大生产的本质要求，符合我国生产力发展的方向。公有制作用的充分发挥能够彰显我国社会主义制度的优越性，是社会主义本质属性的要求。马克思指出："在一切社会形式中都有一种一定的生产决定其他一切生产的地位和影响，因而它的关系也决定其他一切关系的地位和影响。这是一种普照的光，它掩盖了一切其他色彩，改变着它们的特点。"① 公有制的主体地位和影响就如同这种"普照的光"，其作用不仅体现在数量方面，更体现在质的影响上。

第一，坚持公有制的主体地位才能解放和发展生产力。新中国成立70年、改革开放40多年来，我国已经建立起比较健全的现代化工业体系，社会化大生产已经成为社会生产的主流，坚持公有制为主体的地位符合生产力发展的基本要求。

第二，坚持公有制的主体地位是坚持社会主义制度的要求。不论生产的社会形式如何，劳动者和生产资料始终是生产的因素。但是，二者在彼此分离的情况下只在可能性上是生产因素。凡要进行生产，就必须使它们结合起来。实行这种结合的特殊方式和方法，使社会结构区分为各个不同的经济时期。

第三，坚持公有制的主体地位才能实现生产过程的合理化。只有劳动者共同地占有生产资料，才能防止个人通过垄断性地控制生产资料进而控制生产过程，才能建立劳动者平等互利的合作关系。

第四，坚持公有制的主体地位才能保证分配过程的公平合理。只有劳动者共同占有生产资料，才能防止个人通过垄断性地占有和控制生产资料进而控制收入

---

① 《马克思恩格斯文集》第8卷，人民出版社2009年版，第31页。

分配过程,才能建立起公平的收入分配制度,为实现共同富裕的目标奠定基础。

第五,只有劳动者共同占有生产资料,才能保证社会主义生产不断满足人民群众对美好生活的需要。

四、必须毫不动摇地鼓励、支持和引导非公有制经济发展

改革开放以来我国整体生产力水平已经有了巨大的提高,但必须对我国当前所处的发展阶段有清醒的认识。党的十九大重申我国仍处于并将长期处于社会主义初级阶段的基本国情没有变,我国是世界最大发展中国家的国际地位没有变。这"两个没有变"表明我国生产力发展的多层次性和不平衡性仍将长期存在,这就决定了生产关系要与之相适应,因此在坚持公有制为主体的同时,必须要毫不动摇地鼓励、支持和引导多种非公有制经济成分的发展。在2018年11月召开的民营企业座谈会上,习近平再次强调"非公有制经济在我国经济社会发展中的地位和作用没有变!我们毫不动摇鼓励、支持、引导非公有制经济发展的方针政策没有变!我们致力于为非公有制经济发展营造良好环境和提供更多机会的方针政策没有变!我国基本经济制度写入了宪法、党章,这是不会变的,也是不能变的。"① 当然,对非公有制经济发展过程中暴露出的侵吞国有资产等问题也必须重视,防止其不利影响。

我国所有制变革积累的宝贵经验是极其丰富的,除上述内容之外,还包括必须积极推进公有制实现形式的多样化、调整和优化国有经济战略布局、健全国有资产监督管理体制、积极发展混合所有制经济等诸多方面。随着改革开放进程不断向纵深推进,我国的所有制变革还将不断深化,中国特色社会主义的实践土壤必将孕育出更多丰硕的理论果实。

---

① 习近平:《在民营企业座谈会上的讲话》,载于《人民日报》2018年11月2日。

第五章

收入分配探索和社会主义初级阶段分配制度

新中国成立70年特别是改革开放40多年来,我国对收入分配进行了不懈探索,确立并发展完善了社会主义初级阶段的分配制度。对这一领域的探索进行回顾和总结,有利于在新时代进一步完善我国收入分配制度,朝着共同富裕的目标稳步前进。

第一节 改革开放前我国收入分配理论与实践探索

一、改革开放前我国收入分配的实践探索

(一) 改革开放前我国农村收入分配体制的演变与确立

新中国成立后到改革开放前,我国农村分配制度的形成可分为如下阶段:

1. 1949~1952年:新中国成立后的土地改革阶段。土地改革消灭了地主土地所有制,农民拥有了对土地的所有权,消除了由地租引起的地主阶级与农民阶级之间的收入差距。国家没收了地主的多余生产资料给农民,给农民生产生活条件带来了巨大改善。

2. 1953~1957年:我国进行农业社会主义改造,开展农业生产合作化运动的阶段。在这个阶段,各地农村先后探索了多种互助合作方式,包括农业生产互助组、初级以及高级农业生产合作社。互助组在互助、自愿、平等的基础上,在

不改变以户为核算单位的情况下,形成了一种以工换工的互助补偿模式,消灭了剥削,产生了统一使用土地的要求。初级社的收入分配一方面积累了若干公有性质资产,另一方面社员个人的收入分配形式多样,劳动收入与入股"土地分红"等生产要素收入并存,可以说初级社在一定程度上实现了所有权下部分产品的按劳分配。高级社取消了土地报酬,形成了私有土地集体化,土地、耕畜、大型农具等主要生产资料公有化,劳动成员由合作社统一分配组织生产,按劳分配成为高级社通行的分配原则,劳动收入成为社员收入的主要渠道,平均主义分配倾向产生。

3. 1958~1960年:人民公社的形成阶段。1958年经济建设的"大跃进"催生了人民公社并迅速发展,几乎是在1958年8~11月初的3个月里,就实现了从第一个人民公社诞生到全国范围内人民公社化的过渡,参加公社的农户数达到1.27亿,占总数的99.1%。[①] 从1958年到1960年,全国迅速实现了由高级社向"一大二公"的人民公社的过渡。所谓"一大"是指规模大;"二公"是指公有化程度高,部分生活资料亦开始公有化,如公共食堂、托儿所的兴办等。甚至不少地区还实行了低水平的"按需分配",刮起了"共产风"。

4. 1961~1978年:人民公社体制调整和巩固阶段,也是"工分制"得以成为农村最基本分配制度的阶段。1961年以后,党中央对人民公社体制进行调整,在农村逐步形成了"三级所有、队为基础"的生产组织形式。所谓三级所有是指包括土地在内各种生产资料归人民公社、生产大队、生产队所有,其中生产队是最基本的生产、核算与分配单位。生产队作为农村最基本的生产单位实行自负盈亏,可分配的收入来自一年内总收入扣除上缴国家的税费及生产性支出后的余额。每个劳动力用这个余额除以全队劳动力的工分总数,然后得到每个工分的分值,将这个分值乘以每个劳动力全年的工分就可以得出每个劳动力全年应得的收入。工分制试图把农户劳动力的收入与个人努力和生产队的经济效益结合起来,实现多劳多得。

(二)改革开放前我国城市收入分配体制的演变与确立

城镇职工的"工资制"是新中国成立后到改革开放前我国在城镇落实按劳分配的基本制度,其间经过多次改革和调整,大体可分为如下阶段:

1. 1949~1956年:"工资制"的多样化阶段。这一阶段正值社会主义改造时

[①] 参见林毅夫、蔡昉、李国等:《中国的奇迹:发展战略与经济改革》,上海三联出版社1999年版,第45页。

期，多种生产资料所有制形式使我国城镇职工收入分配制度呈现多样性：资本主义工商企业基本沿用了1949年以前的分配方法，因而这部分企业劳动者的工资收入差距很大；全民所有制企业虽然建立在没收官僚买办资本的基础上，但国家为寻求社会稳定只改变了所有制性质，并未立即改变原有的工资制度；公务员工资由国家实行供给，在未进行工资改革前，不同级别职位的工资标准十分多样化。直到1952年国家进行工资改革，建立职工工资等级制度后，城镇职工个人收入分配的混乱局面才得到改善。

2. 1956~1965年：工资制度的调整与统一阶段。1956年以后，社会主义改造基本完成，计划经济体制逐步建立。为配合计划经济体制的建立，国家迫切需要把城镇职工工资收入分配制度统一起来。1956年全国召开工资工作会议，开始工资制度改革。改革内容主要包括：（1）取消国有企业职工"工资分"加物价津贴制度，实行货币工资标准。（2）改进企业工人工资的等级制度，贯彻按劳分配原则。（3）改进企业职工和技术人员工资制度，按产业、地区、部门等规定不同工资标准，高水平的技术人员发放技术津贴。（4）调整各产业、各地区、各部门工资关系，根据产业重要程度、技术复杂程度和劳动条件好坏等条件制定一系列工资标准，体现国家对收入分配的计划性与相对平等性。（5）推广改进计件工资制，改进企业奖励津贴制度。上述改革奠定了改革开放前我国个人收入分配制度的基本框架，体现了按劳分配原则，在一定程度上提高了城镇职工的工作积极性，促进了劳动生产率的提高。

3. "文化大革命"时期：工资制度遭受严重破坏的阶段。1966年开始的"文化大革命"对刚刚建立起来的收入分配制度予以彻底否定，并将其歪曲为"滋长资本主义的经济基础"。奖金制度和计件工资制度被取消，职工工资水平整体被降低，不同等级劳动力得到同级待遇的"大锅饭"现象出现。上述情况降低了工人的劳动生产积极性以及劳动生产率。直到20世纪80年代初期，奖金制度和计件工资制度才逐步得到恢复。

二、改革开放前我国收入分配理论的讨论

从新中国成立到改革开放前，我国理论界关于收入分配理论的讨论主要集中在关于按劳分配制度的必要性，以及在社会主义制度下如何实现按劳分配问题上。仲津（于光远的笔名）（1957）在《对"按劳分配"的一些看法》一文中指出，在社会主义制度下，在生产力发展水平比起以后的共产主义高级阶段来还太低的情况下，如果不根据"按劳分配"来办事，那是做不通的。他认为在国营

企业（主要是工业企业）中应实行工资制度、在合作社企业（主要是农业生产合作社）中应采取劳动日制度，而脑力劳动者（特别是具有专门知识的科学家、艺术家、医师、工程师等）没有充足的理由强调"按劳分配"，要求得到很高的工资。后来他在《再来谈谈"按劳分配"问题》(1957)一文中对其观点做了进一步补充，指出按劳分配是社会主义制度下消费基金分配中起主要作用的一个规律，社会主义制度下发展的总趋势是更加完美地实现按劳分配这个社会主义原则，同时又逐渐扬弃按劳分配的原则。同时，进一步强调了脑力劳动者同体力劳动者之间的分配，应考虑知识分子在社会中的特殊地位和历史形成的知识分子的生活水平这两个重大因素。除了消费基金的分配外，别的原则在很多领域发生作用，如社会福利、社会救济事业等，则应根据需要来分配；对资本家，实行的是赎买政策；对小生产者需要按其所占生产资料来分配；对资产阶级知识分子要特别的照顾。恽希良（1957）指出工人和农民的劳动报酬之所以不与他们的劳动熟练程度相等，并不是因为劳动质量无法比较，而是由社会主义所有制的两种形式决定的。蒋学模（1957）认为工人阶级和农民阶级的整体收入水平的对比关系受按劳分配规律制约。影响二者收入水平差异的因素为社会主义所有制的两种形式（即国营企业的全民所有制与农业的生产合作社）、自然条件的影响、重点部门和重点地区对劳动力的需要及历史因素等。

但从1958年开始，理论界对按劳分配有了不同看法，反对声音出现。如张在桥（1958）提出新中国成立后把供给制改工资制是错误的，实行工资制、贯彻按劳分配原则扩大了资产阶级法权，形成了等级制制度，否定了社会主义按劳分配原则的理论依据。但是，到1958年12月10日，党的八届六中全会《关于人民公社若干问题的决议》提出："社会主义的原则是'各尽所能，按劳分配'；共产主义的原则是'各尽所能，按需分配'。"从此理论界恢复了关于按劳分配制度在实践中如何实行的讨论，包括按劳分配的基础、原因、按劳分配与等价交换的关系、按劳分配中"劳"是什么以及如何衡量的问题等。例如，蒋学模（1961）认为关于按劳分配与资产阶级法权之间的关系在学术界中存在一定的争议，他坚持按劳分配这种社会主义的分配关系具有历史进步性和历史必然性，它可以使劳动者的个人利益同发展社会生产的集体利益结合起来。此后，蒋学模（1964）进一步阐述了如何准确地计算人们向社会提供的劳动，包括劳动的时限、形态、核算和扣除等问题。

总体上看，在改革开放前，学术界对收入分配的讨论主要围绕着社会制度背景下实行按劳分配的必要性以及按劳分配制度的实现形式等。

三、改革开放前我国收入分配的进步性及主要问题

新中国成立以后,为了尽快改变中国积贫积弱的发展状态,最大限度调动全国人力、物力和财力,我国在社会主义制度下探索实施了按劳分配制度。按劳分配制度不仅适用于当时的中国国情,而且符合社会主义基本原则,继承和发展了马克思主义的按劳分配原则,一定程度上调动了广大人民群众的积极性、创造性,促进了生产力的发展,具有进步性。

但是社会主义改造后,特别是"大跃进"和"文化大革命"时期,对按劳分配具体实现形式的探索出现了偏差,过度追求平均,违背了最初的"既反对平均主义,也反对过分悬殊"的基本思路,使得按劳分配制度这一原本先进的分配方式变成了一种以劳动为单一要素衡量的分配方式,给经济发展带来了一系列的问题。

一是导致"脑体倒挂"。计划经济体制只承认劳动生产创造的价值,仅将有形产品的价值作为收入分配的参照系,必然会步入否定脑力劳动的误区,使"脑体倒挂"现象产生。在这种情况下,部分第三产业劳动者及技术人才得不到应有重视,工资与劳动贡献不成比例,脑力劳动者的报酬与非脑力劳动者相同甚至低于后者,必将降低脑力劳动者的工作积极性,不利于生产技术的改进与生产效率的提高。

二是收入分配的平均主义倾向严重,极大阻碍生产积极性。计划经济体制一再强调按劳分配是"必须"贯彻的原则,但计划经济时期实际出现的却是平均主义和大锅饭,同一部门、同一产业的工资等级和工资标准全国基本统一,企业职工的工资与企业经营状况和经济效益相脱节。在农村同样存在严重的平均主义分配倾向。收入分配的平均主义导致城乡内部的收入差距很小(见表5-1)。在对我国城市1978年和1980年两年基尼系数的估计中,最高值也仅有0.185。1978年和1980年我国农村的收入不平等程度略高于城镇,最高值为0.31。由此,一种干多干少、干好干坏一个样的风气在全社会蔓延开来。这种思想首先破坏了劳动者心中的公平感,严重影响劳动者的工作积极性,阻碍了整个经济发展。

三是具有转移收入性质的补贴人人相同,基本上起不到再分配的作用。改革开放前,作为城镇居民非工资收入的各种补贴(如住房补贴、食品价格补贴等)在城镇居民收入中长期占据了很大比重,约为40%。[①] 这些补贴基本按人头平均

[①] 参见赵人伟等主编:《中国居民收入分配再研究》,中国财政经济出版社1999年版,第84页。

分配，对收入再分配的调节作用几乎为零。

表 5 – 1　　　改革前城乡内部及全国居民收入基尼系数的各种估计

城市	农村	全国	估计者
0.16 （1980 年）	0.31 （1979 年）	0.33 （1979 年）	世界银行，1983 年
0.185 （1980 年）	0.237 （1978 年）		李成瑞，1986 年
0.16 （1978 年）	0.212 （1978 年）		任才方、程学斌，1996 年
0.165 （1978 年）	0.222 （1978 年）		阿德尔曼等，1987 年

资料来源：赵人伟等主编：《中国居民收入分配再研究》，中国财政经济出版社 1999 年版，第 45 页。

四是巨大的城乡差距。改革开放前，政府为推行重工业优先发展的战略，实行了城市倾向型的收入分配制度。对于城镇户口的居民①，政府提供了包括就业、医疗卫生、住房及养老等在内的多项福利，而广大的农村居民基本上被排除在这个福利体系之外。同时，政府还采取分治的户籍制度。这种户籍制度剥夺了农村劳动力进城务工获取收入的可能性。此外，政府为了支持工业发展，采取工业产品"剪刀差"、二元税制等多种措施从农业部门取得了大量的农业剩余，造成农业与农村发展滞后，形成了巨大的城乡收入差距（具体见图 5 – 1）。

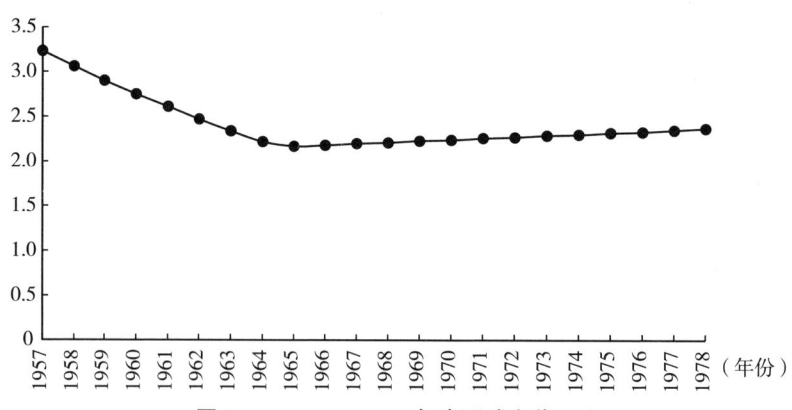

图 5 – 1　1957 ~ 1978 年我国城乡收入比

资料来源：作者根据 1958 ~ 1979 年《中国统计年鉴》中的数据测算得到。

---

① 城镇居民按照传统的说法就是具有非农业户口的人群。

资料显示，中国已经成为当时世界上城乡差距最大的发展中国家（具体见表 5-2）。

表 5-2　　　　　　　　中国与其他发展中国家城乡差距对比

国家	年份	城乡收入比
印度	1973~1974	1.4
孟加拉国	1966~1967	1.5
菲律宾	—	2.1
泰国	1975~1976	2.2
巴西	1976	2.3
哥伦比亚	1970	2.3
中国	1979	2.9

资料来源：赵人伟等主编：《中国居民收入分配再研究》，中国财政经济出版社1999年版，第70页。

总体而言，计划经济条件下由公有制作为唯一所有制形式所决定的按劳分配是一种高度集中的计划分配制度。在原有计划经济体制下，收入分配原则名义上实行按劳分配①，实际上并未有效地得到贯彻，没有做到真正意义上的"按劳分配"，却搞成了"平均主义"。这种长期存在的平均主义分配倾向，严重压抑了劳动者的生产积极性，阻碍了我国社会生产力的发展。另外，虽然计划经济体制下实行的是平均分配的基本原则，但由于城乡分割的基本定位和工业优先的发展战略，大量生产性资源由农村流向城市，用于重工业等城市产业的发展，而人口由于户籍制度的限制无法自由流动，最终导致了"平均主义"与巨大的城乡收入差距并存的问题。

第二节　改革开放新时期收入分配改革和基本分配制度的形成

党的十一届三中全会以后，我国收入分配制度进入改革阶段，逐渐确立了符

---

① 在"文化大革命"中，"按劳分配"被当作"资产阶级法权"和产生资本主义的经济基础而被全盘否定，连计件工资和奖金制度都被当作"资本主义"的东西而被取消。

合社会主义初级阶段的分配制度,即按劳分配为主体,多种分配方式并存的分配制度。

一、改革开放新时期我国收入分配的实践探索

(一) 改革开放新时期我国农村收入分配体制的演变与探索

在20世纪70年代末,农村经济体制最大的变化就是推行了家庭联产承包责任制。在此制度安排下,每个农户分得一定土地,通过生产队或集体与国家签订承包合同,在上缴完合同规定数量的农产品后多余部分由自己支配。这一制度引入了市场机制,赋予农户剩余索取权,解决了农业生产中的激励和监督问题,克服了原有体制在收入分配制度上的平均主义缺陷,产生了巨大的制度绩效。统计资料表明,在广泛推行家庭联产承包责任制的1978~1984年,以不变价格计算,农业总产出增长率和年均增长率分别为42.2%、6.5%,是1949年新中国成立以来农业增长最快的时期。1981年底,我国已有1.75亿农户实行了家庭联产承包责任制,占全国农户总数的94.5%,到1984年,实行家庭联产承包责任制的农户占到全国农户总数的99%(具体见图5-2)。

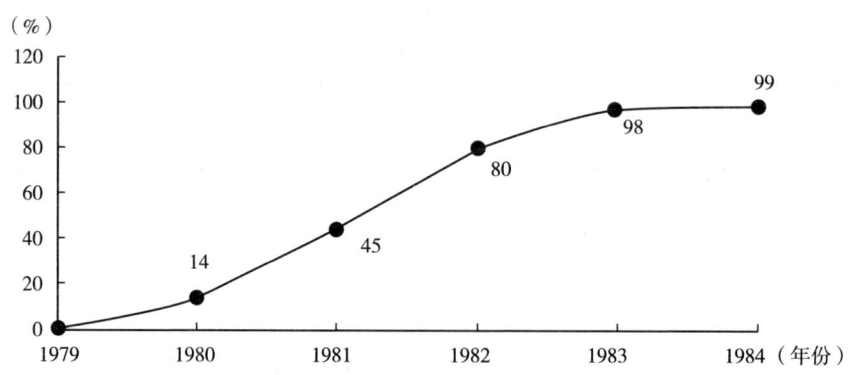

图5-2 1979~1984年我国农村实行家庭联产承包责任制的农户占农户总数的比重
资料来源:国家统计局:《中国统计年鉴(1985年)》,中国统计出版社1985年版。

以家庭联产承包责任制取代传统体制下的集体生产形式是我国农村发展史中一次具有重大意义的生产组织形式变革。它对农村收入分配方面的影响主要体现在农户成为农村最基本的生产与分配单位并拥有了支配农业生产要素的权力。它一方面使得农户收入来源日益多元化,除了劳动收入以外,农户可以通过从事家

庭的农业与非农业经营，或者外出务工等获取更多收入；另一方面使得农户的收入不仅受当地自然条件和经济发展水平的影响，也与其自身特征，如劳动力的数量、就业情况及受教育程度、农业与非农业生产性资产投资的状况、耕地拥有情况以及农业技术的采用等紧密联系起来，这些因素也就成为影响农村居民收入差距的主要因素。

此外，我国农村经济体制改革另一个巨大成就是以乡镇企业为核心的农村非农产业获得快速发展。乡镇企业的飞速发展，使得越来越多农村剩余劳动力转移到非农产业。统计资料显示，1978年乡镇企业吸纳剩余劳动力2827万人，占当年农村劳动力总量的9%以上；到2006年，乡镇企业吸纳劳动力14680万人，占当年农村劳动力总量的30%以上。非农产业的发展已成为发展农村经济，增加农民收入的重要支柱。尤其是自20世纪80年代中期以后，由于农业生产发展缓慢甚至陷入停滞，非农产业经营活动成为农民增收的主要来源。由此，非农产业的发展就成为拉大农村居民收入差距的重要原因。有学者曾对农户收入构成进行分解，结果表明非农收入对农户总收入差距的贡献超过了40%[①]。

最后，随着政府对人口流动管制的逐渐放松，越来越多的农村剩余劳动力进入城市。由于技术上的困难，当时有关农村劳动力外出务工的规模没有确切统计，只有一些粗略的估算[②]。在20世纪中期，全国外出的农村劳动力约为9000万，其中到本县以外就业的农村劳动力为4500万~5000万，中长期外出人口约为1750万。2001年，我国农村劳动力跨县和跨省流动的人数分别达到了6361万和3933万[③]。那时，农村劳动力外出务工对农村居民收入差距的影响尚无定论，但一些研究显示[④]，外出劳动力的汇款增大了农村的收入差距。

（二）改革开放新时期我国城市收入分配体制的演变

改革开放以来，城镇收入分配体制上的变化主要体现在两个方面：一是伴随着改革开放而在传统经济体制之外成长起来的非国有经济单位分配制度的出现及其变化；二是原有的传统经济体制内建立起来的国有单位包括国有企业、事业单位、政府部门工资制度的变化。

---

① 参见陈宗胜、周云波：《再论改革与发展中的收入分配》，经济科学出版社2002年版，第233~234页。
② 参见李实：《中国农村劳动力流动与收入增长和分配》，载于《中国社会科学》1999年第2期。
③ 参见王西玉、崔传义、赵阳：《中国二元结构下的农村劳动力流动及其政策选择》，载于《管理世界》2000年第5期；范小玉、且淑芬：《农村劳动力转移状况与特征》，载于《中国统计》2002年第7期。
④ 参见Kai - Yuen T. Trends and Inequalities of Rural Welfare in China: Evidence from Rural Households in Guangdong and Sichuan [J]. *Journal of Comparative Economics*, 1998, 26 (4): pp. 783 - 804。

改革开放以来，我国非国有经济获得了很大的发展，包括外资、中外合资、民营、个体等各种形式企业的建立，非国有经济单位分配制度也随之出现并日益多元化。这些非国有经济的分配制度是一种典型的市场化分配制度，不像原有改革中的国有企业工资制度那样具有浓厚的"计划化"和"集权化"色彩。在这种工资制度下，企业员工完全根据市场经济的基本原则和通行惯例平等谈判，自愿交易，通过市场化的方式签订劳动合同，确定工资和其他待遇水平。并且在这一过程中，资源、土地、技术、管理等非劳动生产要素也开始按贡献参与企业收入分配。伴随着非国有经济的这种发展，除工资性收入之外，城镇居民也逐渐拥有利息、股息、红利、房租等资本和财产性收入。另外，随着技术市场、信息市场、经理市场的发育，技术转让费、专利费、信息费、经营者年薪、股票期权收益和风险收入等也成为城镇居民的收入分配形式。

此外，为了适应市场经济的发展，传统经济体制内部建立起了国有企事业单位。国有企业、事业单位、政府部门的工资制度分别在1985年、1993年和2006年经历了三次改革。1985年改革的最大特点是，在工资制度上，国有企业开始同行政机关和事业单位脱钩，逐渐实施与市场经济需要相适应的工资分配制度，即实行工资总额和经济效益挂钩，先后出现了计件工资制、年薪制等；行政机关和事业单位则实行以职务工资为主要内容的结构工资制。1993年改革使得行政机关和事业单位工资制度脱钩：行政机关实行职级和级别为主的职级工资制，把一部分福利性补贴逐步纳入工资，调整了工资收入结构，建立了新的津贴制度和正常增资机制；事业单位则实行能体现其行业特点的工资制度，即根据事业单位所处行业，分别实行专业技术职务等级工资制、职务岗位工资制、艺术结构工资制、体育津贴和奖金制和工人工资制等五种类型。此后，北京、上海、广东等省市通过规范津贴补贴发放，实行了"阳光工资"，对公务员工资制度改革进行积极的探索。2006年改革仍主要涉及事业单位和政府部门。事业单位工资制度改革的主要内容包括五个方面：（1）建立岗位绩效工资制度，使收入与岗位职责、工作表现和工作业绩相联系；（2）实行新的工资分类管理办法，对从事公益服务的事业单位，根据单位类型不同实行工资分类管理；（3）建立符合事业单位自身特点的工资正常调整机制，在运行机制上与机关不同；（4）完善高层次人才收入分配激励机制，建立事业单位主要领导收入分配激励约束机制，同时注意加强引导和调控事业单位的收入分配；（5）健全收入分配调控机制，实行分类管理、分级调控，完善收入分配调控政策，加强工资收入支付管理，建立统分结合、权责清晰、运转协调、监督有力的宏观调控机制。公务员工资制度改革主要有三个特点：一是通过简化工资结构、增设级别、增强级别功能、完善工资调整办法等措施,进一步加强工资的激励作用,促进公务员队伍建设;二是适当向基层倾斜,加大低职务对应级别数,使低职务公务员有充分的晋升空间,实行级别与工资等待遇适当挂钩,使基层机关因机构规格和领导职数限制没有晋升职务机会的公务员待遇也能得到提高;三是向艰苦边远地区倾斜,完善艰苦边远地区津贴制度,扩大实施范围,提高津贴标准,增加津贴类别,建立动态调整机制。

二、改革开放新时期我国收入分配理论的探讨

改革开放新时期收入分配问题一直受到社会各界的广泛关注。相关研究涉及比较广泛,具体包括以下几个方面:按劳分配与按要素分配的关系;公平与效率的关系;中国居民收入差距的变动趋势及其影响因素;衡量两极分化的原则和方法是什么,中国是否已经出现了两极分化等。

(一) 按劳分配与按要素分配关系的讨论

自1978年改革开放以来,我国提出大力发展商品经济,1992年党的十四大正式提出"经济体制改革的目标是建立社会主义市场经济"[①]。伴随着改革的逐步深入,中国从原有的计划经济体制向社会主义市场经济体制逐步转型,市场在资源配置中发挥着越来越重要的作用。这种转变反映到收入分配领域就是多种分配方式的出现,即除了传统的公有制经济中的按劳分配以外,还出现了各种按生产要素分配的形式。进入改革开放新时期,中国在分配制度和分配原则上的这一重大变化不是一蹴而就的,人们对按劳分配和按生产要素分配关系的认识也不是"一步到位"的,而是经历了一个激烈争论、反复研讨后的逐渐演变、逐渐发展、逐渐深化的过程。这既反映在中央历次重要会议的报告和文件表述的逐渐变化上,也反映在经济学界对于收入分配制度和收入分配原则问题的研究和讨论中。自1978年至今,我国关于按劳分配与按生产要素分配关系问题的讨论大体经历了三个阶段:

1. 改革开放初期至20世纪80年代中期:强调按劳分配原则的恢复,基本没有涉及按生产要素分配。针对在原有的计划经济体制下,我国收入分配导致的严重的"平均主义",在1977~1978年,我国经济理论界先后举行了4次按劳分配理论研讨会,重新肯定了按劳分配的重要作用,在理论上澄清了对按劳分配的错

---

① 赵紫阳:《沿着有中国特色的社会主义道路前进——在中国共产党第十三次全国代表大会上的报告》,载于《党的建设》1987年第Z1期。

误认识。这些认识的深化也迅速体现在党和国家的重要文件中。党的十一届三中全会就明确提出:"按劳分配、多劳多得是社会主义,绝不允许把它当作资本主义原则来反对","人民公社、各级经济组织必须认真执行按劳分配的原则,多劳多得,少劳少得"①。1978年5月,国务院发布《关于实行奖励和计件工资制的通知》,正式恢复了已经停止实行十多年之久的奖励制度和计件工资制度,并通过试点逐步扩大。

2. 20世纪80年代中后期至90年代初期(党的十四大):提出以按劳分配为主,其他分配形式为补充。随着我国经济结构中所有制的多元化和分配形式的多样化,理论界对分配原则问题进行了广泛而热烈的讨论,大多数观点认为应当继续坚持按劳分配原则,同时要对改革开放以来出现的新的分配形式予以肯定。当然,也有一些学者的看法略有不同。谷书堂、蔡继明(1989)指出,由于社会主义初级阶段存在着多种所有制成分,还存在着商品生产与交换,国家、企业和个人都具有独立的经济利益,企业和个人还都具有不同程度的收入分配和积累的自主权,所以,不能完全实行按劳分配。社会主义初级阶段的分配原则是按贡献分配,即按各种生产要素在社会财富的创造中所做出的实际贡献进行分配,从而提出了按贡献分配的原则。

政府部门基本上在强调按劳分配的同时,也承认了其他分配方式的存在。1987年党的十三大明确提出,"社会主义初级阶段的分配方式不可能是单一的。我们必须坚持的原则是,以按劳分配为主体,其他分配形式为补充"②。这样就肯定了除按劳分配以外的其他分配形式的合法性。1992年党的十四大沿用了党的十三大关于分配原则的提法。与此同时,《中共中央关于制定国民经济和社会发展十年规划和"八五"计划的建议》等党和国家的重要文件也都沿袭了这一说法,国有企业开始实行"工效挂钩"制度,机关事业单位实行结构工资制等。

3. 20世纪90年代前期(党的十四届三中全会)至党的十七大:提出以按劳分配为主体、多种分配方式并存,把按劳分配和按生产要素分配结合起来。在党的十四大召开仅仅一年之后,1993年11月党的十四届三中全会就在分配原则问

---

① 《中共中央关于加快农业发展若干问题的决定(草案)》,载于《新疆林业》1979年第S1期,第2、4页。
② 赵紫阳:《沿着有中国特色的社会主义道路前进——在中国共产党第十三次全国代表大会上的报告》,载于《党的建设》1987年第Z1期。

题上取得了新的突破,这既得益于理论界特别是经济学界的深入研究和充分讨论①,更得益于中央在分配原则问题上的解放思想、勇于创新和与时俱进。党的十四届三中全会通过了《关于建立社会主义市场经济体制若干问题的决定》,提出"个人收入分配要坚持以按劳分配为主体、多种分配方式并存的制度"。这就确立了多种分配方式与按劳分配方式的平等地位,而不仅仅是按劳分配方式的"补充"。同时还提出"劳动者个人劳动报酬要引入竞争机制,打破平均主义,实行多劳多得,合理拉开差距","国家依法保护法人和居民的一切合法收入和财产,鼓励城乡居民储蓄和投资,允许属于个人的资本等生产要素参与要素分配"。这是党和国家在正式文件中第一次明确提出允许"资本等生产要素参与收益分配",是对传统社会主义收入分配理论的一个重大突破和创新②。

1997年党的十五大基本沿用了党的十四届三中全会关于收入分配原则的提法,即"完善分配结构和分配形式。坚持按劳分配为主体、多种分配形式并存的制度",值得注意的一个重大突破是提出了"把按劳分配和按生产要素分配结合起来",这也是党和国家在正式文件中第一次明确提出将这两种分配方式结合起来③。1999年3月15日第九届全国人民代表大会第二次会议对我国宪法进行了修改,在修改的宪法中明确提出在"社会主义初级阶段",要"坚持按劳分配为主体、多种分配方式并存的分配制度"。2002年党的十六大仍然继续坚持党的十四届三中全会和党的十五大关于收入分配原则的提法。2007年党的十七大继续沿用了党的十四届三中全会、党的十五大和党的十六大关于收入分配原则问题的提法,在这次大会的报告中还第一次提出要"提高劳动报酬在初次分配中的比重",这对于抑制收入差距的进一步扩大、最终实现共同富裕具有重大意义。

从党的十四届三中全会到党的十五大、十六大,再到党的十七大,对于按生产要素分配的提法也发生了明显的变化:党的十四届三中全会提出"允许属于个人的资本等生产要素参与收益分配"④,党的十五大提出要"允许和鼓励资本、

---

① 关于20世纪90年代中国经济学界对于收入分配理论观点和争论研讨的细致全面的综述,可参见张问敏、王学力:《90年代收入分配理论观点综述》,载于《经济研究资料》2000年第1期。
② 传统的社会主义收入分配理论认为,资本参与收入分配具有"剥削性"。
③ 传统的社会主义经济理论认为,只有按劳分配才是社会主义的分配原则,而按生产要素分配是资本主义的分配原则,而党的十五大则提出把这样两个在原有理论看来"似乎是对立的分配原则"结合起来,在理论上是一个重大突破和创新,可参见蔡继明:《从中共十三大到中共十七大——解读平等、效率和公平关系的演变》,载于《经济学动态》2008年第1期。
④ 江泽民:《加快改革开放和现代化建设步伐,夺取有中国特色社会主义事业的更大胜利——中国共产党第十四次全国代表大会上的报告》,载于《理论导刊》1992年第Z1期。

技术等生产要素参与收益分配"①，党的十六大提出要"确立劳动、资本、技术和管理等生产要素按贡献参与分配的原则"②，到了党的十七大则提出"健全劳动、资本、技术、管理等生产要素按贡献参与分配的制度"③。可以看出，对于按生产要素分配的认识也经历了一个不断深入、不断完善的过程。

（二）收入分配中公平与效率的关系的讨论

公平与效率存在于经济社会生活的各个方面，对于二者之间的关系，学术界一直争论不休。在探讨收入分配中二者之间的关系之前，我们首先必须弄清楚公平与效率的内涵是什么。对此很多学者都曾有所论述。一般而言，公平是伦理学上的概念，指人们对既定社会中人与人之间关系的认识和评价，其原则和标准因社会制度和发展阶段而异，内容涉及经济、政治、法律和文化等各个领域。比如，蔡继明（2008）曾经提到，在西方经济学中存在四种公平观，即平均主义的公平观、罗尔斯的公平观、功利主义的公平观和市场主导主义的公平观。程恩富（2005）则指出，公平主要体现在制度相对公平、规则公平、权力公平和机会公平四个方面。由于经济相对政治、法律和文化处于更基础的地位，因此对经济关系的评价是公平概念的核心。但是考虑到公平很难衡量，所以经济学家用平等作为测度公平的近似标准。当然，公平和平等二者存在一定差别，并不能认为平均分配就一定达到了公平。平等与公平是两个不同的概念并且对二者的区别进行了分析，认为平等是一个实证概念，具有客观性，而公平是一种价值判断，反映的是人们对不同的平等和效率的组合④。效率作为经济学上的一个概念，是指人们对经济资源的有效利用和合理配置，做到人尽其才、物尽其用。具体说来，效率是指经济资源最合理的配置，进而实现社会福利的最大化。效率涉及经济生活的各个领域，包括宏观经济效率和微观经济效率。而宏观经济效率主要包括制度效率、政府政策执行效率和宏观调控效率等三个方面；微观经济效率则主要分析企业内部的收入分配是否合理、一个企业生产要素的投入是否实现了最大产出以及

---

① 江泽民：《高举邓小平理论伟大旗帜，把建设有中国特色社会主义事业全面推向二十一世纪》，载于《党建》1999年第8期。

② 谷书堂、蔡继明（1989）曾经明确提出了"按生产要素的贡献分配"的原则，这种观点在当时一提出就受到了一些学者的批评，可参见陈德华：《社会主义实践不是否定了而是丰富了马克思主义关于按劳分配的理论》，载于《教学与研究》1990年第1期。

③ 《中共中央关于构建社会主义和谐社会若干重大问题的决定》，载于《求是》2006年第20期。

④ 参见蔡继明：《从中共十三大到中共十七大——解读平等、效率和公平关系的演变》，载于《经济学动态》2008年第1期。

企业的管理是否科学等所引发的效率问题①。

对于公平与效率之间的关系，学术界也存在多种意见。吴宣恭（2008）将学术界关于公平与效率关系的讨论分成了三种观点，即效率优先、公平优先和公平与效率交替；卫兴华（2008）将这个问题的争论概括为五种观点，即效率与公平并重论，效率与公平统一论，市场管效率、政府管公平论，公平优先、兼顾效率论和效率优先、兼顾公平论；徐丹丹（2008）则将有关公平与效率的争论概括为效率优先论、效率与公平并重论、公平与效率统一论和公平优先论四种观点。对于收入分配中公平和效率的关系问题，中央的提法曾经有多次改变。1987年党的十三大提出，"我们的分配政策，既要有利于善于经营的企业和诚实劳动的个人先富起来，合理拉开收入差距，又要防止贫富悬殊，坚持共同富裕的方向，在促进效率提高的前提下体现社会公平"②。在1992年党的十四大提出，"在分配制度上，以按劳分配为主体，其他分配方式为补充，兼顾效率与公平"③。在1993年11月党的十四届三中全会上提出，"个人收入分配要坚持以按劳分配为主体，多种分配方式并存的制度，体现效率优先、兼顾公平的原则"④。在此之后，从1997年党的十五大到2002年党的十六大，在收入分配中公平与效率的关系一直延续了"坚持效率优先、兼顾公平"的提法。党的十六大报告中还做了更为具体的说明："初次分配注重效率，发挥市场的作用……再分配注重公平，加强政府对收入分配的调节职能，调节差距过大收入"⑤。到了2004年9月召开的党的十六届四中全会上，中央放弃了"效率优先，兼顾公平"这一提法，指出要"注重社会公平，合理调节国民收入分配格局，切实采取有力措施解决地区之间和部分社会成员收入差距过大的问题，逐步实现全体人民的共同富裕"⑥。2005年党的十六届五中全会同样指出，要"注重社会公平，特别要关注就业机会和分配过程的公平，加大调节收入分配的力度，强化对收入分配结果的监督"⑦。2006年10月党的十六届六中全会通过的《中共中央关于构建社会主义和谐社

---

① 参见程恩富：《公平与效率交互同向论》，载于《经济纵横》2005年第12期。
② 赵紫阳：《沿着有中国特色的社会主义道路前进——在中国共产党第十三次全国代表大会上的报告》，载于《党的建设》1987年第Z1期。
③ 江泽民：《加快改革开放和现代化建设步伐，夺取有中国特色社会主义事业的更大胜利——中国共产党第十四次全国代表大会上的报告》，载于《理论导刊》1992年第Z1期。
④ 《中共中央关于建立社会主义市场经济体制若干问题的决定》，载于《党的建设》1994年第1期。
⑤ 江泽民：《全面建设小康社会，开创中国特色社会主义事业新局面——在中国共产党第十六次全国代表大会上的报告》，载于《求是》2002年第22期。
⑥ 《中共中央关于加强党的执政能力建设的决定》，载于《党的建设》2004年第10期。
⑦ 《中共中央关于制定国民经济和社会发展第十一个五年规划的建议》，载于《求是》2005年第20期。

若干重大问题的决定》则强调"在社会发展的基础上,更加注重社会公平,着力提高低收入者收入水平,逐步扩大中等收入者比重,有效调节过高收入,坚决取缔非法收入,促进共同富裕"①。2007年11月党的十七大提出,"把提高效率同促进社会公平结合起来,初次分配和再分配都要处理好效率和公平的关系,再分配更加注重公平"②。由以上的简单回顾可见,对于收入分配中公平与效率的关系,中央的提法先后经历了"兼顾效率与公平""效率优先、兼顾公平""把提高效率同促进社会公平结合起来"和"更加注重社会公平"的变化。

事实上,公平与效率尽管属于不同的范畴,有着不同的内涵,但是二者相互依存、互为前提,既相互促进又相互制约,在一定条件下存在交互同向关系③。那种只追求效率而忽视公平,或者只强调公平而忽视效率的观点都是片面的。一般而言,二者之间的关系往往与特定的经济社会环境密切相关。这里,我们从历届党代会报告中对二者之间关系的提法可见一斑。改革开放之初,受传统体制的影响,过分强调了公平,收入分配的过度平均导致经济效率低下,严重阻碍了我国的经济增长,因此,把提高经济效率放在首要地位是合乎当时社会经济环境的必然选择。进入21世纪以后,经过20多年的体制改革,我国经济效率大大提高,但同时收入分配领域种种不公平的现象日益突出,已经引起了社会各界不满,因此,把注重社会公平放在优先的位置是理所当然的事情。因此,对于二者之间的关系,不能用僵化和一成不变的观点来看待,要针对特定社会、特定时期的发展特点,具体地分析公平和效率之间的关系。

(三) 中国居民收入差距的变动趋势及影响因素的讨论

改革开放以后,我国城乡居民收入分配差距不断扩大,吸引了国内外众多学者和研究机构的关注,形成了大量的研究成果,一些学者试图从理论上对我国居民收入分配问题进行阐述和分析。研究主要问题包括:中国的收入差距到底有多大,用什么指标来衡量,城乡收入差距在居民收入差距扩大中处于怎样的地位,引起居民收入差距的主要因素有哪些,这些因素引起居民收入差距扩大的作用机制和影响的大小是怎样的,中国能否出现或什么时候出现库兹涅茨倒"U"型现象,等等。

---

① 《中共中央关于构建社会主义和谐社会若干重大问题的决定》,载于《求是》2006年第20期。
② 胡锦涛:《高举中国特色社会主义伟大旗帜 为夺取全面建设小康社会新胜利而奋斗——在中国共产党第十七次全国代表大会上的报告》,载于《求是》2007年第21期。
③ 参见程恩富:《公平与效率交互同向论》,载于《经济纵横》2005年第12期;吴宣恭:《实现公平与效率相互促进》,引自卫兴华、张宇主编:《公平与效率的新选择》,经济科学出版社2008年版。

1. 影响中国城镇居民收入差距拉大的因素。对于导致城镇居民收入差距拉大的因素，很多学者从多个角度进行了分析，具体包括这样几个方面：

第一，非国有经济的发展是导致城镇居民收入差距拉大最重要的因素。李实、赵人伟（1999）认为，非国有部门内部分配机制是以效率为主的，而且有很大的灵活性，因此，收入分配不均等程度高于国有部门，其迅速发展带来了就业人员比例的增加从而导致城镇内部总体收入差距扩大。陈宗胜、周云波（2002）指出，受市场化改革的影响，非国有经济单位的收入对总收入差距的影响在逐渐增大。姚树洁（1999）研究表明，产权的多元化是导致城镇居民收入差距扩大的主要因素之一。李实等（2000）的研究显示，个体、私营、外资等非国有部门的出现是导致城镇居民收入差距拉大的主要原因之一。

第二，改革开放新时期，城镇居民来自工资以外的财产性收入是导致城镇居民收入差距拉大的另一个重要因素。李实、赵人伟（1999）的分析结果显示，金融资产在不同城镇住户之间分布的不均等程度大大高于收入分配的不均等程度，它对总收入不均等程度的贡献率大大高于其在总收入中所占的比例，因此，财产的累积效应是导致收入差距拉大的重要因素之一。陈宗胜、周云波（2002）认为来自股息、利息、租金等方面的财产性收入对总收入差距的影响在逐渐增大，并成为导致收入差距拉大的重要因素。

第三，国有部门内部旨在提高效率的工资改革也在一定程度上拉大了城镇居民收入差距。赵人伟、李实（1999）认为企业改革至少从两方面对收入分配产生了影响：一是企业内部分配体制的改变引起职工之间收入差距的上升；二是现代企业制度的改革加速了企业破产、停产和职工下岗分流的过程，从而导致部分职工的收入下降，其结果自然引起城镇内部收入差距的扩大。这一结论获得其他一些研究者的支持。姚树洁（1999）认为工资体制改革是导致城镇居民收入差距扩大的主要因素之一。

第四，随着城镇劳动力市场的逐步完善，教育程度已经成为拉大城镇居民收入差距的重要因素。如陈宗胜、周云波（2001）和周云波、覃晏（2008）研究均表明城镇劳动力受教育程度是导致1988~1998年及2002~2006年城镇居民收入差距拉大的重要因素之一。

第五，某些政策在一定程度上也导致了城镇居民收入差距的拉大。李勇辉、修泽睿（2005）分析了住房制度改革中住房公积金制度、经济适用房政策、公房购买的优惠制度以及廉租房制度对居民收入分配的影响。其研究结果显示，住房改革制度的设计没有充分考虑到传统住房制度下特殊的住房利益关系和利益格局，再加上该制度本身设计的局限性，从而扩大了城镇居民收入分配的差距。

2. 影响中国农村居民收入差距拉大的因素。对改革开放新时期农村居民收入差距拉大的原因，众多的研究显示以乡镇企业为核心的非农业快速但不平衡的发展是导致农村居民收入差距拉大的主要因素。亚瑟·侯赛因、彼得·兰朱和尼古拉斯·斯特恩（1994），张平（1998），李实、赵人伟（1999），陈宗胜、周云波（2003）的实证研究均表明，非农收入特别是来自乡镇企业的收入，占总收入比重的逐渐增加导致了农村居民收入差距的拉大。

此外，政府宏观政策以及一些宏观经济变量，如农村内部二元经济结构以及金融发展水平的变化也对农村居民收入差距产生了显著影响。丁任重等（2003）认为政府在农村实施的税收政策的"累退效应"拉大了农民之间的收入差距。人民公社体制的解体和家庭联产承包责任制的确立消除了平均主义分配的体制基础，带来了农村居民收入差距的逐渐扩大。周云波（2004）认为我国农村内部二元反差的不断扩大拉大了农村居民收入差距。杨俊等（2006）指出，由于中国金融特殊的"二元结构"，即它内生于重工业优先发展战略，而对农村经济而言却是外生，因此导致农村金融体系不发达，并存在信用约束，农村居民享受金融服务存在一定的费用门槛，如此制约了贫穷阶层享受金融服务，从而扩大了农村居民收入差距。

3. 影响中国城乡差距拉大的因素。城乡差距一直是我国居民总体收入差距的重要组成部分，对改革开放后城乡差距持续扩大的原因，学术界给了多层次、多角度的解释，包括产业政策、社会政策、制度转型、政府干预、城乡劳动生产率等。例如，林毅夫、蔡昉、李周（1994，1999）认为，我国城乡收入差距的拉大，主要是源于政府实施的以赶超为目的的产业政策，以及为维系赶超战略和防止社会性危机所采取的更具歧视性的社会政策，如限制人口流动的户籍管理制度等。李实等（2001）认为，我国城乡居民之间收入差距的持续扩大主要是制度转型造成的，二元结构的变动并没有产生推动城乡差距倒"U"型变动的效果。章奇、刘明兴等（2003）则认为，由于政府干预，中国的金融发展对中小企业的融资和乡村经济的发展十分不利，由此对城乡收入差距也存在负面影响。同时他们还认为，通过出口规模的扩大，发挥各省贸易上的比较优势有助于减小城乡收入差距，但这种作用在20世纪80年代后期才开始变得显著。侯永志（2003）则指出，在农村剩余劳动力大量存在的情况下，贸易资本自由化带来的竞争加剧和资本替代劳动导致了我国城乡收入差距的恶化。陈宗胜、黎德福（2004）认为，决定反映城乡部门劳动生产率差距的二元对比系数是造成中国城乡收入差距的根本原因，农村工业化水平是一个缩小城乡收入差距的关键因素。

4. 中国居民收入差距变动是否支持倒"U"型假说。20世纪90年代初期，陈宗胜（1991）对比库兹涅茨假说，以公有制经济特征为前提，提出了公有制条件下收入分配倒"U"型假说，并在后续的研究中对该理论假说进行了不断完善。

在对中国居民收入差距的研究中，众多学者试图检验我国城乡居民收入差距的变动是否支持倒"U"型假说，其中最普遍的做法是利用跨省或跨县的截面数据回归倒"U"型曲线。例如，阿齐泽尔·卡恩等（1992）、李实（1993）和赵人伟等（1999）尝试用我国跨省或跨县城乡内部收入差距的截面数据检验倒"U"型现象，其结论并不支持倒"U"型假说。王小鲁、樊纲（2005）研究表明，虽然城乡居民收入基尼系数的变动趋势在数学上具有库兹涅茨曲线的特征，但从现实角度看收入差距在今后长时期内还将持续上升，距离下降阶段遥遥无期并且不能确证。陈宗胜（2002）认为当时我国整体经济发展水平正处于中下收入阶段，各地区城乡居民收入差距无一例外呈现不断拉大趋势，并不具备出现倒"U"型曲线的数据基础，因此，现有研究不能支持倒"U"型假说是很正常的。

的确，改革开放新时期，没有研究显示我国城乡内部居民收入差距不断拉大的趋势即将发生转折。但如果我们将城乡综合在一起，考察全国居民总体收入差距的变化过程，情况会有所不同。这是因为，与其他国家相比，我国居民收入分配格局存在两个显著特征：一是巨大的城乡差距[①]。这一特征将导致城市化引起的收入差距在全国居民总体收入差距中占据较大的份额，而这个差距随着农村人口向城市的流动将呈现出先增大后缩小的倒"U"型变动过程，因此，一旦城市化引起的收入差距进入下降阶段，将有可能导致全国居民总体收入差距拉大的速度减缓甚至出现下降。二是作为一个以公有制经济为主体的国家，我国农村内部的收入差距始终大于城镇内部，因此，城市化过程中农村人口向城市流动意味着收入差距大的农村人口将逐步缩小，而收入差距小的城镇人口将逐渐增大，这必将有助于缩小全国居民总体收入差距。基于收入分配格局上述两个特征，以及改革开放以后我国快速的城市化，未来全国居民总体收入差距拉大的速度可能会逐渐降低，甚至出现缩小的趋势，即收入差距倒"U"型假说将会得到全国居民总体收入差距变动的支持。一些研究显示（周云波、覃晏，2008），我国城市化导致的收入差距已经进入了下降阶段，因此，改革开放新时期全国居民总体收入差距的变化很可能支持倒"U"型假说，而导致倒"U"型现象出现的原因就是，改革开放以后城市化的快速推进。

[①] 参见李实、赵人伟：《中国居民收入分配再研究》，载于《经济研究》1999年第4期；赵人伟、李实：《中国居民收入差距的扩大及其原因》，载于《经济研究》1997年第9期；李实、赵人伟：《收入差距还会持续扩大吗》，载于《理论参考》2006年第7期；陈宗胜、周云波：《再论改革与发展中的收入分配》，经济科学出版社2002年版。

(四) 关于收入分配中差距拉大问题的讨论

在改革开放新时期对我国收入分配问题的研究中，还有一个讨论的重点就是中国是否出现了两极分化问题。陈宗胜、周云波（2002）认为不能简单地把两极分化看作是收入差距扩大的一个特例。两者之间有交叉，但也有不同。不能将二者混淆，不能一见到收入差距扩大，就称其为发生了两极分化。比较公认的观点是，如果基尼系数超过了 0.5，那么收入分配就达到了两极分化的程度。一些学者指出①，这个标准是根据私有经济的情况归纳出来的，不一定适合像我国这样一个以公有经济为主的国家。

改革开放新时期有学者认为我国的收入分配已经出现了两极分化②，也有人认为虽然我国居民收入分配差距已经过大，但并不意味着已经出现了全面的两极分化③。虽然现阶段我国居民收入差距还没有达到两极分化的状态，但是如不采取措施，则有迅速向两极分化接近的危险④。这从另一个角度说明，当时我国的收入分配存在两极分化的趋势。当然，这种两极分化的趋势是由于高收入阶层比低收入阶层收入增长速度快而导致的相对标准的两极分化，而不是低收入阶层的收入绝对减少的、绝对标准的两极分化的趋势。

三、改革开放新时期我国收入分配领域取得的成效及主要问题

(一) 改革开放新时期我国收入分配领域取得的成效

改革开放新时期随着收入分配制度改革的不断推进，在以按劳分配为主体，按贡献分配、按要素分配等多种分配方式并存的收入分配体制不断完善的条件下，经济发展活力得到数量级的释放，中国经济长期保持高速增长，居民收入从

---

① 参见陈宗胜：《经济发展中的收入分配》，上海人民出版社、上海三联书店 1991 年版。
② 参见宋冬林：《我国现阶段收入分配问题分析及其理论思考》，载于《财经问题研究》1995 年第 8 期；何轶群：《走出经济发展战略的误区》，载于《中国经贸》1995 年第 10 期；黄爱军：《一个无需回避的话题——两极分化》，载于《经济体制改革》1999 年第 4 期；卢嘉瑞：《中国现阶段收入分配差距问题研究》，人民出版社 2003 年版。
③ 参见李实、赵人伟：《中国居民收入分配再研究》，载于《经济研究》1999 年第 4 期；陈宗胜、周云波：《再论改革与发展中的收入分配》，经济科学出版社 2002 年版；王明华：《论收入差距与两极分化之关系》，载于《经济问题》2003 年第 9 期。
④ 参见刘国光：《进一步重视社会公平问题》，载于《经济学动态》2005 年第 4 期；李保民：《消除两极分化的分配制度新探》，载于《石家庄学院学报》2005 年第 1 期。

低收入阶段逐步上升到中高收入阶段，创造了中国经济增长的奇迹。经济的快速增长和就业规模的扩大带来了城乡居民收入大幅提高，出现一个"爆炸式"的增长，居民收入增速超过经济增速，中等收入群体持续扩大，到2002年已经提前达到总体小康水平。

截至2012年我国城镇居民家庭人均可支配收入达到24126.7元，农村居民家庭人均纯收入达到8389.3元，按可比价格与1978年相比，2012年我国城镇居民人均可支配收入增长了约11.3倍，农民纯收入增长了约12.5倍（见图5-3）。

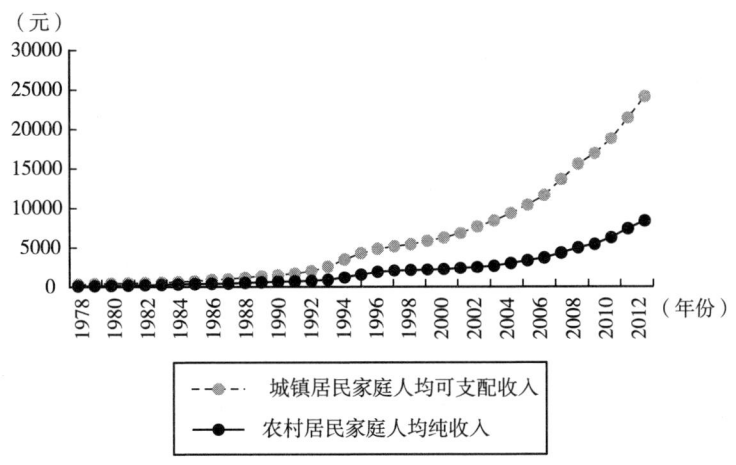

图5-3 1978~2012年城乡居民家庭人均收入趋势图

资料来源：国家统计局。

随着城乡居民收入水平的提高，城乡居民的消费结构也发生了重大变化。城镇居民家庭恩格尔系数由1978年的57.5%下降到2013年的36.2%，农村居民家庭恩格尔系数由67.7%下降到39.3%（见图5-4）。同时，棚户区改造成就显著，城乡居民的住房条件和人居环境进一步改善。官方统计资料显示，2012年，我国城镇居民人均居住面积达到了32.9平方米，农村居民人均住房面积达到了37.1平方米。

（二）改革开放新时期我国收入分配领域存在的问题

1. 居民收入占比及劳动报酬占比较低。

尽管改革开放以来我国的经济发展迅速，但居民收入占比经历了持续下降到逐渐回升的过程。根据国家统计局公布的资金流量表的数据，可以计算我国改革开放新时期（1992~2012年）居民收入占比的变化情况（见图5-5）。其中，

1992~2008年,政府收入和企业收入都呈现上升趋势,企业部门从17.37%上升到25.26%,上升了7.27个百分点,政府收入则从16.57%上升到17.25%,上升近1个百分点,而居民部门收入则大幅下降,由66.06%下降到57.23%,下降了8.83个百分点。初次分配阶段居民收入的下降主要由企业部门的上升来解释。2008~2012年居民收入占比由58.7%稳步回升至61.6%,初次分配格局开始向居民部门倾斜。

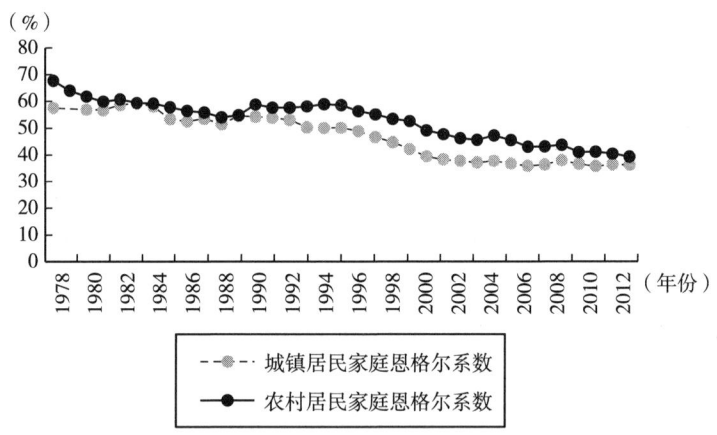

图5-4 1978~2012年城乡居民家庭恩格尔系数趋势

资料来源:《中国统计年鉴》(1979~2013)。

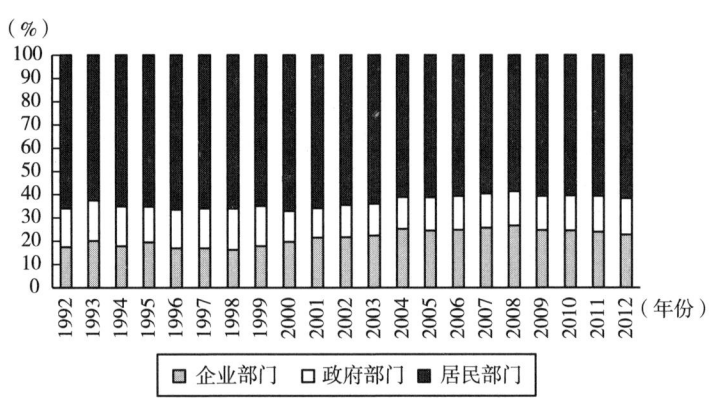

图5-5 1992~2012年居民收入占比

资料来源:国家统计局:《中国资金流量表历史资料(1992~2004)》和历年《中国统计年鉴》。

此外,居民收入的主要来源是劳动者报酬,一般来说劳动者报酬占比越低，收入差距就会越大。根据国家统计局公布的资金流量表的数据，可以计算我国改革开放新时期（2000~2012年）劳动者报酬占初次分配比重的变化（见图5-6）。2000~2008年我国劳动者报酬占初次分配的比重大体呈现不断下降的趋势，从2000年的53.31%下降至2008年的47.63%，下降幅度超过10%，居民收入差距逐渐扩大。但是2008~2012年，我国劳动者报酬占比出现了新的波动趋势。

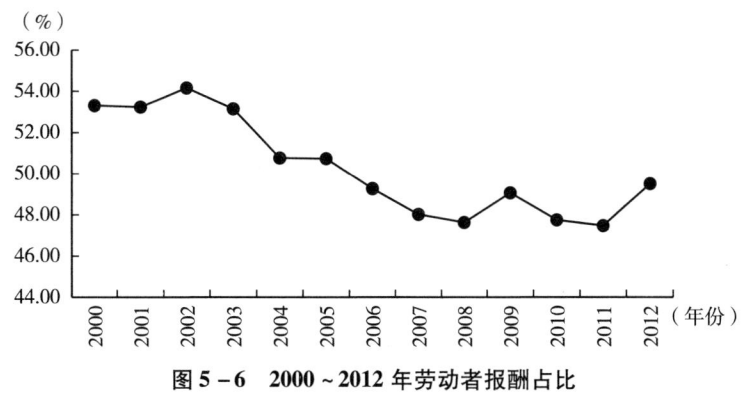

图5-6 2000~2012年劳动者报酬占比

资料来源：《中国统计年鉴》（2001~2013）。

2. 居民收入在整体提高的同时差距不断扩大。

改革开放以来，我国居民收入整体提高的同时差距扩大，具体包括城乡内部差距、地区差距、行业差距等。

（1）城乡内部居民差距扩大。收入分配体制的变化，导致改革开放以后我国城乡居民收入分配差距发生相应变化（具体见图5-7）。

从图5-7中可以看到，改革开放新时期，我国居民收入差距变化呈现这样一些特点：第一，无论是城镇内部的收入差距还是农村内部的收入差距，基本上都会呈现在波动中逐步拉大而后趋于平稳的态势。第二，农村居民的收入差距始终高于城镇居民，这一特点在20世纪90年代中期以前表现得尤为显著。产生这一特点的原因在于我国地域广阔，地理条件复杂，各地区气候及土壤等自然条件差别很大，而农业生产受自然环境的影响非常大，因此使得地区差距对农村居民收入差距的影响比对城镇居民收入差距的影响更大，使得农村居民的收入差距大于城镇。第三，从增长速度上看，以1985年为分水岭，在此以前，农村居民的收入差距增长快于城镇，之后城镇居民收入差距拉大的速度明显快于农村。其原因来自两个方面：一是由于我国当时经历着巨大的制度转型。20世纪80年代中期以前，我国体制改革的重点在农村，城市基本上没出台太有影响的改革措施；从80年代以后直到现在，城市一直是改革的重点，农村改革一直没有太大的制度上的突破。受这种体制改革重点变化的影响，农村与城镇居民的收入差距拉大速度呈现这样的特点。二是自1988年以后我国以乡镇企业为核心的农村非农产业的发展逐渐趋于缓慢。众多研究成果显示（陈宗胜，1991；赵人伟、李实，1999），来自非农产业的收入是导致农村居民收入差距扩大的重要原因，因而非农产业发展速度的放慢必然使得农村居民收入差距的扩大速度放慢。第四，与城镇相比，农村居民收入差距的变化曲线表现得较为平滑，表明农村居民收入差距较少受体制改革阶段性推进的影响。

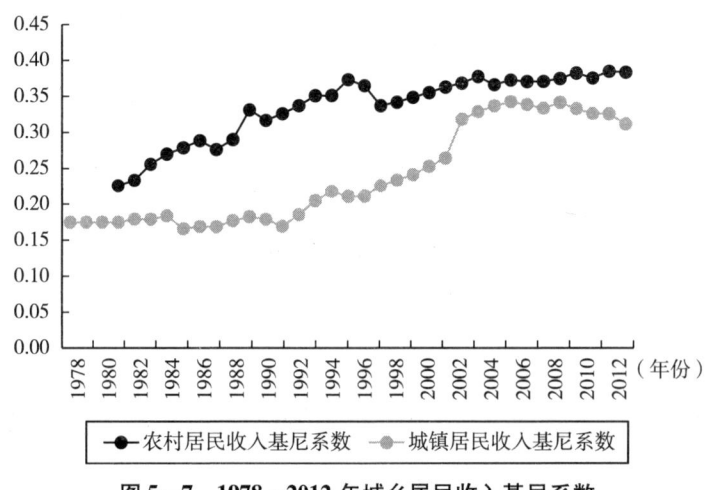

图 5-7　1978~2012年城乡居民收入基尼系数

资料来源：作者根据相关年份《中国统计年鉴》《中国农村统计年鉴》计算。

（2）行政性垄断导致行业差距过大。从20世纪80年代末开始，我国行业收入差距不断拉大，并且已经出现了两极分化的趋势。在导致行业差距的诸多因素中，垄断是最主要的因素之一。在任何一个国家和地区的收入差距中，垄断因素的影响都是存在的，问题的关键在于形成垄断的原因是什么？在发达的市场经济国家，垄断更多地来自于技术、资源等自然因素，而在我国这样一个向市场经济体制转型的国家，垄断的形成更多来自行政性因素，行政性垄断的背后意味着政府的控制、管制和干预。正是由于政府的管制，形成了垄断部门高额的垄断利润和收益，而在我国现行的分配体制下，垄断部门的收益和垄断利润很快就转化成了职工的收入和福利，其结果是垄断部门职工收入增长的速度大大超过了一般竞争性部门，从而拉大了行业收入差距和城镇内部的收入差距；反过来，一些垄断部门为了维护其垄断利润和收益,设置重重壁垒,从而进一步加剧了部门与行业之间的劳动力市场分割。行政性垄断意味着在我国行业收入差距,乃至城镇居民收入差距中有相当一部分是由于改革不彻底导致的政府干预造成的,这不仅违背了市场经济中效率的原则,更与社会公平原则背道而驰。一些学者指出,行政性垄断引发的行业收入的巨大差距已成为我国当时一个社会性问题。

(3) 地区差距问题。改革开放新时期,我国地区收入差别程度总体而言呈现先扩大后缩小的态势,分为如下两个阶段:其一是从改革开放开始到2006年,我国地区收入差别逐渐扩大;其二是从2006年到2012年,城镇和农村居民的地区收入差别均开始出现下降。

由表5-3可知,从1985年到2006年的第一阶段:首先,基尼系数从1985年的0.12增加到2006年的约0.2,增长了近67%;泰尔指数表现出同样的趋势,从0.02上升到约0.1,增长了近400%。由于目前我国仍然处于中等收入水平发展阶段,地区收入差别的不断扩大,吻合了目前的发展阶段特征,或者说在这一阶段,随着经济发展,地区收入差别的扩大具有必然性。这也为我国居民收入差别目前正沿着"公有经济收入差别倒'U'"曲线前半段上升提供了一方面的解释,并且与全国居民总体收入差距的变化趋势基本吻合。官方的统计资料显示,我国居民总体收入差距在2006年以前基本上处于上升阶段。其次,我国居民地区间收入差别扩大的趋势表现出明显的阶梯形特征。总体上大致包括这样几个阶段:1985~1989年为第一阶段,属于居民地区间收入差别开始逐步拉大阶段,到1989年基尼系数和泰尔指数较1985年分别增加了24%和85.4%,其原因主要与城市体制改革带来城镇居民收入快速增长有关。第二阶段是1990~1995年,属于地区收入差别拉大增速阶段。1995年基尼系数和泰尔指数分别达到0.17和0.07,较1990年分别增长了23.5%和86.7%。这主要与我国经济社会体制改革发生的历史性变化有关。1992年国家明确提出建立社会主义市场经济体制的目标,经济体制改革进入了"理性推进阶段"(陈宗胜,1999),国家出台了一系列旨在推动市场化改革的措施,使得我国市场化水平迅速上升,到1995年达到约60%(陈宗胜、吴浙、谢思全,1999)。市场化程度的提高使得要素配置效率大幅提升,从而带来经济的快速增长。据测算,1992~1994年我国实际经济增长率为12.7%(陈宗胜、陈根来,2008),增长十分迅速。改革力度的加强和经济的飞速增长共同促进了这段时间地区收入差别的快速上升。第三阶段是1995~1999年,为地区收入差别基本不变的时期。原因在于,这一时期,经济体制改革进入攻坚阶段,再加上国际金融危机使得经济增长放缓,两方面的因素导致城乡居民收入增长乏力,因此地区收入差别基本没有变化。此外,还有研究显示,在这一阶段,沿海发达地区城市居民的可支配收入增长速度整体上甚至低于内部欠发达地区,这使得总体地区收入差别有所缓和。2000~2006 年为第四阶段,属于地区收入差别拉大阶段。从 2000 年到 2006 年,基尼系数从 0.17 增加到约 0.21,增幅达到 23.5%,平均年增长率为 4.3%;泰尔指数则从 0.07 增加到 0.09,增幅达到 28.6%,平均年增长率为 5.2%。这一时期,地区收入差别的快速增加与城乡居民收入增长不平衡有关,即农民收入增长落后于城镇居民导致城乡收入差别拉大,从而使得居民地区间收入差别迅速上升。

表 5-3　　　　　　中国区域居民收入差别变动:1985~2008 年

年份	泰尔指数	基尼系数	年份	泰尔指数	基尼系数
1985	0.0224	0.1178	1997	0.0617	0.1684
1986	0.0303	0.1313	1998	0.0603	0.1616
1987	0.0335	0.1334	1999	0.0661	0.1640
1988	0.0385	0.1450	2000	0.0734	0.1710
1989	0.0415	0.1461	2001	0.0776	0.1738
1990	0.0376	0.1380	2002	0.0824	0.1768
1991	0.0470	0.1477	2003	0.0886	0.1841
1992	0.0579	0.1535	2004	0.0878	0.1880
1993	0.0688	0.1617	2005	0.0916	0.2084
1994	0.0741	0.1669	2006	0.1022	0.2052
1995	0.0702	0.1704	2007	0.1010	0.1982
1996	0.0621	0.1646	2008	0.1004	0.1937

资料来源:作者根据相关年份《中国统计年鉴》《中国农村统计年鉴》和《新中国五十年统计资料汇编》计算。

从 2006 年到 2012 年的第二阶段:通过计算,我们得到 2006~2012 年全国城乡居民总体收入省际差距的加权变异系数(V_3)和不加权变异系数(V_{3u}),可以发现:(1)加权变异系数自 2006 年开始,呈现下降趋势,2012 年达到最小值 0.422。(2)加权变异系数与不加权变异系数比较,二者数值相差较大,加权指标小于不加权指标。(3)加权变异系数与不加权变异系数的变化趋势基本一致,且考察期间的总体下降幅度接近(见表 5-4)。

表 5-4　　我国城乡居民总体收入地区差距的变化（2006~2012年）

年份	全国人均居民收入（元/人）		变异系数	
	加权	不加权	加权 V_3	不加权 V_{3u}
2006	7398.50	7535.75	0.419	0.512
2007	8628.27	8755.46	0.394	0.484
2008	9947.92	10069.33	0.380	0.473
2009	10917.53	11017.28	0.376	0.468
2010	12635.95	12537.67	0.377	0.455
2011	14701.98	14535.65	0.364	0.441
2012	16824.62	16592.97	0.349	0.422

资料来源：根据 2006~2012 年各年《中国统计年鉴》数据计算。收入指标为名义量。

在 2006 年以后，地区居民收入差别出现了缩小的趋势，应该说这是一个非常好的势头。究其原因可能与中央前几年提出的要实现区域与城乡协调发展的战略有关。关键的问题是，这个趋势是否具有可持续性，如果能够持续下去的话将有助于推动我国公有制收入差别倒"U"型曲线的拐点早日来临。

3. 城乡差距经过短暂缓解后逐步上升。

城乡差距始终是我国收入分配领域存在的主要问题，改革开放以后我国城乡差距经过短暂缓解之后一路攀升。具体来看，1985 年按可比价格计算城镇居民人均可支配收入是农村居民人均纯收入的 1.86 倍，到 2012 年这一比率上升到 3.28 倍，城乡居民收入差别基尼系数也从 1985 年的 0.129 上升到 2008 年的 0.249（见图 5-8）。30 年间，城乡居民收入差距先后经历四个阶段：第一阶段为 1985~1994 年的短期快速上升期，到 1994 年城乡收入比扩大至 2.59，年均增幅为 3.92%；城乡收入差别基尼系数上升了 0.094，年均增幅达到 7.29%。第二阶段为 1994~1997 年的快速下降时期，到 1997 年城乡收入比下降为 2.22，年均降幅达到 4.08%；城乡收入差别基尼系数下降为 0.190，年均降幅达到 4.93%。第三阶段为 1997~2003 年的上升期，这段时期城乡收入比再次扩大了 30.63%，年均增加 4.38%，城乡收入差别基尼系数扩大为 0.258，增幅达到 35.79%，年均增加 5.11%，这一阶段的上升时间与上升幅度都超过了前一阶段的下降期，因此，城乡收入差别达到一个新的高度。第四阶段为 2003~2012 年的高位期，2003 年以后这种城乡居民收入差别快速上升的趋势得到抑制，城乡收入差别的变化呈现出与前三个阶段不同的缓慢上升的新趋势，9 年间城乡实际收入比上升至 3.28，年均上升 1.38%，城乡差别基尼系数趋于平稳并且呈现逐渐下行趋势（见图 5-8）。

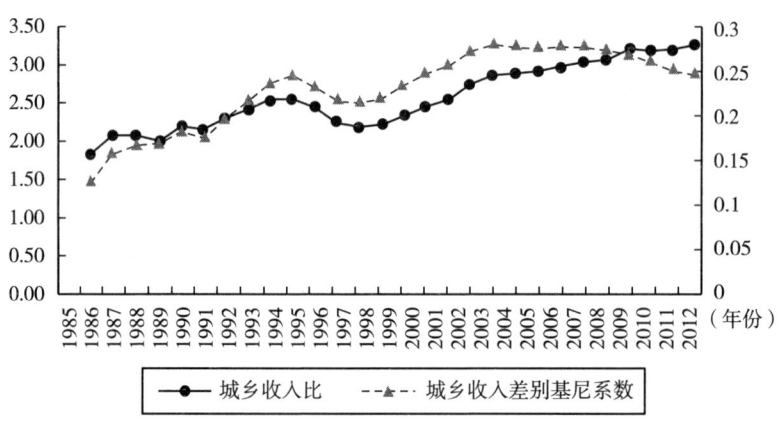

图 5-8　1985~2012 年城乡收入比和城乡居民收入差别基尼系数

注：城乡收入差别基尼系数的数据参见次坐标轴。
资料来源：作者根据 1986~2013 年《中国统计年鉴》、1986~2013 年《中国农村统计年鉴》和《新中国五十年统计资料汇编》计算。

4. 寻租性收入的蔓延。

虽然我国已初步建立社会主义市场经济体制，但在很多领域仍然存在体制漏洞，这些制度漏洞导致了各类非正常甚至非法的寻租性收入不断滋生与蔓延。如我国的政治体制改革一直滞后于经济体制改革，导致行政权力对资源配置起重要作用，使得灰色收入、隐性收入成为许多行政权力拥有者的主要收入来源。一些研究显示，2006 年全国金融机构贷款 22 万亿元中额外支付给全国金融机构相关人员的金额可能高达 1 万亿元；世界银行 2006 年进行的中国 120 城市竞争力调查指出，按 2006 年全国工业、建筑业和第三产业销售收入 55 万亿元计算，企业用于行贿的旅行和娱乐花费约为 5000 亿元（王小鲁，2007）。制度缺陷造成的寻租行为以及灰色收入干扰了国民收入分配，表现为初次分配会扭曲要素配置，导致生产行为低效率；再分配中形成逆向再分配，使低收入居民的资金非正常转移到行政权力拥有者身上，进一步扩大了收入差距和分配不公。

5. 金字塔形的收入分配格局的形成。

从"收入/人口分布"角度来研究收入分配格局，在平面几何图形上，就是人均收入水平与对应的人口比重所形成的关系图。这种关系图有多种形状，能够通过"读图"而比较直观地反映出一个经济体在某个时点上的收入分配格局。比如，所谓"金字塔形"收入分配格局，即中低收入者占绝大多数，而高收入者较少，居民收入分配格局类似于一个上尖底宽的金字塔。陈宗胜、高玉伟（2015）从"收入/人口分布"这一角度，分别画出了1985年、1990年、1995年、2002年、2005年、2007年、2010年的收入分配格局图形（见图5-9）。研究表明，随着经济体制改革的深化和经济发展水平的提高，收入分配格局逐渐发生了重大变化，由初始的扁平"飞碟形"逐步演变为金字塔形，然后又呈现出"葫芦形"特征，距离理想的"橄榄形"的收入分配格局还有很长的路要走。无论是"葫芦形"还是"金字塔形"的收入分配格局，都意味着中产收入阶层还没有占据社会的主体。

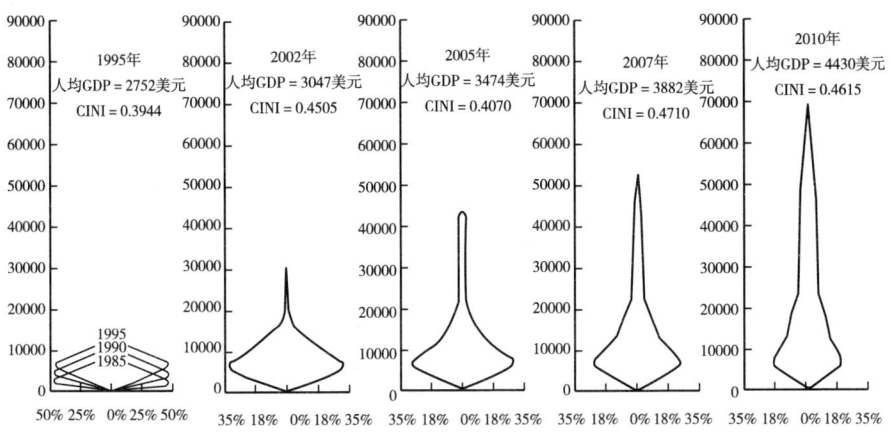

图5-9 改革开放新时期中国居民收入分配格局的演变

说明：（1）纵轴为家庭人均收入（人民币元），横轴为某一收入水平对应的人口比重；（2）人均GDP数据均调整为2010年价格，并按2010年兑美元汇率加以换算；（3）基尼系数是本章作者根据重新构建的"收入水平/人口比重"的五分组数据，利用"万分法"计算得到。

资料来源：《中国统计年鉴》（1996~2011）。

第三节 新时代收入分配制度的完善

一、新时代我国收入分配实践探索

（一）收入分配制度不断优化，收入差距不断缩小

2013年2月出台的《关于深化收入分配制度改革的若干意见》指出，深化收入分配制度改革，要处理好劳动与资本、城市与农村、政府与市场等重大关系，推动相关领域改革向纵深发展。党的十九大报告指出："坚持按劳分配原则，完善按要素分配的体制机制，促进收入分配更合理、更有序。鼓励勤劳守法致富，扩大中等收入群体，增加低收入者收入，调节过高收入，取缔非法收入。坚持在经济增长的同时实现居民收入同步增长，在劳动生产率提高的同时实现劳动报酬同步提高。"① 这是中国特色社会主义新时代中国进行收入分配实践的总体定位和总要求。

党的十八大以后，借助于一系列的改革，我国劳动者报酬占比明显上升，城乡收入差别进入明显的下降期（见图5-10）。2013年后，劳动者报酬占比明显上升，从50.92%上升到2015年的52.20%，这意味着初次分配领域劳动与资本的要价能力更加趋于合理化；2012年以后的城乡收入差别进入明显的下降期，城乡实际收入从2012年的3.10持续下降到2015年的2.71，城乡实际收入基尼系数持续下降到0.215，这意味着在城市化进程加速和政府民生政策的作用下，城乡收入差别可能已经达到了拐点，未来将逐渐下降到合理区域。劳动报酬占比的上升以及城乡收入差别的缩小，使得全国居民总体收入差距呈现缓慢下降的态势（具体见图5-11）。

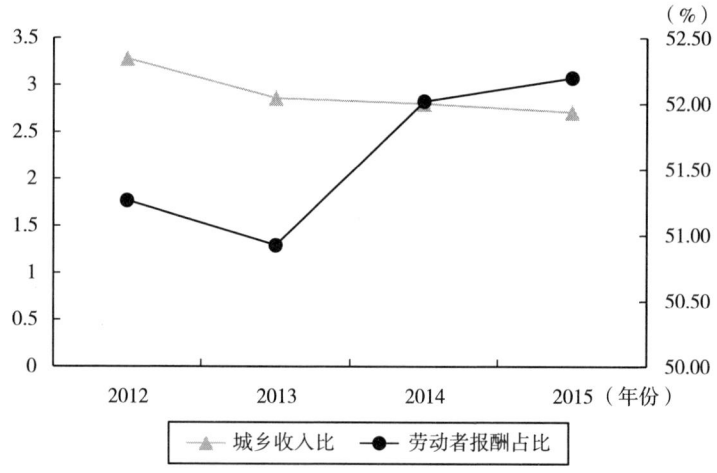

图5-10 2012年以来我国劳动者报酬占比及城乡收入比

注：劳动者报酬占比数据参见次坐标轴。
资料来源：作者根据《中国统计年鉴》（2013~2016）、《中国农村统计年鉴》（2013~2016）和《新中国五十年统计资料汇编》计算。

---

① 习近平：《决胜全面建成小康社会　夺取新时代中国特色社会主义伟大胜利》，载于《人民日报》2017年10月28日，第1版。

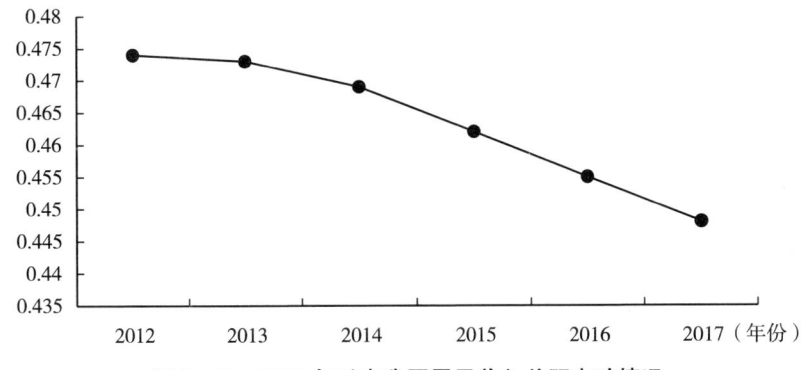

图 5-11 2012 年以来我国居民收入差距变动情况

资料来源：作者根据《中国统计年鉴》（2013~2018）计算。

（二）经济结构不断升级，就业规模不断扩大

习近平总书记反复强调就业是最大的民生，解决就业问题对当前解决中国收入分配差距过大的困境具有十分重要的意义。阮杨等（2002）指出，中国在经济增长的过程中，收入分配呈现出不同于发达国家甚至其他发展中国家的特点，其中重要的因素就是扭曲的就业结构的重构。劳动收入是绝大多数人的主要收入来源，因此，就业是最大的民生[①]。李克强总理在十二届全国人大二次会议上所作的《政府工作报告》中指出："就业是民生之本。坚持实施就业优先战略和更加积极的就业政策，优化就业创业环境，以创新引领创业，以创业带动就业。""努力实现更加充分、更高质量就业，使劳动者生活更加体面、更有尊严。"2013年，国务院批转发展改革委等部门《关于深化收入分配制度改革若干意见》中指出，要继续完善初次分配机制，实施就业优先战略和更加积极的就业政策，扩大就业创业规模，创造平等就业环境，提升劳动者获取收入能力，实现更高质量的就业。促进就业机会公平。大力支持服务业、劳动密集型企业、小型微型企业和创新型科技企业发展，创造更多就业岗位。完善税费减免和公益性岗位、岗位培训、社会保险、技能鉴定补贴等政策，促进以高校毕业生为重点的青年、农村转移劳动力、城镇困难人员、退役军人就业。

党的十八大以来，城镇新增就业每年都超过 1000 万，城镇调查失业率稳定在 4% 左右，接近充分就业的目标。总体来看，我国就业形势在稳中向好的同时呈现出一些新趋势新特点，逐步形成了新格局。2018 年第三产业每 100 万元增加

---

① 参见赖德胜：《建设体现效率促进公平的收入分配体系》，载于《人民日报》2018 年 8 月 30 日。

值吸纳的就业为7.7人,比第二产业高1.8人。2012~2018年,全国就业人员总量从7.67亿人增长到7.76亿人,年均增长0.19%;城镇就业规模从3.71亿人增长到4.34亿人,年均增长2.7%;全员劳动生产率(国内生产总值与全部就业人员的比率)从70215元/人提高到116040元/人,年均名义增长率为8.7%。[①] 这说明在就业规模不断扩大的同时,劳动生产率也呈现稳步提升的态势。

(三) 税收制度改革稳步推进,企业负担明显减轻

党的十八大以来,我国税收制度改革步伐明显加快,在许多领域都取得了新进展,自"营改增"开始,我国税制发生了结构性变化。康玺、秦悦(2018)梳理了这一进程:包括有序地推进了营业税改征增值税、资源税改革、环境保护费改税以及其他税制改革,包括部分调整消费税征税范围、税额标准和税率、调整企业所得税部分扣除和计税办法,有针对性地减轻企业负担;完善个人所得税对资本性收入的征收办法等。

2016年3月23日,财政部、国家税务总局印发了《关于全面推开营业税改征增值税试点的通知》,通知规定自当年5月1日起全部营业税纳税人纳入"营改增"试点范围。2017年10月30日,国务院第191次常务会议通过《国务院关于废止〈中华人民共和国营业税暂行条例〉和修改〈中华人民共和国增值税暂行条例〉的决定》,营业税在中国正式退出历史舞台。2014年9月国务院第64次常务会决定,当年12月起实施煤炭资源税从价计征改革,同时清理相关收费基金。2016年5月11日全国范围内稀土、钨、钼资源税清费立税,从价计征改革开始实施。2016年5月11日,财政部、国家税务总局联合发布《关于全面推进资源税改革的通知》,决定自当年7月1日起全面推开资源税改革,要求:逐步扩大资源税征税范围,在河北省开展水资源税改革试点工作;改革计税方式,全面推开从价计征方式;全面清理收费基金;确定合理的税率水平;设置合理的税收优惠政策等。2016年12月25日,十二届全国人大常委会第二十五次会议表决通过《中华人民共和国环境保护税法》并定于2018年1月1日起施行。

(四) 精准扶贫持续发力,贫困人口大幅度减少

党的十八大以前,我国消除贫困的主要实践是以区域扶贫开发为主。党的十八大以后,中国以精准扶贫为指导思想致力于消除贫困,减贫工作取得了显著的成效。中国贫困人口从2012年的9899万人,减少到2018年的1660万人,连续

---

① 资料来源:国家统计局网站。

6年平均每年减贫1300多万人。832个贫困县中，2016年有28个贫困县脱贫摘帽，2017年增加到125个，2018年有280个左右的贫困县先后脱贫摘帽。2018年农村贫困人口减少1386万，易地扶贫搬迁280万人。2018年，深度贫困地区的脱贫任务也取得了重大进展，其中"三区三州"（西藏、新疆南疆四地州和四省藏区以及甘肃临夏州、四川凉山州和云南怒江州）贫困人口减少134万，169个深度贫困县共有460万贫困人口实现脱贫。相比而言，返贫人数逐年减少，2016年有68.4万已经脱贫的人口再次返贫，2017年这一数字下降到20.8万人，2018年继续下降至5.8万人。预计在2019年减少贫困人口1000万人以上，完成300个县左右的脱贫摘帽，并且争取在2020年实现现行标准下农村贫困人口全部脱贫、贫困县全部脱贫摘帽。①

二、新时代我国收入分配理论的新突破

党的十八大以后，中国特色社会主义进入新时代。在习近平新时代中国特色社会主义经济思想中，收入分配思想上有了新的发展，回应了新时代中国收入分配重大问题，提出了坚持以人民为中心、坚持共享发展新理念，目标指向了缩小收入差距、优化分配格局和实现共同富裕，认为应当通过有效的制度安排促进公平合理分配，集中体现在收入分配领域抓主要矛盾，重视全面性、关联性和渐进性，对我国新时代收入分配领域的改革实践具有十分重要的指导意义。

党的十八大提出，调整国民收入分配格局，着力解决收入分配差距较大问题，使发展成果更多更公平惠及全体人民，朝着共同富裕方向稳步前进。提高居民收入在国民收入分配中的比重，提高劳动报酬在初次分配中的比重。初次分配和再分配都要兼顾效率和公平，再分配更加注重公平。党的十八届三中全会在《中共中央关于全面深化改革若干重大问题的决定》中为进一步加快推进收入分配制度改革进行了顶层设计与战略部署。明确提出我国收入分配改革的目标是构建合理有序的收入分配格局，即一是形成市场化机制和效率导向的初次分配格局；二是形成政府调节和公平正义的再分配格局；三是一体化发展导向的城乡收入分配格局；四是规范化透明化导向的收入分配秩序格局；五是科学高效导向的分配管理格局；六是激励导向的分配制度格局②。党的十九大报告进一步指出，坚持在经济增长的同时实现居民收入同步增长、在劳动生产率提高的同时实现劳

---

① 资料来源：国家扶贫办网站。
② 参见权衡：《从十八届三中全会看收入分配制度改革》，载于《文汇报》2014年1月6日。

动报酬同步提高。坚持按劳分配原则，完善按要素分配的体制机制，促进收入分配更合理、更有序。鼓励勤劳守法致富，扩大中等收入群体，增加低收入者收入，调节过高收入，取缔非法收入。拓宽居民劳动收入和财产性收入渠道。履行好政府再分配调节职能，加快推进基本公共服务均等化，缩小收入分配差距。

三、新时代理论界关于收入分配问题的新探索

（一）收入分配差距及其变动趋势问题的讨论

在中国特色社会主义建设进入新时代后，我国的收入分配差距仍然较大，李实、孙群力（2018）依据国内多家微观调查数据估计的中国收入分配基尼系数以及我国与世界其他各国基尼系数的比较发现，我国的收入分配差别不仅仍然较大，收入分配情况处于中等偏差状况，而且认为此类估计结果因高收入人群样本缺失严重等问题，还可能存在着低估收入分配差别的情况。[1] 但是对于收入分配差别的变化趋势及成因，学术界仍然存在争议，陈宗胜、万广华、纪韶等学者对收入分配差别变动趋势持乐观态度，认为其已经越过拐点即最高点。孙群力也认为我国收入分配差别现在仍处于高位运行，但是经过多年的收入分配制度改革，我国在抑制收入分配差别方面取得了一定的成效。与之相对的是，李实、万海远（2018）等学者则认为对收入差别变动趋势的判断应当持更为审慎的态度。[2] 李实（2018）指出未来短期内不会出现明显的缩小趋势。[3] 万海远（2018）认为倒"U"型曲线在中国不一定存在。罗楚亮（2018）认为从长期来看，收入分配差别的变动并不存在一个简单的机制，其变动趋势是不确定的。[4]

（二）如何以制度创新促进收入分配改革的讨论

习近平总书记指出，深化收入分配制度改革，创新收入分配制度是着力解决当前收入差距较大和收入分配不公问题的制度保障和关键举措，无论处在什么发展水平上，制度都是实现社会公平正义的重要保证。理论界十分重视我国收入分配制度存在的各种问题，强调需要通过完善制度促进收入分配改革。李实（2015）指出不合理的公共服务供给政策和社会管理制度、垄断行业的高薪酬制度、不均衡的社会保障制度以及不健全的市场经济体制等是造成我国收入分配领

---

[1][2][3][4] 转引自史乐陶：《中国居民收入分配现状与问题——"中国收入分配50人论坛"会议综述》，载于《经济学动态》2018年第2期。

域问题的主要原因。洪银兴（2015）认为，个人占有生产要素的不公才是居民收入水平分化的根本原因，完善相关方面的制度是关键。杨瑞龙（2018）在收入分配问题学术研讨会上表示，分配制度改革不单是一个收入分配问题，应超越分配关系来认识。收入分配制度改革是提升消费需求、改善总需求结构失衡的必由之路，但同时也受制于发展模式转换。① 龚志民等（2018）认为有效供给与有效需求联动发展与匹配的效率取决于收入分配制度的公平性与激励效应，要以供给侧结构性改革降低机制成本，夯实收入分配的制度基础。

（三）公平和效率的再讨论

进入新时代以后，理论界围绕着公平与效率的关系再次展开了讨论。2013年国务院出台《关于深化收入分配制度改革的若干意见》中，将公平与效率的关系表述为"初次分配和再分配环节都要兼顾好效率和公平"，"初次分配要注重效率，创造机会公平的竞争环境，维护劳动收入的主体地位；再分配要更加注重公平，提高公共资源配置效率，缩小收入差距"。

理论界在如何更好地解读和把握党中央关于分配原则的提法上，存在不同的认识。邹文广（2013）认为在改革进入深水区后，社会发展理念应由追求"量"转向提升"质"，更应称之为"公平优先、兼顾效率"。卫兴华（2013）则强调，新一届领导集体对公平的重视并不是主张公平优先于效率，而是强调在收入分配上要兼顾两者，既重视公平也重视效率。刘发成（2018）认为目前谈及再分配，更多强调公平原则，再分配有助于更好满足人民对美好生活的需要，为实现平衡充分的发展，再分配也要更加体现效率原则。② 然而，李清彬（2019）认为当前的表述对初次分配和再分配的功能定位仍存在不妥之处，他认为不能简单地将"公平"和"效率"对立起来，公平并不一定意味着低效率，高效率也不意味着牺牲公平。他认为初次分配重点在于"效率"和"有效激励"；再分配重点在于"均等"和"合理结果"。

（四）精准扶贫

习近平明确指出消除贫困、改善民生、逐步实现全体人民共同富裕，是社会主义的本质要求。党的十八大报告指出，我国要在 2020 年实现全面建成小康社会，这就意味着必须完成几千万贫困人口按照现行绝对贫困标准安全脱贫的减贫

---

①② 转引自史乐陶：《中国居民收入分配现状与问题——"中国收入分配50人论坛"会议综述》，载于《经济学动态》2018 年第 2 期。

目标。2013年习近平总书记在湖南湘西考察时首次做出了"实事求是、因地制宜、分类指导、精准扶贫"的重要指示。2014年1月，中央办公厅详细规制了精准扶贫工作模式的顶层设计，推动了精准扶贫思想落地。2015年中央政治局会议释放减贫新信号——坚决打赢脱贫攻坚战。消除贫困必须要增强内源性动力，扶贫要做到扶志和扶智，习近平指出，没有经济上的持续来源，这个地方下一步发展还是有问题。一个地方必须有产业，有劳动力，内外结合才能发展。

对于精准扶贫，学术界也进行了讨论。汪三贵（2015）认为精准扶贫对未来农村减贫意义重大，但是它是一项复杂的系统工程，需要理解精准扶贫的难点并寻求有效的解决方式，特别是在精准识别、精准扶持和与之相关的精准考核这三个方面必须进一步创新精准扶贫工作机制才能保证精准扶贫工作的实际成效。唐丽霞等（2015）指出，从理论上来看，扶贫瞄准精度的增加有助于提高扶贫资源使用效率，但政策实践表明，扶贫瞄准制度受到现实和政策的双重挑战，应根据相关的扶贫预算和目标采取不同的方法。汪三贵、曾小溪（2018）指出，中国作为发展中大国，2020年后仍然会存在贫困问题，届时需要结合中国国情根据人的基本需求的变化来确定新的贫困标准，将区域政策、开发式扶贫政策、精准滴灌式扶贫政策以及城乡一体化扶贫体系结合起来，解决扶贫的"真空地带"。

第四节 收入分配探索的主要经验

一、坚持以马克思主义收入分配理论为指导

总结新中国70年在收入分配领域的探索历程可以发现，坚持马克思主义按劳分配的基本原则，坚持以人民为中心的基本立场，是宝贵经验之一。收入分配问题直接关系到国家、企业和个人的利益关系，中国收入分配探索始终坚持以人民为本，以满足人民的需求为最终落脚点。我们的分配制度探索逐渐从单一的按劳分配到以按劳分配为主，多种分配方式并存的过程，充分体现了生产资料所有制决定生产过程和生产成果的占有支配方式及权利这一马克思主义基本分配理论，又极大地丰富和创新了马克思主义按劳分配的理论和原则。在推进公有制实现形式多样化发展的过程中，构建了社会主义市场经济下的新型劳动关系，探索了实现共同富裕的具体路径，努力实现居民收入增长和经济发展同步、劳动报酬增长和劳动生产率提高同步，提高居民收入在国民收入分配中的比重，提高劳动

报酬在初次分配中的比重,力求防止在发展市场经济的过程中可能出现的收入两极分化等现实问题。

二、坚持从中国实际出发探索收入分配问题

针对计划经济体制长期存在的平均主义分配理念和做法,深刻认识了中国改革开放初期所处的经济基础和生产力水平,顺应生产力与生产关系发展的内在规律,在收入分配领域提出了"允许一部分人、一部分地区通过勤奋劳动与合法经营先富起来"①,先富带动后富,逐步实现共同富裕的新理念,引领按劳分配制度的真正落实和体现。建立了多种形式的经济责任制,收入分配领域体现了商品生产、价值规律和市场的作用,承认合理的收入差距及其对经济发展的正向激励作用,反对传统的平均主义分配思路。无论是改革开放一开始的家庭承包责任制,还是城市企业承包经营,本质上就是通过改革利益分配关系,形成差异化的利益分配机制,发挥收入分配的利益激励机制,为加快发展生产力注入新的动力机制。

三、尊重经济规律激发各类经济主体的活力和积极性

尊重经济规律,激发各类经济主体的活力和积极性,是在收入分配探索中的重要遵循。改革开放以来,我国的收入分配改革坚持发挥市场在资源配置中的决定作用,同时更好发挥政府作用,体现了市场化效率发展的工具理性,又体现了社会主义公平正义的价值理性,促进了公平与效率的统一。在初次分配领域,劳动、资本、技术等生产要素按其对创造价值和财富的贡献大小参与收入分配,初次分配的结果主要取决于要素的供求、价格及竞争关系。在再分配中,发挥政府宏观调节作用,注重公平效率和收入差距的调节。这些改革,充分激发了劳动者的积极性、主动性和创造性,促进了资源配置的日益优化,生产效率逐步提升。

四、妥善处理收入差距和社会稳定的关系

实现共同富裕是社会主义的本质要求,也是社会主义收入分配制度改革始终

---

① 赵紫阳:《沿着有中国特色的社会主义道路前进——在中国共产党第十三次全国代表大会上的报告》,载于《党的建设》1987年第Z1期。

追求的目标,收入分配问题始终关系到社会的和谐稳定。但是共同富裕有先富和后富之分,我们妥善地处理了先富后富必然带来的收入差距扩大的问题,同时又保持了社会的和谐稳定。习近平总书记强调:"我们追求的发展是造福人民的发展,我们追求的富裕是全体人民共同富裕。改革发展搞得成功不成功,最终的判断标准是人民是不是共同享受了改革发展成果。①"因此,在保证激励经济主体的活力和积极性的同时,必须保证收入差距在合理的范围内,这是维护社会和谐稳定的基础,对我国的可持续发展至关重要。

五、着力解决贫困问题

新中国成立 70 年来,中国共产党始终带领全国人民与贫困抗争,党和政府消除贫困的决心是一贯的、坚决的。改革开放之后,扶贫事业取得了举世瞩目的成就,特别是党的十八大以后,中央采取了一系列调整收入分配格局的政策,更加注重将公平放在突出位置,着力让人民共享发展的成果,尤其是特别重视贫困人口的问题,通过"精准扶贫"力争在 2020 年彻底消除贫困。消除贫困是一项世界性难题,特别是在中国这样的贫困人口的大国,没有党的坚强领导是不可能实现的。中国共产党始终坚持共同富裕的奋斗目标,特别是党的十八大以后提出"全面小康路上一个都不能少,脱贫致富一个都不能落下",解决了扶持谁、谁来扶、怎样扶、如何退出等现实问题,真正做到"扶真贫"和"真扶贫",确保到 2020 年打赢脱贫攻坚战。

70 年的探索和实践,我国在收入分配领域积累了大量成功的经验,但同时也有一些值得重视的问题,主要包括:一要重视并解决体制转变期间的寻租问题,预防由此引起的腐败问题发生;二要重视并解决城乡差距过大问题,促进城乡协调发展;三要重视并解决行政性垄断问题,促进公平竞争环境的形成;四要重视并解决收入差距过大问题,形成合理的收入分配格局。

---

① 《新时代中国社会发展目标与战略抉择》,求是网,2018 年 5 月 23 日, http://www.qstheory.cn/llqikan/2018-05/13/c_1122824816.htm。

第六章

经济体制的探索和社会主义市场经济体制的建立和完善

新中国成立70年来,我国对社会主义究竟要实行什么样的经济体制进行了艰苦探索。20世纪50年代初期逐渐形成高度集中的计划经济体制,在当时的历史条件下,这样的体制对我国国民经济的恢复和发展发挥了重要作用,但随着经济的发展,这一体制的弊端也逐渐显露。改革开放开始以后,我们进行经济体制改革,逐步实现了社会主义和市场经济的有机结合,建立并不断完善社会主义市场经济体制,从而增强了国民经济活力,提高了经济运行效率,促进了国民经济稳定持续健康发展。

第一节 改革开放前关于社会主义经济体制的探索

一、计划经济体制的形成与变革

新中国成立初期,面对西方国家在经济上对我国的全面封锁,我国为了迅速恢复饱受战争创伤的国民经济,并建立起独立的国民经济体系,在马克思主义理论的指导下,学习借鉴苏联的经验,逐步形成了高度集中的计划经济体制。随着我国国民经济的恢复和发展以及经济体系的日臻完善,这种体制越来越表现出无法适应社会生产力发展要求的问题。基于此,改革开放前的理论界在计划经济理论的框架内对如何变革经济体制进行了艰苦探索,取得了一定成果,为中国特色社会主义市场经济理论的产生提供了思想准备。

(一) 马克思主义关于社会主义有计划发展思想及苏联的实践

马克思、恩格斯在批判资本主义制度的基础上,对未来社会进行了构想,认为商品经济与私有制共存亡,在社会主义社会中商品经济必然消亡,并预见性地对计划经济进行了科学分析和阐述。在《政治经济学批判大纲》中,恩格斯就设想在"一个和人类本性相称的社会制度下","社会那时就应当考虑,靠它所掌握的资料能够生产些什么,并根据这种生产力和广大消费者之间的关系来确定,应该把生产提高多少或缩减多少,应该允许生产或限制生产多少奢侈品"①。1845 年 2 月,恩格斯在爱北斐特集会上的两次演说中提出:"在共产主义社会里无论生产和消费都很容易估计。既然知道每一个人平均需要多少物品,那就容易算出一定数量的人需要多少物品;既然那时生产已经不掌握在个别私人企业主的手里,而是在公社及其管理机构的手里,那也就不难按照需求来调节生产了。"②在《德意志意识形态》和《共产党宣言》中,马克思、恩格斯开始将计划经济作为共产主义社会的一个重要特征,提出在新的社会里将实行"自由联合起来的个人的共同计划"③。在《资本论》《哥达纲领批判》《反杜林论》《自然辩证法》等著作中,马克思、恩格斯更为深入地阐述了计划经济的思想。在《资本论》中,马克思认为在未来社会里,"社会生活过程即物质生产过程的形态,作为自由结合的人的产物,处于人的有意识有计划的控制之下"④。在《哥达纲领批判》中,马克思批判了拉萨尔的"劳动所得",并提出:"在一个集体的、以生产资料公有制为基础的社会中,生产者不交换自己的产品;用在产品上的劳动,在这里也不表现为这些产品的价值,不表现为这些产品所具有的某种物的属性,因为这时,同资本主义社会相反,个人的劳动不再经过迂回曲折的道路,而是直接作为总劳动的组成部分存在着。"⑤在《反杜林论》的"社会主义"一编中,恩格斯指出:"一旦社会占有了生产资料,商品生产就将被消除,而产品对生产者的统治也将随之消除。社会生产内部的无政府状态将为有计划的自觉的组织所替代。"⑥在《自然辩证法》中,恩格斯认为有计划地分配各种资源是社会化大生产条件下随着生产社会化程度的提高以及各生产部门间的相互联系、依存度不断

---

① 《马克思恩格斯全集》第 1 卷,人民出版社 1956 年版,第 615 页。
② 《马克思恩格斯全集》第 2 卷,人民出版社 1957 年版,第 605 页。
③ 《马克思恩格斯全集》第 3 卷,人民出版社 1956 年版,第 81 页。
④ 《马克思恩格斯全集》第 23 卷,人民出版社 1972 年版,第 97 页。
⑤ 《马克思恩格斯选集》第 3 卷,人民出版社 1995 年版,第 303 页。
⑥ 《马克思恩格斯选集》第 3 卷,人民出版社 1995 年版,第 633 页。

增加的必然要求,指出:"人离开动物越远,他们对自然界的影响就越带有经过事先思考的、有计划地、以事先知道的一定目标为取向的行为特征。"① 总的来说,按照马克思、恩格斯的构想,未来社会生产力高度发达,社会是一个统一的生产和分配单位,社会直接占有生产资料并有计划地配置,社会进行直接的、有计划的生产,社会遵循按劳分配的原则对个人消费品进行分配。马克思、恩格斯对未来社会的这些设想成为新中国成立初期选择建立计划经济体制的重要理论基础。

列宁继承和发展了马克思、恩格斯的思想。在《俄国资本主义的发展》中提出:"大机器工业和以前各个阶段不同,它坚决要求有计划地调节生产和对生产实行社会监督。"② 在《俄国社会民主党中的倒退倾向》中指出:"社会主义的目的(和实质)是:把土地、工厂等等即全部生产资料变为全社会的财产,取消资本主义生产,代之以按照总的计划进行有利于社会全体成员的生产。"③ 1905年,列宁进一步指出:"社会主义要求消灭货币的权力、资本的权力,消灭一切生产资料私有制,消灭商品经济。"④ 1906年,列宁在《土地问题和争取自由的斗争》一文中第一次明确提出"计划经济"的概念,指出:"只要存在着市场经济,只要还保持着货币权力和资本力量,世界上任何法律也无力消灭不平等和剥削。只有实行巨大的社会化的计划经济制度,同时把所有的土地、工厂、工具的所有权转交给工人阶级,才能消灭一切剥削。"⑤ 十月革命后,列宁将其关于计划经济的设想应用于社会主义建设的实践,强调对工业企业的高度集中管理,强调国家应该对社会的生产量、劳动量以及消费量进行计算和监督。1918年,在列宁思想的指导下,苏俄实施了以高度集中的计划经济管理为鲜明特征,以国内贸易国有化、余粮收集制、实物配给制、劳动义务制、全部工业国有化为主要内容的"战时共产主义"政策。在这种体制下,苏维埃政府成为调节全社会生产的机构,"对产品的生产和分配组织全民的无所不包的计算和监督"⑥,并认为"没有一个使千百万人在产品的生产和分配中严格遵守统一标准的有计划的国家组织,社会主义就无从设想"⑦,"只有按照一个总的大计划进行的、力求合理地利用经济资

---

① 《马克思恩格斯选集》第4卷,人民出版社1995年版,第382页。
② 《列宁全集》第3卷,人民出版社1984年版,第500页。
③ 《列宁全集》第4卷,人民出版社1984年版,第229页。
④ 《列宁全集》第12卷,人民出版社1987年版,第75页。
⑤ 《列宁全集》第13卷,人民出版社1987年版,第124页。
⑥ 《列宁全集》第34卷,人民出版社1985年版,第258页。
⑦ 《列宁全集》第41卷,人民出版社1986年版,第199页。

源的建设,才配称为社会主义建设"①。"战时共产主义"政策对于凝聚全国力量抵御外国武装干涉、结束国内革命战争起到了非常重要的作用,但在国民经济恢复和发展时期却暴露出脱离当时苏俄经济发展水平实际、导致商品经济极度萧条、降低国民福利水平、严重损害人们生产积极性等诸多严重弊端,导致苏俄经济社会陷入困境。为了改变这种局面,列宁于1921年提出用以集中调节、分散管理为内核的新经济政策代替"战时共产主义"政策,强调国家对国民经济实行全面指导和调节,在宏观范围内负责制定计划,不干预企业的具体经济活动,企业在生产、销售、投资等方面拥有广泛的自主权。但是新经济政策并不是要超出计划的范围,而只是列宁为了克服当时经济困难的暂时退却,这种退却是有限度的,"现在已经有一些迹象可以使人看到退却的终点了,可以使人看到在不很久的将来停止这种退却的可能性了"②。可见,列宁并没有从根本上认识到商品经济、市场机制在社会主义建设中的重要作用。

列宁逝世后,斯大林于20世纪20年代末迅速结束了新经济政策这种所谓的"退却",逐渐建立起以只有国家所有制和集体农庄所有制两种形式的单一社会主义公有制、按劳分配、决策权高度集中、用行政手段管理经济、政府行政职能、经济职能合二为一等为显著特征的高度集中的计划经济体制,巩固了苏维埃政权,建立起了庞大的工业体系和国防体系,取得了巨大成就。之后,斯大林尽管承认社会主义条件下存在商品生产和交换,但将之限制在全民经济和集体经济之间以及仅限于消费资料,认为全民经济内部和集体经济内部以及生产资料不存在商品货币关系,因此无法实现社会主义与市场的结合。

(二) 中国计划经济体制的形成及特征

在马克思主义思想指导和苏联的影响下,也由当时我国的经济社会发展状况及所处的国际环境所决定,新中国成立初期,我国选择建立计划经济体制。

新中国成立之初,经过长期的战乱,我国国民经济遭到严重破坏,经济发展水平低下,百废待兴,粮、棉、油等农产品严重短缺,国内匪患严重。国际上,西方发达国家拒绝承认并阻挠其他国家承认新中国的独立地位,在经济上对新中国进行全面封锁和禁运。与此同时,苏联、东欧的社会主义建设获得巨大进展,高度集中的计划经济体制使这些国家战后经济迅速恢复,为中国的经济建设提供了借鉴。在这种背景下,新中国恢复国民经济、发展工业、建立独立完整的工业

---

① 《列宁全集》第35卷,人民出版社1985年版,第18页。
② 《列宁全集》第42卷,人民出版社1987年版,第252页。

体系只能自力更生，无法走西方资本主义工业化道路，而建立高度集中的计划经济体制则可以借鉴苏联、东欧国家的有益经验。正是在这样的情况下，20世纪50年代中期，我国完成了对农业、手工业、资本主义工商业的社会主义改造，逐步建立起高度集中的计划经济体制。

中国的计划经济体制呈现出鲜明的特征，具体表现在：（1）以公有制经济特别是全民所有制经济为基础。（2）企业从属于政府。企业不再是独立从事生产经营活动的微观经济主体，而成为中央及各级政府的附属，产品的生产、销售、定价都按照国家的规定进行，预算约束软化；企业没有生产经营的决策权，企业资产的使用、处置等权力掌握在政府手中，企业在政府的指令、命令下从事相关的生产经营活动；政企不分，企业领导人更多的是行政官员身份而不是企业家；政府为企业承担无限责任，企业无破产之忧，企业为职工提供养老、医疗、住房等福利保障。（3）指令性计划配置资源。政府按照社会需求以及生产需要以计划配额、指令性指标等方式配置资源和社会总劳动，力求使国民经济各部门按比例发展，从而实现社会生产与社会需求的协调。（4）分配中的平均主义。尽管名义上按照按劳分配的原则分配消费资料，但现实中由于生产力发展水平的限制，很难准确核算每位劳动者的劳动贡献，只能以劳动者的学历、工作年限、年龄、所处的行业、地区等来确定其工资水平，不可避免地出现平均主义倾向，吃"大锅饭"，干好干坏一个样，无法发挥工资的激励作用。（5）短缺经济。政府控制生产资料和消费资料的价格，使得价格无法真实反映产品、资源的稀缺性，价值规律失效，供给和需求无法达到平衡，投资和消费无法形成合适的比例。公共部门基于追求政绩、预算约束较软等原因往往具有强烈的投资欲望，企业为了政府的目标而非经济目标组织生产且缺乏利润激励，这些因素使得资源、产品、服务在生产、流通、分配各个环节都无法满足需要，出现行政配给中的纵向短缺、横向交换中的短缺、企业内部完成计划所需投入品的短缺以及社会生产能力接近资源"瓶颈"的短缺，短缺经济形成。"社会主义体制陷入了短缺经济陷阱。一旦处于短缺，短缺会不断复制自身，更为重要的是，这会成为一种习惯性力量并具有相当大的惰性，很难一时改变。"[①]（6）封闭和半封闭。受国际政治环境影响，加之计划经济的特点，导致整个经济具有封闭半封闭特点。

（三）对计划经济的反思与初步变革

新中国成立初期特殊的历史发展条件下建立起的计划经济体制，对于当时我

[①] 雅诺什·科尔奈：《社会主义体制——共产主义政治经济学》，中央编译出版社2007年版，第274页。

国国民经济的恢复和发展以及工业体系的建立等发挥了非常重要的作用。我国国民经济迅速恢复并发展，农业生产条件得到显著改善，煤炭、石油、化工、钢铁等工业部门得到加强，国防工业、汽车等工业部门从无到有并不断发展壮大，较为完整的工业体系初步建立，教育、科技事业获得长足发展。

但随着我国经济的发展，计划经济体制的弊端日益凸显出来，并严重阻碍经济的进一步发展。具体表现在：（1）无法合理配置资源。通过计划实现资源的合理配置要求政府及时、准确掌握资源要素供求、生产、交换、消费等各方面的信息并及时做出资源配给、生产经营等相关决策。现实中，扭曲的价格体系无法真实反映资源稀缺性、产品供求等方面的真实信息，经济信息在等级森严的科层行政机构传递的过程中也会面临失真、信息量减损等问题，政府据此做出的计划必然会与现实脱节，资源无法被配置到最需要的地方，无法得到科学合理利用。（2）无法实现供求平衡。在计划经济体制下，企业为了实现政府的目标而非经济目标从事生产经营活动，预算约束较软，主要通过向政府争取更多计划指标的方式扩大生产，以完成政府计划的情况为标准来衡量经营的好坏。在这种情况下，企业对市场需求的变化反应迟钝，企业无需按照市场需求来安排生产，无需通过购买的方式获得生产资料，也无需担心产品卖不出去、积压带来的不利后果，最终往往导致部分行业过度扩张，产品因不符合市场需求长期积压，浪费严重，部分市场急需的产品尽管紧缺却迟迟无法扩大生产。（3）存在信息获取难题。及时、全面、准确掌握社会生产中的信息是计划经济体制有效运行的基础。新中国成立初期，我国经济规模较小，经济关系较为简单，政府可以相对容易地掌握相关经济信息，也可以通过计划较为合理地配置资源。随着我国经济规模的扩大和技术水平的提高，社会分工日益精细，经济关系日益复杂，政府要及时、全面、准确掌握相关经济信息的难度加大。同时，行政导向下的企业为了完成并获得更多的计划指标刻意隐瞒不利经营信息，信息在臃肿的官僚机构中传递也会失真，这些因素都增加了政府及时获取真实、有效信息的难度。况且，现实经济社会瞬息万变，不确定性较高，政府客观上更无法获取完全的信息。（4）缺乏有效的激励。企业以完成计划指标为目标，没有提高绩效的动力，也没有破产的顾虑，一切生产经营在政府的指令下进行，缺乏有效激励。分配中的平均主义倾向使得劳动者干好干坏一个样，吃"大锅饭"，无法调动劳动者的积极性。（5）缺乏技术创新的动力。在计划经济体制下，企业在承担技术创新成本的同时却不能把技术创新带来的生产成本降低、产量增加、质量提高等转化为可以自由支配的利润，因此缺乏技术创新的动力。同时，政府工作人员也因技术创新会使相关经济变量发生改变、额外增加计划平衡的工作量而抵触技术创新。

计划经济体制的诸多弊端使得我国经济发展中出现了经济结构比例失调、农业和轻工业产品短缺与部分商品严重积压并存、经济效率低、资源浪费严重等问题，经济持续增长的动力减弱。面对这种情况，人们开始反思计划经济。实际上，按照马克思、恩格斯的构想，全社会范围内有计划地配置资源、组织生产、按劳分配生活资料是有前提的，即人类已经进入共产主义社会，社会生产力高度发达，机器大工业、社会化生产已经实现，全社会实行单一的全民所有制的生产资料公有制形式，计划机构能够充分了解全体社会成员的需求并能够对社会生产进行及时、准确、无误的调节，劳动者与劳动资料可以实现无差别的直接结合，社会经济行为主体不存在任何经济利益差别和冲突。但是，现实中包括中国在内的社会主义国家大多处于欠发达状态，社会生产力较发达资本主义国家低，更达不到共产主义社会的标准，生产资料公有制存在全民所有制和集体所有制之分，计划机构无法全面、及时、准确获取经济信息，计划相对滞后并可能存在失误，不同地区、部门、企业、个人有着自身特殊的利益追求。理想和现实的差距，使得计划经济体制在运行中并没有像马克思、恩格斯描述得那样美好、顺畅，运行效率低下，各种弊端凸显，经济发展也随之陷入困境，使得经济体制的改革势在必行。

早在1956年，毛泽东同志在《论十大关系》一文中就对计划经济体制进行了反思，认为决策权力过于集中，中央管得过多、统得过死，强调要调动中央和地方的积极性。1958年第一次郑州会议上，毛泽东同志提出社会主义时期必须发展商品生产，否则就是违背经济规律的，并强调要利用价值规律建设社会主义。此后，1958~1978年，我国尝试对计划经济体制进行改革，但由于在诸如社会主义的本质等重大理论问题探索上未取得实质性进展，这一阶段的改革重点主要集中在对各级行政机关以及条块之间的权力划分和利益调整上，基本没有涉及所有制结构、政企关系等，单一的指令性计划机制没有改变，甚至因受"文化大革命"极"左"思想等因素的影响而得以加强。令人欣喜的是，尽管没有突破计划经济体制的框架，但我国已开始对社会主义国家发展商品经济进行探索。

二、对商品经济理论的探索和争鸣

理论是实践的先导。从20世纪50年代中期开始到改革开放前，我国理论界针对社会主义建设和计划经济体制运行中出现的诸多问题，开始了对社会主义国家发展商品经济的艰难探索，尽管没有动摇计划经济理论的地位，但形成了许多有着深刻影响的思想和理论成果。

1956年，我国社会主义改造基本完成，计划经济体制的弊端逐渐暴露，理论界展开了对社会主义发展商品经济的第一次大讨论。此次讨论主要围绕如下几个问题展开：（1）社会主义商品生产存在的原因。主流的观点受斯大林所著的《苏联社会主义经济问题》一书的影响，认为社会主义存在商品生产是由社会主义存在全民所有制和集体所有制两种所有制决定的。有学者则认为社会主义存在商品生产是为了贯彻"按劳取酬"、实行"经济核算"、适应"集体农庄的经济要求"①。还有学者则把社会主义存在商品生产归因于经济核算制度。② 另有学者尝试摆脱意识形态及所有制形式的束缚，揭示出社会主义存在商品生产的根本原因是存在社会分工。③（2）价值规律在社会主义条件下的调节作用。1956年陈云同志在党的八大上提出利用市场弥补计划经济不足的主张。薛暮桥在《再论计划经济与价值规律》一文中提出，社会主义经济"是受有计划按比例发展的规律支配的，价值规律只可能起辅助作用"，"用直接计划来管理的经济活动不利用价值规律来调节，价值规律仅仅被利用来作为经济核算的工具；用间接计划来管理的经济活动国家还需要在一定的范围内利用价值规律来进行调节；在国家计划管理范围之外的经济活动则主要让价值规律自发地调节，国家只能给予一定程度的限制"④。孙冶方则提出"把计划和统计放在价值规律的基础上"⑤。顾准认为，"价值规律通过经济计划调节全部经济生活"⑥。（3）商品经济和个体经济的地位。陈云同志提出"三个主体，三个补充"的思想，即工商经营方面以国家和集体经营为主体，以个体经营为补充；生产计划方面以计划生产为主体，以计划许可范围内的自由生产为补充；社会主义统一市场里以国家市场为主体，以一定范围内国家领导的自由市场为补充。薛暮桥则认为个体经济在有些行业具有优势并还将长期存在。⑦

1958年后，我国相继开展了"人民公社化""大跃进"等运动，运动中"一平二调""共产风"等做法的实践效果并不好。理论界分别于1958～1959年、

---

① 骆耕漠：《论社会主义商品生产的必要性和它的"消亡"过程——关于斯大林论社会主义商品生产问题的研究》，载于《经济研究》1956年第5期，第3～11页。

②⑥ 顾准：《试论社会主义制度下的商品生产和价值规律》，载于《经济研究》1957年第4期，第21～53页。

③ 南冰、索真：《论社会主义制度下生产资料的价值和价值规律的作用问题》，载于《经济研究》1957年第4期，第38～51页。

④ 薛暮桥：《薛暮桥学术论著自选集》，北京师范学院出版社1992年版，第194～203页。

⑤ 孙冶方：《把计划和统计放在价值规律的基础上》，载于《经济研究》1956年第6期，第30～38页。

⑦ 薛暮桥：《薛暮桥选集》，山西财经出版社1985年版，第29页。

1960～1964年展开了对社会主义发展商品经济的第二次、第三次大讨论。这两次讨论探索的问题主要包括：（1）价值规律的概念。苏联《政治经济学教科书》对价值规律的表述为："价值规律是商品生产的经济规律，按照这一规律，商品的交换同生产商品所消耗的社会必要劳动量是相适应的。"① 有学者认为："商品（或者更广泛一点说是产品）的价值量由生产这个商品（或产品）时所消耗的社会必要劳动量来决定。"② 有学者认为："价值规律应该就是'形成价值实体'的社会必要劳动的存在和运动的规律"③。另有学者则认为价值规律就是"商品按价值交换或等价交换的规律"④。（2）价值规律在社会主义条件下的作用。毛泽东在批转山西省委的一个文件时曾提出"价值法则是一个伟大的学校"，只有利用价值法则才能建设社会主义和共产主义。有学者认为，"价值规律和计划经济并不是势不两立的。它是社会主义基本经济规律和国民经济有计划按比例发展规律的一个好助手；它是从属于前者来发挥作用的。定计划，执行计划，都不能不认真考虑到价值规律的作用"⑤。这种观点代表了当时很多经济学者的观点。有学者认为，"在社会主义制度下，生产是在社会主义公有制的基础上有计划进行的，国民经济有计划按比例发展的规律起着作用，因而价值规律的作用就受到很大的限制"，"在全民所有制的生产部门，生产必须按照计划进行，价值规律只能起影响作用，不能起调节作用"，在集体所有制的生产部门"价值规律在一定的有限的范围内仍有调节作用。但这种调节作用不是盲目的、自发地，而是在国家计划管理和价格政策的严格限制下发生作用的，并已为国家在国民经济计划的实践中所认识、估计和利用"⑥。有学者则强调价值规律在社会主义经济建设中的重要作用，鲜明提出："千规律，万规律，价值规律第一条。"（3）商品经济与社会主义经济的关系。有学者提出"社会主义经济是有计划的商品经济"⑦的观点。有学者则在《关于目前我国商品生产的两个问题》一文中较为深入地阐述了

---

① 苏联科学院经济研究所编：《政治经济学教科书》，人民出版社1955年版，第82页。
② 仲津：《社会主义制度下价值规律的作用问题》，载于《经济研究》1958年第2期，第31～43页。
③ 孙冶方：《论价值——并试论"价值"在社会主义以至于共产主义政治经济学体系中的地位》，载于《经济研究》1959年第9期，第42～69页。
④ 骆耕漠：《价值规律和国民经济有计划按比例发展规律对生产的作用问题及其相互关系问题》，载于《理论战线》1959年第4期，第19～23页。
⑤ 王亚南：《充分发挥价值规律在我国社会主义经济中的作用》，载于《人民日报》1959年5月15日。
⑥ 李功豪：《关于人民公社化以后价值规律的作用问题》，载于《学术月刊》1959年第1期，第41～44页。
⑦ 卓炯：《论社会主义商品经济》，广东省人民出版社1981年版，第140页。

发展社会主义商品生产不会导致资本主义的原理。①

1964年起,我国经济理论界"左"的思想盛行,新中国成立以来对于社会主义条件下发展商品经济相关问题的探讨发生逆转,社会主义发展商品经济的必要性被否定。毛泽东的认识也发生改变,提出要在无产阶级专政条件下对社会主义商品生产和货币交换加以限制。一段时间里商品生产、货币交换被看成是旧社会的剥削残余,会导致资本主义,认为价值规律与社会主义不相容,因此要"割资本主义尾巴",批判利润挂帅等。这段时间的理论扭曲,给我国经济建设造成了重大损失。

第二节 改革开放新时期社会主义市场经济体制的建立

一、改革开放新时期的探索

1978年,党的十一届三中全会召开,恢复了实事求是的思想路线,在政治经济上拨乱反正,做出改革开放的历史性决策,党的工作重心从以阶级斗争为纲转移到以经济建设为中心。在对社会主义经济体制的探索过程中,解放思想,逐渐突破了把社会主义与商品经济对立起来的传统观念,探索计划与市场的关系,从"计划经济为主,市场调节为辅"到"有计划的商品经济",再到建立和完善社会主义市场经济体制,对社会主义和市场经济的本质、社会主义国家发展市场经济等重大基础理论问题的认识不断深化,形成了许多有价值、富有创造性的思想和理论,促进了我国社会主义市场经济的实践不断前进。

(一)"计划经济为主,市场调节为辅"的提出

改革开放初期,计划经济仍然被看作是社会主义的基本特征,"市场经济"这一提法因其长期被认为与资本主义休戚相关而仍然是比较敏感的概念。实践中,人们经常用的是"市场调节"。"计划经济为主,市场调节为辅"的思想是1979年3月陈云第一次提出的,他认为:"整个社会主义时期经济必须有两个部分:计划经济部分即有计划按比例的部分;市场调节部分即不作计划,让它根据市场需求的变化进行生产,即带有'盲目'调节的部分。第一部分是基本的主要

---

① 沈以宏:《关于目前我国商品生产的两个问题》,载于《理论战线》1959年第1期,第20~22页。

的；第二部分是从属的次要的，但又是必需的。"① 陈云的这一思想在社会各界产生了非常大的影响。1981年，党的十一届六中全会首次以党中央决议的形式提出了"计划经济为主、市场调节为辅"的方针。1982年，党的十二大报告中提出："我国在公有制基础上实行计划经济"，"有计划的生产和流通，是我国国民经济的主体。同时，允许对于部分的产品的生产和流通不作计划，由市场来调节"②。同时，这一时期的理论界也对价值规律的作用、商品经济的地位、企业改革等关于市场调节的问题进行了探讨。例如，胡乔木同志认为要按经济规律办事，"首先是要遵守有计划按比例的规律，其次是遵守价值规律，第三是保证国家、企业和个人利益的统一"③；孙冶方再次提到"千规律，万规律，价值规律第一条"的观点；薛暮桥、骆耕漠、刘国光等人均认为在我国要发展商品经济，并提出各自的主张；马洪在《论充分发挥企业的主动性》一文中提出经济管理体制改革要充分发挥企业的主动性，蒋一苇则进一步提出了"企业本位论"；等等。

总之，"计划经济为主，市场调节为辅"的经济思想坚持把计划经济作为国民经济的主体，但引入市场调节作为补充，从而保证我国社会主义经济形式的灵活多样。这一思想较好地反映了我国社会主义经济建设的客观需要，是市场取向改革的重要进展，也是我国探索社会主义经济形式的重要成果。但是，这一思想没有突破传统的计划经济体制框架，存在局限性，需要在经济建设实践和理论探索中不断发展完善。

(二)"有计划的商品经济"的提出

1984年10月，党的十二届三中全会通过的《中共中央关于经济体制改革的决定》提出了社会主义有计划商品经济的理论。该决定指出，中国的经济体制改革"首先要突破把计划经济同商品经济对立起来的传统观念，明确认识社会主义计划经济必须自觉依据和运用价值规律，是在公有制基础上的有计划的商品经济"④。1987年10月，党的十三大报告对社会主义有计划的商品经济理论进行了发展，进一步提高了市场的地位，提出了"国家调节市场，市场引导企业"的思想，指出："社会主义有计划商品经济体制，应该是计划与市场内在统一的体制。在这个问题上，需要明确几个基本观念：第一，社会主义商品经济和资本主商

---

① 中共中央文献研究室编：《三中全会以来重要文献选编》（上），人民出版社1982年版，第69页。
② 胡耀邦：《全面开创社会主义现代化建设的新局面——在中国共产党第十二次全国代大会上的报告》，人民出版社1982年版，第15页。
③ 胡乔木：《按客观经济规律办事，加快实现四个现代化》，载于《人民日报》1978年10月6日。
④ 中共中央文献研究室编：《十二大以来重要文献选编》（中），人民出版社1986年版，第568页。

品经济的本质区别，在于所有制基础不同。建立在公有制基础上的社会主义商品经济为在全社会自觉保持国民经济的协调发展提供了可能，我们的任务就是要善于运用计划调节和市场调节这两种形式和手段，把这种可能变为现实。社会主义商品经济的发展离不开市场的发育和完善，利用市场调节绝不等于搞资本主义。第二，必须把计划工作建立在商品交换和价值规律的基础上。……第三，计划和市场的作用范围都是覆盖全社会的。"① 同时，还提出"加快建立和培育社会主义市场体系"，"社会主义的市场体系，不仅包括消费品和生产资料等商品市场，而且应当包括资金、劳务、技术、信息和房地产等生产要素市场"②。社会主义有计划的商品经济理论得到于光远、马洪等大多数经济学家的肯定。经济理论界就关于有计划商品经济的重大理论问题进行了研究探索，形成了许多有价值的理论成果。例如，于光远、蒋学模等对有计划商品经济的属性进行了探讨，认为商品经济是社会主义经济的重要特征；谷书堂等探讨了生产资料公有制与商品经济的融合问题并得出可以融合的结论；等等。

　　社会主义有计划的商品经济理论承认社会主义经济是商品经济，但是是有计划的商品经济，要坚持计划和市场的内在统一，不能单纯依靠市场调节。我国的经济体制仍然是计划经济体制，不仅要强调指令性计划的作用，同时也要重视指导性计划的作用，计划调节要借助价值规律，更要关注国民经济长远发展目标的实现；商品经济能够灵活适应社会需求的变化，在部分农副产品、日用小商品等产品的生产、交换中以市场调节为主，甚至生产要素市场也要引入市场调节。总体是要做到"大的方面管住管好、小的方面放开放活，保证重大比例关系比较适当，国民经济大体按比例地协调发展"③，通过计划调节克服商品经济的自发、盲目倾向，通过发展商品经济满足瞬息万变的社会需求。社会主义有计划的商品经济理论是对"计划经济为主，市场调节为辅"经济思想的进一步发展，是对把计划经济同商品经济对立起来的传统观念的突破，推动了我国的市场化改革。同样，该理论也有其自身的历史局限性，它尽管承认社会主义经济是商品经济，提出利用市场调节绝不等于搞资本主义，但没有厘清资源配置的基础或主要方式到底是计划还是市场从而造成人们对计划与市场关系认识上的分歧，未从根本上突破计划经济体制的框架，拒绝承认市场经济，仍把市场经济看作是资本主义特有的特征，对政府在经济发展中的定位也有待进一步深化认识，也未能明确我国经济体制改革的目标，使得改革无法进一步深入。随着我国社会主义经济建设实践

---

① 中共中央文献研究室编：《十三大以来重要文献选编》（上），人民出版社1991年版，第26~27页。
② 中共中央文献研究室编：《十三大以来重要文献选编》（上），人民出版社1991年版，第29页。
③ 中共中央文献研究室编：《十二大以来重要文献选编》（中），人民出版社1986年版，第568页。

的发展以及人们对社会主义经济建设规律的认识的不断深化,该理论也需要进一步发展完善。

总的来说,改革开放后,我国经济体制改革尽管历经曲折,但市场取向没有变,经济实践中不断缩小了指令性计划的比重和范围,扩大了指导性计划和市场调节的比重和范围,人们对社会主义商品经济、市场调节的规律的认识不断深化,相关的思想、理论成果不断积累,为以后我国社会主义市场经济思想的发展以及社会主义市场经济体制的建立奠定了基础。

二、社会主义市场经济体制的建立

1992年春天,邓小平在南方谈话中就发展社会主义市场经济作了精辟论述,他指出:"计划多一点还是市场多一点,不是社会主义与资本主义的本质区别。计划经济不等于社会主义,资本主义也有计划;市场经济不等于资本主义,社会主义也有市场。计划与市场都是经济手段。"① 邓小平的这一论述"从根本上解除了把计划经济和市场经济看作属于社会基本制度范畴的思想束缚,使我们在计划与市场关系问题上的认识有了新的重大突破"②。邓小平认为市场和计划都是资源配置的基本方式,市场经济和计划经济的社会属性由社会制度的属性决定,只要有利于解放和发展社会生产力、有利于增强社会主义国家综合国力、有利于提高人民生活水平,社会主义也可以发展市场经济,公有制也可与市场经济兼容,市场经济并不排斥利用计划经济而是要二者有机结合起来。

1992年6月,江泽民在中央党校省部级干部进修班上作了题为《深刻领会和全面落实邓小平同志的重要谈话精神,把经济建设和改革开放搞得更快更好》的讲话,第一次明确提出"社会主义市场经济体制"的概念,并从所有制结构、分配制度、经济运行机制等方面总结了社会主义市场经济体制的特征。③ 1992年10月,党的十四大报告明确提出"我国经济体制改革的目标是建立社会主义市场经济体制"④,"要建立的社会主义市场经济体制,就是要使市场在社会主义国家宏观调控下对资源配置起基础性作用……同时也要看到市场有其自身的弱点和

---

① 《邓小平文选》第3卷,人民出版社1993年版,第373页。
② 中共中央文献研究室编:《十四大以来重要文献选编》(中),人民出版社1996年版,第18页。
③ 中共中央文献研究室编:《十三大以来重要文献选编》(中),人民出版社1991年版,第2072~2073页。
④ 中共中央文献研究室编:《十四大以来重要文献选编》(中),人民出版社1996年版,第18~19页。

消极方面，必须加强和改善国家对经济的宏观调控"①。社会主义市场经济体制的特征是：在所有制结构上，"以公有制包括全民所有制和集体所有制经济为主体，个体经济、私营经济、外资经济为补充，多种经济成分长期共同发展，不同经济成分还可以自愿实行多种形式的联合经营"②；在分配制度上，"以按劳分配为主体，其他分配方式为补充，兼顾效率和公平"③；在宏观调控上，"国家计划是宏观调控的重要手段之一。……重点是合理确定国民经济和社会发展的战略目标，搞好经济发展预测、总量调控、重大结构与生产力布局规划，集中必要的财力物力进行重点建设，综合运用经济杠杆，促进经济更好更快地发展"④。党的十四大关于建立社会主义市场经济的理论阐述是中国特色社会主义理论的重大发展，是对社会主义认识上的一次大飞跃，是社会主义经济思想史上的又一次重大突破，使我国找到了提高社会主义经济发展效率、增强经济活力的路径，也标志着我国改革开放进入社会主义市场经济时代。

此后，1993年党的十四届三中全会进一步细化了建立社会主义市场经济体制的目标并做出了具体工作部署。1997年党的十五大则再次系统阐释了社会主义市场经济理论。党的十五大后，在社会主义市场经济理论的指导下，我国形成了以分税制为核心的新的财税体制，加强了对货币供应的宏观调控，建立了基于市场供求、单一的、有管理的浮动汇率制度，推动国家计划管理向总体上的指导性计划转变，取消了生产资料价格双轨制，进一步完善了市场规则、规范了市场秩序等。我国的社会主义市场经济体制已经建立并不断完善，社会主义市场经济理论也在实践中不断充实、发展。

三、社会主义市场经济体制的完善

2002年，党的十六大报告指出，我国在21世纪头20年经济建设和改革的主要任务是"完善社会主义市场经济体制"，要"在更大程度上发挥市场在资源配置中的基础性作用，健全统一、开放、竞争、有序的现代市场体系"⑤。这是我国在已经加入WTO，世界经济形势日趋复杂，经济全球化、世界多极化趋势明显，以信息技术、互联网等为代表的新一轮技术革命兴起，要素流动范围加大、速度提高，市场竞争规模增大的背景下对社会主义市场经济认识的深化。

---

①②③ 中共中央文献研究室编：《十四大以来重要文献选编》（中），人民出版社1996年版，第19页。
④ 中共中央文献研究室编：《十四大以来重要文献选编》（中），人民出版社1996年版，第20页。
⑤ 中共中央文献研究室编：《十六大以来重要文献选编》（上），中央文献出版社2005年版，第18～21页。

随着我国社会主义市场经济体制的建立和完善，我国经济发展迸发出前所未有的生机和活力，连续多年高速增长，经济总量不断增加。但在发展中也出现了许多亟待解决的问题。例如，长期粗放式增长带来的资源枯竭、生态危机等问题日益突出，城乡之间、东西部地区之间发展失衡，经济结构亟待升级调整，贫富差距加大，市场秩序混乱，社会公共产品短缺，腐败现象严重等。在这种情况下，我国迫切地需要转变经济发展方式，实现经济的科学发展，兼顾经济发展和社会发展，科学利用市场经济规律，规范市场作用的发挥，合理地进行宏观调控等。2007年，党的十七大报告提出，"实现未来经济发展目标，关键要在加快转变经济发展方式、完善社会主义市场经济体制方面取得重大进展"，"要深化对社会主义市场经济规律的认识，从制度上更好发挥市场在资源配置中的基础性作用，形成有利于科学发展的宏观调控体系"①，强调了科学发展，强调通过制度创新保障市场在资源配置中基础性作用的更好发挥。

完善社会主义市场经济体制是一个长期的过程，是艰巨复杂的社会系统工程，需要在坚定市场化改革方向的基础上，根据世情、国情的变化积极推进，敢于探索尝试，及时总结经验教训。总的来说，是要根据我国经济发展的实际情况从广度和深度上切实发挥好市场的作用，通过健全制度规范市场作用的发挥，构建统一开放竞争有序的市场体系，同时要发挥好政府作用，合理地进行宏观调控。时代在发展，社会在进步，我国经济在发展过程中也会不断呈现出新面貌，会面临新情况、新问题，我国的社会主义市场经济理论也需要与时俱进，在回应经济社会现实和人民群众重大关切中不断发展。

第三节 新时代社会主义市场经济的发展和完善

一、新时代新突破新高度

党的十八大以来，以习近平同志为核心的党中央深入推进改革开放和社会主义现代化建设并取得历史性成就，在建设社会主义的实践中总结规律，实现理论的升华，创造性地提出一系列新思想、新观点、新论断，逐渐形成了习近平新时

---

① 胡锦涛：《高举中国特色社会主义伟大旗帜　为夺取全面建设小康社会新胜利而奋斗——在中国共产党第十七次全国代表大会上的报告》，人民出版社2007年版，第17页。

代中国特色社会主义思想。其中，在经济思想方面，我们党在十八届三中全会通过的《中共中央关于全面深化改革若干重大问题的决定》中围绕如何处理好政府和市场关系这一经济体制改革的核心问题历史性地提出"使市场在资源配置中起决定性作用和更好地发挥政府作用"①，这一论断是我国市场取向改革伟大历史实践经验的总结，是改革开放以来我国社会主义市场经济理论的继承和发展，是马克思主义政治经济学理论的创新，标志着我们党对社会主义市场经济的认识达到了新高度，也是新时代我国加快完善社会主义市场经济体制的根本遵循。全面把握该论断的科学内涵并运用到实践中对全面深化改革、推动我国社会主义市场经济健康有序发展具有重大的理论价值和现实意义。

二、切实发挥市场在资源配置中的决定性作用

"市场决定资源配置是市场经济的一般规律，市场经济本质上就是市场决定资源配置的经济。"② 切实发挥市场在资源配置中的决定性作用，就是要在遵循价值规律的基础上，充分发挥市场机制的作用，把包含土地、资本、劳动力、经济信息、技术等生产要素以及生存资料、发展资料、享受资料等消费品在内的资源配置到最有效率的环节和领域。市场决定价格，将错综复杂的社会偏好、产品质量及稀缺情况等信息合成起来并以简单的价格信号反映出来，动态更新，及时传导，引导企业和消费者做出最优决策和选择，实现产品的优胜劣汰和供求平衡。市场决定企业的生产规模和产品结构安排，企业根据供求关系、价格等市场信号自主地从事生产经营活动，把资源配置在市场最需要的地方，生产市场最需要、可以带来最高利润的产品。消费者自主消费，以自身的消费偏好为基础，结合产品价格、质量等信息自由地做出选择。在价格机制、竞争机制、供求机制的综合作用下，企业、消费者在实现自身利益最大化这一内在激励的驱动下，不断学习、及时更新掌握的市场信息，根据市场的变化及时改变生产经营、消费决策，不断创新以降低生产成本并创造出符合市场需求的产品，资源在经济部门间、地域间、企业间的不断流动中实现动态优化配置，整个经济充满活力、欣欣向荣，创造社会财富的源泉充分涌流。需要注意的是，市场在资源配置中起决定性作用，但不是起全部作用。市场的盲目性、自发性、滞后性决定其无法决定眼

---

① 中共中央文献研究室编：《十八大以来重要文献选编》（上），中央文献出版社2014年版，第513页。

② 中共中央宣传部：《习近平新时代中国特色社会主义思想三十讲》，学习出版社2018年版，第146页。

前利益较小长远利益却很大，个体、部门、区域局部利益受损但全局利益受益，投入产出不合理但战略意义重大的一些产业的发展，这些产业只能由政府来统筹决定。例如，国防军事工业、航空航天工程、基础设施建设、公共服务体系建设、西部大开发、东北老工业基地振兴等需要由政府投资建设，而不是由市场决定。

  建设统一开放、竞争有序的现代市场体系是切实发挥市场在资源配置中的决定性作用的基础。"统一开放"要求建设门类齐全，包含商品市场、要素市场、产权市场等子市场在内的市场体系，打破地域壁垒、行业壁垒，实现商品、要素自由流动，形成统一的国内市场甚至国际市场，加强市场间的联系，充分利用国内外两个市场两种资源发展我国经济。"竞争有序"要求建立公平开放透明的市场规则，保证主要由市场决定价格，打破市场封锁，清除妨害公平竞争的规定和做法，在更广阔领域内、更大程度上实现市场竞争有序。按照十八届三中全会《中共中央关于全面深化改革若干重大问题的决定》的要求，建设统一开放、竞争有序的现代市场体系要建立公平开放透明的市场规则，完善主要由市场决定价格的机制，建立城乡统一的建设用地市场，完善金融市场体系，深化科技体制改革[1]。建立公平开放透明的市场规则要求实行统一的市场准入制度，推进工商注册制度便利化，建设法治化营商环境，实行统一的市场监管，建立健全社会征信体系，健全优胜劣汰市场化退出机制，完善企业破产制度；完善主要由市场决定价格的机制，就是把"凡是能由市场形成价格的都交由市场，政府不进行不当干预"[2]；建立城乡统一的建设用地市场，就是"在符合规划和用途管制前提下，允许农村集体经营性建设用地出让、租赁、入股，实行与国有土地同等入市、同权同价"[3]；完善金融市场体系，就是要扩大金融业对内对外开放，推进政策性金融机构改革，健全多层次资本市场体系，完善保险经济补偿机制，鼓励金融创新，完善人民币汇率市场化形成机制，加强金融监管；深化科技体制改革，就是要鼓励原始创新、集成创新、引进消化吸收再创新，市场引导技术创新并配置各类创新要素，建立产学研协同创新机制，建设国家创新体系，加强知识产权运用和保护，整合科技规划和资源，加大对基础性、战略性、前沿性科学研究和共性技术研究的支持等。

  市场不是万能的，会存在失灵的现象。西方古典经济学设想的理性经济人、完全竞争市场、市场信号在市场中及时、顺畅、无成本地流转等前提条件在现实

---

[1][2][3]　中共中央文献研究室编：《十八大以来重要文献选编》（上），中央文献出版社2014年版，第517~519页。

中是不存在的，现实中人的选择受情感等因素的影响往往并不能做出最优的决策，市场也是不完全竞争市场，充斥着垄断、自然和人为的壁垒等，市场信号存在失灵的现象。市场调节通常具有自发性、盲目性、滞后性的特征，容易造成部分商品和要素价格扭曲、生产过剩、资源浪费等。市场在解决外部性问题、消除贫富差距、提供公共物品等方面也是缺乏效率的。因此，"市场设计并不是要么市场、要么政府的问题，而是市场加上政府才能解决的问题"①。

三、更好发挥政府的作用

习近平指出："更好发挥政府作用，不是要更多发挥政府作用，而是要在保证市场发挥决定性作用的前提下，管好那些市场管不了或管不好的事情。"② 更好发挥政府作用要求科学的宏观调控，有效的政府治理。政府的职责和作用主要是"保持宏观经济稳定，加强和优化公共服务，保障公平竞争，加强市场监管，维护市场秩序，推动可持续发展，促进共同富裕，弥补市场失灵"③。

政府要加强市场监管，维护市场秩序。发挥市场在资源配置中的决定性作用，是要杜绝政府的不当干预、过多干预，同时还要着力解决"市场体系不完善"和"监管不到位"的问题。政府要针对垄断、欺行霸市、不正当竞争、制假造假、虚假宣传、非法集资、传销等不正当市场行为进行监管，统一市场规则，维护市场秩序。政府要为市场机制的充分发挥提供制度保障，要制定公开透明的竞争规则，建立包含反垄断法、反不正当竞争法、反倾销法、消费者权益保护法、破产法、拍卖法等内容的较为完善的社会主义市场法律制度体系，建立明晰的产权制度、权威的监管制度。政府要引导市场主体树立法治思维和"底线"思维，弘扬法治精神，严厉打击破坏社会主义正常市场秩序的行为；要引导市场主体树立和践行社会主义核心价值观，倡导诚实守信、公平正义、契约精神，宣扬有利于市场交易顺利进行的风俗和习惯。

政府要对宏观经济进行科学调控。政府要搭建起可以推动社会生产力发展、保证社会生活有序、安全的总体生产力框架，加强能源、交通运输、信息通信、数据网络、科研与技术服务、文化教育、医疗卫生、生态等领域的大型公共基础设施和骨干网络建设，强化国有经济在煤炭、石油、天然气、核能源、钢铁等关

---

① 麦克米兰：《市场演进的故事》，中信出版社2006年版，第228页。
② 《习近平关于社会主义经济建设论述摘编》，中央文献出版社2017年版，第66页。
③ 中共中央文献研究室编：《十八大以来重要文献选编》（上），中央文献出版社2014年版，第500页。

系国民经济命脉和国家安全的重要行业以及医疗卫生、供水供电、公共健身设施等显著影响民生的重要行业中的主导地位，增强政府在提供公务服务、加强社会管理、保护生态环境等方面的职责。政府利用投资、税收政策、货币政策等经济手段营造均衡平稳的经济运行环境，积极参与国际宏观经济政策协调，减少国内国际经济周期波动的负面影响，防范行业性、区域性、系统性风险，稳定市场预期，促进经济稳定健康可持续发展。政府要增强宏观调控的前瞻性、针对性、协同性，依据不断变化的世情国情党情制定符合我国社会主义现代化建设实际的国家发展战略和规划并坚决贯彻实施，把控全局，高瞻远瞩，引导市场主体作出和国民经济发展长远目标相一致的决策，引导资源流向新能源、新材料、新医药、高端装备制造等关系经济发展全局、有利于提高产业发展技术含量、可以增强国民经济核心竞争力的基础性、战略性产业以及空天海洋、信息网络、生物技术、核技术等重点投资领域和项目，引导资源流向有助于经济结构战略升级、生产力布局优化的领域和产业等。政府致力于构建自力主导型开放体系，鼓励自主创新，打造自主品牌，在提升自身实力的基础上增加在行业标准制定、产品定价等方面的发言权，通过扩大内需降低对外贸易依存度，平衡对外贸易收支，实现外汇储备多元化，促进利用外资由引进数量向引进质量转变，坚持在涉及国家战略资源开发、国家安全的行业或部门中坚持利用自有资金独立自主谋求发展，确保经济安全。

政府要调节收入分配。政府要充分发挥市场在调节初次分配、通过合理收入差距激发劳动者积极性、优化资源配置的重要作用；也要纠正初次分配中因现行体制、制度中的不合理规则而造成的诸如东西部地区居民收入过大、城乡居民收入差距过大、垄断行业职工收入明显高于非垄断行业职工收入等明显有失公平的收入差距，避免因损害社会公平而影响经济效率①。再分配中，政府要通过征收个人所得税、完善财产税等税收调节手段，通过不断完善失业保险制度和基本养老保险制度、建立侧重于扶助低中收入阶层并覆盖全体社会成员的社保体系等社会保障制度，通过加大对中西部地区、贫困边远地区的财政支持力度、加大在教育方面的支出、加强对残疾人、鳏寡孤独等困难群体的救助和帮扶等转移支付手段，对收入进行"抽肥补瘦"式的调节，让全体人民共享经济改革和发展的成果，维护社会公平，实现共同富裕②。

---

①② 冯新舟、何自力：《中国模式中的市场与政府关系——政府主导下的社会主义市场经济》，载于《马克思主义研究》2015年第11期，第50～58页。

四、辩证地处理好政府和市场关系

处理好政府和市场关系要坚持辩证法，把"看不见的手"和"看得见的手"都用好。

作为两种基本的资源配置方式，市场与政府在推动经济发展过程中均发挥着非常重要的作用，市场在有效传导信息、实现产品优胜劣汰、鼓励技术创新等方面具有优势，政府则在限制垄断、克服外部性、提供公共品、解决信息失灵问题、保障公平等方面作用突出；同时，二者又都存在缺陷，市场存在外部性、信息失灵、导致贫富差距等失灵现象，政府则存在官僚机构低效与浪费、内部性与政府盲目扩张、寻租等缺陷。为了克服缺陷，市场与政府只有相互配合，相互补充，共同作用于经济发展，才能促进经济健康、稳定、可持续发展。辩证地处理好政府和市场关系并不是简单地市场作用多一点、政府作用少一点的问题，而是要科学厘清政府和市场的边界。凡属市场能发挥作用的领域，要充分发挥其决定性作用，打破行业、地域壁垒，利用市场机制优化资源配置；政府要简政放权，不能干预过多，更不能不当干预。凡属"市场管不了或管不好的事情"，政府应当主动补位，更好发挥作用，要管到位，管出水平，要在尊重市场规律的基础上通过改革、出台政策、制定规划、法治等激发市场活力、引导市场预期、明确投资方向、规范市场行为。要找准市场和政府的最佳结合点，切实把二者的优势都充分发挥出来，更好地体现社会主义市场经济体制的特色和优势。

第四节 社会主义市场经济探索的主要经验

一、坚持和发展马克思主义经典作家关于社会主义经济的理论

筚路蓝缕，以启山林。毋庸讳言，深化经济体制改革、建立社会主义市场经济体制是一个复杂的系统工程，也是一个逐步积累、循序渐进的过程，有其自身的发展规律。回顾总结历史，是为了更好地面向未来，走好以后的路。新中国成立70年来，我国在对社会主义和市场经济的认识不断深化、科学化，在对原有理论不断突破、丰富、发展的过程中，逐步建立起了中国特色社会主义市场经济体制，形成了中国特色社会主义市场经济理论。

总结市场化方向改革实践经验和规律，可以为未来我国社会主义市场经济的发展提供有价值的启示和借鉴。

马克思恩格斯关于社会主义经济的理论是在一百多年前提出的一种预见性构想。他们在运用历史唯物主义分析资本主义基本矛盾的基础上提出社会主义社会必须实行生产资料公有制、有计划地开展社会生产以及按劳分配等，这些伟大思想直到今天仍然有助于我们科学认识社会主义生产关系本质、社会主义取代资本主义的必然性以及人类历史的未来走向等重大理论问题。

马克思恩格斯关于社会主义经济基本特征的预见是在分析资本主义制度的基础上提出来的，具有历史性。在马克思、恩格斯所处的时代，社会生产力水平远未达到20世纪的水平，还没有社会主义的实践，商品经济还未发展到现代商品经济阶段，还无法预想到社会主义国家作为一个高度集中的统一负责生产和分配的单位的不合理性，对社会主义经济关系的设想只是提出原则，基于此，他们把商品生产同私有制、无政府状态、剥削联系在一起，认为社会主义条件下不存在商品生产。

但是，马克思恩格斯关于社会主义经济基本特征的预见是对社会主义经济区别于资本主义经济的最一般、最基本特征的高度抽象，是对社会主义经济基本轮廓和方向的设想，还没有提出未来社会经济如何运转的蓝图，更不可能提出社会主义条件下如何组织生产、交换、分配、消费的具体形式，也绝不能教条地被当作现阶段建设社会主义的具体模式。同时，马克思、恩格斯关于社会主义经济的理论并不是对社会主义现实经济关系的概括，认识上不可避免会出现片面性甚至部分观点的有待商榷性。因此，它只是社会主义经济理论的起点，必然随着社会主义经济建设实践的发展而不断突破、丰富和发展。

二、生产力水平落后国家建设社会主义不可跨越市场经济阶段

马克思恩格斯是在生产力高度发达的资本主义社会基础上探索建立社会主义，主张实行计划经济。现实中，社会生产力水平还不发达，如何在生产力水平相对落后国家建设社会主义一直是摆在我们面前的重大课题。显然，苏联、东欧、改革开放前中国的实践都已经证明，高度集中的计划经济体制并不适应生产力水平落后国家的现实需求，无法有效推动社会生产力的快速健康发展，也无法充分发挥社会主义的优越性。改革开放后，中国先后经历了"计划经济为主，市场调节为辅"阶段、"有计划的商品经济"阶段、建立社会主义市场经济阶段、完善社会主义市场经济阶段，对社会主义和市场经济的认识不断深化、科学化，社会生产力获得极大

发展，经济发展取得辉煌成就，社会主义的优势得以体现，在不断的探索实践中回答了在生产力水平落后国家如何建设、巩固社会主义这一重大问题。可以肯定地说，建设社会主义不能脱离现实的社会发展基础，市场配置资源仍是目前最有效率的形式，生产力水平落后国家建设社会主义不可跨越市场经济阶段，需要发挥市场在资源配置中的决定性作用，需要在市场机制的作用下实现资源优化配置、整个经济充满生机活力、创新创业勃兴、让一切创造社会财富的源泉充分涌流。

三、要妥善处理政府与市场的关系

市场经济本身没有姓"资"姓"社"之分，也不是资本主义社会所独有，一个社会市场经济的性质是由这个社会社会制度的性质决定的。现实中，几乎所有社会的经济都是既包含市场经济又包含政府作用的"混合经济"。只要市场经济有利于解放和发展社会生产力，有利于增强综合国力，有利于提高人民的生活水平，就应该被采用。现阶段，我国的社会主义建设中还存在多种所有制经济，不同所有制经济之间以及同一所有制经济内部还存在着交换，社会共同利益与成员个别利益以及个别利益之间还存在着对立冲突，社会化分工不断深化，这些因素都决定了我国的社会主义建设只有建立市场经济体制才能解放和发展生产力。

市场经济要健康运行，需要把"看得见的手"和"看不见的手"都运用好。处理好市场与政府的关系需要结合每个国家的历史、政治、经济、文化等因素适宜地做出选择安排。美国学者斯蒂格利茨曾说："政府与市场二者间需要一个平衡，但这种平衡在各个国家的不同时期和不同的发展阶段又各不相同，因此这个问题还没有统一的结论"，"政府如何作为会因国家而异"[①]。现阶段，中国要充分发挥市场在资源配置中的决定性作用，同时还要更好发挥政府作用。

四、公有制和市场经济可以结合

无论是在西方主流经济思想中，还是在传统计划经济的逻辑框架下，公有制和市场经济都是不相容的。西方主流经济思想认为，私有制可以为市场运转提供动力和信息，公有制条件下不能形成合理的价格，公有制和市场经济结合会导致效率低下。在传统计划经济的逻辑框架下，公有制是社会主义的基本特征，市场

---

① 姜红：《不平等现象加剧是新兴国家面临的一大挑战——访诺贝尔经济学奖得主、哥伦比亚大学教授约瑟夫·斯蒂格利茨》，载于《中国社会科学报》2014年4月28日。

经济是资本主义的基本特征,二者水火不容。

中国探索建立社会主义市场经济的实践证明,公有制和市场经济可以有机结合。建立社会主义市场经济要毫不动摇坚持公有制的主体地位,坚持公有制的主体地位不影响市场机制作用的发挥,二者相互融合,其中的关键在于使企业尤其是国有企业成为市场主体,既保证了我国的社会主义性质,又充分发挥了市场经济效率优势。

第七章

经济改革和基本经验

新中国 70 年的发展历程是不断改革创新的历程,没有改革创新,就没有今天的伟大成就。对新中国 70 年以来的经济改革历程进行总结,有助于新时代全面深化改革和全面建设社会主义现代化国家,实现民族复兴。

第一节 改革开放前经济体制的变革

一、公有制的建立和计划经济体制的形成

(一) 公有制的建立

新中国成立后,从 1949 年至 1952 年为国民经济恢复时期。在这一时期,中国共产党领导中国人民,没收了官僚资本,进行了土地革命,形成了包含国有经济、小农经济、私人资本主义等多种经济成分并存的所有制结构。从 1953 年开始,随着第一个五年计划的实施,开始了工业化和生产资料的社会主义改造的过程。在这一过程中,对资本主义工商业采取委托加工、计划订货、统购包销、委托经销代销、公私合营、全行业公私合营等一系列从低级到高级的国家资本主义的过渡形式,最后实现了马克思和列宁曾经设想过的对资产阶级的和平赎买。对个体农业,遵循自愿互利、典型示范和国家帮助的原则,创造了从临时互助组和常年互助组,发展到半社会主义性质的初级农业生产合作社,再发展到社会主义性质的高级农业生产合作社的过渡形式。对于个体手工业的改造,也采取了类似的方法。到 1956 年,全国绝大部分地区基本上完成了对生产资料私有制的社会

主义改造。这项工作中虽然有要求过急，工作过粗，改变过快，形式也过于简单划一的不足，但整体来说，在一个几亿人口的大国中比较顺利地实现了如此复杂、困难和深刻的社会变革，促进了工农业和整个国民经济的发展，这的确是伟大的历史性胜利。①

社会主义改造过程完成后，生产资料公有制的主体地位确立，从而为计划经济体制的确立奠定了基础。

（二）计划经济体制的形成和局部变革

以什么样的经济管理体制促进和推动生产力的发展，一直是新中国成立以后需要探索解决的重大课题。

马克思恩格斯在预见未来的社会主义制度时曾指出："一切生产部门将由整个社会来管理，也就是说，为了公共的利益按照总的计划和在社会全体成员的参加下来经营。"②"劳动时间的社会的有计划的分配，调节着各种劳动职能同各种需要的适当的比例。"③并指出："社会对自己的劳动时间所进行的直接的自觉的控制——这只有在公有制之下才有可能。"④

新中国成立初期和第一个五年计划期间，我国面临着实现全国财政经济统一、对资本主义工商业进行社会主义改造和开展有计划的大规模经济建设的繁重任务，在这样特殊的历史环境、特定的经济、政治任务要求的条件下，一方面我们以马克思主义经典作家的思想为指导，另一方面我们学习苏联的做法，当然也有我们自己对当时国情的认识，我们逐步建立起全国集中统一的经济体制。那个时候，在许多方面还没有统得很死，而且在社会主义改造的方法和步骤上坚持了从中国实际出发，有很大的创造。但是，随着社会主义改造的基本完成和我国经济发展的规模越来越大，原来为限制和改造资本主义工商业所采取的一些措施已不再适应新的形势，经济体制方面某些统得过多过死的弊端逐渐显露出来。

1956年，在党的第八次全国代表大会上和大会前后，党中央已经觉察到这个问题，并提出了某些改进措施。但是，由于当时对于如何进行社会主义建设毕竟经验不足，长期以来在对社会主义的理解上形成了若干不适合实际情况的固定观念，特别是受1957年以后党在指导思想上的"左"倾错误的影响，把搞活企

---

① 《中国共产党中央委员会关于建国以来党的若干历史问题的决议》，人民出版社1981年版，第14页。
② 《马克思恩格斯选集》第1卷，人民出版社1972年版，第217页。
③ 马克思：《资本论》第1卷，人民出版社1975年版，第96页。
④ 《马克思恩格斯选集》第4卷，人民出版社1972年版，第365页。

业和发展社会主义商品经济的种种正确措施当成"资本主义",结果就使经济体制上过度集中统一的问题不仅长期得不到解决,而且发展得越来越突出。这一期间多次实行权力下放,但都只限于调整中央和地方、条条和块块的管理权限,没有触及赋予企业自主权这个要害问题,也就不能跳出原有的框框。① 直到1978年党的十一届三中全会之前,我们所进行的经济体制的多次变革,实际上是在计划经济体制框架内进行的。

二、计划经济体制的历史作用和弊端

(一)计划经济体制的历史作用

历史地看,在新中国成立初期特定的情况下,计划经济体制对建立独立的、完整的工业体系和国民经济体系,对建立富强、民主、文明的现代化的社会主义国家必不可少的物质基础等,起过许多积极的作用。

第一,保证了第一个五年计划顺利完成。1953~1957年以奠定工业化基础、以重工业带动现代化为基本任务的第一个五年计划,设立了5年内全国工农业总产值平均增长8.6%的目标,其中包括工业总产值要5年共增长98.3%,平均每年增长14.7%的目标。到1956年,"一五"计划提前完成。到1957年,新中国工业总产值增长超过计划指标,年均增长18%,农副业总产值达到计划指标的101%。这一期间多种所有制经济并存、市场与计划并存,有力地促进了工业化的发展,社会总产值平均每年增长11.3%,工农业总产值平均每年增长10.9%,国民收入平均每年增长8.9%。②

第二,逐步建立起了较为完整的工业体系和国民经济体系。以社会主义改造的顺利完成和"一五"计划的成功实施为起点,开始了全面的社会主义经济建设。其间,逐步建立起了较为完整的工业体系和国民经济体系,工业、农业、商业和交通运输业等都得到很大的增长与发展,人民的生活水平也有了显著改善。从1957年底到1978年底,按可比价格计算,社会总产值增长3.25倍,工业总产值增长5.99倍;从1958年到1980年,全国基本建设新增固定资产4339.39亿元,是"一五"计划时期的8.82倍。③ 基本建设新增生产能力与"一五"计划

---

① 《中共中央关于经济体制改革的决定》,人民出版社1984年版,第9页。
② 武力主编:《中华人民共和国经济史》(上册),中国经济出版社1999年版,第221~222、365~371页。
③ 武力主编:《中华人民共和国经济史(上册)》,中国经济出版社1999年版,第4页。

时期相比有大幅增长，如表 7-1 所示。

表 7-1　　　　　　　　1958～1978 年基本建设新增生产能力

产品	新增生产能力	与"一五"计划相比（倍）
炼钢	2911.3 万吨	10.34
煤炭开采	36510 万吨	5.73
发电机组容	4859.5 万千瓦	19.68
石油开采	10973 万吨	83.64
化肥	1132.53 万吨	122.57
水泥	4614 万吨	17.66
棉纺锭	830 万锭	4.13
机制糖	234.8 万吨	3.79
自行车	318.6 万辆	6.37
新建铁路里程	18458 公里	4.43
新建公路	153316 公里	1.84

资料来源：武力主编：《中华人民共和国经济史（上册）》，中国经济出版社 1999 年版，第 4 页。

第三，综合国力有所增强。截至 1978 年底，近 30 年以来，综合国力与新中国成立初期相比有了很大的提高，独立的工业体系已经初步得以建立，近 10 亿人口的温饱问题得以解决，地区间经济发展水平的差距得以改善。1952 年，第一产业增加值和劳动力占比分别为 51.0% 和 83.5%，第二产业增加值和劳动力占比分别为 20.8% 和 7.4%，第三产业增加值和劳动力占比分别为 28.2% 和 9.1%。[①] 到 1978 年，国内生产总值达 3588.1 亿元，人均国民生产总值为 375 元人民币；在国民生产总值中，第一产业占比 28.4%，第二产业占比 48.6%，第三产业占比 23%；第一、第二和第三产业从业人员占比分别为 70.5%、17.4% 和 12.1%。[②] 由此可见，与 1952 年相比，产业结构也得到较大的改善，工业化水平有所提高。

---

① 国家统计局：《系列报告之三：经济结构不断优化升级，重大比例日趋协调》，2009 年 9 月 9 日，http://www.stats.gov.cn/ztjc/ztfx/qzxzgcl60zn/200909/t20090909_68635.html。

② 武力主编：《中华人民共和国经济史》上册，中国经济出版社 1999 年版，第 786 页。

(二) 计划经济的弊端

计划经济在特定条件下促进经济发展的同时，也存在政企职责不分、条块分割、国家对企业统得过死、忽视价值规律的作用、轻视企业自身物质利益等弊端。

第一，决策权高度集中，决策效率低下。计划经济条件下的中央计划机关拥有集中决策权，靠行政命令方式强制部门和企业执行计划指令，部门和企业没有自主决策权，而计划的实施常常难以确保生产和需求的平衡，供给短缺与资源浪费并存，决策效率低下。

第二，缺乏经营自主权，企业缺乏活力。计划经济条件下的企业隶属于行政主管部门，以接受和执行上级行政部门下达的行政命令为基本职能，不能独立进行经营决策，缺乏活力，生产积极性和主动性不高。

第三，轻视企业的物质利益，经营效率低下。在计划经济条件下，企业经营所需的资金全部由国家财政拨付，企业经营中所形成的利润全部上缴国家财政，企业只是完成计划指标的工具，自身没有独立的物质利益，缺乏改进管理、推动技术进步的内在动力，经营效率低下。

第四，生产要素缺乏流动性，资源配置效率不高。在计划经济条件下，生产资料和消费资料按计划进行调拨和配给，商品货币关系不能发挥调节作用，实行城乡人口隔离的户籍制度和对城镇就业人口统一分配的政策，造成了大量劳动力被束缚于农业，难以在城乡之间自由流动，这些都制约了要素配置效率的提高。

计划经济体制在一定程度上不利于提高企业经营管理水平，不利于推动技术进步，不利于社会主义制度优越性的充分发挥，因此，对计划经济体制进行改革势在必行。

第二节 改革开放新时期的经济改革

一、改革开放新时期的经济改革实践

(一) 以农村改革为重点的改革探索

随着时间的推移，传统计划经济体制的弊端逐渐显露。党的十一届三中全会冲

破长期"左"的错误的严重束缚，果断结束"以阶级斗争为纲"，重新确立了马克思主义的思想路线、政治路线、组织路线。从此，我国改革开放拉开了大幕。

我国经济体制改革首先从农村土地经营体制改革开始。农村土地经营体制的改革以恢复和建立家庭联产承包责任制为核心，经历了从"包产到组""包产到户""包干到户"等形式的责任制的改革过程。1978年12月，安徽凤阳小岗村的18位农民开创了家庭联产承包责任制的先河，最早将村内的土地分开承包，使其在1979年实现了粮食产量的大幅增长。党的十一届三中全会后，生产队和农民的自主权得到保障，在《中共中央关于加快农业发展若干问题的决定》中提出的"要建立和健全农业生产责任制"的精神指导下，农业生产责任制得以不断恢复。最初，责任制以包工到组和包产到组为主，但是由于这两种责任制坚持生产队统一经营和分配，使分配上的平均主义未能得到有效解决。因此，包产到户迅速发展起来。1980年，小岗村"大包干"的做法得到了邓小平同志的公开肯定。1982年1月，中共中央发布了关于农村工作的1号文件，批转了《全国农村工作会议纪要》，明确指出农村实行的包括包产到户和包干到户在内的责任制都是社会主义集体经济的生产责任制。1983年中央下发文件进一步指出，家庭联产承包责任制是在党的领导下中国农民的伟大创造，充分肯定了其在农村经济体制改革中的地位和作用。到1984年，家庭联产承包责任制在全国范围内得以普遍实行。

以家庭联产承包责任制为核心的农村经济体制改革打破了计划经济体制下土地集体经营的模式，确立了建立在农村土地集体所有基础上由家庭承包经营的新型农业生产经营模式，扩大了农民的自主经营权，解放了农村的生产力，使农业经营方式过于单一的状况得到了根本的改善。更为重要的是，农村扩大自主经营权的改革不仅促进了计划经济体制在农村的逐步解体，还为后续的以城市为中心的经济改革提供了示范。随后，在城市也逐步开展了扩大企业经营自主权的试点工作。

(二) 以城市为重点的全面改革

在改革开放的初期，与农村改革相同步，城市也开始进行扩大企业自主权和实行经济责任制的初步改革尝试。从1978年10月四川宁江机床厂等六个企业扩大企业自主权的试点开始，国家开始对国家与企业间的权限进行初步的划分，初步明确了企业作为相对独立的生产经营主体应该承担的责任和所具有的权益。在企业扩大权限方面，主要是在完成国家计划任务之后，企业可以根据市场需求补充生产计划，并按国家规定的价格销售，实行利润留成。扩大自主权的试点大大提高了企业的积极性，但是还存在企业只负盈不负亏、偏重于财政让利的弊端。1981年，国家明确提出推广在首钢等企业内部建立的以利润指标为主的经济责任制度的要求。以城市为重点的全面改革是从1984年开始的。

1984年10月召开的党的十二届三中全会通过了《中共中央关于经济体制改革的决定》，是第一个全面的经济体制改革纲领。该决定提出将以农村改革为中心向以城市改革为中心转移，并将"公有制基础上的有计划的商品经济"确立为经济体制改革的目标模式。以此为目标，以城市为中心的各项改革逐渐展开。

第一，国家逐步缩小指令性计划、扩大市场调节的范围。在农业生产和分配方面，取消农产品统购统销，只对粮食等关系国计民生的农产品规定指令性计划指标，在完成指标基础上，可自由销售；在工业交通生产和分配方面，仅对煤炭、原油等重要工业品中由国家统一分配调拨部分和重要物资的货运实行指令性计划，除此之外的改为指导性计划；在建设方面，国家只对预算内拨改贷、纳入国家信贷和来源于国外融资的基本建设实行指令性计划。

第二，国家对城市中的微观经济主体进行了扩大经营自主权的改革。过去计划经济体制下，政府对企业统得过多、管得过死，降低了企业生产经营的自主性。为此，国家开始对政府和企业间的关系进行改革，将增强企业活力作为经济体制改革的中心环节，逐步减少政府对企业经营活动的干预，增加企业经营方式选择的自主权，包括承包经营责任制和租赁经营制等，并开始开展股份制改革和国有企业改革，逐步试行政企分开，使企业依据市场变化从事经营活动。

第三，改革投资、金融和流通等宏观管理体制，以适应市场发展。在投资体制改革方面，拓宽了投资渠道，在增加外资引进之外，通过基建投资"拨改贷"和发行债券等方式充实国内资金；在金融体制改革方面，改变了"大一统"的银行机构设置，初步建立了中国人民银行执行中央银行职能，四大专业银行为商业银行的银行结构体系，并开始改革"统存统贷"的管理体制，改为存贷差额控制；在商业流通改革方面，开放了农贸市场，缩小了统购统销的农产品的范围，实行合同订购和市场收购，改革日用工业品固定供应的体制，实行减少批发层次、建立城市贸易中心的改革。

第四，国家对价格体系进行了"调放结合、以放为主"的改革。在价格改革上，逐渐调整比价，缩小计划价格范围，实行固定价、浮动价和市场价格等多种价格形式，赋予了地方企业更多的定价权；在工资制度改革上，国家机关和事业单位逐步实行以职务工资为主要内容的结构工资制改革，企业则实行了将奖励和企业经济效益挂钩的改革。

（三）建立社会主义市场经济体制

我国传统的集中计划体制存在的主要弊端是政企职责不分、忽视商品生产和市场作用，严重束缚了生产力的发展。改革开放以后，我们对市场机制的认识不断深入，逐步将改革集中计划体制，建立社会主义市场经济体制确立为经济改革的目标。

党的十一届三中全会提出要按经济规律办事，重视价值规律的作用。党的十二大提出"计划经济为主、市场调节为辅"。1984年10月党的十二届三中全会提出社会主义经济"是在公有制基础上的有计划的商品经济"的论断。党的十三大提出"有计划商品经济的体制应该是计划与市场内在统一的体制"。1992年春邓小平在南方谈话中指出，"计划多一点还是市场多一点，不是社会主义与资本主义的本质区别。计划经济不等于社会主义，资本主义也有计划；市场经济不等于资本主义，社会主义也有市场。计划和市场都是经济手段"①。1992年10月召开的党的十四大正式宣布，"我国经济体制改革的目标是建立社会主义市场经济体制"，并指出，"我们要建立的社会主义市场经济体制，就是要使市场在社会主义国家宏观调控下对资源配置起基础性作用，使经济活动遵循价值规律的要求，适应供求关系的变化；通过价格杠杆和竞争机制的功能，把资源配置到效益较好的环节中去，并给企业以压力和动力，实现优胜劣汰；运用市场对各种经济信号反应比较灵敏的优点，促进生产和需求的及时协调。同时也要看到市场有其自身的弱点和消极方面，必须加强和改善国家对经济的宏观调控。我们要大力发展全国的统一市场，进一步扩大市场的作用，并依据客观规律的要求，运用好经济政策、经济法规、计划指导和必要的行政管理，引导市场健康发展。"②

在党的十四大提出建立社会主义市场经济体制之后的二十多年间的改革实践中，我们党对社会主义市场经济的认识进一步深化。1993年11月，党的十四届三中全会通过的《中共中央关于建设社会主义市场经济体制若干问题的决定》，系统阐述了社会主义市场经济体制的基本框架，并就如何建立社会主义市场经济体制做出了具体规划。1997年9月党的十五大提出"使市场在国家宏观调控下对资源配置起基础性作用"。2002年11月党的十六大提出"在更大程度上发挥市场在资源配置中的基础性作用"。2003年10月中共十六届三中全会做出了完善社会主义市场经济体制的决定。2007年10月党的十七大提出"从制度上更好

---

① 《邓小平文选》第3卷，人民出版社1993年版，第373页。
② 《中国共产党第十四次全国代表大会文件汇编》，人民出版社1992年版，第22页。

发挥市场在资源配置中的基础性作用"。2012年11月党的十八大提出"更大程度更广范围发挥市场在资源配置中的基础性作用"。党的十八届三中全会根据我国社会主义市场经济理论和实践发展的新形势和新要求，提出了使市场在资源配置中起决定性作用和更好发挥政府作用的重大理论观点，在完善社会主义市场经济体制上迈出了新的步伐。

社会主义市场经济是对资本主义市场经济的扬弃，既体现了市场经济的一般原则，又体现了社会主义制度的基本要求，使社会主义制度的优势与市场经济的优点都得到很好发挥，具有比资本主义市场经济更加显著的优越性。

第一，社会主义市场经济以实现人的全面发展和社会成员的共同富裕为目的。在社会主义社会，随着生产资料公有制的建立和阶级对立的消失，全体社会成员成为生产资料的共同主人，生产资料不再是少数人用来剥削大多数人的手段，而成为满足社会所有成员不断提高的物质和文化需要的条件，这就为实现人的全面发展和社会的共同富裕奠定了制度基础。社会主义市场经济体制以公有制为基础，以人的全面发展和共同富裕为目标，要求在建立和完善社会主义市场经济的过程中，建立一系列有效的体制机制以保障人民的利益，如坚持和完善基本经济制度，保障人民的共同利益，促进非公有制经济的健康发展；调整收入分配格局，维护社会公平正义，解决好收入差距问题；努力完善民生保障体制，努力做到学有所教、劳有所得、病有所医、老有所养、住有所居，等等。

第二，建立起了以公有制为主体、多种所有制共同发展的所有制结构。公有制为主体表明社会主义市场经济主要是以公有制为基础，公有制与市场经济的结合使市场经济自身的盲目性、自发性、滞后性得到有效克服，充分发挥了市场经济的优点。公有制占主体地位，意味着作为公有制主要实现形式的国有经济可以通过强大的控制力、影响力和竞争力发挥对国民经济的主导作用，增强市场经济运行的稳定性、协调性，防止出现大起大落。公有制是社会共同利益的制度保证，公有制企业有助于形成和谐劳动关系，提高市场经济的和谐性。多种所有制经济共同发展适应了我国现阶段生产力的发展要求，各种所有制经济在社会主义市场经济中相互竞争、各展所长、共同发展，有利于繁荣城乡经济、增加财政收入、扩大社会就业、改善人民生活、优化经济结构、增强市场经济的活力。

第三，建立起了以按劳分配为主体、多种分配方式并存的分配制度。按劳分配为主体、多种分配方式并存的分配制度是由公有制为主体、多种所有制共同发展的所有制结构所决定的。按劳分配是社会主义市场经济的主要分配原则，实行按劳分配可以把国家、集体和劳动者的个人利益、长远利益和短期利益结合起来，有利于实现社会分配的公平和公正，有利于社会成员之间建立平等和谐的经济关系，有利于共同富裕目标的最终实现，充分体现社会主义的本质和社会主义制度的优越性。在社会主义市场经济条件下，坚持多种分配方式并存，允许资本、知识、技术、信息、管理、土地和其他自然资源等生产要素按贡献参与分配，有利于调动各经济主体的积极性，让一切劳动、知识、技术、管理和资本的活力充分释放，使各种资源都得到充分有效的利用，使创造社会财富的源泉充分涌流。多种分配方式并存保证了社会主义市场经济中一切有利于生产力发展的积极因素得到充分调动，有利于优化资源配置，有助于促进经济发展。

第四，构建了由市场发挥决定性作用、更好发挥政府作用的资源配置方式。在社会主义市场经济中，市场对资源配置发挥决定性作用，是由市场经济的性质决定的。经济发展就是要提高资源尤其是稀缺资源的配置效率，以尽可能少的资源投入生产尽可能多的产品、获得尽可能大的效益。市场配置资源是最有效率的形式，市场决定资源配置是市场经济的一般规律，市场经济本质上就是市场决定资源配置的经济。市场在社会主义市场经济中对资源配置发挥决定性作用，不等于发挥全部作用，政府的调节作用也是不可或缺的。社会主义市场经济是公有制为主体的市场经济，公有制决定了政府不仅是市场规则的制定者和宏观经济的干预者，而且是全民所有的生产资料所有权和社会共同利益的总代表，这决定了政府能够集中丰富资源调节经济运行，政府要从最广大人民根本利益要求出发制定经济发展战略，引导国民经济沿着正确的方向发展，政府不但要用财政和货币等经济政策手段干预经济，还要运用经济规划、统筹协调、市场监管、产业政策等手段规范经济秩序，调节经济运行，特别是政府要对收入分配发挥调节作用，最大限度地维护社会公平正义，促进社会和谐。健全和完善社会主义市场经济，关键要处理好政府和市场的关系。正确处理政府与市场关系，要坚持两点论和重点论的辩证统一，要找准市场和政府的最佳结合点，使作为"看不见的手"的市场和"看得见的手"的政府有机结合，切实把市场和政府的优势都充分发挥出来，更好地体现社会主义市场经济体制的特色和优势。

二、改革开放的理论创新

改革开放以来，我们党在总结改革开放的实践经验和集中学术界理论探索成果的基础上，提出了包括社会主义本质理论、社会主义初级阶段理论、社会主义市场经济理论、社会主义分配理论、社会主义对外开放理论等在内的一系列理论创新成果，丰富和发展了马克思主义政治经济学。

（一）社会主义本质理论

社会主义本质理论回答了在社会主义初级阶段建设什么样的社会主义的问题。邓小平指出："社会主义的本质，是解放生产力，发展生产力，消灭剥削，消除两极分化，最终达到共同富裕。"① 这一理论包括对社会主义条件下生产力与生产关系基本特征的科学阐释。

第一，突出了社会主义的本质是通过"解放生产力，发展生产力"实现物质财富极大丰富。历史唯物主义认为，生产力是推动人类历史进步的根本动力，高度发达的社会生产力是最终实现共产主义的基础，社会主义只有解放和发展生产力，实现生产力的快速发展，才能显示出比资本主义更大的优越性。传统的计划经济体制虽然对经济发展具有促进作用，但是其弊端也制约了生产力的发展，社会主义的本质要求解放和发展生产力，就必须对传统的计划经济体制进行改革。邓小平指出，"社会主义基本制度确立以后，还要从根本上改变束缚生产力发展的经济体制，建立起充满生机和活力的社会主义经济体制，促进生产力的发展，这是改革，所以改革也是解放生产力，过去只讲在社会主义条件下发展生产力，没有讲还要通过改革解放生产力，不完全。应该把解放生产力和发展生产力两个讲全了。"②

第二，突出了社会主义的本质是以人为本的发展，实现"消灭剥削，消除两极分化，最终达到共同富裕"。消灭剥削、消除两极分化、实现共同富裕，是社会主义的本质要求，体现了社会主义与资本主义的本质不同。资本主义是建立在私有制和雇佣劳动基础上的剥削制度，资本主义的内在矛盾决定了资本主义制度必然灭亡，社会主义必然胜利，社会主义条件下全体社会成员共同占有生产资料，共同进行劳动、共同占有和分享劳动产品，全体劳动者的根本利益是一致的，消灭了剥削，消灭了压迫，实现共同富裕和自由而全面的发展。

社会主义本质的两个方面紧密联系、不可分割。解放生产力和发展生产力是消灭剥削、消除两极分化、最终达到共同富裕的前提和基础，后者是前者所最终要实现的目标，体现了社会主义社会生产力与生产关系的统一、物质基础和社会关系的统一、根本目标和根本手段的统一，全面揭示社会主义的本质内涵。社会主义本质理论是科学社会主义理论的重大发展，将我们对社会主义的认识提高到新的水平，对建设有中国特色社会主义具有十分重要的指导意义。

---

① 冷溶、高屹主编：《学习邓小平同志南巡重要谈话》，人民出版社1992年版，第87页。
② 《邓小平文选》第3卷，人民出版社1993年版，第370页。

(二) 社会主义初级阶段理论

社会主义初级阶段理论着力回答中国的社会性质及其发展程度这一理论问题。社会主义初级阶段包括两层含义：第一，我国已经是社会主义社会；第二，我国还处在社会主义的初级阶段。社会主义初级阶段理论是对科学社会主义理论的创新和发展，是马克思主义政治经济学中国化的重要理论成果。

在推动改革开放和社会主义现代化建设的过程中，我们党不断深化对社会主义初级阶段主要特征的认识。党的十五大对社会主义初级阶段的主要特征进行了最为系统的阐述：一是逐步通过发展社会生产力摆脱不发达状态，基本实现现代化的历史阶段；二是由农业人口占很大比重的农业国，逐步转变为非农业人口占多数，基本实现工业化的历史阶段；三是由自然经济和半自然经济占很大比重，逐步转变为经济市场化程度较高的历史阶段；四是由文盲半文盲人口占很大比重，逐步转变为科技教育文化比较发达的历史阶段；五是由贫困人口占很大比重、人民生活水平比较低，逐步转变为全体人民比较富裕的历史阶段；六是由地区经济文化很不平衡，通过有先有后的发展，逐步缩小差距的历史阶段；七是通过改革和探索，建立和完善比较成熟的充满活力的社会主义市场经济体制和其他方面体制的历史阶段；八是广大人民牢固树立建设有中国特色社会主义共同理想，自强不息，锐意进取，艰苦奋斗，勤俭建国，在建设物质文明的同时努力建设精神文明的历史阶段；九是逐步缩小同世界先进水平的差距，在社会主义基础上实现中华民族伟大复兴的历史阶段。

社会主义初级阶段理论对中国特色社会主义所处发展阶段问题做了系统科学的回答，是对马克思主义关于社会发展阶段的理论的重大发展、重大突破，是建设中国特色社会主义的总依据，是制定建设社会主义的路线、方针和政策的基本出发点。

(三) 社会主义市场经济理论

社会主义市场经济理论回答的是"中国经济体制改革的目标及其方式"这一理论问题。

党的十四大确立了社会主义市场经济体制的改革目标，提出要使市场在国家宏观调控下对资源配置起基础性作用。此后社会主义市场经济的内涵在实践中不断得以丰富和发展。社会主义市场经济理论主要包括对计划经济和市场经济的三个重要认识：一是计划经济不等于社会主义，市场经济不等于资本主义；二是计划和市场都是经济手段，资本主义可以有计划，社会主义可以有市场；三是市场经济作为资源配置方式可以和不同的社会制度相结合。

社会主义市场经济是中国首创的市场经济新类型。市场经济是通过价格、供求、竞争等市场机制对全社会的资源进行配置的经济。在市场经济中，参与主体自主经营、自担风险，价格由供求决定，生产要素自由流动，政府通过经济和法律手段对经济主体的活动进行宏观调控，遵循国际经济交往中通行的惯例和规则。但"市场经济不是一种独立的经济制度，它必然与一定的社会经济制度相结合。与资本主义经济制度相结合，就是资本主义市场经济。与社会主义经济制度相结合，就是社会主义市场经济。因此，我国强调要坚持社会主义市场经济改革的方向。"① 党的十四大明确指出，"社会主义市场经济体制是同社会主义基本制度结合在一起的。"② 社会主义与市场经济结合，是由社会主义初级阶段的本质特征决定的，社会主义初级阶段与马克思恩格斯所设想的、建立在生产力高度发达基础之上的、无需商品货币关系的社会主义还有一定的差距，这决定了建设中国特色社会主义要立足现实，要利用以市场为导向进行资源配置的经济体制。社会主义市场经济体制一方面可以充分发挥社会主义制度的优势，另一方面又能够发挥市场经济的优点，具有显著的优越性。

社会主义市场经济体制是在反思计划经济体制的弊端，发扬计划经济体制的优势基础之上所进行的创新和发展，是在深入总结各国社会主义经济建设教训和中国社会主义经济建设经验基础上进行的创新和发展，是我们党把马克思主义政治经济学的基本原理与中国经济改革实践相结合进行理论创新的产物，是我们党的一个伟大创举。

（四）社会主义分配理论

社会主义分配理论回答的是在公有制为主体、多种所有制共同发展的基本经济制度下，社会生产力发展的成果如何在全体人民间进行分配的问题。

新中国成立以来，特别是改革开放以来，我们党坚持马克思主义政治经济学基本原理与中国改革开放实践相结合，提出了社会主义初级阶段的分配理论。党的十三大对社会主义初级阶段分配理论做了系统阐述，主要包括三个方面的内容：第一，明确了按劳分配为主体、多种分配方式并存是社会主义市场经济中的分配原则。报告指出，在所有制和分配上，社会主义社会并不要求纯而又纯，绝对平均。在初级阶段，尤其要在以公有制为主体的前提下发展多种经济成分，在

---

① 卫兴华、李先灵：《我国确立社会主义市场经济体制的曲折历程——纪念改革开放40周年》，载于《宁夏党校学报》2019年第2期。
② 《中国共产党第十四次全国代表大会文件汇编》，人民出版社1992年版，第22页。

以按劳分配为主体的前提下实行多种分配方式,在共同富裕的目标下鼓励一部分人通过诚实劳动和合法经营先富起来。……社会主义初级阶段的分配方式不可能是单一的。我们必须坚持的原则是,以按劳分配为主体,其他分配方式为补充。第二,明确了由"先富"带动"后富"的"大政策"扩大了分配制度的外延。报告中指出,我们的分配政策,既要有利于善于经营的企业和诚实劳动的个人先富起来,合理拉开收入差距,又要防止贫富悬殊,坚持共同富裕的方向,在促进效率提高的前提下体现社会公平。第三,明确了在经济发展的基础上要更加关注社会公平。报告中提出,对过高的个人收入,要采取有效措施进行调节;对以非法手段牟取暴利的,要依法严厉制裁,使全体人民共享发展的成果。

社会主义分配理论是我们党在总结实行按劳分配的实践经验的基础上,结合我国社会主义初级阶段的基本国情,所进行的重大理论创新,丰富了马克思主义政治经济学,推动了马克思主义政治经济学的中国化,为健全和完善社会主义分配制度,逐步实现共同富裕,提供了重要理论指导。

(五) 社会主义对外开放理论

社会主义对外开放理论是中国特色社会主义理论体系的重要组成部分。社会主义对外开放理论主要包括以下几个方面的内容:

第一,实行对外开放是顺应经济全球化发展趋势的必然要求。经济全球化是社会生产力不断发展的必然结果,在经济全球化不断扩大和加深的情况下,各国经济之间日益相互依存,相互依赖。我国是国际社会的一员,中国的发展离不开世界,闭关自守导致落后,对外开放才能实现发展。中国必须主动实行对外开放,参与到国际经济体系中,抓住机遇,趋利避害,努力分享经济全球化带来的经济利益,才能实现经济的健康发展。

第二,实行对外开放是发展社会主义市场经济的必然要求。市场经济本质上是一种开放的经济,它必然要冲破地区和国家之间的限制,把不同地区和国家的市场连成一体,形成你中有我、我中有你的格局。我国实行社会主义市场经济,客观上要求实行对外开放,主动参与国际竞争,在竞争中学习国际市场运行规则,同时依靠国际市场规则开展对外经济关系,进一步扩大对外开放,更好实现经济发展。

第三,实行对外开放是经济现代化的必要条件。我国正处于社会主义初级阶段,面临着实现工业化和现代化的艰巨任务,存在着资金缺乏、科学技术落后、管理经验不足等矛盾和困难。实行对外开放可以帮助我们充分利用国外资金,弥补国内资金不足;可以引进国外的先进技术和管理经验,帮助提高我国的技术水平和管理水平；可以利用国际和国内两个市场，两种资源，可以"引进来"和"走出去"并举，提高资源配置效率，加快经济发展。

社会主义对外开放理论是我们党把马克思主义世界历史理论与中国发展具体实际相结合所进行的重大理论创新，丰富和发展了马克思主义政治经济学，推动了马克思主义政治经济学的中国化，对推动和扩大对外开放，积极参与经济全球化进程，具有重要的理论指导作用。

第三节 新时代全面深化改革

一、新时代经济改革的新任务

2012年党的十八大的召开，标志着我国进入新时代。面对坚持和发展中国特色社会主义事业，实现中华民族的伟大复兴的新目标新任务，党的十八大在总结几十年改革开放经验、分析面临新形势和新问题的基础上，对全面深化改革做出了战略部署。为落实党的十八大的战略部署，十八届中央委员会第三次全体会议对全面深化改革的若干重大问题做出决定。该决定阐述了中国全面深化改革的重大意义，总结了中国改革开放35年来的历史性成就和宝贵经验，提出了全面深化改革的指导思想、总体思路、主要任务、重大举措。该决定集中了全党和各方面的智慧，成为新形势下全面深化改革的纲领性文件，标志着中国改革开放进入到新阶段。

该决定提出："改革开放是党在新的时代条件下带领全国各族人民进行的新的伟大革命，是当代中国最鲜明的特色。""改革开放是决定当代中国命运的关键抉择，是党和人民事业大踏步赶上时代的重要法宝。""实践发展永无止境，解放思想永无止境，改革开放永无止境。面对新形势新任务，全面建成小康社会，进而建成富强民主文明和谐的社会主义现代化国家、实现中华民族伟大复兴的中国梦，必须在新的历史起点上全面深化改革，不断增强中国特色社会主义道路自信、理论自信、制度自信。"该决定提出："全面深化改革的总目标是完善和发展中国特色社会主义制度，推进国家治理体系和治理能力现代化。必须更加注重改革的系统性、整体性、协同性，加快发展社会主义市场经济、民主政治、先进文化、和谐社会、生态文明，让一切劳动、知识、技术、管理、资本的活力竞相迸发，让一切创造社会财富的源泉充分涌流，让发展成果更多更公平惠及全体人民。"对于经济体制改革,该决定提出,"紧紧围绕使市场在资源配置中起决定性作用深化经济体制改革,坚持和完善基本经济制度,加快完善现代市场体系、宏观调控体系、开放型经济体系,加快转变经济发展方式,加快建设创新型国家,推动经济更有效率、更加公平、更可持续发展。"① 同时,该决定还对政治、文化、社会、生态文明各个领域的改革做出了全面部署。

2017年党的十九大召开,习近平在十九大报告中进一步指出,改革开放发展至今,我国经济实力、科技实力、国防势力、综合国力进入世界前列,国际地位实现了前所未有的提升,党的面貌、国家的面貌、人民的面貌、军队的面貌发生了前所未有的变化,中华民族正以崭新的面貌屹立于世界的东方,"经过长期努力,中国特色社会主义进入了新时代,这是我国发展新的历史方位"。进入新时代,"中国特色社会主义的社会主要矛盾已经转化为人民日益增长的美好生活需要和不平衡不充分的发展之间的矛盾",但我国社会主要矛盾的变化,并没有改变我国处于并将长期处于社会主义初级阶段的基本国情,尽管以经济总量衡量,中国已经成为世界第二大经济体,但我国仍然是发展中国家。

在对中国特色社会主要矛盾的变化的科学判断的基础上,在党的十九大报告中,习近平进一步提出了新时代经济改革的任务。为了在2020年全面建成小康社会,要"紧扣我国社会主要矛盾变化,统筹推进经济建设、政治建设、文化建设、社会建设、生态文明建设,坚定实施科教兴国战略、人才强国战略、创新驱动发展战略、乡村振兴战略、区域协调发展战略、可持续发展战略、军民融合发展战略"②,特别强调要防范化解重大风险、精准扶贫和污染防治。同时提出了新时代经济改革的目标——即"两个一百年"的奋斗目标:从2020年到2035年,即建党一百年前后,在全面建成小康社会的基础上,基本实现社会主义现代化;从2035年到21世纪中叶,即新中国成立一百年前后,在基本实现社会主义现代化的基础上,达到社会主义现代化强国的奋斗目标。习近平指出,我国经济已由高速增长阶段转向高质量发展阶段,为了实现"两个一百年"的伟大目标,必须深化供给侧结构性改革;加快建设创新型国家;实施乡村振兴战略;实施区域协调发展战略;加快完善社会主义市场经济体制;推动形成全面开放新格局。③

---

① 《中共中央关于全面深化改革若干重大问题的决定》,人民出版社2013年版,第4页。
② 《决胜全面建成小康社会 夺取新时代中国特色社会主义伟大胜利——在中国共产党第十九次全国代表大会上的报告》,人民出版社2017年版,第27页。
③ 习近平:《决胜全面建成小康社会 夺取新时代中国特色社会主义伟大胜利——在中国共产党第十九次全国代表大会上的报告》,人民出版社2017年版,第30~34页。

二、新时代经济改革的新突破

在以习近平同志为核心的中国共产党领导下,全国人民努力奋斗,新时代经济改革取得了重大突破。

第一,围绕政府与市场关系的改革有了新突破。新时代经济体制改革是全面深化改革的重点,而正确处理政府与市场的关系是经济体制改革的核心问题。进入新时代,我们党对政府和市场关系的认识取得了重大突破,提出了"使市场在资源配置中起决定性作用和更好发挥政府作用"的论断,这是在总结过去经济改革实践历程的基础上所取得的重大的理论创新。围绕政府与市场的关系,党中央采取得力措施,深化党和国家机构改革,转变政府职能,充分发挥市场在资源配置中的决定作用,取得了一系列突破。

第二,探索基本经济制度实现形式,社会主义市场经济体制的根基得到巩固。党的十八届三中全会做出了混合所有制是"基本经济制度的重要实现形式"的重要论断,要求在全面深化改革过程中要积极发展混合所有制经济。混合所有制的发展,有利于推动我国国有经济管理体制和治理结构的创新,有利于增强国有经济的活力,也就是有利于促进公有制经济的发展。在发展混合所有制经济的探索过程中,党和国家积极地引导,把发展混合所有制与坚持公有制的主体地位和坚持多种所有制经济共同发展紧密结合起来,进一步巩固和发展社会主义市场经济的制度基础。

第三,供给侧结构性改革取得新成效。供给侧结构性改革,即通过经济改革对影响整个社会供给的因素进行改革,以增加有效供给、提高供给质量,使经济从高速增长向高质量增长转变。其实质是要通过发展社会生产,加快经济增长方式的转变和经济结构的调整,以培育经济增长新动力,提高供给质量和水平,满足人民需要。[①] 一方面,随着中国人均收入水平的提高,人民群众对于产品的需要向更高层次转变,产品需求呈现多样化、个性化和高端化倾向;另一方面,世界金融危机后,发达国家转而实施再工业化战略,同时也出现了一些劳动力成本较低的发展中国家在劳动力密集型产业与中国竞争的趋势,国际分工格局出现重构迹象。这两方面都对中国将经济改革的重点转移到调结构上来提出了迫切的要求。尤其是进入新时代以来,我国面临经济增速下滑、部分产能过剩、创新驱动

[①] 逄锦聚:《经济发展新常态中的主要矛盾和供给侧结构性改革》,载于《政治经济学评论》2016年第7期,第49~59页。

不足、发展方式偏消耗性、产业结构不合理以及生产和投入效率不高等问题,表明矛盾的主要方面已经转为供给侧。针对中国长期性结构问题日益突出的现象,习近平明确指出,"在适度扩大总需求的同时,着力加强供给侧结构性改革,着力提高供给体系质量和效率,增强经济持续增长动力"。① 2015 年中央经济工作会议进一步强调,"推进供给侧结构性改革,是适应和引领经济发展新常态的重大创新,是适应国际金融危机发生后综合国力竞争新形势的主动选择,是适应我国经济发展新常态的必然要求。"② 将供给侧结构性改革确定为中国进入新时代以来经济改革与发展的中心任务,是我们党对社会主义市场经济运动规律认识的进一步深化,是在科学认识新时代经济改革的方向的基础上所做出的重大战略布局。

第四,改革以人民为中心的方向得到进一步明确和坚持。为顺应中国特色社会主义进入新时代对经济改革提出的新要求,习近平提出,要坚持以人民为中心,针对发展动力不足、发展失衡、发展不可持续、内外发展联动和社会公平正义的问题,贯彻"创新、协调、绿色、开放、共享"的发展理念,引领经济改革实践,推动我国经济向高质量发展的转变。以人民为中心,就是要从广大人民群众的根本利益出发进行经济改革,以使广大人民群众能够享受到经济改革的红利,实现物质和精神财富的极大丰富,享受社会主义市场经济发展所带来的幸福感与获得感,最终实现人的解放与全面发展。坚持创新发展,就是要转换发展动能,从资源、投资和出口驱动的发展向创新驱动的发展转变;坚持协调发展,就是要转变发展重点,从城乡、区域和行业的不均衡发展向均衡协调发展转变;坚持绿色发展就是要转变发展方式,从以牺牲自然和生态环境的不可持续发展向保护和改善自然与生态环境的可持续发展转变;坚持开放发展就是要扩大开放,利用好国内和国际两大市场,坚持"引进来"和"走出去"相结合,主动引领全球化,形成开放新格局;坚持共享发展就是要改变不合理的收入分配格局,缩小收入差距,改善民生,让人民共享发展成果。总而言之,以人民为中心的新发展理念是要从总体上实现中国经济高质量发展。以人民为中心的新发展理念的提出体现了我们党对中国经济社会发展规律认识的深化与创新。新发展理念立足于中国经济改革实践,致力于解决中国进入新时代以来所面对的新旧问题,是将马克思主义与新中国成立 70 年以来的经济改革实践与新时代的特征紧密结合的智慧结晶,是对中国特色社会主义经济理论的又一项创新,是对历代党和国家领导人

---

① 《"两学一做"学习教育辅导》,人民出版社 2016 年版,第 9 页。
② 《习近平关于全面建成小康社会论述摘编》,中央文献出版社 2016 年版,第 53 页。

提出的发展理念进行总结基础上的进一步的创新。

第五,倡议构建人类命运共同体,推动全面开放新格局的形成。经济全球化是不可阻挡的历史潮流。但是,2008年世界金融危机之后,西方发达资本主义国家陷入了经济停滞常态化,超级大国为了在国际经济中为本国争取更多利益而不断强化单边主义和保护主义,甚至挑起贸易摩擦,对经济全球化大势形成了冲击。在这一背景下,中国作为新兴大国,主动引领经济全球化,积极参与全球经济治理,不断为经济全球化贡献中国智慧和中国方案,提出了构建人类命运共同体的主张和共建"一带一路"的倡议。习近平指出:"改革开放40年的实践启示我们:开放带来进步,封闭必然落后。中国的发展离不开世界,世界的繁荣也需要中国。"[①] 改革开放以来,我们统筹国内国际两个大局,坚持对外开放的基本国策,实行积极主动的开放政策,形成全方位、多层次、宽领域的全面开放新格局,为我国创造了良好国际环境、开拓了广阔发展空间。中国特色社会主义进入新时代以来的经济改革更离不开对国内和国际两大市场的利用,世界经济增长和发展也离不开中国,世界各国是相互依存的统一体。为此,习近平提出,要倡导人类命运共同体意识,世界各国人民的利益是相互依存的,各国要关切彼此的利益,以实现互利共赢。共建"一带一路"是我们推动构建人类命运共同体的重要实践平台,我们始终秉持共商、共建和共享原则,与世界各国携手应对世界经济面临的挑战,努力开创发展新机遇,积极谋求发展新动力,着力拓展发展新空间,切实实现优势互补、互利共赢,不断朝着人类命运共同体方向迈进。构建人类命运共同体和"一带一路"倡议是我们党顺应世界历史的发展潮流,为世界经济健康发展贡献的中国智慧和中国方案,也是新时代中国经济改革取得的一项重大的突破。

三、新时代经济改革的成效

新时代的经济改革取得了骄人成绩。国家统计局的资料显示,截至2018年,我国国内生产总值增长到90.0万亿元,稳居世界第二大经济体,GDP增速居世界之首,对世界经济的增长贡献超过30%[②]。2012~2018年中国经济的整体发展状况,如表7-2所示。

---

① 习近平:《在庆祝改革开放40周年大会上的讲话》,人民出版社2018年版,第33页。
② 国家统计局,网址:http://www.stats.gov.cn/tjsj/sjjd/201902/t201902281651270.html。

表7-2　　　　中国2012~2018年经济整体发展状况　　　　　单位：亿元

年份	国内生产总值	第一产业增加值	第二产业增加值	第三产业增加值	人均国内生产总值
2012	538580	49084.5	244643	244852	39874
2013	592963	53028.1	261956	277979	43684
2014	641281	55626.3	277572	308083	47005
2015	685993	57774.6	282040	346178	50028
2016	740061	60139.2	296548	383374	53680
2017	820754	62099.5	332743	425912	59201
2018	900310	64734.0	366001	469575	64644

资料来源：国家统计局。

经济结构出现了重大变革。2018年我国消费贡献率迅速提高到76.2%，第三产业增加值比重上升到50.0%，产业结构显著优化，城镇化率提高到59.6%。①

随着经济保持稳定增长，就业规模不断扩大，居民生活水平也迅速增长。根据国家统计局《2018年国民经济和社会发展统计公报》数据，全国城镇新增就业2018年，957万人。伴随着城镇化的进一步推进，乡村就业人员减少，城镇就业人员增加。同时，乡村人均消费水平也有显著增长，由2012年的6964元增加到了13062元，几乎翻了一番。根据2018年《中国统计年鉴》，我国的脱贫攻坚战也取得了显著成效，贫困人口由2012年的9899万人，下降到2017年的3046万人，贫困发生率由10.2%下降为3.1%。

表7-3　　　　中国2012~2018年就业及居民消费状况

年份	就业人员（万人）			消费水平（元）		
	整体	城镇	乡村	整体	城镇	乡村
2012	76704	37102	39602	14699	21861	6964
2013	76977	38240	38737	16190	23609	7773
2014	77253	39310	37943	17778	25424	8711
2015	77451	40410	37041	19397	27210	9679
2016	77603	41428	36175	21285	29295	10783

① 资料来源：国家统计局：《2018年国民经济和社会发展统计公报》。

续表

年份	就业人员（万人）			消费水平（元）		
	整体	城镇	乡村	整体	城镇	乡村
2017	77640	42462	35178	22935	31098	11691
2018	77586	43419	34167	25002	33282	13062

资料来源：国家统计局。

创新驱动发展成果丰硕。根据2018年《中国科技统计年鉴》，全社会研发投资由2012年的1.02万亿元增加到了2017年的1.76万亿元，年均增速超过11.4%，占GDP的比重由1.91%增加到了2.13%，超过了经济增长速度。2012~2017年科技进步贡献率为57.8%。高技术产业主营业务收入从10.2万亿元增加到了近16.0万亿元，年均增速达到9.4%，利润更是由6186亿元提高到了1.13万亿元，年均增速达到12.8%。高技术产业主营业务收入和利润增速均超过了经济增长速度，说明我国制造业由传统行业向高新技术产业转移呈现良好局面。国内专利授权数由2012年的116万多件增加到2017年的172万多件，年均增速达到9.66%。中国2012~2017年研发投资及产出情况如表7-4所示。

表7-4　　　　　　中国2012~2017年研发投资及产出情况

年份	全社会研发投资		高技术产业		国内专利	
	总额（亿元）	占GDP比重（%）	收入（亿元）	利润（亿元）	申请数（件）	授权数（件）
2012	10298.41	1.91	102284.00	6186.30	1912151	1163226
2013	11846.60	1.99	116048.90	7233.70	2234560	1228413
2014	13015.63	2.02	127367.67	8095.21	2210616	1209402
2015	14169.88	2.06	139968.60	8986.30	2639446	1596977
2016	15676.75	2.11	153796.33	10301.80	3305225	1628881
2017	17606.13	2.13	159375.81	11295.88	3536333	1720828

资料来源：《中国科技统计年鉴（2018）》。

对外开放成果喜人。进入新时代以来，我国进出口贸易总额持续增长，由24.4万亿元增长到30.5万亿元，年均增长超过3.8%。中国曾在2010年超越德国成为世界上出口规模最大的国家，2013年更是超越美国成为世界上总体贸易规模最大的国家，对外贸易取得历史性成绩。然而，现阶段，我国贸易结构仍存在一定问题，高技术产品进出口并没有显著增长，表明我国在高技术行业仍存在明显不足。2012~2018年我国对外贸易情况详情如表7-5所示。外商直接投资持续增长，由2012年的1117.16亿美元增长到2017年的1310.35亿美元，年均增长超过3%。这不仅有利于我国GDP的增长，还可以通过外商直接投资的竞争效应、技术溢出效应等途径，加快我国全要素生产率的提升及技术进步。另外，我国对外直接投资也有了显著增长，特别是2016年达到1961.49亿美元。这说明经过40年的改革开放，越来越多的中国企业走出国门，走向世界。2012~2017年中国利用外资和对外直接投资情况如表7-6所示。

表7-5   2012~2018年中国对外贸易情况

年份	整体进出口			高技术产品进出口		
	进出口总额（亿元）	出口总额（亿元）	进口总额（亿元）	进出口总额（亿美元）	出口总额（亿美元）	进口总额（亿美元）
2012	244160	129359	114801	11080.37	6011.73	5068.64
2013	258169	137131	121037	12185.23	6603.30	5581.93
2014	264242	143884	120358	12119.27	6605.43	5513.84
2015	245503	141167	104336	12045.88	6552.97	5492.91
2016	243386	138419	104967	11278.97	6041.74	5237.24
2017	278099	153309	124790	12575.48	6708.15	5867.33
2018	305050	164177	140874	—	—	—

资料来源：国家统计局和《中国科技统计年鉴（2018）》。

表7-6   2012~2017年中国利用外资和对外直接投资情况

年份	利用外资		对外直接投资（亿美元）
	总额（亿美元）	外商直接投资（亿美元）	
2012	1132.94	1117.16	878.04
2013	1187.21	1175.86	1078.44
2014	1197.05	1195.62	1231.20
2015	1262.67	1262.67	1456.67
2016	1260.01	1260.01	1961.49
2017	1310.35	1310.35	1582.89

资料来源：2013~2018年《中国统计年鉴》。

生态环境逐步好转，绿色经济呈现可喜局面。由表7-7可知，随着经济的增长，我国环境污染治理投资总额快速提高，2012年环境污染治理投资达到8253亿元，之后更是基本都超过了9000亿元，年均增长接近3%。制定实施大气、水、土壤污染防治三个"十条"，并取得了显著成效，特别是大气污染治理成效显著，大气中主要污染物排放量均有显著下降，下降幅度均接近或者超过了40%。2018年政府工作报告和中国统计年鉴显示，2012~2017年间，国内生产总值能耗、水耗均下降20%以上；主要污染物排放量持续下降，例如，二氧化硫的排放量由2118万吨降低到了875万吨；森林面积增加1.63亿亩，沙化土地面积年均缩减2000平方公里。

表7-7 中国2012~2017年环境污染治理投资总额及水、大气污染排放情况

年份	环境污染治理投资总额（亿元）	废水排放总量（万吨）	废气中主要污染物排放情况		
			二氧化硫（万吨）	氮氧化物（万吨）	烟（粉）尘（万吨）
2012	8253.5	6847612	2117.63	2337.76	1235.77
2013	9037.2	6954433	2043.92	2227.36	1278.14
2014	9575.5	7161751	1974.42	2078.00	1740.75
2015	8806.3	7353227	1859.12	1851.02	1538.01
2016	9219.8	7110954	1102.86	1394.31	1010.66
2017	9539.0	6996610	875.40	1258.83	796.26

资料来源：2013~2018年《中国统计年鉴》。

社会保障显著提升。由表7-8可知，2012~2017年间，基本养老保险和基本医疗保险覆盖面积逐年提高，基本养老保险参保人数由近7.9亿人增加到了近9.2亿人，年均增长率超过3%；城镇基本医疗保险参保人数由近5.4亿人增加到了近11.8亿人，年均增长率接近17%，5年间翻了一番还要多。另外，2018年政府工作报告显示，居民基本医保人均财政补助标准由240元提高到450元，基本建立了大病保险制度，异地就医住院费可以实现直接结算；离退休人员的养老保险金也得到了一定的提高。

表 7-8　中国 2012~2017 年基本养老保险和基本医疗保险参保人数

年份	基本养老保险参保人数			城镇基本医疗保险参保人数		
	合计（万人）	城镇职工（万人）	城乡居民（万人）	合计（万人）	城镇职工（万人）	城镇居民（万人）
2012	78796.3	30426.8	48369.5	53641.27	26485.56	27155.70
2013	81968.4	32218.4	49750.1	49750.07	14122.30	3005.663
2014	84231.9	34124.4	50107.5	59746.92	28296.03	31450.89
2015	85833.4	35361.2	50472.2	66581.65	28893.12	37688.53
2016	88776.8	37929.7	50847.1	74391.55	29531.54	44860.02
2017	91548.3	40293.3	51255.0	117681.40	30322.71	87358.65

资料来源：2013~2018 年《中国统计年鉴》。

第四节　经济改革的基本经验

一、坚持经济改革的社会主义方向

中国经济改革是对社会主义经济制度的不断完善。1984 年党的十二届三中全会通过的《中共中央关于经济体制改革的决定》中明确指出，"我们改革经济体制，是在坚持社会主义制度的前提下，改革生产关系和上层建筑中不适应生产力发展的一系列相互联系的环节和方面。这种改革，是在党和政府的领导下有计划、有步骤、有秩序地进行的，是社会主义制度的自我完善和发展。"[①]

20 世纪 80 年代中期，经济改革如火如荼地进行，但是，正在发生的经济改革实践已经超出了人们对社会主义的传统理解，使人们对经济改革的方向问题产生了质疑。同时，苏联解体和东欧剧变使世界社会主义的发展受到挫折，使一些人将计划和市场的问题同社会主义和资本主义制度联系起来，对中国是否坚持社会主义产生了怀疑。在这样的背景之下，邓小平提出的"三个有利于"，即判断的标准，应该主要看是否有利于发展社会主义社会的生产力，是否有利于增强社会主义国家的综合国力，是否有利于提高人民的生活水平，由此打破了禁锢中国经济改革的理论认识误区，明确了中国经济改革的性质，解放了思想，解决了

[①]《中共中央关于经济体制改革的决定》，人民出版社 1984 年版。

束缚中国经济改革的理论难题,为中国经济改革指明了方向。

1992年党的十四大明确指出建立社会主义市场经济体制"不是要改变我们社会主义制度的性质,而是社会主义制度的自我完善和发展"①。党的十八届三中全会也指出,完善和发展中国特色社会主义制度是全面深化改革的总目标。党的十九大报告中重申,"全党要更加自觉地坚持党的领导和我国社会主义制度,坚决反对一切削弱、歪曲、否定党的领导和我国社会主义制度的言行";"只有中国特色社会主义才能发展中国……只有坚持和发展中国特色社会主义才能实现中华民族伟大复兴!"在改革开放中一以贯之地坚持经济改革的社会主义性质,保证了社会主义现代化建设的根本方向,是中国共产党带领中国人民实现的一项重大理论创新,也是改革开放成功的宝贵经验。

二、坚持以人民为中心进行经济改革

经济改革的根本目的是完善和发展社会主义基本制度,解放生产力,发展生产力,满足人民群众对美好生活的需要。经济改革,一切为了人民,一切依靠人民,改革的成果要惠及广大人民群众。这是改革取得成功的重要经验。

经济改革要坚持以人民为中心,只有从人民群众最迫切的要求出发所进行的经济改革,才是符合社会历史发展要求的。新中国成立70年以来,不同历史阶段生产力发展状况的实际决定了改革开放前的历史时期和改革开放后的历史时期,其经济改革的目标模式不同。在改革开放以前的历史时期,刚刚成立的新中国面临着在满目疮痍的国民经济的基础上快速实现工业化和现代化的要求,同时还要面对国际社会对新中国的孤立。为此,以苏联计划经济体制为范本,中国开始了向单一公有制下的计划经济体制的过渡。在单一计划经济体制运行的20年期间,中国建立起了相对独立的工业体系,体现出了社会主义制度的优越性。

随着计划经济体制弊端的逐渐显露,我国开始需求一种更好的运行机制作为经济改革的目标模式来提高经济运行的效率,以确保社会主义制度优越性的保持和进一步发挥。为此,在改革开放以后的历史时期,随着以市场为取向的经济改革实践不断深入,我国逐渐确立了建立社会主义市场经济体制的经济改革的目标。社会主义市场经济体制这一经济改革目标的确立过程具有渐进的性质,从"有计划的商品经济"到"国家调节市场,市场引导企业",最后到社会主义市场经济体制,是一个渐进的演进过程。这一过程是由对计划与市场、政府与市场

---

① 《江泽民文选》第1卷,人民出版社2006年版,第212页。

的关系的认识不断深化的基础上形成和发展的。其最终确立是在我们党对经济改革实践的总结逐渐上升为理论之后，并将理论成果进一步提升为经济改革的路线、方针和政策将其巩固和规范的，并最终用于指导经济改革实践。社会主义市场经济体制这一目标的确立，是我们党对科学社会主义理论的又一新发展和新贡献。构建社会主义市场经济，是我们党根据我们长期处于社会主义初级阶段国情的判断做出的有利于中国社会主义社会生产力发展的决策，对最终实现中国社会主义现代化建设有重大而深远的意义。

中国特色社会主义进入新时代以来，我国社会的主要矛盾已经发生了改变，对人民群众追求美好生活的愿望形成阻碍的是长期以来经济高速增长过程中形成的经济结构失衡的问题。这决定了现阶段经济改革的目标是在正确认识政府与市场关系的基础上，加快完善社会主义市场经济体制，以优化资源配置，实现经济高质量发展。习近平总书记强调"全面深化改革的总目标，就是完善和发展中国特色社会主义制度、推进国家治理体系和治理能力现代化"。这一改革总目标的提出，丰富和深化了社会主义现代化的内涵，阐明了中国特色社会主义新时代改革的根本方向和改革的根本路径。只有不断完善和发展中国特色社会主义制度，不断提高国家治理能力和治理现代化水平，才能解决现代化进程中的矛盾和问题，确保全面建成小康社会的胜利，实现中华民族伟大复兴的目标。

三、坚持经济改革的科学方法论

坚持辩证唯物主义和历史唯物主义方法论，是我国改革开放取得成功的又一宝贵经验。具体表现为在改革进程中"摸着石头过河"与顶层设计相结合、重点突破与全面深化改革相结合、尊重群众首创精神。

第一，经济改革过程中要将"摸着石头过河"和顶层设计相结合。"摸着石头过河"的经济改革方式注重人民群众在经济改革实践中勇于探索的精神，顶层设计注重从宏观层面对改革进行大局思考和战略把握。"摸着石头过河"和顶层设计是辩证统一的，局部性的、阶段性的改革的推进要在顶层设计优化的前提下进行，顶层设计的加强要在局部性的、阶段性的改革推进的基础上来谋划，这是党和人民关于经济改革方式的重大理论创新。

"摸着石头过河"是富有中国特色的、符合中国国情的经济改革方式，也是符合马克思主义认识论和实践论的方法。在1980年12月的中央工作会议上，陈云指出："我们要改革，但是步子要稳。……随时总结经验，也就是要'摸着石头过河'……"①。邓小平对陈云提出的"摸着石头过河"的说法完全赞同,他所提出的"要坚决地试,大胆地闯""杀出一条血路来",都体现了这一思想。"摸着石头过河",是对脚踏实地、尊重实践、从实践中摸索经济规律,努力做到实事求是的一种形象说法,是推进经济改革稳中有进的一种重要的方式。这种经济改革方式,在改革之初和整个经济体制改革的进程中都是行之有效的。实行改革开放,对单一的计划经济体制进行改革,发展社会主义市场经济,是中国的首创,只能通过实践、认识、再实践和再认识的反复过程,逐步取得规律性认识,逐步建立起关于经济改革的理论。在经济改革的实践中,对一些必须要取得的重大突破但一时还不那么有把握的、会招致既得利益者反对的经济改革,必须采取试点探索、投石问路的方法,划区试点,鼓励人民群众的创造和探索,在获得充足的成功经验之后再大范围地推广。中国改革开放和社会主义市场经济建立的过程就是这样进行的,从农村到城市、从沿海到内地、从局部到整体不断深化。这种渐进式的经济改革方式,避免了改革效果不明、改革措施不当而可能引起的经济波动和社会动荡。

但是,"摸着石头过河"需要与顶层设计相结合。进入新时代,经济改革实践中出现的结构性问题是系统性的,必须通过有针对性地对经济、政治和社会制度进行全面的、系统化的改革才能加以有效地应对和解决。而全面、系统地推进经济、政治和社会制度的改革需要总体规划,顶层设计就是党和中央对经济改革全局做出总体规划,提出经济改革的整体思路和框架。"顶层设计"首次出现是在"十二五"规划中,就是指对经济体制、政治体制、文化体制、社会体制和生态文明体制做出统筹设计,加强对各项改革之间的关联性的研判,努力做到全局和局部相配套、治本和治标相结合、渐进和突破相促进。党的十八届三中全会通过的《中共中央关于全面深化改革若干重大问题的决定》中明确提出,要"坚持正确处理改革发展稳定关系,胆子要大、步子要稳,加强顶层设计和摸着石头过河相结合,整体推进和重点突破相结合,提高改革决策的科学性,广泛凝聚共识,形成改革合力。"② 其中,属于顶层设计层面的发展战略的设计对中国经济发展方式、经济改革目标能否实现至关重要。如果制定的经济发展战略不符合本国的具体国情、脱离经济改革的实践,就会造成经济改革进程中不必要的弯路和损失。加强顶层设计,就是要求党和中央从全局出发来看问题。新时代全面深化改革、实现高质量发展是关系党和国家事业发展全局的重大战略部署,不是某个

---

① 陈云著:《陈云文选》第 3 卷,人民出版社 1995 年版,第 279 页。
② 《中共中央关于全面深化改革若干重大问题的决定》,人民出版社 2013 年版,第 7 页。

领域或方面的单项改革，必须从全局出发。

第二，在经济改革过程中要将整体推进和重点突破相结合。经济改革要注重系统性、整体性和协同性。随着经济改革的不断深化，各领域和环节的互动性明显增强，只有整体推进，才能深化改革。辩证唯物主义认为，整体和部分是辩证统一的。整体居于主导地位，统帅着部分；部分会影响整体，关键部分的功能及其变化甚至对整体的功能起决定作用。这就要求我们既要树立全局观念，立足整体，又要重视部分的作用，搞好局部，掌握系统优化的方法。具体到经济改革，就是既要整体推进也要重点突破。习近平将"整体推进和重点突破"作为全面深化改革的重大关系加以强调，是对经济改革规律和方法的深刻把握。处理好两者的关系，对于把改革向纵深推进，具有重要意义。

整体推进并不是不分重点、全面用力的改革，而是有重点、有步骤的改革，必须在最为紧迫、最为关键的领域首先取得突破，然后以点带面，逐步推向其他领域，实现改革的全面推进。为此，在全面深化改革的伟大实践中，我们必须把握好重点，全面改革。整体推进也不是平均用力、齐头并进，而是要注重抓主要矛盾和矛盾的主要方面，注重抓改革的关键环节。从改革全局来看，重点领域关系到改革大局，是改革的重中之重；关键环节关系到改革成效，是改革的有力支点。以重点领域和关键环节为突破口，可以对全面改革起到牵引和推动作用。全面深化改革必须加强对各项改革关联性的研判，注重改革的系统性、整体性、协同性，努力做到全局和局部相配套、治本和治标相结合、渐进和突破相衔接，实现全面深化和重点突破相统一，才能形成推进改革的强大合力。

整体推进，才能统筹协调，把握改革大局；重点突破，才能以点带面，激发改革动力。党的十八大以来，强调破除思想观念和体制机制弊端，构建系统完备、科学规范、运行有效的制度体系，大大拓展了改革的广度和深度。可以说，整体推进与重点突破相结合，是中国改革的一条重要经验，必须长期坚持。

重点突破与全面深化是辩证统一的关系。我国的改革是涉及经济、政治、文化、社会、生态和党的建设各领域的全面改革。如果不注重各项改革措施的协调配合，造成改革的"短板"，就会使改革效果大打折扣，甚至成为继续深化改革的阻碍。因此，全面深化改革必须更加注重各项改革的相互配合、相互促进、良性互动，注重改革措施整体效果，防止畸轻畸重、单兵突进、顾此失彼。但整体推进并不意味着没有重点，也不是平均用力、齐头并进，而是要注重抓主要矛盾和矛盾的主要方面，注重抓重要领域和关键环节。如果不能看到这一点，不分重点地推进改革，不分眉毛胡子地一把抓，就会使投入和产出严重不匹配，既浪费资源，又贻误时机，同样会阻碍社会生产力的解放和发展，会阻碍社会活力的解放和增强。重要领域"牵一发而动全身",关系到改革大局,是改革的重中之重;关键环节"一子落而满盘活",关系到改革成效,是改革的有力支点。以这些重要领域和关键环节为突破口,可以对全面改革起到牵引和推动的作用。

第三,在经济改革过程中要尊重群众首创精神。尊重群众的首创精神,集中群众的无穷智慧,充分发挥人民在创造历史中的伟大作用,是我国改革开放取得巨大成就的重要经验,也是我国改革的动力之源。唯物史观告诉我们,人民是历史的创造者,群众是真正的英雄,人民群众是推动改革的主体。《中共中央关于全面深化改革若干重大问题的决定》指出,要"尊重人民主体地位,发挥群众首创精神,紧紧依靠人民推动改革"[①]。习近平指出,"改革开放在认识和实践上的每一次突破和发展,改革开放中每一个新生事物的产生和发展,改革开放每一个方面经验的创造和积累,无不来自亿万人民的实践和智慧。"[②] 改革开放以来许多领域改革的创举,并非自上而下设计的结果,而是基层群众在实践中的创造。

尊重人民群众的首创精神,首先要尊重劳动、知识、人才和创造,要营造一个良好的社会环境来调动人民群众创造的积极性,要通过制度创新激发人民群众的首创精神。人的自由全面发展是我们追求的最终目标,从贯彻党的群众路线来看,党领导和带领人民群众推进改革开放,必须切实贯彻"一切为了群众,一切依靠群众;从群众中来,到群众中去"的群众路线。群众利益是我们进行改革总体规划和顶层设计的出发点;群众的实践创造是改革总体部署的重要根据;群众的评价是改革得失成败的重要标准。尊重人民群众首创精神就要求我们要尊重劳动、知识和人才,劳动是价值创造的主体,知识是使得生产过程效率更高的途径,人才则是两者的结合,只有人才得到了尊重,劳动和知识才能发挥出促进生产力发展的作用,创造力才能得到激发。尊重人民群众首创精神还要求我们要营造一个良好的社会环境,只有首先解决了人民群众最基本的生活需要,解决了吃穿住行,给人才一个可以安定的环境,劳动和知识的结合创造生产力才成为可能。另外,我们也要认识到,不是所有经济、政治和社会环境稳定的社会中的人民群众都天然地具备创造力,在提倡人民群众首创精神的同时,还应该通过相应的制度设计激发人民群众的创造力,保证在实践中的创新源源不断地涌现。尊重基层和群众的首创精神,还要善于动员群众、引导群众、教育群众。当前,我国经济社会发展中还存在不少矛盾和问题,随着改革的深化,特别是利益关系的调整,有些矛盾和问题可能更加突出。要树立底线思维,进一步做好攻坚克难、艰

---

① 《中共中央关于全面深化改革若干重大问题的决定》,人民出版社2013年版,第7页。
② 《习近平总书记系列讲话精神学习读本》,中共中央党校出版社2013年版,第35页。

苦奋斗的思想准备和工作准备，教育引导群众正确对待改革所带来的利益调整，正确处理局部利益与全局利益、个人利益与集体利益、眼前利益与长远利益的关系。

总之，人民群众是实践和认识的主体，是物质财富和精神财富的创造者，是社会发展的决定性力量，也是创造世界历史的真正动力。建设中国特色社会主义的实践是广大人民群众自己的实践，群众在实践中创造的经验，反映了事物发展的客观规律，代表了社会进步的方向，对思想认识、社会生活和实际工作有深刻的示范作用。改革开放40多年来，我们对社会主义实践和认识的每一次突破和进展，无不来自群众的创造和推动。同时，人民群众的实践又是检验我们的路线、方针、政策正确与否的唯一标准。因此，在实践中尊重人民群众的直接经验、尊重人民的首创精神，是我们进行社会主义改革的必然要求。

四、坚持经济改革成效的科学评价标准

对于经济改革成效的评价要依据社会主义基本经济制度与市场经济的结合方式是否有效促进了社会主义社会的生产力发展。1992年邓小平南方谈话中提出的"三个有利于"是衡量经济改革是非得失的判断标准。按照历史唯物主义的观点，人类社会的发展过程是由自身内部规律支配的自然的历史过程，而由生产力的发展水平决定的人类物质生活的丰裕程度决定并制约人类社会的政治和精神生活。因此，"三个有利于"将是否有利于发展社会主义社会作为评价经济改革的指标符合历史唯物主义对人类社会发展过程的科学认识。同时，将社会主义制度的优越性重新归于对社会生产力的促进作用恢复了科学社会主义的真正本质。

"三个有利于"标准充分体现了以人民为中心的思想，是判断中国经济改革成功与否的根本标准。中国特色社会主义进入新时代，亟待从根本上解决过去高速经济增长过程中产生的产业结构不均衡、城乡发展不均衡、生态环境破坏严重、贫困差距日益扩大等问题，更需要坚持"三个有利于"标准对经济进行系统的、全方位的改革。正如习近平提出的"把是否促进经济社会发展、是否能给人民群众带来实实在在的获得感，作为改革成效的评判标准"[①]。这是对"三个有利于"标准的继承、发展和深化，是在新时代中国社会主要矛盾转变为人民群众对美好生活的需要和不平衡不充分发展之间的矛盾之后，对经济改革评价标准的创新。

[①]《习近平总书记系列重要讲话读本》，人民出版社2016年版，第83页。

五、坚持经济改革阶段性与长期性的理论

经济改革具有艰巨性和长期性，这是由我国长期处于社会主义初级阶段的基本国情决定的。在社会主义初级阶段，人民群众日益增长的物质文化需要和落后的社会生产之间的矛盾是社会的主要矛盾。经过三十几年的改革开放实践，在中国特色社会主义进入新时代后，我国的社会矛盾已经转变为人们的美好生活需要和不平衡不充分发展之间的矛盾。矛盾的形式和内容发生了改变，但继续进行经济改革的要求并没有变，改革开放只有进行时没有完成时。习近平总书记强调，改革开放是一项长期的、繁重的事业，是需要一代一代人接力干下去的，改革开放只有进行时没有完成时。这是从马克思主义认识论的高度和对历史经济改革实践的总结基础上对经济改革长期性的科学判断，也是将我们党关于改革开放的长期性认识发展为持久性认识。

经济改革作为一个长期的历史过程必然会表现出一定的阶段性。经济改革就是要不断改变生产关系中与生产力发展不相适应的内容和上层建筑中与经济基础不相适应的内容。在经济改革过程中，旧的生产关系和上层建筑被逐步瓦解和改造，新的生产关系和上层建筑逐步形成和确立，形成此消彼长的关系。随着占主导地位的生产关系和上层建筑的变化，就会使改革过程呈现出不同的阶段。在改革的不同阶段，占主导地位的矛盾不同，改革的主要任务和重点也就不同，使不同的改革阶段呈现出不同的特征。在改革开放的初期阶段，经济改革的主要任务是变革落后的、僵化的计划经济体制，以实现经济增长，增加人民收入。经过这一阶段的改革，一个新的由市场在资源配置中起决定性作用和更好发挥政府作用的社会主义市场经济体制得以建立。在进入新时代之后，经济改革的主要任务是变革阻碍生产力继续发展的经济结构失衡问题，以实现经济高质量发展，决定了这一阶段的经济改革应以完善和发展中国特色社会主义制度为目标，推进国家治理体系和治理能力的现代化。

改革永远在路上，我们既要勇于冲破思想观念的障碍，又要勇于突破利益固化的藩篱。当前，我国经济增长与发展向好的基本方向没有变，但也面临着各种新的情况和新的挑战。因此，在新时代，仍然要牢牢把握全面深化改革的重点，增强全局观念和责任意识，正确处理好政府和市场的关系，统筹谋划、协调推进各项改革事业。要以改革为统领，开拓创新，狠抓落实，推动经济爬坡过坎、实现转型升级，解决发展中不平衡不协调不可持续等问题。要在经济体制、生态文明体制、民主法治领域、文化体制、司法和社会体制、党的建设制度和纪律检查

体制等重要领域实现重点突破,取得实实在在的改革成果,为经济社会发展增添新的正能量。我们推动改革、完善制度,目的是更好地实现人民群众的根本利益。"人民有所呼、改革有所应",我们要深化各方面的惠民改革,不断释放"改革红利",让每一位社会成员都分享到改革成果;我们要根据实际研究提出更具体、更管用的改革措施,使改革更加接地气惠民生,让人民群众有更多获得感。

总之,只有坚持把改革创新贯穿于各个领域和各个环节,坚持锲而不舍地前进,处理好改革发展稳定的关系,正确推进改革、准确推进改革、有序推进改革、协调推进改革,才能最大限度地凝聚改革正能量,让一切创造社会财富的源泉充分涌流,让广大人民群众共享改革发展成果,改革的宏伟蓝图和人民群众的美好梦想也终会实现。

第八章

国有企业改革与发展

新中国成立70年来,国有企业作为我国国民经济的支柱,从建立、发展到改革壮大的实践,浓缩着中国共产党领导中国人民对中国特色社会主义经济探索的过程。下面将运用马克思主义唯物史观,对国有企业70年的探索过程和理论演进进行阐释。

第一节 改革开放前国有企业理论与实践探索

一、国有企业建立的理论基础

从1949年新中国的成立到1978年改革开放之前的30年里,国有企业①经历了建立、发展和壮大的过程。

1949年10月中华人民共和国成立,揭开了历史新篇章。但那时新中国的所有制关系还十分复杂,国有经济、个体经济、私营经济、官僚资本主义经济、买办经济等经济成分都存在,公有制经济并不占优势。

从1949年到1956年,是由新民主主义社会向社会主义社会的过渡时期。在过渡时期,经过国民经济的恢复和生产资料的社会主义改造,到1956年,社会主义制度确立,国有企业作为公有制的重要实现形式,控制了国民经济命脉,在

---

① 1993年2月,中共中央委员会向第七届全国人民代表大会常务委员会提出《关于修改宪法部分内容的建议》,把"国营企业"改为"国有企业"。为了行文方便,本章对"国营企业"和"国有企业"不做严格区别,统称为"国有企业"。

国民经济中占主导地位,起基础性作用。

当时,国有企业建立发展的主要理论基础,首先是马克思主义关于社会主义的学说。中国革命是在马克思主义指导下进行并取得成功的。革命成功后如何建设社会主义,首先是从马克思主义那里寻求答案。马克思恩格斯设想,未来社会生产资料归全社会所有、支配,劳动者在同生产资料直接结合的条件下进行联合劳动,成为公有经济的真正主人。马克思恩格斯设想的生产资料归全社会所有、支配,在我国当时被理解为主要是要实行生产资料的全民所有制,其实现形式就是国有企业。

其次是学习借鉴苏联经验和理论。新中国刚成立,要建立一种全新的社会制度,并无经验可循。在探索过程中,"制度模仿"就成为新制度建立的重要途径。所以,新中国成立初期我们学习苏联的经验,这在当时是不可避免的。因为我们没有管理现代经济的经验,知识不足,经济技术落后,以美国为首的资本主义国家又对我们进行了全面封锁和遏制。而苏联有了近20年实行生产资料公有制的经验,国有企业已达到了较高水平。基于此,对苏联进行学习,在当时条件下成为我国建立国有企业的重要途径。但是这个过程并不长,毛泽东一旦发现苏联的问题,就开始批判性研究苏联的实践和政治经济学,开启了探索中国道路的历程。

再次是我们自己的创造。新中国成立之初,可谓是"一穷二白",社会生产力水平低下,工业结构畸形,部门单一,实力薄弱。在当时生产力低下且西方国家对我国实行全面经济封锁、民族资本先天软弱、外国资本强大压力下,我们认识到,如果不建立强大的国有经济,很难迅速形成完整的工业体系,迅速建立社会制度物质基础,迅速改善人民的生活,也很难建立新型的社会主义生产关系,促生产力发展。在这样的情况下,新中国诞生后,就把建立国有企业,发展国有经济,作为一项重要的任务。

二、国有企业的建立和壮大

新中国成立后,国有企业的建立有几个重要途径:一是继承新民主主义革命时期我们自己创造的军工等企业。二是通过没收官僚资本企业,将它们逐步变成国有企业。根据官僚资本的属性,我们党采取的逐渐改造的过程,先全面接受企业,保持组织机构和生产系统不受影响,然后再将企业性质改造为全民所有的国有企业,到1951年没收官僚资本建立国营企业的任务全部完成,截至1952年,全国国营企业固定资产原价值为240.6亿元人民币,其中大部分是没收官僚资本企业的资产。① 三是通过对民族工商业赎买、改造逐步形成的国有企业。四是根据国民经济发展的需要和可能,新建立国有企业,这些国有企业大部分是在第一个五年计划期间建立的。

通过这一时期的建立和发展,国有经济的比重有明显提高,到1956年社会主义改造全面完成,在工业总产值中,国有经济比重已经达到80%。

国有企业的建立发展,为新中国发展生产、繁荣经济提供了物质技术基础,为国家引导各种私有制经济成分,发挥了导向性作用。1957年与1952年相比,工人劳动生产率提高了52%。在国有企业建立发展中,国家注重企业管理问题。毛泽东在《论十大关系》中就指出,要给国有企业一定的自主权,要处理好国家、企业和个人的关系,调动劳动者的积极性。他指出要"公私兼顾","工人的劳动生产率提高了,他们的劳动条件和集体福利就需要逐步有所改进。"② 1960年,在总结"鞍钢经验"的基础上,提出国有企业要实行民主管理,实行干部参加劳动,工人参加管理,改革不合理的规章制度,工人群众、领导干部和技术员三结合,即"两参一改三结合"的制度。1976年与1966年相比,我国钢铁产量达到2046万吨,增长了146%;原煤4.83亿吨,增长了91.7%;原油8716万吨,增长了499%;发电量2031亿千瓦,增长了146%。全国工业总产值指数如果以1952年为100,则1976年达到1274.9。1980年,中国主要工业产品居世界的位次是:原煤第3位,原油第6位,钢铁第5位,发电量第6位,硫酸第3位,烧碱第5位,水泥第4位。1949年,我国工业企业固定资本总产值只有120亿元,到1979年达到4892亿元,新中国30年的积累相当于旧中国近百年积累的40倍。③

总之,经过新中国成立后几十年的发展,国有企业迅速发展壮大,不仅控制了主要的基础工业、重加工工业、大批发流通企业等关系国民经济命脉的重要部门及领域,而且逐步确立了在国民经济中的主导地位,从而为我国国民经济发展、工业体系和整个国民体系建立,为满足人民生活需要,为新中国站起来,提供了强大的经济技术和物质基础。

---

① 中共中央党史研究室:《中国共产党历史(1949-1978)》第2卷,中共党史出版社2011年版,第53页。
② 毛泽东:《论十大关系》,引自《毛泽东文集》第7卷,人民出版社1999年版,第28页。
③ 曹雷:《新中国国有企业60年绩效的实证与解析》,载于《马克思主义研究》2009年第5期。

三、国有企业建立发展过程中的理论探索

(一) 关于企业与政府关系中的企业自主权问题

在国有企业建立发展进程中,经济学界开始了对社会主义建设基本经济规律的探索。这种探索包括了对国有企业与政府、企业与企业以及企业内部经济关系等基本问题的讨论。

在 20 世纪 50~60 年代高度集中的计划经济体制下,国有企业与政府之间的基本关系是命令与服从、计划与执行。国家统得太死,企业是"算盘珠"。企业应该不应该有自主权,成为理论界探讨的问题。早在 1953 年 6 月,有学者就撰文指出,社会主义国有企业生产基本上遵循国民经济有计划按比例发展法则,但是,价值法则对国有企业的生产有一定影响,在计算成本、价格、经济核算时,不能不考虑价值法则。① 1961 年有学者针对当时经济一放就乱、一抓就死的现象,在一份研究报告中指出:"财经管理体制的中心问题是作为独立经济核算单位的企业的权利责任和它们同国家的关系问题。至于体制中的其他问题,如中央和地方的关系、条条与块块的关系等等,在企业的职权问题解决以后,是容易解决的。"② 还有学者认为,研究生产资料所有制问题,应该具体地考察、分析生产资料所有制关系中的所有权、占有权、支配权和使用权的实际内容及其相互关系;应该区别法律上法权概念和作为生产关系的经济学概念。③

(二) 关于国有企业之间是否存在商品交换关系

在 20 世纪 50~60 年代,国有企业之间的关系是理论界讨论核心主题,主要围绕国有企业的生产经营要不要引入价值规律,国有企业之间的关系是不是商品交换关系,国有企业的经济核算是什么性质等问题展开的。

关于国有企业之间的关系是否是商品交换关系,理论界存在很大争论。一种观点认为不是商品,因为商品交换必须有所有权转移,而国有企业之间则没有发生所有权转移,只是具有商品"外壳"。另一种观点则认为是商品,凡是按等价交换原则进行物质补偿的调拨或出卖的产品就是商品交换。比如有学者指出,商品交换就是双方处于平等地位、在交换中遵循社会必要劳动时间,实行等量劳动

---

① 孙玉琮:《对外贸易国营企业与经济核算问题》,载于《教学与研究》1953 年第 6 期。
② 郑海航:《中国企业理论五十年》,经济科学出版社 1999 年版,第 32~33 页。
③ 朱剑农:《论社会主义时期生产资料的四权问题》,载于《学术月刊》1962 年第 12 期。

与等量劳动互换的都是商品交换。国有企业之间的生产资料交换是商品交换；劳动者用货币购买国有企业的消费品也是商品交换。认为国有企业是相对独立的经济单位，企业都独立核算，因此是商品交换。① 另有学者则认为社会主义条件下，国有企业之间的关系是部分商品交换的关系，从企业产品是国家计划生产，计划调拨的角度看，国有企业产品不是商品；但从国有企业的局部利益来看，分级管理、分别核算、各记盈亏，企业之间产品占有权、使用权随之转移，所以具有商品性质，因此是从商品形式向共产主义过渡的过渡形式。② 还有学者则认为国有企业之间的产品交换关系既是商品关系，又是分配关系。他认为，国有企业之间的关系是二重性的，既有分配关系，又是商品交换关系，是国民经济按比例发展规律和价值规律的统一。③

尽管这一时期主张引入市场和价值规律的观点，还基本停留在认为计划经济是主体，市场只是辅助和补充，但这些讨论对突破传统的苏联经济学范式，运用价值规律理顺国有企业涉及的各种关系有重要意义。

（三）关于国有企业内部加强经济核算

在当时，理论界对国有企业内部关系的讨论还不是针对委托代理问题，而主要是与国有企业的"经济核算"问题联系在一起。在高度集中的计划经济体制下，很多人认为经济核算是资本主义的东西，因此对经济核算究竟是什么性质，其客观基础究竟是什么，在理论界争论很大。有学者认为企业经济核算，不仅有利于企业生产节约劳动时间，增加劳动成果，而且还能够充分发挥企业和职工的积极性，让他们从物质利益方面关心自己的劳动成果。所以，经济核算的客观基础是社会主义公有制，目的是节约劳动，调动企业和职工的劳动积极性。④ 而另有学者则认为，社会主义国有企业的经济核算，是建立在按劳分配制度基础上的。⑤ 也有学者认为社会主义经济核算是由于社会主义条件下还存在商品货币关系，经济核算就是利用价值、货币形式建立的管理社会主义企业的方法，它是由价值规律决定的。⑥ 尽管这种观点当时不占主流，但却对后来的国有企业改革的

---

① 于光远：《关于社会主义制度下商品生产问题的讨论》，载于《经济研究》1959年第7期。
② 王学文：《社会主义制度下的商品关系与价值规律》，载于《经济研究》1959年第9期。
③ 许廷星：《关于全民所有制企业间交换的调拨物资是否是商品的问题》，载于《财经科学》1965年第5期。
④ 许耀钧：《关于经济核算的实质问题》，载于《经济研究》1959年第8期。
⑤ 薛暮桥：《社会主义制度下的商品生产和价值规律》，载于《红旗》1959年第10期。
⑥ 金里：《关于社会主义制度下经济核算问题讨论中的不同论点简介》，载于《经济研究》1962年第4期。

理论创新有很强的意义，它昭示着社会主义企业要运用价值规律来加强管理、提高资源配置效率这一发展方向。对经济核算问题的争论，实质上是社会主义经济要不要发展商品经济和运用价值规律问题在国有企业内部关系中的反映。

在当时高度集中的计划经济体制下，关于国有企业的这些理论探讨，还难以付诸改革实践，但它们为1958年和1970年中央两次进行国有企业管理体制的调整及1978年改革开放初期的国有企业扩大自主权的改革做了理论铺垫。

第二节　改革开放新时期国有企业改革与发展

一、"两权分离"和企业本位论

（一）中央关于国有企业改革的理论进展

1978年党的十一届三中全会开启了改革开放新时期。邓小平在《解放思想，实事求是，团结一致向前看》的大会报告中明确提出："当前最迫切的是扩大厂矿企业和生产队的自主权，使每一个工厂和生产队能够千方百计地发挥主动创造精神。……全国几十万个企业，几百万个生产队都要开动脑筋，能够增加多少财富啊！"[①] 在党的十一届三中全会公报中，也明确指出"现在我国经济管理体制的一个严重缺点是权力过于集中，应该有领导地大胆下放，让地方和工农业企业在国家统一计划指导下，有更多的经营自主权。"[②] 1979年，国务院发布《关于扩大国营工业企业经营管理自主权的若干规定》，要求在保持国家所有权的前提下，将经营权下放给企业，探索多种形式的经营责任制，在实践中主要有利润留成、盈亏包干、以税代利等三种方式。1983年年初，针对经济责任制带来的弊端，国务院决定全面停止以利润分成为主的经济责任制，全面实行"利改税"，以完善提高企业积极性的做法。

1984年党的十二届三中全会通过的《中共中央关于经济体制改革的决定》指出，"根据马克思主义的理论和社会主义的实践，所有权同经营权是可以适当

---

① 《邓小平文选》第2卷，人民出版社1994年版，第146页。
② 参见《人民日报》1978年12月22日，第1版。

分开的。"① 以此作为理论基础，明确提出增强企业的活力，特别是增强全民所有制的大、中型企业的活力，是以城市为重点的整个经济体制改革的中心环节。围绕这个中心环节，主要应该解决好两个方面的关系问题，即确立国家和全民所有制企业之间的正确关系，扩大企业自主权；确立职工和企业之间的正确关系，保证劳动者在企业中的主人翁地位。要使企业真正成为相对独立的经济实体，成为自主经营、自负盈亏的社会主义商品生产者和经营者，具有自我改造和自我发展的能力，成为具有一定权利的义务的法人。国企改革的第一步是打破政企不分，扩大国企经营管理自主权。

这一时期，理论界围绕改革国有企业管理体制、扩大企业自主权这一核心问题，展开了深入探讨，形成的基本共识是依据马克思的"两权分离"理论，把国有企业塑造成独立的市场主体。这一理论共识表明，我们对国有企业改革的思路已经从传统计划经济体制下的中央和地方行政权力关系的调整，演变为对政府与企业之间关系的调整。这一时期政策演进的主要内容是从"两步利改税"到承包制。

从党的十一届三中全会，到党的十四大召开，国有企业改革基本围绕"放权让利""两权分离""承包制"展开改革，核心是解决政企不分、企业缺乏自主权问题。1987 年 3 月，《政府工作报告》提出，在所有权和经营权适当分离的原则下实行承包经营责任制，开始全面推行承包经营责任制。党的十三大报告中，对国有企业改革提出明确思路：按照所有权和经营权分离的原则，搞活全民所有制企业。提出利用契约方式，实行经济责任制；继续探索股份制形式改革国有企业。1991 年"八五"计划中明确提出要转变企业经营机制，所有权和经营权适当分离，探索公有制的多种有效实现形式。

（二）理论界关于国有企业改革的讨论

1. 关于两权分离的讨论。

国有企业要拥有自主权，成为独立的市场主体，其理论依据是什么呢？理论界对此展开了讨论。有学者在 1979 年从全民所有制企业之间需要等量劳动互换这一视角论证了全民所有制企业之间是商品交换关系的根源。他认为全民所有制企业之间的商品关系是企业内部人与人之间客观经济关系的体现，是社会主义制度下劳动者同公有的生产资料的特殊结合方式决定的，因此，企业要作为交换的

---

① 《中共十二届三中全会关于经济体制改革的决定》，中国广播网，2013 年 10 月 30 日，http://news.cnr.cn/native/gd/201310/t20131030_513984770_2.shtml。

主体，必须有一定的自主权。他特别提出要区别法律意义上的所有权与经济意义上的所有权的关系，并指出混淆二者关系是我们不能分析全民所有制内部丰富财产权利关系的症结所在。① 这一问题的提出，对后来进一步研究全民所有制产权关系产生了重要影响。随后有学者在《关于全民所有制生产资料是否是商品》一文，也从法律意义上的所有权与经济意义上的所有权相互区别的角度，指出全民所有制企业之间的关系就是商品交换关系。②

表面看来，对国有企业之间的交换关系是不是商品货币关系的讨论，似乎与国有企业改革理论没有太大关系，但实际上，这是能否承认国有企业成为独立市场主体的理论前提。如果国有企业之间的关系不是商品交换关系，那么每一个国有企业自然不能以独立市场主体的身份存在，企业不是市场主体，也就谈不上企业自主权的问题。这正是在 20 世纪 50~60 年代研究国有企业问题时就争论这一问题的原因所在。

这一次理论讨论与以前相比还是取得了新突破，通过区别生产资料的经济上的所有权与法律上的所有权，就不再单纯把生产资料法律上的所有权看作所有制的全部内容，这对我们进一步讨论企业内部的权利关系奠定了理论基础。这一时期，对国有企业内部权利关系的研究还触及法人财产权这一深层次的问题。学者们从马克思的所有权与占有权理论出发，认为国家和企业两权分离，必须以一定的财产权利作为基础。只有具备财产权利时，作为财产权的派生物，经营管理才能成为一种权利。所以，两权分离意味着企业具有相对独立性、进行自主经营、自负盈亏、真正成为商品生产者。

2. 企业本位论提出。

对国有企业改革的研究，需要马克思主义理论来指导，学者们从马克思主义的"管理二重性"理论出发，指出企业管理既具有与生产力、社会化大生产相联系的自然性，又具有与生产关系、社会制度相联系的社会性。认识这个二重性，对于我们正确处理社会主义企业与资本主义企业之间的共性与个性问题，有重大的指导意义。

在企业管理认识上，按照马克思主义基本观点，管理作为企业组织生产力、组织社会化大生产方面的职能，社会主义企业和资本主义企业有共性，没有什么根本的区别。而在企业管理中，属于处理生产关系、经济利益方面的职能，在社会主义企业管理与资本主义企业管理之间有根本的区别。从生产关系的角度来

---

① 胡钧：《商品生产价值规律与扩大企业自主权》，载于《人民大学校内科学研讨会论文集》1979 年 11 月。也可参见《胡钧自选集》，人民大学出版社 2007 年版，第 578 页。

② 苏星：《关于全民所有制经济内部的交换》，载于《社会科学研究》1980 年第 2 期。

看，企业的管理涉及三个方面的关系，即企业与国家的关系、企业与企业的关系和企业内部关系。这三方面的关系，在两种不同的社会制度下，表现出截然不同的特点。

在企业与国家的关系上，社会主义国家在经济上代表了社会的总体劳动者，企业则代表着局部劳动者。企业与国家之间的关系，本质上是局部劳动者与总体劳动者的关系。企业作为国民经济的基本单位而存在，不论是集体所有还是全民所有的企业，它都仍然是一个商品生产者，必然具有商品生产者的独立性和独立的经济利益。但是它不同于私有制企业，它的独立性不能是绝对的独立，只能是在国家统一领导下的相对独立，在经济利益上，也只能在局部利益服从整体利益的原则下，去争取提高和发展企业自身的利益。这是社会主义企业和资本主义企业的一个根本的不同点。

在企业与企业的关系上，社会主义企业与企业之间的关系，也完全不同于资本主义社会。因为尽管每一个企业是相对独立的经济体，但它们首先是社会主义经济整体中的平等成员，有着共同的利益。这种利益的一致性，决定它们之间的关系，首先是相互协作、互相支援的合作关系。但是，社会主义企业之间，也必然存在一定的利益矛盾，企业之间也应当有适当的竞争，允许由于生产经营成果的好坏而存在利益上的差别。这种差别只是共同利益基础上的一种人民内部矛盾，适当的差别是促进生产力发展的重要动力。

在企业内部关系上，由于社会主义的公有制消灭了剥削，从而消除了企业内部的阶级对抗。劳动者与生产资料直接结合，他们的劳动成果，不论体现为国家收益，或者企业收益，或者个人收益，但归根到底都是为自己的利益而劳动。职工的个人利益，与个人贡献大小相联系，与企业经营好坏相联系，也与国家经济发展快慢相联系。只要使广大劳动者看到这种联系，并从中得到实际的利益，就必然会焕发出高度的劳动积极性与创造性，这正是社会主义优越于资本主义的力量源泉。实现经济民主，是社会主义企业管理的重要特征。① 这些认识为我国推进国有企业改革提供了理论。

3. 关于转换企业经营机制探索。

从1978年到1992年，国有企业改革在两权分离理论的指导下，经历了从两步"利改税"到推行"承包制"的制度创新过程。这些改革措施使国有企业不同程度地增强了活力，经济效益明显上升。然而承包制暴露出很多问题，结果，到了80年代后期，由于乡镇企业、私营企业和外资企业等非国有经济的迅速崛

---

① 蒋一苇：《论社会主义企业管理的特征》，载于《经济管理》1980年第1期。

起，使得国有企业面临更加激烈的竞争，国有企业亏损面不断扩大。90年代初期，国有企业陷入了前所未有的困境。于是，理论界提出"转化国有企业经营机制"搞活国有企业的思路。

其实，早在1985年，有学者就从企业行为角度研究了企业内部激励机制问题。① 还有学者从我国经济体制改革目标模式的角度分析了国有企业的经营机制特征，并指出真正的企业至少要具备以下三个特征：第一，自主经营、自负盈亏；第二，有扩大再生产的能力和自主权；第三，有自我调控的机制。具有这三个特征，企业才能成为真正的商品生产者和经营者。② 1987年，关于国有企业经营机制理论的讨论迅速增多，理论工作者对国有企业经营机制的内容、目标、如何完善国有企业经营机制等进行了探讨。比如，有学者认为企业经营机制内容应该包括企业活动机制和企业外部机制两个方面：企业活动机制包括激励机制、决策机制、竞争机制、自控机制等；企业外部机制包括市场机制、宏观调控机制等。③ 有学者认为经营机制包括企业动力机制、决策机制和自我约束机制等④

有些学者深入研究了构建国有企业经营机制的思路，在探讨企业活力及其源泉的基础上，提出了建立新的企业经营机制的主要条件。⑤ 再比如有学者从经济运行机制的视角，研究了企业动力机制问题，提出从经济机制上寻求国家、企业和职工利益的钳制关系，即利用市场机制，将职工谋求收入最大化的动力引入实现利润最大化的轨道；利用宏观调节机制，将企业谋求利润最大化的动力引入实现社会得益最大化的轨道。⑥ 随后，我国理论界关于国有企业经营机制的研究进入高潮，研究内容不断深入和具体化，这些研究成果最终体现在1992年7月国务院颁发的《全民所有制工业企业转换经营机制条例》中。1992年10月，党的十四大报告明确提出转换企业经营机制目标。

企业经营机制的研究本来是为了完善承包制，规范政府与企业的关系，然而事与愿违，这种研究在实践中并没有挽救承包制这种制度形式，相反，股份制的组织形式被推上了历史舞台。

---

① 马建堂：《企业行为的改变与工资的宏观调控》，载于《经济研究》1985年第6期。
② 周叔莲：《再论我国经济改革的目标模式》，载于《中国工业经济》1987年第5期。
③ 郑恩：《谈谈企业经营机制的概念及其内容》，载于《计划与管理》1987年第10期。
④ 许质斌：《企业系统运行机制分析》，载于《企业管理参考》1987年第40期。
⑤ 谷书堂、黄志亮：《企业活力与两级分离的企业运行机制》，载于《中国工业经济》1987年第5期。
⑥ 洪银兴：《企业行为和社会主义商品生产的动力机制》，载于《中国工业经济》1987年第1期。

二、从股份制到现代企业制度

(一) 关于现代企业制度的提出

20世纪80年代国有企业改革的实践表明,仅仅给企业自主权,围绕政府与企业的关系进行改革,尽管对搞活国有企业有积极意义,但仍然难以跳出政府对企业的行政干预以及企业对政府的依赖性。这就需要在理论和实践上对国有企业深入探讨。1992年党的十四大报告,提出了我国建立社会主义市场经济体制。社会主义市场经济体制是同社会主义基本制度结合在一起的。在所有制结构上,以公有制包括全民所有制和集体所有制经济为主体,个体经济、私营经济、外资经济为补充,多种经济成分长期共同发展,不同经济成分还可以自愿实行多种形式的联合经营。国有企业、集体企业和其他企业都进入市场,通过平等竞争发挥国有企业的主导作用。1994年,党的十四届三中全会通过了《中共中央关于建立社会主义市场经济体制若干问题的决定》,明确提出了转换企业经营机制,必须建立产权清晰、权责明确、政企分开、管理科学的现代企业制度。于是,国有企业改革进入了整体性制度建设和完善的阶段。这一阶段最主要的政策演进就是用股份制代替承包制,进而发展为建立现代企业制度这一目标模式。这是国有企业改革的攻坚阶段。

(二) 理论界关于建立现代企业制度的理论探索

早在20世纪80年中期,我国理论界就开始从企业管理的角度介绍关于现代企业的有关知识,并试图将其运用到我国国有企业的管理中来。具有代表性的如1985年有学者撰文,运用马克思主义的管理理论诠释了现代企业管理理论,并设想将其应用于我国企业的管理中。[1] 还有学者较早提出了现代企业制度中的企业法人财产权问题,[2] 尽管他没有使用"现代企业制度"和"法人财产权"概念,但其观点已经触及了这一内容。

我国理论界从经济学角度明确使用"现代企业制度"概念大概到了20世纪80年代后期。1988年,有学者撰文指出,国有企业的改革形式应该从承包制转向现代企业制度。他把国有企业的现代企业制度特征概括为产权关系明确、企业

---

[1] 罗廷贵:《现代化企业管理体系的探索》,载于《中国工业经济》1985年第3期。
[2] 余俊福:《必须赋予全民所有制企业法人所有权》,载于《企业界》1985年第8期。

是独立利益主体、企业内"联合劳动"设立股东大会、董事会、监事会等领导机构、建立债权债务等制度等方面。① 同年，有学者在《瞭望》周刊发表文章，指出深化改革的根本是建立现代企业制度。文章中他已经深刻认识到现代企业制度的关键是要通过财产法人所有制和终极所有权的分离，使财产关系明确界定。②

然而当时关于现代企业制度的讨论并没有成为热点，直到1993年承包制模式基本被放弃以后，理论界才逐渐有更多的人参加到国有企业建立现代企业制度的讨论中来。比如有学者撰文指出，着力改革整个企业制度，建立现代国有企业制度。③ 也有学者撰文指出，随着市场的逐步放开，搞活公有企业即成为建立社会主义市场经济的当务之急。根本出路在于使国有企业从根本上摆脱行政协调的思路，在市场经济中建立起社会主义的现代企业制度。④ 还有学者认为构筑与社会主义市场经济相吻合的现代企业制度，在我国改革史上将是一次历史性的突破。⑤

1993年11月召开的党的十四届三中全会上通过的《中共中央关于建立社会主义市场经济体制若干问题的决定》，明确提出"转换企业经营机制，建立现代企业制度"的改革思路，这意味着国有企业改革进入了制度创新的新阶段。随后，理论界出现了大量阐释现代企业制度的论著，并逐渐形成了一些理论共识：现代企业制度的组织形式是公司制，现代企业的核心是法人财产权和公司治理结构；国有现代企业制度的基本特征是产权清晰、权责明确、政企分开、管理科学，这四个方面是一个有机整体。国有企业的股份制改造就要朝着这些方向努力。

三、从国有经济战略性调整到国有资产管理体制改革

（一）产权改革和国有经济战略调整的提出

党的十四届三中全会提出建立现代企业制度，并提出现代企业制度的特征是产权清晰、权责明确、政企分开、管理科学。这表明，国有企业改革的实践进程

---

① 杨宪萍：《试论承包责任制向现代企业制度的过渡》，载于《企业经济》1988年第6期。
② 王珏：《综合配套改革的一个根本问题——略谈建立现代企业制度的内涵和作用》，载于《瞭望》1988年第42期。
③ 周叔莲：《加快建立现代国有企业制度》，载于《新视野》1993年第5期。
④ 张增芳、张丞邦：《在市场经济中建立社会主义现代企业制度》，载于《学习与探索》1993年第2期。
⑤ 陈清泰：《现代企业制度的构筑》，载于《管理现代化》1993年第5期。

已经进入到以产权为核心的阶段。2003年党的十六届三中全会通过的《中共中央关于完善社会主义市场经济体制若干问题的决定》中，明确论述了产权问题。决定指出，产权是所有制的核心和主要内容，包括物权、债权、股权和知识产权等各类财产权。建立归属清晰、权责明确、保护严格、流转顺畅的现代产权制度，有利于维护公有财产权，巩固公有制经济的主体地位；有利于保护私有财产权，促进非公有制经济发展；有利于各类资本的流动和重组，推动混合所有制经济发展；有利于增强企业和公众创业创新的动力，形成良好的信用基础和市场秩序。这是完善基本经济制度的内在要求，是构建现代企业制度的重要基础。要依法保护各类产权，健全产权交易规则和监管制度，推动产权有序流转，保障所有市场主体的平等法律地位和发展权利。关于产权理论的讨论更加深入。

在国有企业改革方面，从国有企业自身改革发展到对国有经济的战略性调整上来了。1997年党的十五大报告首先在所有制层面对公有制经济有新的突破性认识。报告关于国有企业改革创新观点主要体现在以下几个方面：

第一，要全面认识公有制经济的含义。公有制经济不仅包括国有经济和集体经济，还包括混合所有制经济中的国有成分和集体成分。公有制的主体地位主要体现在：公有资产在社会总资产中占优势；国有经济控制国民经济命脉，对经济发展起主导作用。这是就全国而言，有的地方、有的产业可以有所差别。公有资产占优势，要有量的优势，更要注重质的提高。

第二，国有经济比重问题新认识。报告指出国有经济起主导作用，主要体现在控制力上。要从战略上调整国有经济布局。对关系国民经济命脉的重要行业和关键领域，国有经济必须占支配地位。

第三，着重从国有资产的质量上认识国有经济的主导作用。报告指出，在其他领域，可以通过资产重组和结构调整，以加强重点，提高国有资产的整体质量。只要坚持公有制为主体，国家控制国民经济命脉，国有经济的控制力和竞争力得到增强，在这个前提下，国有经济比重减少一些，不会影响我国的社会主义性质。

第四，肯定股份制作为国有经济实现形式的地位和意义以及对股份制性质判断的依据。报告指出：公有制实现形式可以而且应当多样化。一切反映社会化生产规律的经营方式和组织形式都可以大胆利用。要努力寻找能够极大促进生产力发展的公有制实现形式。股份制是现代企业的一种资本组织形式，有利于所有权和经营权的分离，有利于提高企业和资本的运作效率，资本主义可以用，社会主义也可以用。不能笼统地说股份制是公有还是私有，关键看控股权掌握在谁手中。国家和集体控股，具有明显的公有性，有利于扩大公有资本的支配范围，增强公有制的主体作用。目前城乡大量出现的多种多样的股份合作制经济，是改革中的新事物，要支持和引导，不断总结经验，使之逐步完善。劳动者的劳动联合和劳动者的资本联合为主的集体经济，尤其要提倡和鼓励。

第五，提出"抓大放小"、对国有企业进行战略性改组。提出要着眼于搞好整个国有经济，抓好大的，放活小的，对国有企业实施战略性改组。以资本为纽带，通过市场形成具有较强竞争力的跨地区、跨行业、跨所有制和跨国经营的大企业集团。采取改组、联合、兼并、租赁、承包经营和股份合作制、出售等形式，加快放开搞活国有小型企业的步伐。要推进企业技术进步，鼓励、引导企业和社会的资金投向技术改造，形成面向市场的新产品开发和技术创新机制。要加强科学管理，探索符合市场经济规律和我国国情的企业领导体制和组织管理制度，建立决策、执行和监督体系，形成有效的激励和制约机制。要建设好企业领导班子，发挥企业党组织的政治核心作用，坚持全心全意依靠工人阶级的方针。

1999年9月党的十五届四中全会通过的《中共中央关于国有企业改革和发展若干重大问题的决定》指出，从战略上调整国有经济布局，要同产业结构的优化升级和所有制结构的调整结合起来，坚持有进有退，有所为有所不为，提高国有经济的控制力。进一步明确了大力发展股份制和混合所有制经济，重要企业由国家控股。还细分出国有资本控股的领域主要包括：涉及国家安全的行业，自然垄断的行业，提供重要公共产品和服务的行业，以及支柱产业和高新技术产业中的重要骨干企业。

党的十五大报告和十五届一中全会明确提出，用3年左右的时间，使大多数国有大中型亏损企业摆脱困境，力争到20世纪末大多数国有企业大中型骨干企业初步建立现代企业制度。这就是3年改革攻坚和扭亏脱困的由来。

到2000年底，经过3年的艰苦努力，国有企业改革攻坚和扭亏脱困任务基本完成，国有企业开始逐渐走出艰难时代。根据中国统计年鉴数据显示，2000年，国有和国有控股工业企业完成增加值比1999年同比增加10.1%，这是自1994年以来首次回到两位数增长。2000年与1997年相比，同口径统计的国有和国有控股企业实现利润从807亿元增加到2392亿元，增长了近2倍。1997年的6599户国有企业大中型亏损企业到2000年减少了4800户。[1]

党的十六大报告在强调继续完善国有经济战略布局和结构调整的同时，突出强调了深化国有资产管理体制改革。报告对国有资产管理体制改革有了清晰思路，指出：改革国有资产管理体制，是深化经济体制改革的重大任务。在坚持国

---

[1] 张文魁、袁东明：《中国经济改革30年（国有企业卷）》，重庆大学出版社2008年版，第125页。

家所有的前提下，充分发挥中央和地方两个积极性。国家要制定法律法规，建立中央政府和地方政府分别代表国家履行出资人职责，享有所有者权益，权利、义务和责任相统一，管资产和管人、管事相结合的国有资产管理体制。关系国民经济命脉和国家安全的大型国有企业、基础设施和重要自然资源等，由中央政府代表国家履行出资人职责。其他国有资产由地方政府代表国家履行出资人职责。中央政府和省、市（地）两级地方政府设立国有资产管理机构。继续探索有效的国有资产经营体制和方式。各级政府要严格执行国有资产管理法律法规，坚持政企分开，实行所有权和经营权分离，使企业自主经营、自负盈亏，实现国有资产保值增值。

党的十六届三中全会进一步深化了对国有资产管理体制改革的认识，把国有资产管理体制改革与国有经济战略调整结合在一起。会议指出，要建立健全国有资产管理和监督体制，深化国有企业改革，完善公司法人治理结构，加快推进和完善垄断行业改革。要大力发展和积极引导非公有制经济，允许非公有资本进入法律法规未禁入的基础设施、公用事业及其他行业和领域。非公有制企业在投融资、税收、土地使用和对外贸易等方面，与其他企业享受同等待遇。要改进对非公有制企业的服务和监管。

（二）对马克思主义产权理论的理解和阐释

在理论界，对"产权清晰"有两种截然不同的理解：一种理解认为产权清晰是在国家所有权不变的前提下，明确政府与企业、企业内部各层级之间的权责利关系；另一种理解则认为产权清晰就意味着国家放弃国有企业所有权，只有私有产权才能做到最清晰。这两种认识来源于不同的理论基础，前者的基础是马克思主义产权理论，后者的基础则是西方现代产权理论。国有企业改革的政策和实践表明，国有企业的产权改革是在马克思主义产权理论指导下，批判地借鉴西方产权理论的有关内容基础上进行的。产权理论使我们深化了对所有制理论的认识，进一步调整了国有企业改革的思路，从以前力图搞活每一个企业转变为以产权为纽带，通过"抓大放小"，提高整个国有经济的控制力，并通过建立新的国有资产管理体制，进一步理顺政府与企业的产权关系。这是国有企业改革的全面深化阶段"产权"概念在理论界和中央政策中的出现，是20世纪80年代末期的事了。值得指出的是，关于国有企业产权问题的探索，并非源于西方现代产权理论的引入，而是基于国有企业改革的实践进程提出来的。

20世纪80年代后期，随着对"两权分离"理论研究的深入，我国经济学家开始直接使用"产权"概念。较早明确提出从产权角度对国有企业进行改革的论文在 1987 年出现，代表性的文章如有学者 1987 年 10 月撰文明确指出国有企业要转向产权改革，并从股份制的角度提出了明晰国有企业产权的具体思路。① 有学者 1987 年 12 月撰文反对按照产权分割、产权分解和产权转移这三种思路变革国有企业产权关系的主张，也不同意用笼统的股份制取代现行的产权关系，而主张用股份有限公司这种法人所有制形式作为社会主义公有制的新形式。② 也有学者 1988 年 2 月撰文，明确提出了产权清晰是国有企业改革的根本出路，并提出了"推行双层股份制的改革模式"③。这些文章都提出了从产权角度对国有企业改革。

1988 年一些经济学家开始运用马克思主义经济学基本原理，对产权理论进行深入研究，认为所有制内部包括复杂的产权关系，包括所有权、占有权、使用权、支配权等权项。企业要成为独立的商品生产者，必须有独立的法人财产或企业财产。按照马克思主义的所有制理论，财产是某种经济上的所有制、某种生产关系的法权形式。企业拥有法人财产，仍然是经营方式的变革，是两权分离的深入发展，并不是实行所有权企业化和放弃社会主义国家所有制。④ 同年，该学者在另一篇论文中运用马克思主义基本原理对产权概念、产权功能、产权构建进行了详细阐述。⑤ 随后，这位学者出版了《产权新论》（西南财经大学出版社 1993 年版）、《主体产权论》（经济科学出版社 1998 年版）两部书，这是国内以马克思主义经济理论为指导，在借鉴西方产权理论的基础上，结合中国经济体制改革的实际，系统阐述产权理论的著作，对马克思主义产权理论研究做出了重要贡献。

另有学者也较早运用马克思主义观点研究了产权问题，他指出，目前理论界对"产权"一词有不同解释，有人认为只有沿用西方的产权概念才比较规范。他则认为西方的产权理论以私有产权为前提，关系比较明朗，问题也相对简单。但是在社会主义条件下，公有产权，特别是国家所有制内部的产权关系则非常复杂，因而是一个崭新课题。论文不仅对公有制产权进行详细研究，而且提出了公有制产权的研究方向。⑥

马克思主义产权理论的方法论始终把产权与所有制联系在一起进行研究，

---

① 史正富：《产业组织的转换与产权制度的改革》，载于《经济研究》1987 年第 10 期。
② 韩志国：《论企业组织制度与财产所有权关系的变革》，载于《经济体制改革》1987 年第 6 期。
③ 杨瑞龙：《产权明晰化与双层股份制模式》，载于《经济研究》1988 年第 2 期。
④ 刘诗白：《社会主义商品经济与产权改革》，载于《经济研究》1988 年第 3 期。
⑤ 刘诗白：《论产权构建》，载于《经济研究》1988 年第 9 期。
⑥ 唐丰义：《建立社会主义产权刍论》，载于《经济研究》1988 年第 4 期。

因此反对私有产权最有效率的教条,在改革思路上反对国有企业改革走私有化之路。

(三) 西方产权理论的引入、借鉴及误用

在同一时期,国内也出现了介绍西方产权理论的文章,1988年有学者撰文,介绍了西方现代产权学说的演变。① 在随后的另一篇论文中,作者对西方产权理论的借鉴意义做了具体分析。② 应该说作者对西方产权理论的介绍和评价是客观的,对借鉴西方产权理论改革国有企业的思路也是理性的。大约1988年前后,科斯教授的著名论文《企业的性质》被翻译成中文,随后,大量关于西方产权理论的文献被介绍到中国,一些中国学者希望把这些理论应用到国有企业改革中来。这些学者把西方产权理论奉为正宗的经典理论,并把自己的研究贴上现代经济学的标签。由于西方产权理论在方法论上只承认私有制最有效率,不承认公有产权可以通过改革产生效率,所以,凡是倡导运用西方产权理论指导中国国有企业改革的研究者在整体思路上没有本质差别,那就是认为国有企业改革的根本出路就是私有化,国有企业产权改革的核心目标也在这里。

20世纪90年代中后期,西方产权理论的引入,对我国企业改革的理论和实践都产生了一定影响。在理论方面,尽管西方产权理论的局限性很明显,但其中的一些概念和具体分析方法,对我们有一定的启发意义。西方产权理论的引入,也推动了马克思主义产权理论的研究,在某些具体内容上甚至丰富了马克思主义的产权理论。在实践方面,西方现代产权理论强调通过产权交易提高资源配置效率的观点,推动了我国国有企业的产权市场化进程。但由于西方产权理论宣扬私有制最有效率的理念,所以在实践中也对国有企业改革造成了一定的误导。尤其是党的十五大明确提出要从战略上调整国有经济布局,对国有企业实施"抓大放小"的方针后,一些学者和实际工作者将其解读为中央释放出的卖国有企业的新信号,一些地方政府以产权改革为名,刮起了卖国有企业之风,造成了大量国有资产的流失。

(四) 对西方产权理论的批判

在西方产权理论引入国内的同时,一些经济学者也开始对以科斯为代表的西方产权理论进行了分析和批判。1991年3月,有学者撰文指出,不能把科斯定理

---

① 平新乔、刘伟:《本世纪西方产权理论的演变》,载于《管理世界》1988年第4期。
② 刘伟、平新乔:《现代西方产权理论与企业行为分析》,载于《经济研究》1989年第1期。

作为我国所有制改革的理论基础。科斯定理是在既定的私有制前提下,解决企业外部性问题而产生的理论,西方经济学家对科斯定理仍然处于争论之中。就中国的所有制改革来说,科斯定理与我国的所有制改革无关。① 另有学者也发表了多篇论文,详细阐述了西方产权理论、马克思主义产权理论与国有企业的关系。他指出我们的国有企业改革不能以科斯为代表的西方产权理论为指导。② 这位学者还系统研究了马克思的产权理论,认为与西方产权理论相比,马克思的产权理论要更为丰富和深刻,必须用马克思主义产权理论指导国有企业改革,不能把社会主义生产关系在法律形式上的财产关系,任意改变成其他性质的财产关系,运用两权分离理论,通过建立法人财产权,落实企业经营自主权。③

还有学者从1994年起,写了系列论文在产权理论方面与张五常进行论战,他认为西方产权经济学在中国的影响较大,有其合理成分,但是总体上看,西方产权理论是不科学的,更不能成为指导国有企业改革的理论基础。④ 有学者1995年出版了《产权经济学导论》一书,运用马克思主义的分析方法,批判性地系统研究了西方现代产权理论,并对马克思主义产权理论进行了阐述。这是比较早系统研究西方现代产权理论的专著。⑤

还有学者通过对马克思主义的所有制理论与西方经济学的产权理论做了比较分析,认为前者强调整体性、生产性、历史性和经济性,是一种科学的理论体系;而后者则强调个体性、交易性、自然性和法权性,从本质上看是不科学的。同时指出,产权经济学的某些分析方法和具体结论是可以整合进马克思主义经济学的框架、为经济改革的实践服务的。⑥ 另有学者也运用比较的研究方法,对马克思主义产权理论与西方产权理论的内容、对理论和实践的影响,做了对比分析,指出我国公有制的深化改革是在马克思主义基本理论,包括马克思的产权理论指导下进行的。⑦

对西方现代产权理论的批判,对我们正确借鉴西方经济学的有用成分,坚持国有企业改革的正确方向,抵制私有化,维护广大人民群众的利益,起到了积极

---

① 高鸿业:《科斯定理与我国所有制改革》,载于《经济研究》1991年第3期。
② 吴易风:《西方产权理论和我国产权问题》,载于《高校理论战线》1994年第3、4期。
③ 吴易风:《马克思的产权理论与国有企业产权改革》,载于《中国社会科学》1995年第1期。
④ 程恩富:《问张五常:财产所有权果真无足轻重吗?》,载于《上海经济研究》1994年第6期;《用科学的产权理论分析中国经济变革——张五常先生若干产权观点质疑》,载于《经济学动态》1996年第8期;等等。
⑤ 黄少安:《产权经济学导论》,山东人民出版社1995年版。
⑥ 林岗、张宇:《产权分析的两种范式》,载于《中国社会科学》2000年第1期。
⑦ 吴宣恭:《西方现代产权理论的影响和社会实践》,载于《学术月刊》2000年第2期。

作用。

经过多年的理论探索和实践创新，我国国有企业改革已经形成了比较成熟的改革思路：在国有企业内部关系上，深化国有企业公司制改革，健全现代企业制度；在国有企业之间的关系上，优化国有经济布局和结构，增强国有经济活力、控制力、影响力；在企业与政府的关系上，加快建设国有资本经营预算制度，完善各类国有资产管理体制和制度。目前，一大批国有大中型企业不但走出了困境，而且已经成为具有较高生产率、较强竞争力的市场主体。国有经济正以产权为纽带，不断向关键领域、命脉产业和优势行业集中，并主导着国民经济的发展。这说明，以马克思主义理论为指导的国有企业改革正朝着正确的方向前进。

当然，国有企业的改革并没有结束，一些问题还需要继续从理论上和实践上进行探索，如企业内部构建和谐劳动关系问题、经济民主问题、法人治理结构问题等，企业之间的股权结构和股权流动问题、行业垄断问题、企业集团化和国际化问题，等等。这些都需要在马克思主义的指导下，正确借鉴西方现代企业理论，结合中国实际去深入研究。

第三节 新时代国有企业改革深化与发展

一、做强做优做大国有企业和国有资本

党的十八大以来，以习近平同志为核心的党中央高度重视国有企业改革和发展问题。习近平对国有企业改革和发展做出了很多重要论述，提出了一系列新思想新观点，推进了国有企业改革理论的重大创新。

改革开放以来，国有企业改革始终是我们改革的中心环节，是事关公有制与市场经济能否有机融合的关节点，也是我们的市场经济能否按照社会主义方向发展和完善的关键。不可否认，在改革过程中，关于国有企业的地位问题、改革方向问题，始终伴随着不同声音，一些人用西方经济学的那套理论，认为国有企业不可能搞好，国有企业天生没有效率；一些人用西方国家的实践试图说明，国有企业只需要保留在提供公共产品、弥补市场失灵范围内就行了，否则国有企业就会"与民争利"。针对这些错误认识，习近平给出了明确回答。2014年8月，习近平在中央全面深化改革领导小组第四次会议上指出，国有企业特别是中央管理企业，在关系国家安全和国民经济命脉的主要行业和关键领域占据支配地位，是

国民经济的重要支柱，在我们党执政和我国社会主义国家政权的经济基础中也是起支柱作用的。习近平多次强调要做强做优做大国有企业，强调各级党委和政府应牢记，搞好国有企业、发展壮大国有经济的重大责任，坚持有利于国有资产保值增值、有利于提高国有经济竞争力、有利于放大国有资本功能的方针，推动国有企业深化改革、提高经营管理水平，加强国有资产监管；坚定不移把国有企业做强做优做大，通过发展国有企业壮大国家综合实力，保障人民共同利益。2016年7月在全国国企改革座谈会上，习近平指出，国有企业是壮大国家综合实力、保障人民共同利益的重要力量，必须理直气壮做强做优做大，不断增强活力、影响力、抗风险能力，实现国有资产保值增值。要坚定不移深化国有企业改革，着力创新体制机制，加快建立现代企业制度，发挥国有企业各类人才积极性、主动性、创造性，激发各类要素活力。2016年10月召开的全国国有企业党的建设工作会议上，习近平强调，要使国有企业成为党和国家最可信赖的依靠力量，成为坚决贯彻执行党中央决策部署的重要力量，成为贯彻新发展理念、全面深化改革的重要力量，成为实施"走出去"战略、"一带一路"建设等的重要力量，成为壮大综合国力、促进经济社会发展、保障和改善民生的重要力量，成为我们党赢得具有许多历史新特点的伟大斗争胜利的重要力量。党的十九大报告明确提出推动国有资本做强做优做大，有效防止国有资产流失。

理论界对习近平提出的做强做优做大国有企业思想，在认真学习的基础上给予高度评价和肯定。如有学者辨析了习近平做强做优做大国有企业的理论逻辑，即新时代国企改革思路是遵循现代股份制、中国特色现代企业制度和世界一流企业的发展规律的重要体现[1]，印证了新时代以国资改革为核心的国企发展思路。有学者认为做强做优做大国有企业具有很强的针对性，是对目前主张国企私有化的最好的反击，"做强做优做大国有企业是党中央对维护国有经济的鲜明表态""做优做强做大国企是纠正私有化倾向的重大步骤。"[2] 他认为不能只讲国有企业做活做优，不讲做强做大，不仅要讲改革市场化性质，更要讲改革的社会主义性质；做强做优做大国有企业具有丰富的科学内涵，即"做强做优，体现质的要求；做大体现量的要求，质是量的前提，量是质的扩展，质量统一，缺一不可"。还有学者论证了各种必然前提条件，认为正是由于西方以国有企业为靶子来攻击社会主义，我们社会主义国家才更应该理直气壮地坚持把国有企业搞好，做大做强做优，进而驳斥西方新自由主义的攻击和误导；要正确深刻理解中央发布的

---

[1] 顾钰民：《习近平新时代中国特色社会主义思想研究》，载于《思想理论教育导刊》2018年第1期。

[2] 何干强：《在深化改革中做强做优做大国有企业》，载于《马克思主义研究》2016年第2期。

《关于深化国有企业改革的指导意见》的内涵,明确国企改革的基本方向、目标和途径。①

新时代做强做优做大国有企业还有更深刻的含义,即旨在强调国有企业私有化的危害,重申国有企业的社会主义本质属性,及其对于社会主义建设发展的重要意义。有学者认为做强做优做大国有企业首先要从理论上理清国企不能走私有化的道路,国企朝着正确的方向改革是前提,"在做强做优做大国有企业的问题上,一定要清醒的认识到,国有企业私有化之路不但不能做强做优做大国有企业,而且会颠覆中国社会主义制度的经济基础,中国经济可持续发展的良好局面将不复存在"②。同时,要构建具有中国特色的国有企业公司治理机制、赋予国企市场主体地位并进行混合所有制改革、"软""硬"管理相结合才能更好地做强做优做大国有企业。有学者探讨了关于做强做优做大国有企业的几点理论思考,认为"做强做优做大国有企业"是巩固基本制度、提高市场竞争力、带动非公有制经济、保障人民共同利益的需要;"做强做优做大国有企业"要求为国企营造良好的环境、推动国企公司制股份制改革、借助政府力量推动国有经济战略性调整和重组、健全具有中国特色的公司法人治理结构,让国有企业适应社会主义市场经济的发展,共同进步。③ 还有学者将二者关系阐释得很清楚,认为"国有企业做强做优做大"与"国有资本做强做优做大"具有高度的一致性。应该说,"国有资本做强做优做大"和"国有企业做强做优做大"是国资国企改革有机联系的两个层面的目标要求,总的是要发展壮大中国特色社会主义国有经济,前者是发展壮大国有经济的基础,后者是这一基础在宏观层面的体现。没有国有企业这个基础,就没有真正意义上的国有资本;没有国有企业的"做强做优做大",就不可能有国有资本的"做强做优做大"。④ 这恰恰印证了文章开头所讲的,发展好国有企业是国企其他相关改革的前提和归宿。澄清二者之间的关系并加以界定,有助于明确国企改革的手段与目标。正如文件中规定的那样,"推动国有资本做强做优做大"的目标是"促进国有资产保值增值""有效防止国有资产流失"以及更好地优化国有经济布局,进而更好地发挥国有企业在社会主义建设中的作用。

---

① 周新城:《理直气壮地坚持把国有企业搞好》,载于《政治经济学评论》2015年第11期。
② 程承坪:《做强做优做大国有企业的探讨》,载于《学术界》2017年第4期。
③ 洪功翔:《做强做优做大国有企业的理论思考》,载于《理论探索》2016年第6期。
④ 宋方敏:《论"国有企业做强做优做大"和"国有资本做强做优做大"的一致性》,载于《政治经济学评论》2018年第2期。

二、混合所有制经济是基本经济制度的实现形式

公有制为主体、多种所有制经济共同发展的基本经济制度，是中国特色社会主义制度的重要支柱，也是社会主义市场经济体制的根基。在关于基本经济制度实现形式上，除了发展股份制，混合所有制也是作为重要形式提出来。党的十五大报告确立了公有制为主体、多种所有制经济共同发展的基本经济制度，提出公有资产不仅包括国有经济和集体经济，还包括混合所有制经济中的国有成分和集体成分。党的十五届四中全会进一步提出，国有大中型企业尤其是优势企业，宜于实行股份制，要通过规范上市、中外合资和企业互相参股等形式，改为股份制企业，发展混合所有制经济，重要的企业由国家控股。党的十六大明确提出，除极少数必须由国家独资经营的企业外，其他企业积极推行股份制，发展混合所有制经济。党的十六届三中全会要求进一步增强公有制经济活力，大力发展国有企业资本、集体资本和非公有资本等参股的混合所有制经济，实现投资主体多元化，使股份制成为公有制的主要实现形式。党的十七大提出，以现代产权制度为基础，发展混合所有制经济。

党的十八届三中全会指出，我国混合所有制经济发展进入新阶段。在关于《中共中央关于全面深化改革若干重大问题的决定》的说明中，习近平指出，改革开放以来，我国所有制结构逐步调整，公有制经济和非公有制经济在发展经济、促进就业等方面的比重不断变化，增强了经济社会发展活力。在这种情况下，如何更好体现和坚持公有制主体地位，进一步探索基本经济制度有效实现形式，是摆在我们面前的一个重大课题。全会提出要积极发展混合所有制经济，强调国有资本、集体资本、非公有资本等交叉持股、相互融合的混合所有制经济，是基本经济制度的重要实现形式。有利于国有资本放大功能、保值增值、提高竞争力，巩固公有制主体地位，增强国有经济活力、控制力、影响力。这是新形势下坚持公有制主体地位，增强国有经济活力、控制力、影响力的一个有效途径和必然选择。习近平强调，发展混合所有制经济，基本政策已明确，关键是细则，成败也在细则。要吸取过去国企改革经验和教训，不能在一片改革声浪中把国有资产变成牟取暴利的机会。国务院及有关部委先后印发了《关于国有企业发展混合所有制经济的意见》《关于国有控股混合所有制企业开展员工持股试点的意见》《关于鼓励和规范国有企业投资项目引入非国有资本的指导意见》等，积极稳妥推进混合所有制改革。

理论界关于发展混合所有制展开了深入讨论。比如关于混合所有制的含义。

有学者通过梳理发现综合起来有四种观点：（1）微观层次论：所有制形式论即混合所有制是指公有制成分与非公有制成分在企业内部相结合的所有制；企业模式论即混合所有制经济是指多个不同身份的投资主体共同投资组成企业或公司，是一种企业发展模式；所有制实现形式论即混合所有制经济形式是现代企业的一种财产组织形式，也是一种经营方式。（2）宏观层次论：即"混合所有制"就是公有制为主体，多种所有制经济共同发展的社会主义初级阶段的基本经济制度。（3）两层次论：持该观点的学者认为有两种含义的混合所有制，即一是在整个社会层面，不同所有制之间"板块式"的并存和混合；二是在企业层面，不同产权主体的相互渗透和相互融合（"渗透式"与"胶体式"的混合）。① 也有学者进一步认为混合所有制经济内涵有广义、狭义、中微观、不同所有制主体之分，并特意澄清说明混合所有制经济不能等同于混合经济，"混合所有制经济内涵的重心在于不同所有制形式之间的相互联系和有机结合，属于经济制度层次的范畴；混合经济内涵的重心在于资源配置不同方式的结合，属于经济运行层次的范畴，两者虽有联系，但不可同日而语。""除了公有制、私有制和个体私有制之外，再无别的什么独立的所有制形式。"②

再比如关于混合所有制经济性质的争论。学者们认为，混合所有制经济既不是公有制经济，也不是私有制经济，而是一种非公非私的独立经济形式，是公有产权和非公有产权在企业内部融合所形成的一种新的财产所有制结构，这是非公非私论的重要观点。③ 有学者根据经济成分占比将混合所有制经济分为两种形态，即一类是公有资本为主体的混合所有制经济，另一类是公有资本占一定比重但不是主导力量的混合所有制经济。④ 还有学者从四个层次分析对混合所有制的认识，认为要区别所有制与市场经济、所有制与产权、混合所有制与混合产权、发展混合所有制中政府、市场和企业的关系。⑤

很多学者提出混合所有制经济的发展要明确立场、方向和目标，谨防利益输送和国企私有化现象的发生。混合所有制不是简单的公私合营，要深刻理解党的十八届三中全会对于混合所有制是基本经济制度重要实现形式的阐述，区分重要实现形式和主要实现形式，股份制才是公有制的主要实现形式，并提出控股权才

---

① 石玉顶：《我国混合所有制经济问题研究评析》，载于《思想理论教育导刊》2005年第10期。
② 张作云：《关于混合所有制经济的内涵和性质问题——兼论混合所有制经济的研究方法》，载于《海派经济学》2008年第2期。
③ 季晓南：《正确理解混合所有制经济》，载于《经济日报》2014年3月27日，第14版。
④ 何自力：《发展混合所有制经济要坚持社会主义方向》，载于《山东社会科学》2014年第11期。
⑤ 刘凤义：《发展混合所有制经济需要厘清的几个基本关系》，载于《天津社会科学》2017年第8期。

是混合所有制经济中的关键问题，不能将国企发展壮大完全寄托于"一混了之"的错误理念中。① 要牢牢把握混合所有制的目的，即增强公有制经济的活力、控制力、影响力，警惕在改革浪潮中将国有资产变成牟取暴利的机会。② 针对两种不同的思想指导，导致混合所有制改革有严重的分歧，分别是将混合所有制经济当作发展壮大的手段和利用混合所有制改革推行国企私有化。对此应该深刻理解党中央提出的混合所有制是基本经济制度的重要实现形式这个决定，应该以促进不同所有制经济共同发展、巩固和增强公有制的主体地位、增强国有经济的主导作用、鼓励支持引导非公有制经济朝着有利于社会主义方向发展这四个方面作为新时期混合所有制经济的最终目标。③

关于混合所有制经济的讨论还在持续深入，例如，资本层面的国企混改只是第一步，后续还会继续推进混合资源，提高资源配置效率；混合人员，平衡好党委领导和国企董事会经营决策权之间的关系，包括委托—代理关系都能得到良好的改善；混合国企经营机制，适应市场规律，不断增强国有企业市场微观主体作用；混合出新型的劳动关系和职业经理人制度等。这些都是新时期国企混合所有制改革的热点与焦点。

三、建立中国特色现代企业制度

建立现代企业制度是国有企业的改革方向，但实践表明，在我国国有企业建立的现代企业制度中，一方面推动了国有企业制度创新，但另一方面也存在偏向的问题。习近平在2014年12月的中央经济工作会议强调要"把加强党的领导和完善公司治理统一起来"。2015年中共中央、国务院印发《关于深化国有企业改革的指导意见》中提出了"两个同步"和"四个对接"。"两个同步"是指党的建设与国有企业改革同步谋划、党的组织及工作机构同步设置。"四个对接"即体制对接、机制对接、制度对接和工作对接，要确保党的领导、党的建设在国有企业改革中得到体现和加强。此外，又将"国有企业党组织在公司治理中的法定地位更加巩固，政治核心作用充分发挥"写进国企改革的主要目标。

在2016年10月全国国企党建工作会议上，习近平提出："中国特色现代国

---

① 卫兴华、何召鹏：《究竟该怎样理解"积极发展混合所有制经济"——兼析对"混合所有制经济"的几种不同见解》，载于《北京日报》2014年12月1日，第18版。
② 吴宣恭：《混合所有制的特点、作用及其改革》，载于《毛泽东邓小平理论研究》2018年第1期。
③ 周新城：《牢牢把握发展混合所有制经济的方向——关于混合所有制经济同基本经济制度的关系的一点看法》，载于《经济理论与经济管理》2014年第12期。

有企业制度,'特'就特在把党的领导融入公司治理各环节,把企业党组织内嵌到公司治理结构之中,明确和落实党组织在公司法人治理结构中的法定地位,做到组织落实、干部到位、职责明确、监督严格。"同时,也进一步明确了党对国有企业的领导地位,是"政治领导、思想领导、组织领导的有机统一"。"国有企业党组织发挥领导核心和政治核心作用,归结到一点,就是把方向、管大局、保落实。要明确党组织在决策、执行、监督各环节的权责和工作方式,使党组织发挥作用组织化、制度化、具体化。要处理好党组织和其他治理主体的关系,明确权责边界,做到无缝衔接,形成各司其职、各负其责、协调运转、有效制衡的公司治理机制。"

把党的领导融入公司治理各环节,要把党对国企的领导与业务工作紧密结合,对公司治理过程中的用人、规划、决策、执行、监督等各环节,真正发挥领导核心与政治核心作用。把企业党组织内嵌到公司治理结构之中,是指在国有企业的公司法人治理结构中,不能只有董事会、监事会、总经理等西方公司制的机构或主体,还必须建立企业党组织并使之成为核心领导主体,对其他治理主体实施领导职权。组织内嵌是作用融入的必要前提,作用融入是组织内嵌的必然归宿。

要理清党组织和其他治理主体的职责分工,形成各司其职、各负其责、协调运转、有效制衡的关系。实行党委集体领导下的"三会一总"分工负责制。其中,党委作为企业的核心领导机构,由党的上级领导机构任命,承担"把方向、管大局、保落实"的总体职责;董事会作为公司法定的股权代表机构,由出资人或股东大会产生,承担企业生产经营的战略筹划与决策职责;监事会作为公司法定的专门监督机构,由出资人或股东大会产生,承担对董事会及其成员、经营管理人员和公司经营管理事务的监督职责;职工代表大会及其常设机构作为公司法定的民主管理机构,由企业职工选举产生,承担代表群众参与和监督企业经营管理、维护职工合法权益的职责;总经理作为公司法定的业务执行最高负责人,组织领导企业日常经营管理工作,承担实现企业经营目标的职责。这种具有中国特色的现代国有企业法人治理结构,与西方公司制最大的区别是,既有党委集体领导制度,又有职工民主管理制度。

关于如何理解和建立中国特色现代企业制度,学界也展开了讨论。

首先是关于中国特色现代国企制度建立的原因。加强国企党建,发挥党组织的领导核心作用,使国有企业成为新时期社会主义建设的重要力量,是这一制度建立的根本原因。有学者认为党的领导是国企沿着正确方向推进的重要保障,在国有企业、国企干部、国企作风和国企规矩方面具有总揽全局的作用,坚持党的领导和建立现代企业制度是做强做优做大国有企业的两个基本遵循。① 有学者说中国特色现代国企制度最关键是在于党的领导，国企党组织能够切实保障国有企业为人民的社会属性，保证国有企业的先进性与纯洁性，而且国企党建能够有效改善国有企业内部的公司治理，党员先锋作用也有利于加强国有企业人才队伍建设。② 还有学者以习近平关于国有企业的重要讲话为出发点，纠正了当前关于党对国企领导的错误观点，指出党对国企领导的关键在于两点：一是突出国企地位、做强做优做大国有企业；二是加强国企党建、落实全面从严治党的理念。③ 同样，认为党中央多次强调加强党领导国有企业是有充分的理论、历史和现实依据的。④

其次是国企党建实践路径研究。有学者认为国企党建要有底线原则，既要防止虚化弱化党的领导，又要防止过度强化，应该分类加强国企党建。⑤ 有学者探讨了如何在国企改革中加强和改善党的领导，认为创新党领导国企的方式，一是要"充分发挥党组的领导核心作用、党委的政治核心作用和基层党组织的战斗堡垒作用"⑥；二是创新党组织发挥政治核心作用的途径和方式，使企业党组织和生产经营管理组织交叉融合，改变以往"两张皮"的低效机制，在干部管理体制上要按照市场机制选人用人，完善党内民主。有学者认为建立中国特色现代国企制度关键在于"融入"和"内嵌"，既不能"两张皮"，也不能"一锅煮"，无论是在国有独资公司，还是在国资控股的混合所有制公司，董事会都不能脱离党的领导，而必须置之于党委集体领导制度下，履行企业生产经营的筹划和决策职责，向党委负责，同时也向股东负责。⑦

最后是构建中国特色现代国企制度的条件。有学者通过梳理一般的现代企业制度特征，指出要发挥党组织的"双核"作用：一是要明确国企党组织在公司治理中的法定地位；二是要发挥党组织作用制度化、组织化和具体化，提倡国有职工参与公司事务管理，尤其是监管方面，充分体现监管作用，要形成一定的治理

---

① 孔宪锋：《坚持党的领导、加强党的建设，是国有企业的"根"与"魂"——学习习近平关于加强党对国有企业领导的论述》，载于《党的文献》2018年第2期。
② 张弛：《为什么中国特色现代国有制度"特"在党组织》，载于《红旗文稿》2017年第6期。
③ 卢江：《坚决加强和完善党对国有企业的领导》，载于《红旗文稿》2017年第5期。
④ 江宇：《党管国企有理有据》，载于《红旗文稿》2017年第1期。
⑤ 王金422：《如何在深化国企改革中加强党的领导和党的建设》，载于《中国党政干部论坛》2015年第11期。
⑥ 李景治：《深化国企改革要进一步加强和改善党的领导》，载于《学术界》2016年第8期。
⑦ 宋方敏：《把中国特色现代国有企业制度的"根"和"魂"落到实处》，载于《红旗文稿》2016年第22期。

原则作为保障。① 有学者认为中国特色现代国企制度改进方面主要有在现代企业制度的基础上，重新进行假设前提；公司治理的出发点在公司盈利等前提基础上突出强调了社会和国家的整体利益；党的领导、广大职工干部最后变成资本才是企业家发展的依靠力量。② 还有学者总结了中国特色国有企业制度的三大特质，分别是以多层委托代理为经济学特征、以社会主义为制度基础、以民族复兴为现阶段的伟大使命，明确党组织在治理中的定位与职责，国企党组织作为公司的政治核心，其通过"双向进入、交叉任职"的领导体制，实现企业治理的相互制衡和支撑。"从组织和制度上，党组织成为公司法人结构的有机组成部分，从而使党组织对'三重一大'事项决策能发挥实际作用，让公司各治理主体融合为一个命运共同体，密切合作，协同进取。"③

四、推进国有资产管理新思路

国有资产管理体制改革始终是国有企业改革的关键关节，国有资产管理体制是否科学，直接决定国家与国有企业之间的关系是否顺畅。国有资产管理体制改革经历了几十年的发展，至今仍然在探索之中。1988年5月，国务院批准成立国家国有资产管理局，把国有资产的产权管理职能从政府行政部门和一般经济管理职能中分离出来，统一归口行使国有资产产权管理和基础管理职能。在法律层面，1988年正式出台《全民所有制工业企业法》，明确了国家将国有资产委托国有企业经营管理；1993年《中华人民共和国公司法》颁布，为确立并规范国有企业的公司制改制提供了法律依据。2002年党的十六大报告在总结国有资产管理体制实践基础上，明确提出"建立中央政府和地方政府分别代表国家履行出资人职责，享有所有者权益，权利、义务和责任相统一，管资产和管人、管事相结合的国有资产管理体制。"2003年春，国务院国有资产监督管理委员会成立，国有资产出资人初步到位，迈出了政企分开、政资分开的关键一步。④ 但经过实践的发展，国资委的管理依然存在不足，国资委"管人管事管资产"的业务范围超出了出资人范围。2013年党的十八届三中全会做出了《中共中央关于全面深化改革的决定》，这份文件里指出"完善国有资产管理体制改革，以管资本为主加强国有资产监管，改革国有资本授权经营体制"。2015年9月中央发布了《关于

---

① 陈禹治：《如何理解中国特色的现代国企制度》，载于《上海国资》2017年第1期。
② 程承坪：《做强做优做大国有企业探讨》，载于《学术界》2017年第4期。
③ 李云峰、黄清：《中国特色现代国有企业制度特征及治理》，载于《国资报告》2017年第6期。
④ 《国企热点面对面（2）》，中国经济出版社2014年版，第67页。

深化国有企业改革的指导意见》,文件中明确规定"以管资本为主改革国有资本授权经营体制,改组组建国有资本投资、运营公司"。党的十八大以来,关于完善国有资产管理体制有了新的推进,核心是以管资本为主加强国有资产监管,改革国有资本授权经营体制;国有资本投资运营要服务于国家战略目标,更多投向关系国家安全、国民经济命脉的重要行业和关键领域,重点提供公共服务、发展重要前瞻性战略性产业、保护生态环境、支持科技进步、保障国家安全。实现国有资产管理体制由以管企业为主向以管资本为主转变,有利于解决国有资产监管工作中存在的越位、缺位、错位等问题,有利于形成更加符合基本经济制度和社会主义市场经济发展要求的国有资产管理体制、现代企业制度、市场化经营机制。为此,一是以管资本为主推进国有资产监管机构职能转变,准确把握依法履行出资人职责的定位,重点管好国有资本布局、规范资本运作、提高资本回报、维护资本安全,建立监管权力清单和责任清单;二是以管资本为主改革国有资本授权经营体制,改组组建国有资本投资、运营公司;三是以管资本为主推动国有资本合理流动、优化配置,清理退出一批、重组整合一批、创新发展一批国有企业;四是以管资本为主推进经营性国有资产集中统一监管,建立覆盖全部国有企业、分级管理的国有资本经营预算制度。以管资本为主加强国有资产监管,是对国有企业管理体制改革理论的创新,将会有力促进国有企业改革深化,更好实现政企分开、政资分开,为实现国有资产保值增值、推动国有资本做强做优做大、防止国有资产流失提供制度保障。

  国有资产管理与国有企业布局和分类密切相关。2015年10月,习近平在中央全面深化改革领导小组第十七次会议上强调,要立足国有资本的战略定位和发展目标,结合不同国有企业在经济社会发展中的作用、现状和发展需要,根据主营业务和核心业务范围,将国有企业界定为商业类和公益类。商业类国有企业以增强国有经济活力、放大国有资本功能、实现保值增值为主要目标,按照市场化要求实行商业化运作,依法独立自主开展生产经营活动,实现优胜劣汰、有序进退。公益类国有企业以保障民生、服务社会、提供公共产品和服务为主要目标。分类推进国有企业改革思想的提出和实施,有利于解决多年来国有资本功能不清、定位不准、目标多元问题,有利于解决国有资产监督管理针对性不强、考核评价不科学问题,有利于解决部分国有企业盲目决策、粗放扩张问题。分类推进国有企业改革是深化国有企业改革的一项基础性和前提性工作,在分类的基础上对国有企业实施分类改革、分类发展、分类监管、分类考核,将会大大提高国有企业改革的针对性和有效性。

  理论界对国有资产管理的讨论可以概括为三点:一是要明确国有产权委托代

理关系；二是使国有资产资本化，资本化是对国有资产流动性和效率的解放；三是仍按照国有资本投资机构的隔离实现政企分开，明确权责，真正实现国资监管，防止国有资产流失。比如有学者在混合所有制视角下分析了国有企业管资本的内涵和体系，即从管理学维度出发分析管资本具有三个维度体系，分别是管理资本、市场资本和人力资本，各自对应企业、市场和人这三个主体层面。① 有学者也认为国有资本作为混合所有制经济改革中一个重要问题，应当建立相适应的国有资产管理体制，具体做法为首先是国资委应把出资人职责充分授权给国有资本平台公司，其次要把金融、铁路、文化等国企纳入，确保国资管理的整体性，最后确保国企党组成员和经理层的分工。② 还有学者认为中央提出"做强做优做大国有资本"有四个方面的意义：一是国有资本投资运营公司会使国资管理的职能发生从行政管理到市场经营的转变；二是改革国有资本授权经营机制会改变目前国资委与国企之间那种二级的委托—代理关系；三是国资委对于若干关键的经济部门还会继续目前的委托—代理关系模式；四是将国资管理与国企管理适当分离后，就加大了国资投资的灵活性和市场导向，优化了国有经济布局。③

再者是关于国资监管问题。国有资本管理更多涉及国有企业内部治理模式的重组与改革，而国有资产监管具有"压轴"的重要意义。新时期国有资本不管如何改革，都不能越过国有资产流失这条红线，必须谨防在国资改组中利益输送现象的发生。国企改革的首要目标是解决好国有资产监管问题，国资委管资本即是管国有资本运营和国有资本投资公司，这两类公司用股权方式投资到公益类国有企业和竞争类混合所有制企业中。④ 在发展混合所有制企业中，必须规范国有产权交易，阳光操作，公开透明，最大限度控制自由裁量空间，最大限度消除寻租空间，防止国有资产流失。⑤ 有学者通过对上海等城市国有资本投资公司、运营公司的分类改革试点运行情况的考察，说明了国有资本投资运营平台的分类有助于国资监管，对于分类改革中的问题，关键是要厘清二者之间的权责，构建科学的国资监管架构。⑥ 刘现伟针对当前国资监管存在的监管体制不完善、国企经营

---

① 李峰、韩立民：《混合所有制改革视角下国有企业"管资本"研究：内涵与体系》，载于《山东大学学报（哲学社会科学版）》2018年第3期。
② 许光建、孙伟：《国有企业混合所有制改革的五个关键问题》，载于《宏观经济管理》2018年第1期。
③ 平新乔：《对于做强做优做大国有资本的若干认识》，载于《经济科学》2018年第1期。
④ 《国企热点面对面（3）》，中国经济出版社2014年版，第47页。
⑤ 楚序平：《国资委官员谈混合所有制》，新浪网，http：//finance.sina.com.cn/hy/20141130/002320956652.shtml，2014年11月30日。
⑥ 何小刚：《国有资本投资、运营公司改革试点成效与启示》，载于《经济纵横》2017第11期。

目标不明确、经营效率低等问题，认为应以政府和企业两个主体为着力点，对国企实行分类监管，尤其是对商业类和公益类进行区别考核，使之更具有针对性。①

第四节　国有企业改革与发展的主要经验

新中国成立70年特别是改革开放40年以来，国有资产总量不断壮大，有力推动经济高速增长。改革开放以来，我国经济增长年均为9%以上，国有企业功不可没，尤其是应对国际金融危机冲击以来，更是发挥了主力军作用。

国有企业规模不断壮大、经济效益提升。1978年，全国国有资产总额4488亿元，工业总产值4231亿元（按所有企业均为国企计算）。到2015年底，全国国有资产总量合计64.3万亿元，相当于1978年的143倍，年复合增长率14.3%；2015年国有及国有控股企业工业销售产值22.8万亿元，相当于1978年的54倍，年均增长率11.4%。②

以服务国家战略为核心，国资布局结构持续优化。随着中国社会主义市场经济体制的完善，国有资本有计划地退出一般性生产加工行业等充分竞争领域，围绕国家战略，逐步向关系国家安全、国民经济命脉和国计民生的重要行业和要害领域集中。如从2002年到2014年，国有经济在纺织、食品等一般性行业的资产占国有资产总量比例明显降低，而在石油化工、机械、冶金等国民经济命脉行业以及信息技术服务、科学技术研究、社会服务等行业，资产占比明显升高。

国有经济布局的战略性调整为非国有经济提供了发展空间，促进了"国民共进"。国有经济布局结构的调整与优化，为非国有经济蓬勃发展提供了空间，实现了国有企业与非国有企业的齐头并进。1978年，我国国民经济中全民所有制经济（国有经济）占80.8%，集体所有制经济占19.2%，非公有制经济为零。到2017年，非公有制经济对国内生产总值、固定资产投资、对外投资的贡献率均超过60%，在高新技术企业中的比重超过70%，对城乡就业的贡献率达到80%。③

引领自主创新水平，促进产业结构转型升级。观察世界科技发展走势，国有企业不断从"跟跑者""追赶者"的角色，转变为"并跑者""领跑者"的角色，在日渐增多的关键核心技术和产业发展方面领先。如宝钢第三代先进高强钢

---

① 刘现伟：《以管资本为主推进国企分类监管的思路与对策》，载于《经济纵横》2017年第2期。
② 参见《中国发展观察》，2018年10月1日，http://www.yidianzixun.com/m/article/OKBGNZK4。
③ 项安波、王念：《国企改革40年的经验与启示》，载于《中国发展观察》2018年10月5日。

生产、华润微电子技术、中国广核的第三代核能发电技术、C919 大型客机以及航天、高铁、造桥等科技和产业的迅速发展。

提升国际竞争力，带动中小企业发展。国有企业在核心科技和战略产业的大发展，从价格普惠、人才输送、技术溢出、资本救援等多方面惠及和支持了民营企业。比如，国机集团下属的科研院有 70% 的技术是提供给民营企业的；国有企业京东方在平板显示领域的发展，使液晶面板供求变化导致价格大幅下降，拓展了处于产业链下游民营企业的利润空间。①

党的十八大以来，在以习近平同志为核心的党中央坚强领导下，国有企业改革和发展取得了新的成就。截至 2017 年底，中央企业资产总额 54.5 万亿元，比 2012 年底增长了 73.8%；2013～2017 年，累计实现利润总额 6.5 万亿元，比上一个五年增长 27%；上缴税费 10 万亿元，比上一个五年增长 41.4%。深入推进供给侧结构性改革，国有资本布局结构不断优化，完成 18 组 34 家企业重组，中央企业由 117 家调整为 98 家；瘦身健体扎实推进，完成特困企业治理，退出钢产能 1600 万吨，退出煤炭产能 6200 万吨，重组煤炭产能 1 亿吨。在国家推行的"一带一路"建设中，在基础设施、能源资源开发、国际产能合作等领域，发挥了示范带动作用。②

改革是一场革命，国有企业改革是这场革命中最关键的内容。改革开放以来，我们对国有企业改革探索成就斐然，但也有弯路，总结起来主要有以下几方面的经验：

一是始终要坚持马克思主义理论的指导地位。

关于国有企业改革的指导思想，学界认识不一，有人认为是马克思主义为指导进行的，也有人认为是在西方经济学指导下进行的，如前所说，尤其是涉及产权改革、"抓大放小"、战略性调整，似乎就是要把国有企业改为只是生产公共产品和弥补市场失灵。这种认识只看到问题表象。通过前述分析可以看出，中央关于国有企业改革指导思想非常明确，始终是坚持以马克思主义为指导的。马克思主义生产力和生产关系、经济基础和上层建筑原理、所有制和所有权原理等，始终是指导我们国有企业改革的理论基础。改革国有企业不是"改掉"国有企业，改革国有企业是为了做强做优做大国有企业和国有经济。试图改掉国有企业搞私有化的主张，是不符合中国国情的，是错误的。实践证明，国有企业改革能取得如此成就，是我们党始终坚持马克思主义立场观点方法的结果，这是最为宝贵的

---

① 参见《人民日报》（海外版）2018 年 11 月 30 日。
② 参见国资委网站：《国企国资五年改革发展成就》，http://www.sasac.gov.cn/n2588025/n2588119/c8484432/content.html。

经验。

二是在坚持公有制主体地位不动摇的基础上进行国有企业改革。

国有企业改革是为更好地巩固公有制主体地位。国有企业改革从企业自身建立现代企业制度到国有资产管理体制改革再到国有经济的战略性调整，表面看来，国有企业数量在减少，但国有经济的控制力、竞争力在明显增强。党的十九大报告再次强调，加快国有经济布局优化、结构调整、战略性重组，全面实施市场准入负面清单，清理废除妨碍统一市场和公平竞争的各种规定和做法，支持民营经济发展，激发各类主体活力，打破行政垄断，防止市场垄断。其目的还是要做强做优做大国有企业和国有资本，更好发挥控制力、竞争力和主导作用，从而巩固公有制主体地位。

三是坚持从探索公有制实现形式多样化角度对国有企业进行改革。

公有制实现形式应该多样化，这是我们在国有企业改革实践中的理论创新，如公有制经济的组织形式和经营方式由传统的国有独资企业和集体企业扩展到股份合作制企业、股份公司等。改革开放40多年来，国企改革从承包制到股份制再到现代企业制度、发展混合所有制等，都是推进实现形式多样化的重要体现。今后国有企业改革在坚持所有权不变的前提下，要继续探索多种实现形式，发展壮大国有企业和国有资本，放大国有资本的功能，更好地使国有资本保值增值。

四是坚持探索国有企业和市场经济更好地兼容。

公有制尤其是国有企业与市场经济有机融合，是前无古人的伟大创举。在西方经济理论和经济实践中，都否定国有企业与市场经济融合的可能性和现实性。但是我国改革开放和国有企业改革的实践已经证明，我们正在破解这个世界性难题。国有企业与市场经济有机融合，就意味着社会主义制度与市场经济可以有机融合，这也意味着我们创造了市场经济的全新模式。这不仅对中国经济发展是创举，对世界其他市场经济国家如何发展国有企业和国有经济，也提供了中国方案，具有世界意义。

第九章

农村经济发展与"三农"理论

农业农村农民问题始终是我国经济社会发展过程中面临的重大问题。新中国成立70年来,我国在农业增产、农村发展、农民增收等方面取得了巨大成就,也积累了大量宝贵经验。梳理和总结新中国成立70年来农村经济发展实践与理论方面所取得的成就与经验,以期对我国农村进一步全面深化改革提供可以借鉴的经验。

第一节 改革开放前的"三农"理论与实践探索

一、土地改革

从新中国成立至改革开放之前这一时期,我国农村发展经历了土地改革、农业合作化和人民公社等发展阶段。在这段时期内,我国农业农村发展虽历经波折,但仍取得了巨大成就,实现了农村土地集体所有制的社会主义改造,实现了农村农业的发展,支持了新中国的工业化和现代化进程。

中华人民共和国成立之初推进的土地改革是1949年之前解放区土地改革的继续。1950年6月30日,我国制定了《中华人民共和国土地改革法》,这一法律规定:土地改革是要废除地主阶级封建剥削的土地所有制,实行农民的土地所有制,进而解放农村生产力,发展农业生产,为新中国的工业化开辟道路。为此,要没收地主的土地、耕畜、农具、多余的粮食及其在农村中多余的房屋。所有没收和征收得来的土地和其他生产资料,除《中华人民共和国土地改革法》规定收归国家所有者外,均由乡农民协会接收,统一分配给无地少地及缺乏其他生产资料的贫苦农民所有。

由此可见，这一时期的土地改革的目标是要实现耕者有其田，实现农民的土地所有制。这一土地改革目标与1949年之前土地改革的基本目标是相同的，但是，具体做法也有一些差异。如，要保护富农所有自耕和雇人耕种的土地及其他财产，不得侵犯；要保护中农的土地及其他财产，不得侵犯。再比如，在土地改革过程中，对地主也要分配一份土地，使地主也能依靠自己的劳动维持生活，并在劳动中改造自己。但地主的其他财产不予没收。之所以采取这一做法，1951年12月发布的《关于农业生产互助合作的决议（草案）》（1953年2月作为正式决议发布）对此作了解释和说明。这一决议指出，农民在土地改革基础上所发扬起来的生产积极性，表现在两个方面：一方面是个体经济的积极性，另一方面是劳动互助的积极性。新中国成立后农民对于个体经济的积极性是不可避免的。党充分地了解了农民这种小私有者的特点，不能忽视和粗暴地挫折农民这种个体经济的积极性。在这方面，党是坚持了巩固地联合中农的政策。对于富农经济，也还是让它发展的。根据我们国家现在的经济条件，农民个体经济在一个相当长的时期内，将还是大量存在的。

随着土地改革在全国快速推开，到1952年年底，全国新解放区的土地改革基本完成，3亿多无地或少地农民获得了6.9亿亩的耕地①。这一时期的土地改革，废除了封建地主的土地所有制，确立了农民的土地所有制。

二、农业合作化

（一）开展农业合作化的社会背景与理论基础

首先，农村、农民发展的要求。1981年《关于建国以来党的若干历史问题的决议》曾指出，我国个体农民，特别是在土地改革中新获得土地而缺少其他生产资料的贫农下中农，为了避免重新借高利贷甚至典让和出卖土地，产生两极分化，为了发展生产，兴修水利，抗御自然灾害，采用农业机械和其他新技术，确有走互助合作道路的要求。

其次，新中国就是要建立社会主义国家和社会主义制度。在新中国成立前夕，党的七届二中全会指出了中国由农业国转变为工业国、由新民主主义社会转变为社会主义社会的发展方向。1953年党在过渡时期的总路线是要逐步实现国家的社会主义工业化，逐步实现对农业、手工业和资本主义工商业的社会主义改

---

① 刘仲藜：《新中国经济60年》（上册），中国财政经济出版社2009年版，第292页。

造。1956年党的八大进一步指出，在现代中国的条件下，只有建立社会主义制度，才能真正解决我国的工业化问题。因此，从新中国成立之后的指导理论和发展方向来看，土地改革所形成的农民的土地所有制还要逐步向公有制过渡。另外，只有建立农村土地公有制，才能从制度上确保农民不会重新失去土地革命中获得的土地。从当时的中央文件中可以看出，推进农业合作化还是事关社会主义和资本主义两种道路的关键问题。1953年中共中央《关于发展农业生产合作社的决议》中指出，刚刚获得土地的农民具有劳动者和私有者双重性质，从农民是劳动者这种性质所发展的互助合作的积极性，表现出农民可以引向社会主义；从农民是私有者和农产品的出卖者这种性质所发展的个体经济的积极性，表现出农民的自发趋向是资本主义。我们的政策是在于积极而又谨慎地经过许多具体的、恰当的、多样的过渡的形式，把农民的个体经济的积极性引到互助合作的积极性的轨道上来，从而克服那种建立在个体经济基础上的资本主义自发势力的倾向，逐步过渡到社会主义。正是当时通过农业合作化运动实现的农业社会主义改造，为农村发展乃至全国奠定了社会主义制度基础和经济基础。

最后，发展农村和农业，支持国家工业化。中国由农业国向工业国转变离不开农业的支持，但是小农户低水平的生产能力无法满足支持工业化的需要。因此，必须通过农业合作的方式，不断提高农业生产水平，持续为工业化提供物质支持。1955年毛泽东在《关于农业合作化问题》中指出，为了完成国家工业化和农业技术改造所需要的大量资金，其中有一个相当大的部分是要从农业方面积累起来的。这除了直接的农业税以外，就是发展为农民所需要的大量生活资料的轻工业的生产，拿这些东西去同农民的商品粮食和轻工业原料相交换，既满足了农民和国家两方面的物资需要，又为国家积累了资金。1956年党的八大《关于政治报告的决议》中指出，农业的发展不仅直接地影响着人民生活的水平和轻工业发展的速度，而且也影响着重工业发展的速度。我国目前农业生产还不能适应日益增长的需要，今后必须用更大的力量发展农业。但是，在近期我国还不能有很大的农业机械工业和化学肥料工业，还不能进行很大规模的垦荒，水旱灾害也还不能迅速根治。因此，目前农业增产的主要途径，就是要充分发挥农业已经基本上实现合作化这个优越条件，依靠合作社的集体力量和政府的支援，采取兴修水利、增施肥料、改良土壤、改良品种、推广新式农具、提高复种指数、改进耕作方法、防治病虫灾害等项措施，来增加单位面积产量。还应当根据可能条件，积极开垦荒地，扩大耕地面积。

总之，随着农村土地改革的完成，当时农村工作的主要任务就是要通过对农业生产进行社会主义改造，以便更好地发展农业生产，更好地满足农民个体以及国家工业化的需要。

（二）农业合作化运动的发展过程与主要形式

根据我国社会制度变革的内在要求，以及农村当时的生产力发展水平和广大农民特别是贫困农民对农业生产互助合作的内在需要，我国在农村开展了农业合作化运动，从由最初的临时互助组、常年互助组，到初级农业合作社，再到高级农业合作社，农业合作化成为农业社会主义改造的基本路径。1953年《中共中央关于发展农业生产合作社的决议》中指出，根据我国的经验，农民这种在生产上逐步联合起来的具体道路，就是经过简单的共同劳动的临时互助组和在共同劳动的基础上实行某些分工分业而有某些少量公共财产的常年互助组，到实行土地入股、统一经营而有较多公共财产的农业生产合作社，到实行完全的社会主义的集体农民公有制的更高级的农业生产合作社。这种由具有社会主义萌芽、到具有更多社会主义因素、到完全的社会主义的合作化的发展道路，就是我们党所指出的对农业逐步实现社会主义改造的道路。

农业合作化过程中出现的主要合作形式分为互助组和农业合作社两种。互助组又分为临时互助组、常年互助组，农业合作社又分为初级农业合作社和高级农业合作社。1951年12月中央发布的《关于农业生产互助合作的决议（草案）》指出，农业生产上的互助合作大体上有三种主要形式：第一种形式是简单的劳动互助，这是最初级的，主要是临时性的，季节性的。第二种形式是常年的互助组，这是比第一种形式较高的形式。它们中有一部分开始实行农业和副业的互助相结合；有某些简单的生产计划，随后逐步地把劳动互助和提高技术相结合，有某些技术的分工；有的互助组并逐步地设置了一部分公有农具和牲畜，积累了小量的公有财产。第三种形式是以土地入股为特点的农业生产合作社，称为土地合作社。这种形式包括了第二种形式中一些重要的特点，却多了比较扩大的形式特点。因为有了某些公共的改良农具和新式农具，有了某些分工分业，或兴修了水利，或开垦了荒地，就引起了在生产上统一土地使用的要求。这还是在土地私有或半私有基础上的农业生产合作社。用土地入股同样是根据自愿和互利的原则，并可以根据自愿的原则退股。但在生产上，一方面，便于统一计划土地的经营，因地种植，使地尽其用；另一方面，可以更方便地调剂劳动力和半劳动力，发挥劳动分工的积极性。在这两方面，也就逐渐克服了小农经济的若干弱点。1955年《关于农业合作化问题》中进一步指出，在这些小型的半社会主义的合作社的基础上，按照同样的自愿和互利的原则，号召农民进一步地联合起来，组织大型的完全社会主义性质的农业生产合作社。1956年发布的《高级农业生产合作社示范章程》中规定，高级农业生产合作社是劳动农民在共产党和人民政府的领导和帮助下,在自愿和互利的基础上组织起来的社会主义的集体经济组织。入社的农民必须把私有的土地和耕畜、大型农具等主要生产资料转为合作社集体所有,社员有退社的自由。

无论哪种形式,它们都有一个共同的特点就是按照自愿、互利原则开展互助与合作,即使在高级社也允许农户退社,社员退社的时候,可以带走他入社的土地或者同等数量和质量的土地,可以抽回所交纳的股份基金和投资。

三、人民公社

(一)人民公社的快速形成及其原因

人民公社是在高级农业合作社的基础上联合形成的新的农村集体经济形式,同时实行政社合一。人民公社这一形式在1958年从无到有,再到全面普及,仅仅用了四个月的时间。人民公社形成和推进的速度如此之快,与当时人们的认识是分不开的。1958年8月中央发布的《关于在农村建立人民公社问题的决议》中曾指出,建立人民公社首先是为了加快社会主义建设的速度,而建设社会主义是为了过渡到共产主义积极地作好准备。看来,共产主义在我国的实现,已经不是什么遥不可及的事情了,我们应该积极地运用人民公社的形式,摸索出一条过渡到共产主义的具体途径。由此可见,当时人们对社会主义和共产主义在认识上还不够成熟。虽然这一决议中也提到,并大社、转公社必须与当前生产密切结合,不仅不能影响当前的生产,而且要使这个运动成为推动生产更大跃进的一个巨大力量。但是,当时在几个月的时间里合作社全部转为人民公社,没能来得及检验这一形式对农业生产所带来的影响。1958年12月通过的《关于人民公社若干问题的决议》指出,我们既然热心于共产主义事业,就必须首先热心于发展我们的生产力,首先用大力实现我们的社会主义工业化计划,而不应当无根据地宣布农村的人民公社"立即实行全民所有制",甚至"立即进入共产主义",等等。那样做,不仅是一种轻率的表现,而且将大大降低共产主义在人民心目中的标准,使共产主义伟大的理想受到歪曲和庸俗化,助长小资产阶级的平均主义倾向,不利于社会主义建设的发展。

(二)人民公社的体制弊端与变革

由于人民公社是短期内在全国普及的一个新型农业集体经济形式和政社合一的发展模式,其内在的体制弊端在发展过程中不断出现。于是,相应的改革措施陆续出台。1959年提出了人民公社要建立和健全生产责任制,以避免或者减少

"窝工"现象,提高劳动效率。1959年中央还发布了《关于社员私养家禽、家畜和自留地等四个问题的指示》,指出这种大集体中的小私有,在长时期内是必要的,有利于生产的发展,也有利于人民生活的安排。允许这种小私有,实际是保护社员在集体劳动时间以外的劳动果实,并不是什么"发展资本主义"。1960年《关于农村人民公社当前政策问题的紧急指示信》中指出,在农村人民公社化初期产生的一平二调的"共产风",是破坏生产力的,并且妨碍了人民公社优越性的更好发挥。三级所有,队为基础,是现阶段人民公社的根本制度。1962年在《中央关于改变农村人民公社基本核算单位问题的指示》中明确了以生产队为基本核算单位,克服生产队之间的平均主义,保障生产队的生产自主权,改变了过去那种进行生产同安排和指挥生产不统一的状况,更有利于改善集体经济的经营管理,能有效地调动农民群众的积极性。1962年《农村人民公社工作条例修正草案》进一步指出,生产队是人民公社中的基本核算单位。生产队实行独立核算,自负盈亏,直接组织生产,组织收益的分配。这种制度至少三十年不变。生产队为了便于组织生产,可以划分固定的或者临时的作业小组,划分地段,实行小段的、季节的或者常年的包工,建立严格的生产责任制。1971年《关于农村人民公社分配问题的指示》指出,不能把党的政策允许的多种经营当作资本主义去批判,要克服劳动报酬上的平均主义。

四、成效与问题

从1949年新中国成立到改革开放之前,虽然由于没有经验、认识偏差,在工作中走过弯路,遭到过严重挫折,但在中国共产党领导下经过中国人民的共同努力,我国经济社会发展仍然取得了很大的成就,积累了重要的经验、物质基础和制度条件。

改革开放之前这段时期,在我国农村经济社会发展所取得的成就中,最主要的是在农业合作化过程中,特别是在高级农业合作社发展阶段,确立了农村土地的集体所有制,改善了农业生产条件和生产水平,有力地支持和推动了我国工业化和现代化进程。粮食产量1978年比1949年增长1.7倍,经济作物和林、牧、副、渔各业以及社队企业都有不同程度的增长,取得了很大的成就。全国兴修了大量的大中小水利工程,建设了一大批高产稳产田。全国灌溉面积已由1952年的3亿亩扩大到1980年的6.7亿亩,长江、黄河、淮河、海河、珠江、辽河、松花江等大江河的一般洪水灾害得到初步控制。化学肥料、农业机械、排灌机械和农村用电,都比过去有了很大的增长。用电量等于解放初全国发电量的7.5

倍。但是，由于1957~1978年全国人口增长3亿，尽管单位面积产量和粮食总产量都有了增长，1978年全国平均每人占有的粮食大体上还只相当于1957年的水平[①]（详见图9-1、图9-2所示）。

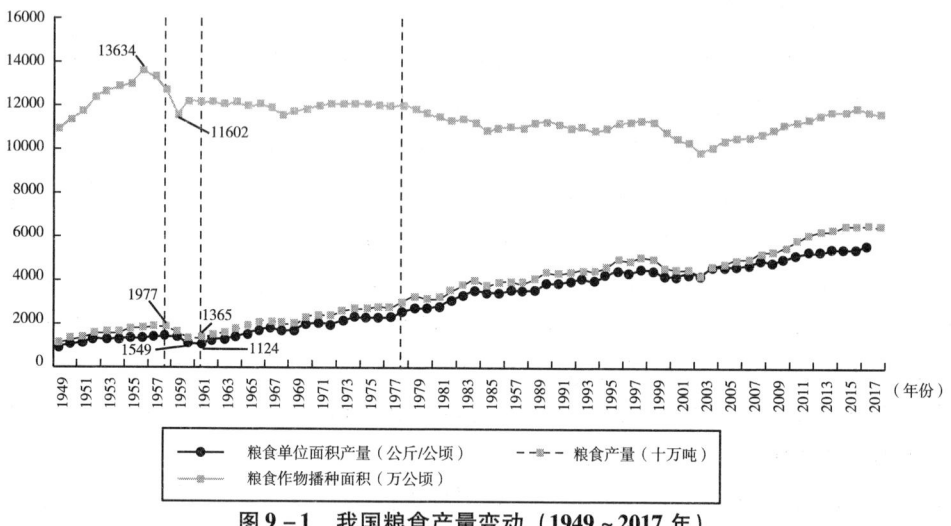

图9-1 我国粮食产量变动（1949~2017年）

资料来源：根据国家统计局网站的年度数据绘制。

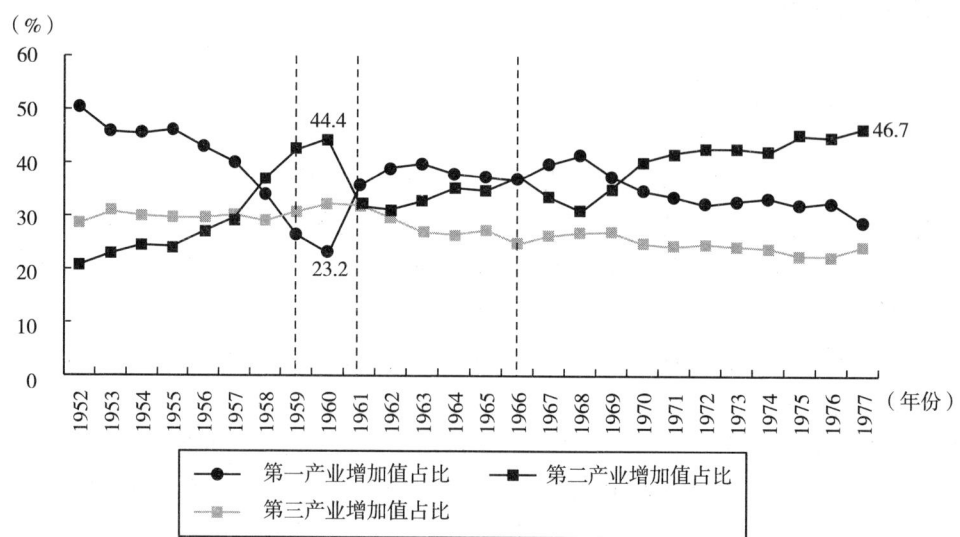

图9-2 我国改革开放之前的三次产业所占比重变动（1952~1977年）

资料来源：根据国家统计局网站的年度数据绘制。

[①] 数据引自1979年《关于加快农业发展若干问题的决定》和1981年《关于建国以来党的若干历史问题的决议》。

改革开放前这段时期农村经济发展在取得成绩的同时，也存在着一些问题。

第一，农业合作化运动推进得过快，改造要求过急，工作过粗，形式也过于简单划一等问题。毛泽东1955年在《关于农业合作化问题》中曾指出，从中华人民共和国成立直到第三个五年计划的完成，共有时间18年。我们准备在这个时间内，基本上完成农业方面的社会主义的改造。实际上，1956年就基本上完成了社会主义改造工作。高级社转为人民公社更是在1958年用了几个月的时间就基本上完成了。相关工作过粗、推进速度过快，往往会暂时掩盖了推进过程中的内在矛盾和利益冲突。第二，在农业农村发展过程中形成的一些好的经验没有贯彻到底。如毛泽东同志在领导纠正"大跃进"和人民公社化运动中的错误时提出了不能剥削农民，不能超越阶段，反对平均主义，强调发展商品生产、遵守价值规律和做好综合平衡，主张以农轻重为序安排国民经济计划等观点。然而，在当时较长一段时期内这些正确的思想和理论并没有完全、持久地得到落实。第三，在实现农村土地集体所有制之后，没有解决好集体统一经营和分散经营的关系，认为承包到户会改变社会主义生产关系等问题。

第二节 改革开放新时期的"三农"实践与理论探索

一、农村经营体制与农地制度改革

从1978年党的十一届三中全会至2012年党的十八大之前，我国农业农村在以往发展经验和成就的基础上，实事求是、勇于创新，着力推行农村家庭联产承包责任制，进一步深化农村经营体制改革，乡镇企业异军突起，农村劳动力大量进城务工，新农村建设快速推进，农业农村发展取得巨大成就，发展面貌焕然一新。

1978年，党的十一届三中全会做出把党和国家工作中心转移到经济建设上来、实行改革开放的历史性决策。改革最早是从农村开始的，其中，最为重要的改革成果就是废除人民公社，确立以家庭承包经营为基础、统分结合的双层经营体制。

新中国成立之后探索了20多年才做出将农户家庭作为独立的经营主体来看待这一历史性的变革，难题之一是如何看待家庭经营与集体经济的关系。在1956年实现合作化和集体经济之后，当时的认识是将家庭经营和集体经济对立起来的，要发展集体经济就必须消除家庭经营模式。在农业集体统一经营过程中必须解决好分配问题。而农业生产过程不同于工业生产过程，在农业生产周期内，很难衡量和测度不同劳动过程对最终产量的贡献，于是最终的分配过程必然是无法避免平均主义的"大锅饭"。虽然在改革开放之前，也曾强调建立生产责任制，也曾探索过"包产到队""包产到组""包产到户""包产到劳"等不同形式的责任制，但是，始终未能将农户家庭经营作为一个独立的经营主体来看待。当时还认为，如果是农户家庭独立经营、自负盈亏，将会走向资本主义的发展道路。因此，当初在短暂实行包产到户过程中，对于分配过程仍需要交由生产队根据承包地的产量确定分配标准，由生产队进行统一分配。

1978年前后，安徽、贵州等地农民自发探索"包产到户"和"包干到户"，拉开了农村经营体制改革的序幕。1977年，贵州省安顺市关岭县顶云公社冒着被扣"走资本主义道路"帽子的风险，悄悄实施包产到户，当年粮食就大丰收。1978年4月，关岭县委同意在小部分生产队试行"定产到组、超产奖励"制度。1979年，关岭县在全县范围内推广"顶云经验"，1000多个生产队实行联产承包责任制①。在安徽，1978年实行包产到户的生产队达到1200个，1979年达到3.8万个，到1980年底安徽全省已有70%的生产队实行"包产到户""包干到户"。1980年全国实行"包产到户""包干到户"的生产队约为20%，1981年达到50%，1983年春达到95%以上。②

在改革开放初期，人们对于"包产到户""包干到户"还存在一些顾虑，比如，1979年印发的《关于加快农业发展若干问题的决定》中指出，人民公社各级经济组织要建立必要的奖惩制度，坚决纠正平均主义，可以按定额记工分、可以按时记工分加评议，也可以在生产队统一核算和分配的前提下，包工到作业组，联系产量计算劳动报酬，实行超产奖励，不许分田单干。除某些副业生产的特殊需要和边远山区、交通不便的单家独户外，也不要包产到户。1980年印发的《关于进一步加强和完善农业生产责任制的几个问题》在强调农业集体化方向的同时，肯定了"小段包工，定额计酬"以及"包工包产，联产计酬"等生产责任制。对于包产到户，既不鼓励也不明确反对。就全国而论，在社会主义工业、社会主义商业和集体农业占绝对优势的情况下，在生产队领导下实行的包产到户是依存于社会主义经济，而不会脱离社会主义轨道的，没有什么复辟资本主义的危险。

---

① 万秀斌、汪志球、黄娴、程焕：《从包产到户，到合股联营，分合皆为改革——农村改革的安顺实践》，载于《人民日报》2019年1月11日，第7版。

② 陈锡文、赵阳、陈建波、罗丹：《中国农村制度变迁60年》，人民出版社2009年版，第27、28页。

1983年中央一号文件《当前农村经济政策的若干问题》中指出，联产承包责任制迅速发展，绝不是偶然的。它以农户或小组为承包单位，扩大了农民的自主权，发挥了小规模经营的长处，克服了管理过分集中、劳动"大呼隆"和平均主义的弊病，又继承了以往合作化的积极成果，坚持了土地等基本生产资料的公有制和某些统一经营的职能，使多年来新形成的生产力更好地发挥作用。这种分散经营和统一经营相结合的经营方式具有广泛的适应性，既可适应当前手工劳动为主的状况和农业生产的特点，又能适应农业现代化进程中生产力发展的需要。在这种经营方式下，分户承包的家庭经营只不过是合作经济中的一个经营层次，是一种新型的家庭经济。它和过去小私有的个体经济有着本质的区别，不应混同。1991年中共中央《关于进一步加强农业和农村工作的决定》进一步指出，家庭承包经营不是"分田单干"，集体统一经营也不是"归大堆"。这两个经营层次相互依存、相互补充、相互促进。把家庭承包这种经营方式引入集体经济，形成统一经营与分散经营相结合的双层经营体制，使农户有了生产经营自主权，又坚持了土地等基本生产资料公有制和必要的统一经营。这种双层经营体制是集体经济的自我完善和发展，绝不是解决温饱问题的权宜之计，一定要长期坚持，不能有任何的犹豫和动摇。1998年在《关于农业和农村工作若干重大问题的决定》中，将家庭联产承包责任制这一表述修改为以家庭承包经营为基础、统分结合的双层经营体制。这一表述更为清晰地凸显了在现有农村经营体制下，农户家庭是一个独立市场主体。在现有农村经营体制下，关键是要稳定完善土地承包关系。关于承包期限，1984年最初规定土地承包期在15年以上，1993年修改为在原定承包期到期之后再延长30年，2007年的《中华人民共和国物权法》将土地承包权界定为用益物权。2008年党的十七届三中全会做出决定要赋予农民更加充分而有保障的土地承包经营权，现有土地承包关系要保持稳定并长久不变。

二、乡镇企业改革与发展

我国的乡镇企业最初是人民公社时期的社队企业，当时农村兴办了很多小钢铁、小煤窑、小机械修造、小水泥、小化肥"五小工业"。在1984年的中央一号文件中还提到，现有社队企业是农村经济的重要支柱。但是，随着国家废除人民公社体制，恢复乡镇政府和村民自治组织，1984年3月将社队企业更名为乡镇企业。

改革开放以来，我国乡镇企业经历了一个快速发展的阶段，异军突起。从乡镇企业数量来看，1980年全国仅有142.47万家，到1985年则快速增加到

1222.46万家，1995年又增加到2202.67万家。1986年中央一号文件也指出，乡镇企业在短短几年时间里，产值已达2000亿元以上，吸收劳力6000万人。从图9-3可以看出，乡镇企业的固定资产原值和利润也经历了类似的发展变化过程。

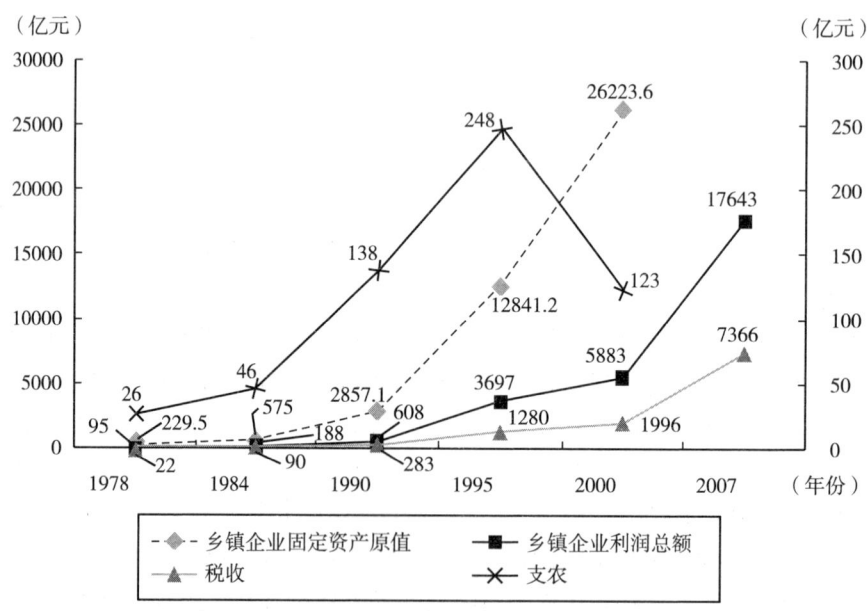

图9-3　1978~2007年我国乡镇企业的资产和收益分配情况

资料来源：根据陈锡文、赵阳、陈建波、罗丹：《中国农村制度变迁60年》，人民出版社2009年版，第221、215页数据绘制。

在乡镇企业发展变化的背后是乡镇企业产权制度的变化，特别是20世纪90年代以来，以乡、村两级集体所有为主体的企业形式，快速改制为以现代公司制度为主体的企业形式。据统计，在这一企业改制过程中，168万家农村集体企业有95%进行了产权改革，其中大概有20万家改制为股份制和股份合作制，139万家改制为个体私营企业[①]。对于这个乡镇企业改制过程，理论界有很多研究和讨论[②]。从理论上来看，这一产权制度改革在实现企业利润增长的同时，企业利润的分配会因为所有制的变化而发生较大改变。这一改制过程对于农村集体经济以及由此带来的乡村治理能力产生了较大影响。从图9-3可以看出，随着乡镇企业资产和利润的增长，支农支出则呈现一个先增加后减少的趋势。其中有农村

---

① 陈锡文、赵阳、陈建波、罗丹：《中国农村制度变迁60年》，人民出版社2009年版，第211页。
② 潘维：《农民与市场：中国基层政权与乡镇企业》，商务印书馆2003年版，第321页。

税费体制改革的影响,但是乡镇企业产权改革也是其中的重要影响因素。

三、农村劳动力转移与农民工

1984年十二届三中全会以后,以城市为重点的经济体制改革逐步展开,改革由农村转向城市。这不仅仅涉及城市本身的改革与发展,同时也涉及农村各个方面的进一步改革与发展。除了乡镇企业发展之外,从20世纪90年代前后开始,农村劳动力进城务工数量快速增加。

这些农村外出劳动力也被称为农民工,从经济统计角度来看,所谓农民工就是指户籍仍在农村,在本地从事非农产业或外出从业6个月及以上的劳动者。2008年在本地或外出就业的农民工人数达到2.25亿人,2012年达到2.63亿人左右(见图9-4)。农民工群体已经成为我国城镇建设和发展不可或缺的重要力量。与此同时,农民家庭的收入结构也在发生变化,农民外出务工为农户家庭改善生产生活条件提供了经济基础。

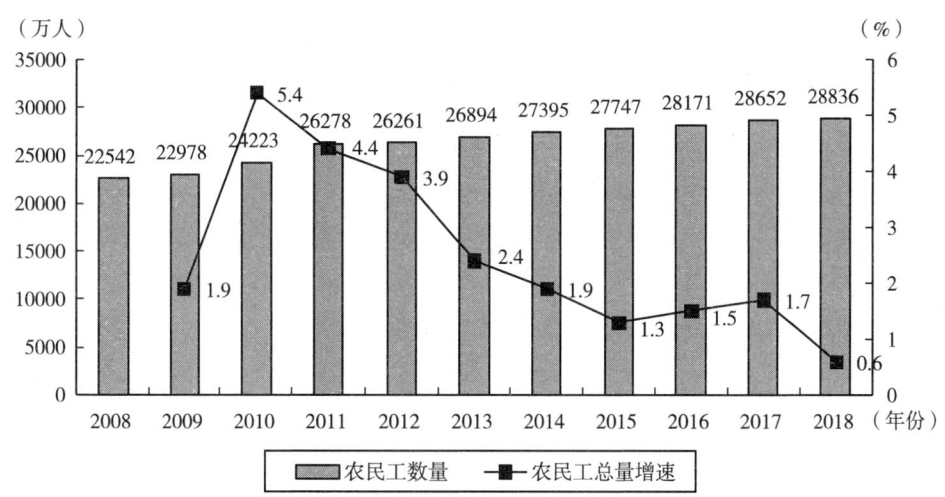

图9-4 2008~2018年中国城镇化与农民工总量增速情况

资料来源:根据2011年我国农民工调查监测报告和2018年农民工监测调查报告绘制,数据来源于国家统计局网站和中国政府网,http://www.stats.gov.cn/ztjc/ztfx/fxbg/201204/t20120427_16154.html,http://www.gov.cn/shuju/2019-04/30/content_5387773.htm。

农民工虽然在城镇工作,但是户籍仍然是农村户口,他们很难享受到城镇户口所能享有的教育、医疗等基本社会保障。而且很多农户家庭只是年轻人外出务工,农村留守老人、留守儿童现象较为普遍。因此,加快户籍制度改革、健全农民工社会保障制度、为农民工在子女就学、住房租购等方面提供更多支持需要不断加大改革力度。全国各地在这些方面也做出了大量探索，形成了一些好的改革举措。

四、城乡统筹发展与新农村建设

随着改革开放进程不断深化，城乡经济社会发展取得了巨大成就。与此同时，农村发展显著滞后于城市，城乡发展的差距也在扩大。在这一发展阶段，我国总体上已进入以工促农、以城带乡的发展阶段，初步具备了加大力度扶持"三农"的能力和条件。为了实现城乡协调发展，特别是促进农村更好更快发展，自2006年1月1日起废止了1958年6月3日通过的《中华人民共和国农业税条例》，自此我国不仅不再针对农业单独征税，而且继续通过多种方式不断增加对农业农村的补贴和支持。2008年中共中央《关于推进农村改革发展若干重大问题的决定》提出，要健全农业投入保障制度，调整财政支出、固定资产投资、信贷投放结构，保证各级财政对农业投入增长幅度高于经常性收入增长幅度，大幅度增加国家对农村基础设施建设和社会事业发展的投入，大幅度提高政府土地出让收益、耕地占用税新增收入用于农业的比例。健全农业补贴制度，扩大范围，提高标准，完善办法，特别要支持增粮增收，逐年较大幅度增加农民种粮补贴。完善与农业生产资料价格上涨挂钩的农资综合补贴动态调整机制。

2005年党的十六届五中全会提出了要按照"生产发展、生活宽裕、乡风文明、村容整洁、管理民主"的要求，扎实推进社会主义新农村建设。2006年中央一号文件专门出台了《中共中央　国务院关于推进社会主义新农村建设的若干意见》，提出要尊重自然规律、经济规律和社会发展规律，统筹城乡经济社会发展，实行工业反哺农业、城市支持农村和"多予少取放活"的方针，协调推进农村经济建设、政治建设、文化建设、社会建设和党的建设。2007年中央一号文件《关于积极发展现代农业扎实推进社会主义新农村建设的若干意见》进一步提出，发展现代农业是社会主义新农村建设的首要任务，要用现代物质条件装备农业，用现代科学技术改造农业，用现代产业体系提升农业，用现代经营形式推进农业，用现代发展理念引领农业，用培养新型农民发展农业，提高农业水利化、机械化和信息化水平，提高土地产出率、资源利用率和农业劳动生产率，提高农业素质、效益和竞争力。

总体上看，经过农村税费改革和新农村建设等一系列改革安排，农村的发展面貌焕然一新，特别是包括贫困地区在内的农村基础设施水平有了显著提升，农业发展水平不断提高，农民在发展过程中的获得感持续增强。

第三节　新时代"三农"实践与理论探索

一、农地"三权分置"改革

（一）农用地"三权分置"改革

党的十八大以来，我国坚持把解决好"三农"问题作为全党工作的重中之重，着力推进农业农村全面深化改革。比如，推进农地"三权分置"改革、农业供给侧结构性改革、农村集体产权制度改革，着力推进精准扶贫战略和乡村振兴战略。在不断深化的改革过程中，农民的收入和获得感不断提升，农业供给能力和水平不断提高，农村的生产生活环境持续改善。

改革开放以来，我国一直在探索如何在坚持农地集体所有制的前提下，更加有效地提升农地资源配置和利用的效率与效益。2014年《中共中央　国务院关于全面深化农村改革加快推进农业现代化的若干意见》正式提出农村土地所有权、承包权、经营权"三权分置"的政策，即"在落实农村土地集体所有权的基础上，稳定农户承包权、放活土地经营权，允许承包土地的经营权向金融机构抵押融资"。2016年中共中央办公厅、国务院办公厅印发《关于完善农村土地所有权承包权经营权分置办法的意见》进一步指出，将土地承包经营权分为承包权和经营权，实行所有权、承包权、经营权分置并行，着力推进农业现代化，是继家庭联产承包责任制后农村改革又一重大制度创新。"三权分置"是农村基本经营制度的自我完善，符合生产关系适应生产力发展的客观规律，展现了农村基本经营制度的持久活力，有利于明晰土地产权关系，更好地维护农民集体、承包农户、经营主体的权益；有利于促进土地资源合理利用，构建新型农业经营体系，发展多种形式适度规模经营，提高土地产出率、劳动生产率和资源利用率，推动现代农业发展。2018年12月29日第十三届全国人民代表大会常务委员会第七次会议通过了《关于修改〈中华人民共和国农村土地承包法〉的决定》。最新土地承包法规定，农村土地承包后，土地的所有权性质不变。承包地不得买卖，承包方承包土地后，享有土地承包经营权，可以自己经营，也可以保留土地承包权，流转其承包地的土地经营权，由他人经营。国家保护进城农户的土地承包经营权。不得以退出土地承包经营权作为农户进城落户的条件。承包方可以自主决定依法采取出租（转包）、入股或者其他方式向他人流转土地经营权，并向发包方备案。

农用地"三权分置"改革重点是聚焦于农地经营权，通过放活和规范农地经营权，进而要实现农地的合理配置和高效利用。从我国农村的实践过程中，随着农地流转规模不断扩大，相应的家庭农场、专业合作社、龙头企业等新型经营主体不断壮大，农业社会化服务组织和农业产业化联合体不断增强。据统计，2004年农村承包地流转面积仅为0.58亿亩，2012年增加到2.8亿亩，2016年增加到4.8亿亩。2016年我国农民专业合作社和龙头企业分别已达179.4万个和13万个，比2012年分别增长160.4%和8.6%。根据第三次全国农业普查结果，2016年耕地规模化（南方省份50亩以上、北方省份100亩以上）耕种面积占全部实际耕地耕种面积的比重为28.6%[1]。这些新型农业经营主体和服务主体，能够适应农业供给侧结构性改革和高质量发展的内在要求，进一步推动了我国农业现代化进程。在我国各地农地"三权分置"改革实践中，探索很多有价值的发展路径。珠三角地区探索以土地承包经营权入股、集体统一经营的土地股份合作制；上海松江探索引导农户将土地经营权流转给村集体，统一整理后再发包给有经营能力农户的家庭农场制；四川崇州探索以土地经营权入股合作社，农户、合作社、职业经理人和专业服务组织共同经营的"农业共营制"[2]，等等。总体上看，我国农地"三权分置"改革已经取得初步成效。

（二）宅基地"三权分置"改革

除了农用地"三权分置"改革，2018年中央一号文件《中共中央 国务院关于实施乡村振兴战略的意见》中提出了宅基地"三权分置"改革。该文件指出，扎实推进房地一体的农村集体建设用地和宅基地使用权确权登记颁证。完善农民闲置宅基地和闲置农房政策，探索宅基地所有权、资格权、使用权"三权分置"，落实宅基地集体所有权，保障宅基地农户资格权和农民房屋财产权，适度放活宅基地和农民房屋使用权，不得违规违法买卖宅基地，严格实行土地用途管制，严格禁止下乡利用农村宅基地建设别墅大院和私人会馆。虽然宅基地"三权

---

[1] 相关数据引自《农村改革书写辉煌历史乡村振兴擘画宏伟蓝图——改革开放40年经济社会发展成就系列报告之二十》，国家统计局，http://www.stats.gov.cn/ztjc/ztfx/ggkf40n/201809/t20180918_1623595.html。

[2] 韩长赋：《土地"三权分置"是中国农村改革的又一次重大创新》，载于《光明日报》2016年1月26日，第1版。

分置"改革刚刚起步,在制度顶层设计中已经为部分有改革需要的地区推进宅基地改革提供了基本的遵循依据。

无论是农用地"三权分置"改革,还是宅基地"三权分置"改革,虽然改革的重点在于放活经营权和使用权,但是,坚持土地的集体所有权是改革不可动摇的核心。如果把土地集体所有权改垮了,那么,也就不存在农地"三权分置"问题,从根本上就动摇了农村集体所有制的基础。因此,在农地"三权分置"改革过程中,不仅不能把农地集体所有权改垮了,还要主动发挥农村集体所有制的制度优势,带动农村集体经济发展,带动农民实现共同富裕。要做到这些,改革过程中必须始终重视和维护土地集体所有制,发挥土地集体所有的所有制优势。

二、农业供给侧结构性改革

近年来,我国农业生产成本快速攀升,大宗农产品价格普遍高于国际市场。我国粮食的生产量、库存量、进口量呈现"三量齐增"的态势,出现了大宗农产品"洋货入市、国货入库"的奇特现象。这一现象说明在我国的农业供给侧存在着亟待解决的结构性矛盾。在我国,无论从降低农业耕种成本提高农业生产效率和效益的角度,还是应对农业需求侧出现的深刻变化和调整以及国外低价农产品带来的外部冲击等方面,都需要加快推进农业供给侧结构性改革。

2016年底我国发布了《关于深入推进农业供给侧结构性改革加快培育农业农村发展新动能的若干意见》,对如何推进农业供给侧结构性改革工作进行了全面部署。文件指出,我国农业的主要矛盾由总量不足转变为结构性矛盾,突出表现为阶段性供过于求和供给不足并存,矛盾的主要方面在供给侧。我国农业发展过程中面临增加产量与提升品质、成本攀升与价格低迷、库存高企与销售不畅、小生产与大市场、国内外价格倒挂等矛盾。推进农业供给侧结构性改革,要在确保国家粮食安全的基础上,紧紧围绕市场需求变化,以增加农民收入、保障有效供给为主要目标,以提高农业供给质量为主攻方向,以体制改革和机制创新为根本途径,优化农业产业体系、生产体系、经营体系,提高土地产出率、资源利用率、劳动生产率,促进农业农村发展由过度依赖资源消耗、主要满足量的需求,向追求绿色生态可持续、更加注重满足质的需求转变。

总体上看,农业供给侧改革表面上是要改变农产品的供给品种、品质和数量,实际上是要通过培育和发展新型农业经营主体,采用先进的农业生产技术和生产理念,进而改变和提升现有的农业生产方式和生产过程。目前,我国在农业供给侧结构性改革方面已经取得了初步成效。目前,已经累计调减"镰刀弯"等非优势区籽粒玉米面积5000多万亩,粮改饲、粮豆轮作试点面积分别达到1300万亩和1000万亩。在100个果菜茶生产大县开展有机肥替代化肥试点,在150个县开展果菜茶病虫全程绿色防控试点,全国农药化肥使用量提前三年实现零增长[①]。此外,各地围绕市场需求变化,加大市场短缺的农产品生产,强筋、弱筋等专用小麦、优质稻、"双低"油菜等种植面积扩大,有机、绿色等生态、质量安全水平较高的农产品生产加快,具有显著地域特点的特色农产品快速发展。据农业农村部统计,截至2018年底,我国无公害农产品、绿色食品、有机农产品和农产品地理标志"三品一标"产品总数达12.2万个。2018年优质强筋弱筋小麦面积占比为30%,节水小麦品种面积占比为20%。[②]

三、农村集体产权制度改革

农村集体产权制度改革主要是针对农村集体资产的产权权利和权能进行改革。在农村,农村集体资产有三大类:一是农民集体所有的土地、森林、山岭、草原、荒地、滩涂等资源性资产;二是用于经营的房屋、建筑物、机器设备、工具器具、农业基础设施、集体投资兴办的企业及其所持有的其他经济组织的资产份额、无形资产等经营性资产;三是用于公共服务的教育、科技、文化、卫生、体育等方面的非经营性资产。农村集体产权制度改革更多是集中于前两类集体资产,尤其是经营性资产的改革。

关于农村集体产权制度改革的目标和要求,2015年中共中央办公厅、国务院办公厅印发的《深化农村改革综合性实施方案》指出,建立健全符合社会主义市场经济体制要求和社会主义初级阶段实际的农村集体产权制度,必须以保护农民集体经济组织成员权利为核心,以明晰农村集体产权归属、赋予农民更多财产权利为重点,探索社会主义市场经济条件下农村集体所有制经济的有效组织形式和经营方式,确保集体经济发展成果惠及本集体所有成员,进一步发挥集体经济优越性,进一步调动集体经济组织成员积极性。2016年年底印发的中共中央、国务院《关于稳步推进农村集体产权制度改革的意见》进一步指出,通过改革,逐步构建归属清晰、权能完整、流转顺畅、保护严格的中国特

---

① 韩长赋:《国务院关于构建现代农业体系深化农业供给侧结构性改革工作情况的报告》,载于《农业工程技术(综合版)》2018年第4期。
② 相关数据引自:《农业生产跃上新台阶 现代农业擘画新蓝图——新中国成立70周年经济社会发展成就系列报告之十二》,国家统计局,http://www.stats.gov.cn/tjsj/zxfb/201908/t20190805_1689117.html。

色社会主义农村集体产权制度,保护和发展农民作为农村集体经济组织成员的合法权益。

在改革过程中必须明确,无论是集体资产的清产核资、集体成员身份确认,还是经营性资产的股份合作制改革,这些都是改革的手段,其最终目的是为了壮大农村集体经济,让广大农民从中受益。因为只有集体经济壮大了,集体成员才能分享集体经济发展带来的经济利益和社会利益,才能够真正感受到集体经济的制度优势。正如《关于稳步推进农村集体产权制度改革的意见》文件中提到的,必须始终坚持农民集体所有不动摇,不能把集体经济改弱了、改小了、改垮了,防止集体资产流失;坚持农民权利不受损,不能把农民的财产权利改虚了、改少了、改没了,防止内部少数人控制和外部资本侵占。在发展壮大集体经济的前提下,可以根据各地的情况,探索农村集体经济新的实现形式和运行机制。在农村集体产权制度中,各地农村可以主动按照文件中提到的多种形式方式来发展壮大农村集体经济,比如农村集体经济组织可以利用未承包到户的集体"四荒"地、果园、养殖水面等资源,集中开发或者通过公开招投标等方式发展现代农业项目;可以利用生态环境和人文历史等资源发展休闲农业和乡村旅游;可以在符合规划前提下,探索利用闲置的各类房产设施、集体建设用地等,以自主开发、合资合作等方式发展相应产业[①],等等。

四、精准扶贫与脱贫攻坚

消除贫困、改善民生、实现共同富裕是社会主义的本质要求。新中国成立以来,我国长期持续致力于帮助贫困人口摆脱贫困。特别是改革开放以来,先后实施了《国家八七扶贫攻坚计划(1994~2000年)》《中国农村扶贫开发纲要(2001~2010年)》《中国农村扶贫开发纲要(2011~2020年)》,2015年我国做出了《关于打赢脱贫攻坚战的决定》,2016年制定了《"十三五"脱贫攻坚规划》,2018年发布《关于打赢脱贫攻坚战三年行动的指导意见》等一系列重大扶贫举措,取得了举世瞩目的成就。我国贫困人口从1978年的7.7亿人减少至2018年的1660万人(见图9-5)。

[①] 《中共中央 国务院关于稳步推进农村集体产权制度改革的意见》,载于《人民日报》2016年12月30日,第1版。

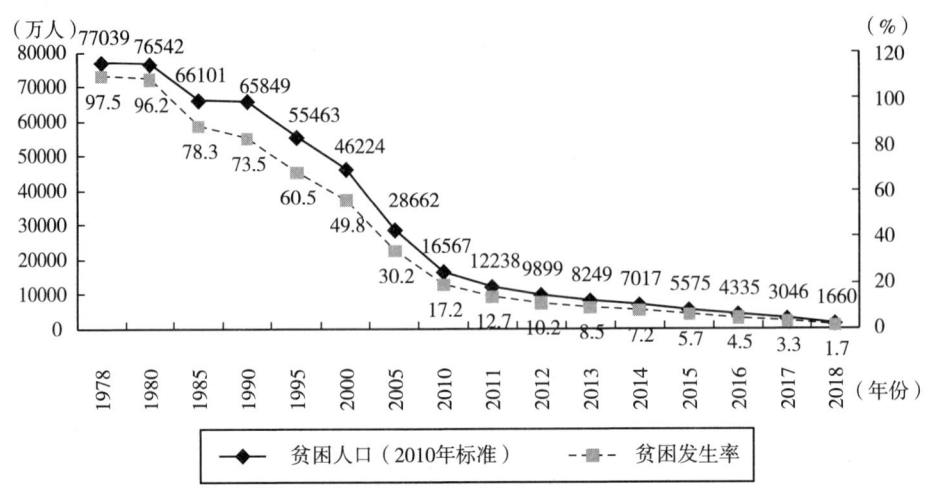

图9-5 我国贫困人口数量和贫困发生率(1978~2018年)

资料来源：根据中华人民共和国国务院新闻办公室：《中国的减贫行动与人权进步》，载于《人民日报》2016年10月18日第15版以及《2018年农村减贫1386万人》，载于《人民日报》2019年2月16日第1版提供的数据绘制。

我国把脱贫作为攻坚战，有以下几个方面的原因：首先，我国的脱贫攻坚是在新的更高的贫困标准下推进的，实现贫困人口脱贫难度更大。改革开放以来，我国的扶贫标准从1986年年人均收入206元，提高到2008年的1196元，再到2011年的2300元。当前，脱贫攻坚中的现行收入标准就是以2011年制定的收入标准。贫困标准的提高，意味着有更多的贫困人口需要进行帮扶。2011年提高贫困标准之后，农村贫困人口数量从2688万人增加到1.2亿多人，脱贫难度增大。[①] 其次，在短期内实现现有贫困标准下农村贫困人口全部脱贫的目标，任务极其艰巨。党的十八大以来，我国明确提出到2020年，稳定实现农村贫困人口"两不愁三保障"，即不愁吃、不愁穿，义务教育、基本医疗和住房安全有保障。实现贫困地区农民人均可支配收入增长幅度高于全国平均水平，基本公共服务主要领域指标接近全国平均水平。确保我国现行标准下农村贫困人口实现脱贫，贫困县全部摘帽，解决区域性整体贫困。要在短期内实现这一脱贫目标，是需要全国上下齐心协力开展脱贫攻坚战才能实现的。最后，经过多年的扶贫帮扶，剩下的贫困人口大多处在深度贫困地区，脱贫难度极大。目前贫困人口大多数分布在革命老区、民族地区、边疆地区，特别是"三区三州"深度贫困地区，即西藏、

---

① 常红、张志达：《对全球减贫贡献超过70%，"中国奇迹"普惠世界》，人民网，http://sh.people.com.cn/n/2015/1016/c138654-26809221.html。

南疆四地州、四省藏区和四川凉山州、云南怒江州、甘肃临夏州等地区。这些深度贫困地区，不仅贫困发生率高、贫困程度深，而且基础条件薄弱、公共服务不足，建档立卡贫困人口劳动能力不强，即使脱贫后很容易因病、因学等问题再次返贫，脱贫攻坚难度极大。

为了更好地推进脱贫攻坚进程，完成预期脱贫目标。以习近平同志为核心的党中央提出精准扶贫战略，做到"六个精准"，实施"五个一批"。"六个精准"是在精准扶贫、精准脱贫过程中，做到扶持对象精准、项目安排精准、资金使用精准、措施到户精准、因村派人精准、脱贫成效精准。"五个一批"包括：发展生产脱贫一批、易地搬迁脱贫一批、生态补偿脱贫一批、发展教育脱贫一批、社会保障兜底一批。在此基础上，坚持专项扶贫、行业扶贫、社会扶贫等多方力量有机结合的"三位一体"大扶贫格局，发挥各方面的积极性。坚持扶贫同扶志扶智相结合，坚持开发式扶贫和保障性扶贫相统筹。坚持党的领导，充分发挥政治优势和制度优势，强化中央统筹、省负总责、市县抓落实的体制机制，五级书记抓扶贫，为脱贫攻坚提供根本保障。与此同时，按照《关于打赢脱贫攻坚战的决定》要求，中共中央办公厅、国务院办公厅出台了12个配套文件，各地也相继出台和完善了"1+N"的脱贫攻坚政策文件，内容涉及产业扶贫、易地扶贫搬迁、劳务输出扶贫、交通扶贫、水利扶贫、教育扶贫、健康扶贫、金融扶贫、生态建设扶贫、资产收益扶贫和农村危房改造等①。在精准扶贫战略下，我国脱贫攻坚取得了显著进展。

我国在今后脱贫攻坚过程中，既要精准施策多措并举以确保在2020年在现行贫困标准实现农村贫困人口脱贫，更要想方设法确保贫困人口脱贫后不返贫并逐步走上致富的道路。要在2020年之后继续加强对贫困地区贫困人口的支持和帮扶力度，直至其完全具备持久摆脱贫困的能力。特别是对于那些缺乏或丧失劳动能力的群众要继续加大兜底保障能力。据民政部统计，2007年全国农村低保年平均标准仅为840.0元/人，2012年增加到2067.8元/人，2017年增加至4300.7元/人。正是在低保政策兜底保障下，帮助4000多万低保人群摆脱了贫困②。

---

① 刘永富：《脱贫攻坚的科学指引和行动指南——深入学习领会习近平总书记关于扶贫工作的重要论述》，载于《求是》2018年第16期；刘永富：《中国特色扶贫开发道路的新拓展新成就》，载于《人民日报》2017年9月4日，第7版。

② 相关数据引自：《农村改革书写辉煌历史乡村振兴擘画宏伟蓝图——改革开放40年经济社会发展成就系列报告之二十》，国家统计局，http://www.stats.gov.cn/ztjc/ztfx/ggkf40n/201809/t20180918_1623595.html。

五、乡村振兴

2005年我国开始推进新农村建设，2017年党的十九大报告首次提出了实施乡村振兴战略。2018年习近平进一步指出，农业农村现代化是实施乡村振兴战略的总目标，坚持农业农村优先发展是总方针，产业兴旺、生态宜居、乡风文明、治理有效、生活富裕是总要求，建立健全城乡融合发展体制机制和政策体系是制度保障。乡村振兴是包括产业振兴、人才振兴、文化振兴、生态振兴、组织振兴的全面振兴，要统筹推进农村经济建设、政治建设、文化建设、社会建设、生态文明建设和党的建设，促进农业全面升级、农村全面进步、农民全面发展[①]。

为什么要在新农村建设的基础上进一步实施乡村振兴战略呢？这既是城乡生产力发展变化的内在要求，也是城乡协调发展背景下农民对有更加美好生活的向往。从新农村建设的基本要求和乡村振兴战略总要求比较分析中，就能够更加清楚其中的变化和缘由。新农村建设是要求"生产发展、生活宽裕、乡风文明、村容整洁、管理民主"，而在乡村振兴战略中的总要求中，除了乡风文明之外，其他四个方面都提出了更高的要求。比如，从生产发展到产业兴旺，意味着农村的生产过程更加符合市场化产业化的要求，将更多融入产业链发展过程中。从村容整洁到生态宜居，意味着农村发展不仅仅是村庄外在的整洁和优美，而是要进一步追求从居住条件、交通出行、信息网络乃至厕所卫生等方面都要达到宜居的水平。从管理民主到治理有效，更加突出村集体组织在农村生产生活各项工作中的主动性和有效性，增强村集体的治理能力。从生活宽裕到生活富裕，更加突出农民在发展过程中的获得感，让农民有更强的经济实力实现对美好生活的向往。

为了达到乡村振兴的目标，离不开产业、人才、文化、生态、组织等各方面的全面振兴。其中最为直接、最为关键的是产业振兴。国务院专门发布了《关于促进乡村产业振兴的指导意见》指出，产业兴旺是乡村振兴的重要基础，是解决农村一切问题的前提。为此，要解决农村产业发展和实现产业兴旺过程中面临的产业选择、经营方式和市场发展等问题。解决这些问题的基本思路可以从融合发展的视角进行分析。首先，以农村现有特色资源为核心，主动延长产业链、延伸价值链，实现农村资源资产化和资产资本化经营，进而实现农民生产生活水平的持续提升。另外，还可以利用"互联网+""信息+""智能+"等现代手段，发展农村数字经济和乡村新业态，比如发展创意农业、认养农业、观光农业、都

---

① 习近平：《把乡村振兴战略作为新时代"三农"工作总抓手》，载于《求是》2019年第11期。

市农业等新业态，发展游憩休闲、健康养生、创意民宿等新产业①。其次，要真正实现各种产业发展落地，就需要根据乡村产业发展的基本特点，实现多种经营主体的融合发展。在这一过程中，既要注重吸引、培育和发展各类新型经营主体，比如家庭农场、专业合作社、农业企业等；又要根据农业生产本身的特点和农村人口数量与结构情况，特别要注重创新和发展小农户与现代农业发展的有机衔接机制。最后，城乡融合发展是乡村产品和服务市场的关键所在。农村通过加快农业供给侧结构性改革步伐，在满足城乡居民对高质量产品和服务需要的同时，为乡村产业找到市场出路，加快实现乡村全面振兴。

第四节 农村经济发展和"三农"理论与实践探索主要经验

一、坚持六项基本原则

（一）坚持和加强党的领导全面统领农村改革发展

新中国成立 70 年来，我国在农村建设、改革和发展过程中形成并积累了大量实践经验和理论成果。这些实践经验与理论，有些形成于新中国成立之初，有些形成于改革开放以来的这段时期，其中有不少经验是贯穿始终的。这些来之不易的宝贵经验，将继续为我国进一步更好地推进农业农村发展提供经验指引。

在新中国成立之初，毛泽东 1955 年在《关于农业合作化问题》的报告中曾指出，各级地方党委和团委的主要负责同志都要抓紧研究农业合作化的工作，都要把自己变成内行。总而言之，要主动，不要被动；要加强领导，不要放弃领导。1998 年中共中央《关于农业和农村工作若干重大问题的决定》指出，党管农村工作是我们党的一个传统，也是一个重大原则。2008 年中共中央《关于推进农村改革发展若干重大问题的决定》中指出，推进农村改革发展，关键在党。党的十八大以来，强调要加强党对"三农"工作的领导，坚持把解决好"三农"问题作为全党工作重中之重，要在经济、社会、文化、政治、生态等方面，全面统领农村改革与发展。之所以在农村经济社会改革与发展过程中要坚持中国共产

---

① 中共中央办公厅、国务院办公厅：《数字乡村发展战略纲要》，载于《人民日报》2019 年 5 月 17 日，第 7 版。

党领导，是因为党的根本宗旨和初心是为人民服务，是领导人民走社会主义发展道路。在中国共产党领导下建立的社会主义基本制度和体制是实现国家强盛、民族复兴和人民幸福的根本保证。我国农村发展的实践也很好地证明了这一点，农村土地集体所有制是广大农民通过奋斗走向共同富裕的制度基础。

（二）坚持底线思维维护好集体所有制和农民权益

在农村改革和发展过程中要坚守法律和政策底线，其中最为重要的是要维护好农村集体所有制和维护好农民的根本权益。比如，2016年发布的《关于完善农村土地所有权承包权经营权分置办法的意见》指出，要坚持农民主体地位，维护农民合法权益，把选择权交给农民，发挥其主动性和创造性，加强示范引导，不搞强迫命令、不搞"一刀切"。坚持和完善农村基本经营制度，坚持农村土地集体所有，坚持家庭经营基础性地位，坚持稳定土地承包关系，不能把农村土地集体所有制改垮了，不能把耕地改少了，不能把粮食生产能力改弱了，不能把农民利益损害了。

（三）坚持农村工作稳中求进不保守也不盲目冒进

在中国共产党领导广大农民开展工作的过程中，需要坚持工作稳中求进，既不保守，也不盲目冒进。这点在历史上是有教训的。1953年《关于发展农业生产合作社的决议》中指出，党的领导不应当落后于群众的要求和国家建设的需要，也不应当超过群众的觉悟程度和不顾可能的条件。各级领导机关必须切实掌握当时当地的客观实际情况，既不要犯主观主义的错误，也不要犯命令主义的错误。后来的发展过程中曾有一段时间违背了这一正确思想。党的十八大以来，在制定农村工作改革工作，反复强调要保持足够历史耐心，审慎稳妥推进改革，坚持分类实施、稳慎开展、不搞齐步走、不搞"一刀切"，逐步将实践经验上升为制度安排。

（四）坚持尊重群众的首创精神激活基层创新活力

相信群众、依靠群众、服务群众是我国在发展过程中形成的优良传统。只有尊重和激活群众的创造力，才能够真正推进农村各项事业的发展。1998年中共中央《关于农业和农村工作若干重大问题的决定》指出，农村改革20年的基本经验是必须承认并充分保障农民的自主权，把调动广大农民的积极性作为制定农村政策的首要出发点。必须充分尊重农民的首创精神，依靠群众推进改革的伟大事业。包产到户和乡镇企业，都是党领导下我国农民的伟大创造。2016年《关于稳步推进农村集体产权制度改革的意见》进一步提出，要发挥农民主体作用，支持农民创新创造，把选择权交给农民，确保农民知情权、参与权、表达权、监督权，真正让农民成为改革的参与者和受益者。

（五）坚持群众路线推进体制机制改革

农业农村的发展需要根据现实情况不断推进相关体制机制改革，而改革过程必须坚持群众路线，从群众的现实要求出发来推动改革。从历史发展经验来看，群众最为核心的要求是生产发展。没有生产发展带来的产出增加和收入增长，广大农民群众很难认可现有的改革方案。比如，在1953年发布的《关于农业生产互助合作的决议》中指出，只有在多产粮食增加收入这样的号召下，才可能动员农民组织起来。也只有真正做到这一点，农业互助组和农业生产合作社才是真正为农民服务，而为群众所欢迎，因而可能巩固下来，并影响四周围的农民逐步地组织起来。

（六）坚持大局意识推动农村生产发展和生活生态改善

农村生产、生活、生态等各个方面的改革，不只是农村内部的事情，而且是涉及国家整体发展的全局性问题。要推进农村各个方面的改革，不能仅仅着眼于农村自身，还要从国家发展的大局出发思考问题、制定政策。新中国成立以来的农业农村发展过程，很好地阐释了坚持大局意识，对于国家整体发展、对于农村局部发展的重要性。比如，新中国成立初期为了实现国家由农业国转变为工业国的需要，农业农村在发展过程中就让渡了一部分利益用于国家工业化现代化发展需要，这体现了农村发展服从大局的需要。2000年以来特别是党的十八大以来，我国持续加大对农村的投入和支持力度，调动社会各方面的力量支持脱贫攻坚，这也是服从新时代发展大局的需要。

二、坚持农村经济改革与发展的基本思路

（一）改革举措必须经过试验再逐步推广

任何改革举措都是有风险的。为了减少和防控风险，我国农村改革过程中探索出了改革举措必须经过小范围试验，再用成功的试验事实来引领群众开展改革。1959年《关于人民公社的十八个问题》中提到，一切增产技术措施的推行，都应当经过典型试验，凡是没有经过试验证明确实有效的，不要急于推广；一些

有特殊条件的小面积试验，即使成功了，如果在大面积推广的时候难以具备同样的条件，也不要贸然推广。1978年开始的家庭联产承包责任制改革，也是在先小范围试点并取得粮食增产的基础上才逐步推广的。

（二）综合考量城乡协调和地区差异推进农村改革

我国幅员辽阔，各地农村的经济基础、地形地貌、土壤条件、灌溉条件等方面均有着较大差异，因此，在农村改革过程中，必须因地制宜推进改革，避免"一刀切"。经过40多年的改革，一些共性的问题大多已经解决了。当然，也还存在不少新的共性问题，比如，如何加快乡村振兴的步伐，实现城乡协调发展等问题。总体上看，当前农村改革过程中面临的问题，大多情况下只是涉及一部分农民的利益。比如，当前正在推进的农地"三权分置"改革，对不少农户而言，仍旧是自己耕种自己承包的土地，既不流出也不转入农地经营权。因此，在农村改革推进过程中要因地制宜推进改革，注意改革措施的适用条件。

（三）改革中要妥善处理政府和市场的关系

政府和市场的关系问题同样存在于农村改革和发展过程中。党的十九大报告指出，要使市场在资源配置中起决定性作用，更好地发挥政府作用。在农村改革过程中，需要充分发挥政府作用的同时，坚持市场导向，两者缺一不可。习近平论述了乡村振兴过程中如何妥善处理政府与市场的关系。他指出，要以市场需求为导向，深化农业供给侧结构性改革，不断提高农业综合效益和竞争力。要优化农村创新创业环境，放开搞活农村经济，培育乡村发展新动能。要发挥政府在规划引导、政策支持、市场监管、法治保障等方面的积极作用[①]。

（四）推动形成城乡资源和要素的双向流动和配置

经济发展需要各类资源和要素在更大的范围内进行优化配置和高效利用。目前我国城乡资源和要素的双向流动机制正在形成。改革开放初期，农村人口向城镇转移既是工业化、城镇化发展的需要，也是农业现代化的内在要求，更是农村剩余劳动力的自发选择。为了解决农民进城务工和落户问题，2008年《中共中央关于推进农村改革发展若干重大问题的决定》提出，要放宽中小城市落户条件，使在城镇稳定就业和居住的农民有序转变为城镇居民。2019年《关于建立健全城乡融合发展体制机制和政策体系的意见》中指出，要建立健全由政府、企

---

① 习近平：《把乡村振兴战略作为新时代"三农"工作总抓手》，载于《求是》2019年第11期。

业、个人共同参与的农业转移人口市民化成本分担机制,全面落实支持农业转移人口市民化的财政政策、城镇建设用地增加规模与吸纳农业转移人口落户数量挂钩政策,以及中央预算内投资安排向吸纳农业转移人口落户数量较多的城镇倾斜政策。与此同时,还要建立城市人才入乡激励机制,吸引各类人才返乡入乡创业。2015年国务院办公厅曾印发了《关于支持农民工等人员返乡创业的意见》。不仅要求在人才方面要城乡双向流动,而且国家目前也鼓励工商企业投资适合产业化、规模化、集约化经营的农业领域,积极发展现代种养业和农业多种经营。

(五) 加强法制建设提供法律保障

当前,经济社会发展过程需要在一定的法律和制度框架下进行。但是需要注意的是,这些法律和制度是为了人们更好地进行生产生活所设定的,需要随着时代和实践的发展而不断进行修订。在我国农村改革发展过程中,同样存在类似的问题。一方面,需要根据农业农村发展的需要,制定相关法律法规;另一方面,又需要根据人们在实践中的新要求,修订已有的法律法规。比如,1991年中共中央《关于进一步加强农业和农村工作的决定》指出,加强立法工作,逐步把国家对农业和农村的宏观管理纳入法制轨道。尽快把经过实践证明切实有效的政策、措施用法律形式确定下来。再比如,我国于2006年废除了《中华人民共和国农业税条例》,于2018年12月通过了《关于修改〈中华人民共和国农村土地承包法〉的决定》,等等。

(六) 加强理论创新和对实践的指导

为了更好地凝聚共识,推进农村各个方面进一步深化改革,需要从理论上对现有的实践经验进行理论提炼和总结。然后,用更加完善的理论来指导农村开展新的实践。比如,只有从理论上阐明土地集体所有制下的承包责任制仍是集体经济的具体形式,才能够更好地在实践中推进农村土地改革,更好地发展壮大集体经济;再比如,只有从理论上阐明为什么必须坚持农村土地集体所有制,才能在改革实践中更好地坚持农村集体所有制不动摇的改革底线。

三、着力推进农村经济改革与发展基本路径的探索

(一) 以家庭经营为主实现小农户与现代农业衔接

随着我国农地经营权流转的增多,新型农业经营主体不断增加。但是,从总

体上来看,我国仍然是以农户家庭经营主体进行小规模农业生产的统分结合的基本经营模式。据农业部统计,截至 2016 年年底,我国经营规模在 50 亩以下的农户有近 2.6 亿户,占农户总数的 97% 左右,经营的耕地面积占全国耕地总面积的 82% 左右,户均耕地面积 5 亩左右①。当然,小规模的农户家庭经营并不意味着无法实现机械化耕种,也不意味着无法实现与市场化、现代化衔接。我国农村发展的实践表明,小农户通过社会化服务体系能够适应机械化、市场化和农业现代化的要求,目前我国农作物耕种收综合机械化率已超 67%。为了更好地提高小农户的发展能力,2019 年中共中央办公厅、国务院办公厅印发《关于促进小农户和现代农业发展有机衔接的意见》,指出要加快构建扶持小农户发展的政策体系,加强农业社会化服务,提高小农户生产经营能力,提升小农户组织化程度,改善小农户生产设施条件,拓宽小农户增收空间,维护小农户合法权益,促进传统小农户向现代小农户转变。

(二) 以合作联合推动产业融合实现农民增收致富

农民要实现增收致富,必须通过合作联合的方式融入产业链和价值链,通过产业融合的方式提高农产品的附加值。然而在过去对于这种方式还存在一些误解。1983 年中央一号文件《当前农村经济政策的若干问题》提到,以往流行着一些错误观念:一讲合作就只能合并全部生产资料,不允许保留一定范围的家庭经营;一讲合作就只限于按劳分配,不许有股金分红;一讲合作就只限于生产合作,而把产前产后某些环节的合作排斥在外;一讲合作就只限于按地区来组织,搞所有制的逐级过渡,不允许有跨地区的、多层次的联合。当前,国家允许和鼓励以合作联合的方式推动产业融合,实现农民增收致富。2019 年国务院《关于促进乡村产业振兴的指导意见》指出,鼓励发展农业产业化龙头企业带动、农民合作社和家庭农场跟进、小农户参与的农业产业化联合体。要跨界配置农业和现代产业要素,促进产业深度交叉融合,形成"农业+"多业态发展态势。引导农业企业与小农户建立契约型、分红型、股权型等合作方式,把利益分配重点向产业链上游倾斜。完善农业股份合作制企业利润分配机制,推广"订单收购+分红""农民入股+保底收益+按股分红"等模式。

(三) 以农村新型集体经济引领带动乡村全面振兴

农村集体经济发展在推进乡村振兴过程中起着重要作用,特别是对于提高村

---

① 屈冬玉:《以信息化加快推进小农现代化》,载于《人民日报》2017 年 6 月 5 日,第 7 版。

庄治理能力有着决定性作用。目前，全国不少农村集体经济发展较弱，作为可供村集体支配的集体收入非常少，造成了村庄治理能力较差，村庄发展面貌与村民收入状况不相匹配等问题。据统计，在全国58.8万个行政村中，没有经营性收入的村占50%，经营性收入不到5万元的占30%。这导致村组织运转基本靠"补"，基础设施建设基本靠"要"，公益事业基本靠"捐"，自我发展能力很差。一些村干部反映，没有村级集体经济，他们"说不起话、抬不起头、直不起腰、办不了事"①。因此，当前需要大力发展新型集体经济。特别是对于贫困地区而言，目前各类帮扶资金特别是政府的帮扶投入，大多是通过村集体发展集体经济的方式进行的。因此，农村要利用好这一发展机遇，发展壮大农村集体经济，带动村民摆脱贫困，逐步实现共同富裕。

（四）创新农业补贴和扶贫帮扶机制助力乡村振兴

乡村振兴离不开农户的不懈奋斗，与此同时还需要国家给予一定的资助，特别是对于贫困地区和贫困人口要给予相应的帮扶。农业补贴对于农业农村快速的发展至关重要，以农机补贴为例，党的十八大以来，国家继续实施农机具购置补贴政策，农业机械保有量得以快速增加。据统计，1952年全国拖拉机不到2000台，联合收获机仅284台。2018年全国已有拖拉机2240万台，联合收获机206万台，2018年全国农作物耕种收综合机械比率超过67%，其中主要粮食作物耕种收综合机械比率超过80%②。农业机械拥有量较快增长，大大减轻农民劳动负担的同时，提高了农业生产效率和效益。在扶贫方面，我国在政府加大投入的同时，着力构建由贫困户、非贫困户、村里干部能人、各类企业、金融机构、各级政府和社会团体等多个经济主体共同参与的脱贫攻坚联合体，努力形成多主体联合、多部门联系、多方式联动的联合帮扶体系。

（五）借助科技手段推进农业机械化智能化绿色化

科学技术是第一生产力，我国农业科技不断取得新进展。据统计，2018年我国农业科技进步贡献率达到58.3%，比2005年提高了10.3个百分点。受过农业专业技术培训的农业生产经营人员达到3467万人。主要农作物良种覆盖率稳定在96%以上③。不仅如此，随着无人机技术、大数据、物联网等新一代信息技术快速发展，在农业生产中的应用越来越广泛，田间机器人、植保无人机、智能

---

① 严隽琪：《扎实推进农村扶贫供给侧结构性改革》，载于《求是》2017年第5期。
②③ 相关数据引自：《农业生产跃上新台阶 现代农业擘画新蓝图——新中国成立70周年经济社会发展成就系列报告之十二》，国家统计局，http://www.stats.gov.cn/tjsj/zxfb/201908/t20190805_1689117.html。

节水设施、智能温室大棚等新型农业经营手段不断增多。通过借助科技手段,能够很好地推进农业生产的机械化、智能化、绿色化,更好地实现农业高质量发展。

(六)在农地"三权分置"基础上探索公有制实现形式

当前,农村正在开展的一系列改革实际上都是围绕如何实现农村集体所有制的有效实现形式展开的。其中,最为基础性的改革是农地"三权分置"改革。无论是农用地"三权分置"改革,还是宅基地"三权分置"改革,都要在确保集体所有制的前提下,放活农地的经营权或使用权。虽然改革的重点是在放活经营权和使用权上,但是,在改革推进过程中一定不能忽视了改革是要探索公有制的实现形式,是要确保改革成果惠及广大农民,而非仅仅是将改革收益集中于某一个或少数人。在农地"三权分置"改革过程中要平衡好参与各方的根本利益。

第十章

发展战略的选择与完善

发展战略是国家为了实现经济社会持续健康发展而制定的全局性、长期性和根本性的总体构想和规划,既包括发展目标的选择,也包括为了实现发展目标所确定的发展路径、实施步骤、战略重点和政策举措等方式和手段。新中国成立70年特别是改革开放40年来,我国发挥社会主义的制度优势,从实际出发,制定、实施并不断发展完善经济社会发展战略,引导经济社会不断前进,创造了世界瞩目的"中国奇迹"。

第一节 改革开放前发展战略的探索

一、过渡时期总路线的提出

中国在改革开放前发展战略的探索和实践,可以分为从新民主主义向社会主义过渡时期和社会主义建设时期两个时期来考察。

新中国成立以前,中国社会处于半殖民地半封建社会。一方面,帝国主义侵略中国,操纵着中国的经济命脉;另一方面,封建主义依然存在,军阀势力与外来侵略势力勾结形成了官僚资本主义。这样,帝国主义、封建主义和官僚资本主义成为压在旧中国人民头上的三座大山,严重阻碍了社会生产力的发展。

中国共产党领导中国人民推翻了帝国主义、封建主义和官僚资本主义对中国的统治,取得新民主主义革命胜利,建立了新中国。新中国的成立,标志着新民主主义革命任务基本完成,中国社会的性质转变为新民主主义社会。为了尽快实现新民主主义社会向社会主义社会的过渡,发展经济,改善人民生活,在国民经济恢复的基础上，1953年，党中央提出了过渡时期的总路线：要在一个相当长的时期内，逐步实现国家的社会主义工业化，并逐步实现国家对农业、对手工业和对资本主义工商业的社会主义改造。① 在过渡时期总路线的指引下，我国仅用4年时间就完成了原来预计需要15年左右时间完成的任务，通过把资本主义所有制变为社会主义全民所有制，把农业和手工业的个体所有制变为社会主义劳动群众的集体所有制，生产力得到进一步解放，工业、农业和整个国民经济有了很大的发展。社会主义改造的方向是正确的，成就是巨大的，但在社会主义改造过程中存在着操之过急、工作不细的问题。

二、"四个现代化"战略目标的提出与"两步走"战略

社会主义制度在我国的建立，使得在整个社会范围内合理地利用人力、物力、财力、科学技术等因素成为可能，因而生产关系与生产力的发展是基本相适应的。虽然生产关系还存在着不完善的方面，但生产关系和生产力的矛盾不再是对抗性的矛盾。因而，与新民主主义时期发展战略的确定主要集中在改变生产关系方面不同，社会主义建设时期发展战略的探索，主要集中在发展生产力和调整生产关系不适应生产力发展的内容。

我国是在一个经济落后、生产力水平较低的半殖民地半封建社会取得革命胜利的，现代化的大机器生产尚未在经济中占统治地位，农业和手工业在国民经济中的比重占90%左右。发展社会生产力，就必须进行社会主义工业化，建立起比较完整的大机器工业体系，用先进技术代替手工生产，把工业、农业和整个国民经济建立在现代化大机器生产的基础上，创造出比资本主义更高的劳动生产率。毛泽东早在1945年中共七大上就提出，"在新民主主义的政治条件获得之后，中国人民及其政府必须采取切实的步骤，在若干年内逐步地建立重工业和轻工业，使中国由农业国变为工业国"。②

1956年生产资料的社会主义改造完成，毛泽东在客观分析苏联经验教训的基础上，注意到社会主义工业化不能片面发展重工业，而忽视了农业和轻工业，并提出要独立探索适合中国国情的社会主义建设道路。具体而言，就是要把国内外一切积极因素调动起来，为社会主义事业服务。正确处理重工业和轻工业、农业的关系，沿海工业和内地工业的关系，经济建设和国防建设的关系，国家、生

---

① 《毛泽东文集》第6卷，人民出版社1999年版，第316页。
② 《毛泽东选集》第3卷，人民出版社1991年版，第1081页。

产单位和生产者个人的关系，中央和地方的关系，汉族和少数民族的关系，党和非党的关系，革命和反革命的关系，是非关系，以及中国和外国的关系。① 毛泽东的这些思想为中国共产党的八大奠定了思想基础。1956 年党的八大指出，社会主义制度在我国已经建立起来，国内主要矛盾也不再是工人阶级和资产阶级的矛盾，而是建立先进的工业国的要求同落后的农业国的现实之间的矛盾，是人民对于经济文化迅速发展的需要同当前经济文化不能满足人民需要的状况之间的矛盾。全国人民的主要任务是集中力量发展社会生产力，实现国家工业化，逐步满足人民日益增长的物质和文化需要。

党的八大之后，在 1957 年《关于正确处理人民内部矛盾的问题》讲话中，毛泽东特别指出，中国工业化的道路问题，主要是重工业、轻工业和农业发展的关系问题，经济建设应当以重工业为中心，但同时必须充分注意发展农业和轻工业。② 在 1957 年全国宣传工作会议上的讲话中，毛泽东把社会主义建设的目标归结为"建设一个具有现代工业、现代农业和现代科学文化的社会主义国家"③。

1956 年开始我国进行大规模经济建设，取得了很大成绩，但也发生过一些曲折。1964 年，在总结经验教训基础上，党对中国发展战略的目标、重点、实施步骤、外部条件进行了更深入的思考。在党中央的决策下，周恩来向第三届全国人民代表大会第一次会议所作的《政府工作报告》中，正式提出实现"四个现代化"的任务和"两步走"发展战略，即"在不太长的历史时期内，把我国建设成为一个具有现代农业、现代工业、现代国防和现代科学技术的社会主义强国，赶上和超过世界先进水平。为了实现这个伟大的历史任务，从第三个五年计划开始，我国的国民经济发展，可以按两步来考虑：第一步，建立一个独立的比较完整的工业体系和国民经济体系；第二步，全面实现农业、工业、国防和科学技术的现代化，使我国经济走在世界的前列"。④

"四个现代化"和"两步走"战略的确立，突出了发展生产力在社会主义建设中的中心地位，为我国社会主义的发展指明了方向。但是在实践过程中，当时党对全面建设社会主义的思想准备不足，工作重心并未完全转到经济建设上来，而是延续过去"以阶级斗争为纲"，停留在生产关系和上层建筑的调整上，导致阶级斗争扩大化，进而演变为"文化大革命"十年浩劫。"四个现代化""两步

---

① 《毛泽东文集》第 7 卷，人民出版社 1999 年版，第 23~44 页。
② 《毛泽东文集》第 7 卷，人民出版社 1999 年版，第 240~241 页。
③ 《毛泽东文集》第 7 卷，人民出版社 1999 年版，第 268 页。
④ 周恩来在第三届全国人民代表大会上所作的《政府工作报告》，载于《人民日报》1964 年 12 月 31 日，第 1 版。

走"发展战略因而没有得到很好的实行,社会主义建设取得了许多成就,但也遭到了严重挫折。

直到 1975 年第四届全国代表大会第一次会议上,周恩来又重申了分两步走实现"四个现代化"的发展战略:"第一步,用十五年时间,即在一九八〇年以前,建成一个独立的比较完整的工业体系和国民经济体系;第二步,在本世纪内,全面实现农业、工业、国防和科学技术的现代化,使我国国民经济走在世界的前列。"①

第二节　改革开放新时期"三步走"发展战略的形成与完善

一、"三步走"发展战略的形成

1978 年 12 月召开的党的十一届三中全会,果断结束"以阶级斗争为纲",做出了改革开放的历史性决策,把党和国家的工作重心转移到社会主义现代化建设上来,确立并践行了符合中国国情的新发展战略,使中华民族迎来了从站起来到富起来的历史飞跃。

党的十一届三中全会之后,随着党的一切从实际出发,理论联系实际,实事求是,在实践中检验真理和发展真理思想路线的重新确立,以邓小平为主要代表的中国共产党人深刻总结我国社会主义建设正反两方面经验,把对社会主义经济建设和发展的认识提高到新的科学水平。在 1982 年召开的党的十二大上,不但重申了"四个现代化"的发展战略,而且进一步提出党在新的历史时期的总任务是,团结全国各族人民,自力更生,艰苦奋斗,逐步实现工业、农业、国防和科学技术现代化,把我国建设成为高度文明、高度民主的社会主义国家。并且,根据我国的具体国情,将中国经济建设从 1981 年到 20 世纪末的 20 年奋斗目标重新设定为,在不断提高经济效益的前提下,力争使全国工农业的年总产值翻两番。实现了这个目标,我国国民收入总额和主要工农业产品的产量将居于世界前列,整个国民经济的现代化过程将取得重大进展,全国人民的收入将成倍增长,人民的物质文化生活可以达到小康水平。

---

① 周恩来在第四届全国人民代表大会第一次会议上所做的《政府工作报告》,载于《人民日报》1975 年 1 月 21 日,第 1 版。

从党的十二大到 1987 年党的十三大召开,社会主义经济建设取得了显著成效。党的十三大在预期完全有把握在 20 世纪末实现十二大提出的经济发展目标的情况下,明确提出了经济发展的"三步走"战略,把党的十一届三中全会以后我国经济建设的战略部署分为三步:第一步,实现国民生产总值比 1980 年翻一番,解决人民的温饱问题。这个问题已经基本实现。第二步,到 20 世纪末,使国民生产总值再增长 1 倍,人民生活水平达到小康水平。第三步,到下个世纪中叶,人均国民生产总值达到中等发达国家水平,人民生活比较富裕,基本实现现代化。

"三步走"发展战略是马克思主义普遍原理同中国的具体实际相结合的理论成果,对我国改革开放和现代建设具有重要的指导意义。

第一,"三步走"发展战略是建立在对社会主义本质的深刻理解基础上的。邓小平在 1987 年会见匈牙利社会主义工人党总书记卡德尔时指出,贫穷不是社会主义,发展太慢也不是社会主义。社会主义发展生产力,成果是属于人民的,目的是共同富裕。[1] 在 1992 年南方谈话中,邓小平更加明确地指出,社会主义的本质,是解放生产力,发展生产力,消灭剥削,消除两极分化,最终达到共同富裕。共同富裕的构想是,一部分地区有条件先发展起来,一部分地区发展慢点,先发展起来的地区带动后发展的地区,最终达到共同富裕。[2] 从社会主义的本质出发,邓小平指出,"四个现代化"就是要改变中国贫穷落后的面貌,是中国式的四个现代化,我们的四个现代化的概念,就是"小康之家"。[3] 四个现代化的最低目标,是到 20 世纪末达到小康水平。[4]

第二,"三步走"发展战略是建立在对中国社会所处的历史阶段和实际国情的正确分析判断基础上的。邓小平指出,我们的现代化建设,必须从中国的实际出发。把马克思主义的普遍真理同我国的具体实际结合起来,走自己的道路,建设有中国特色的社会主义,这就是我们总结长期历史经验得出的基本结论。[5] 党的十一届三中全会以来,我们党通过对中国国情的正确分析,指出中国最大的实际就是现在处于并将长期处于社会主义初级阶段,这是制定和执行正确的路线和政策的根本依据。由于我国的社会主义脱胎于半殖民地半封建社会,生产力水平远远低于发达的资本主义国家,这就决定了必须在社会主义条件下经历一个相当

---

[1] 《邓小平文选》第 3 卷,人民出版社 1993 年版,第 255 页。
[2] 《邓小平文选》第 3 卷,人民出版社 1993 年版,第 373~374 页。
[3] 《邓小平文选》第 2 卷,人民出版社 1994 年版,第 237 页。
[4] 《邓小平文选》第 3 卷,人民出版社 1993 年版,第 64 页。
[5] 《邓小平文选》第 3 卷,人民出版社 1993 年版,第 3 页。

长的初级阶段,去实现工业化和经济的社会化、市场化、现代化。社会主义初级阶段不是泛指任何国家进入社会主义都会经历的起始阶段,而是特指我国在生产力落后、商品经济不发达条件下建设社会主义必然要经历的不可逾越的历史阶段。十一届三中全会前我国在建设社会主义中出现失误的根本原因之一,就在于提出的一些任务和政策超越了社会主义初级阶段。十一届三中全会以后改革开放和现代化建设取得成功的根本原因之一,就是克服了那些超越阶段的错误观念和政策,又抵制了抛开社会主义基本制度的错误主张。

第三,"三步走"发展战略是建立在把解放和发展生产力作为社会主义的根本任务的基础之上的。社会主义的根本任务是发展社会生产力。正像邓小平在南方谈话中所指出的那样,"革命是解放生产力,改革也是解放生产力"。① 通过革命推翻帝国主义、封建主义、官僚资本主义的反动统治,使中国人民的生产力获得解放,所以革命是解放生产力。社会主义基本制度确立以后,通过改革从根本上改变束缚生产力发展的经济体制,建立起充满生机和活力的社会主义经济体制,促进生产力的发展,所以改革也是解放生产力。在社会主义改造完成以后,我国的社会主要矛盾是人民日益增长的物质文化需要同落后的社会生产之间的矛盾。这就要求党和国家工作的重点必须转移到以经济建设为中心的社会主义现代化建设上来,把以经济建设为中心确立为党的基本路线,集中力量发展社会生产力,并在这个基础上逐步改善人民的物质文化生活。为了发展社会生产力,就必须大胆吸收和借鉴人类社会创造的一切文明成果,吸收和借鉴当今世界各国包括资本主义发达国家的一切反映现代社会化生产规律的先进经营方式、管理方法。计划多一点还是市场多一点,不是社会主义与资本主义的本质区别,计划经济不等于社会主义,资本主义也有计划;市场经济不等于资本主义,社会主义也有市场。计划和市场都是经济手段。"发展才是硬道理"②,"中国解决所有问题的关键是要靠自己的发展"③,要把是否有利于发展社会主义社会的生产力、有利于增强社会主义国家的综合国力、有利于提高人民的生活水平这"三个有利于"作为判断工作得失的根本标准。

二、"三步走"发展战略的完善

党的十三届四中全会以来,"三步走"战略在实施过程中得到不断发展和深

---

① 《邓小平文选》第 3 卷,人民出版社 1993 年版,第 370 页。
② 《邓小平文选》第 3 卷,人民出版社 1993 年版,第 377 页。
③ 《邓小平文选》第 3 卷,人民出版社 1993 年版,第 265 页。

化。以江泽民为核心的第三代中央领导集体,把发展提到了党执政兴国的第一要务的高度,开创了改革开放的新局面,成功把中国特色社会主义推向21世纪。以胡锦涛为主要代表的中国共产党人,坚持以人为本、全面协调可持续发展,形成了中国特色社会主义事业总体布局,成功在新的历史起点上坚持和发展了中国特色社会主义。

改革是解放生产力。1992年党的十四大明确指出,通过改革开放,解放和发展生产力,建设有中国特色的社会主义。十四大确定了我国经济体制改革的目标,就是建立社会主义市场经济体制,以利于进一步解放和发展生产力。1993年党的十四大通过的《中共中央关于建立社会主义市场经济体制若干问题的决定》对社会主义市场经济体制做了总体规划,成为20世纪90年代进行经济体制改革的行动纲领。

到了1997年党的十五大,中国已经进入到实现"三步走"战略的第二步战略目标、向第三步战略目标迈进的关键时期。为了把建设有中国特色社会主义事业全面推向21世纪,党的十五大提出了"两个一百年"奋斗目标,即21世纪第一个十年实现国民生产总值比2000年翻一番,使人民的小康生活更加宽裕,形成比较完善的社会主义市场经济体制;再经过十年的努力,到建党一百年时,使国民经济更加发展,各项制度更加完善;到21世纪中叶建国一百年时,基本实现现代化,建成富强民主文明的社会主义国家。"两个一百年"奋斗目标是对"三步走"战略的第三步的深化和完善,确定了中国跨世纪发展的宏伟蓝图,为中国特色社会主义在21世纪的发展做出了规划。

进入到21世纪以后,现代化建设"三步走"战略的第一步、第二步目标都顺利实现,人民生活总体上达到小康水平。在这个过程中,社会主义初级阶段公有制为主体、多种所有制经济共同发展的基本经济制度已经确立,全方位、宽领域、多层次的对外开放格局基本形成,社会主义市场经济体制也从初步确立进入到完善阶段。2002年党的十六大上提出,21世纪头二十年,是实现现代化建设第三步战略目标必经的承上启下的发展阶段,也是完善社会主义市场经济体制和扩大对外开放的关键阶段。经过这个阶段的建设,再继续奋斗几十年,到21世纪中叶基本实现现代化,把我国建成富强民主文明的社会主义国家。为此,党的十六大拓展了"小康"的内涵,提出了全面建设小康社会的发展目标,即不仅要实现国内生产总值到2020年比2000年翻两番,而且要在经济更加发展、民主更加健全、科教更加进步、文化更加繁荣、社会更加和谐、人民生活更加殷实的基础上,实现中国特色社会主义经济、政治、文化的全面发展。

要实现全面建成小康社会的目标,必须促进社会主义物质文明、政治文明、精神文明协调发展,坚持在经济发展的基础上促进社会全面进步和人的全面发展,坚持在开发利用自然中实现人与自然的和谐相处,实现经济社会可持续发展。2004年召开的党的十六届四中全会提出了构建社会主义和谐社会的重大任务,使社会主义物质文明、政治文明、精神文明建设与和谐社会建设全面发展,中国特色社会主义事业总体布局也由社会主义经济建设、政治建设、文化建设三位一体发展为社会主义经济建设、政治建设、文化建设、社会建设四位一体。2007年召开的党的十七大更加明确地提出,要把我国建设成为富强民主文明和谐的社会主义现代化国家。并指出,在新的发展阶段继续全面建设小康社会,发展中国特色社会主义,必须深入贯彻科学发展观。科学发展观,第一要义是发展,核心是以人为本,基本要求是全面协调可持续,根本方法是统筹兼顾。没有科学发展就没有社会和谐,没有社会和谐也难以实现科学发展。

第三节 新时代发展战略的总体部署和安排

一、新时代"两步走"战略的提出

2012年召开的党的十八大又把"四位一体"扩展为经济建设、政治建设、文化建设、社会建设、生态文明建设"五位一体"的总体布局,从而把生态文明建设融入到经济建设、政治建设、文化建设、社会建设各方面和全过程。并指出,建设中国特色社会主义,总依据是社会主义初级阶段,总布局是五位一体,总任务是实现社会主义现代化和中华民族伟大复兴。相应地,把全面建成小康社会的各项任务具体化为经济持续健康发展,人民民主不断扩大,文化软实力显著增强,人民生活水平全面提高,资源节约、环境友好型社会建设取得重大进展。

党的十八大以来,以习近平同志为核心的党中央全面审视国际国内新的形势,通过总结实践、展望未来,深刻回答了新时代坚持和发展什么样的中国特色社会主义、怎样坚持和发展中国特色社会主义这个重大时代课题,形成了习近平新时代中国特色社会主义思想,提出了一系列治国理政的新理念新思想新战略,为在新的历史条件下深化改革、加快推进社会主义现代化建设、使中华民族实现从富起来到强起来的历史飞跃提供了科学理论指导和行动指南。

党的十八大以后,国内外环境都在发生极为广泛而深刻的变化。面对新形势新任务,习近平指出,为了实现党的十八大提出的全面建成小康社会的奋斗目标，必须通过全面深化改革，着力解决我国发展面临的一系列突出矛盾和问题，不断推进中国特色社会主义制度自我完善和发展。2013年党的十八届三中全会上通过的《中共中央关于全面深化改革若干重大问题的决定》提出，全面深化改革的总目标是完善和发展中国特色社会主义制度，推进国家治理体系和治理能力现代化。经济体制改革是全面深化改革的重点，核心问题是处理好政府和市场的关系。全面深化改革，在时间上要求到2020年，在重要领域和关键环节改革上取得决定性成果。从而进一步形成公平竞争的发展环境，进一步增强经济社会发展活力，进一步提高政府效率和效能，进一步实现社会公平正义，进一步促进社会和谐稳定，进一步提高党的领导水平和执政能力。

为了在法治上为全面深化改革提供可靠的保障，2014年党的十八届四中全会通过了《中共中央关于全面推进依法治国若干重大问题的决定》，提出全面推进依法治国的总目标是，建设社会主义法治体系，建设社会主义法治国家。2014年10月，习近平在党的群众路线教育实践活动总结大会上的讲话中，对全面推进从严治党做了部署。这样，就形成了协调推进全面建成小康社会、全面深化改革、全面依法治国、全面从严治党的"四个全面"战略布局，确立了新形势下党和国家各项工作的战略目标和战略举措，为实现"两个一百年"奋斗目标，实现中华民族伟大复兴的中国梦提供了理论指导和实践指南。

"十三五"期间，是全面建成小康社会、实现"两个一百年"奋斗目标的第一个百年奋斗目标的决胜之年，2015年党的第十八届五中全会通过的《中共中央关于制定国民经济和社会发展第十三个五年规划的建议》在深刻总结国内外发展经验教训的基础上，针对我国发展中的突出矛盾和问题提出了创新、协调、绿色、开放、共享的发展理念，集中反映了我们党对我国发展规律的新认识，指明了"十三五"乃至更长时期我国的发展思路、发展方向和发展着力点。其中：创新是引领发展的第一动力，创新发展注重的是解决发展动力问题；协调是持续健康发展的内在要求，协调发展注重的是解决发展不平衡问题；绿色是永续发展的必要条件和人民对美好生活追求的重要体现，绿色发展注重的是解决人与自然和谐问题；开放是国家繁荣发展的必由之路，开放发展注重的是解决发展内外联动问题；共享是中国特色社会主义的本质要求，共享发展注重的是解决社会公平正义问题。五大发展理念相互贯通、相互促进，有着统一的目标，使科学发展的内涵进一步具体化，对破解发展难题、增强发展动力、厚植发展优势更具针对性、指导性、可操作性。

在党和国家的事业全面开创新局面的情况下，习近平在2017年党的十九大报告中指出，经过长期努力，中国特色社会主义进入了新时代，久经磨难的中华民族迎来了从站起来、富起来到强起来的伟大飞跃,这是我国发展新的历史方位。随着中国特色社会主义进入新时代,我国社会主要矛盾已经转化为人民日益增长的美好生活需要和不平衡不充分的发展之间的矛盾。我国稳定解决了十几亿人的温饱问题,总体上实现小康,不久将全面建成小康社会,人民美好生活需要日益广泛,不仅对物质文化生活提出了更高要求,而且在民主、法治、公平、正义、安全、环境等方面的要求日益增长。同时,我国社会生产力水平总体上显著提高,社会生产能力在很多方面进入世界前列,更加突出的问题是发展不平衡不充分,这已经成为满足人民日益增长的美好生活需要的主要制约因素。

针对我国社会主义初级阶段不断变化的特点,习近平指出,从十九大到二十大,是"两个一百年"奋斗目标的历史交汇期,既要全面建成小康社会、实现第一个百年奋斗目标,又要乘势而上开启全面建设社会主义现代化国家新征程,向第二个百年奋斗目标进军。在综合分析国际国内形势和我国发展条件的基础上,习近平提出了新时代"两步走"战略,把从2020年到21世纪中叶分两个阶段来安排:

第一阶段,从2020年到2035年,在全面建成小康社会的基础上,再奋斗十五年,基本实现社会主义现代化。到那时,我国经济实力、科技实力将大幅跃升,跻身创新型国家前列;人民平等参与、平等发展权利得到充分保障,法治国家、法治政府、法治社会基本建成,各方面制度更加完善,国家治理体系和治理能力现代化基本实现;社会文明程度达到新的高度,国家文化软实力显著增强,中华文化影响更加广泛深入;人民生活更为宽裕,中等收入群体比例明显提高,城乡区域发展差距和居民生活水平差距显著缩小,基本公共服务均等化基本实现,全体人民共同富裕迈出坚实步伐;现代社会治理格局基本形成,社会充满活力又和谐有序;生态环境根本好转,美丽中国目标基本实现。

第二阶段,从2035年到21世纪中叶,在基本实现现代化的基础上,再奋斗十五年,把我国建成富强民主文明和谐美丽的社会主义现代化强国。到那时,我国物质文明、政治文明、精神文明、社会文明、生态文明将全面提升,实现国家治理体系和治理能力现代化,成为综合国力和国际影响力领先的国家,全体人民共同富裕基本实现,我国人民将享有更加幸福安康的生活,中华民族将以更加昂扬的姿态屹立于世界民族之林。①

新时代"两步走"战略,在继承和发展此前"三步走"发展战略基础上,第一次对第三步战略目标做出了极为重要的"两阶段"战略安排,从而完整勾画

---

① 习近平:《决胜全面建成小康社会 夺取新时代中国特色社会主义伟大胜利——在中国共产党第十九次全国代表大会上的报告》,人民出版社2017年版。

了我国社会主义现代化建设的时间表、路线图，明确了党和国家在整个社会主义初级阶段的奋斗目标。

二、建设现代化经济体系

建设现代化经济体系，是党的十九大着眼于实现"两个一百年"奋斗目标，贯彻新发展理念做出的重大决策部署，既顺应了转变经济发展方式、优化经济结构、转换经济增长动力的迫切要求，也顺应了中国特色社会主义进入新时代为建设社会主义现代化强国提供有力支撑的客观需要，对于实现更高质量、更有效率、更加公平、更可持续的发展具有重要意义。

建设现代化经济体系的根本目标，是为了实现更高质量、更有效率、更加公平、更可持续的发展。经过40年的改革开放，中国特色社会主义经济建设已经取得了举世瞩目的伟大成就，但也面临不少困难和挑战。这主要表现在：发展不平衡不充分的一些突出问题尚未解决，发展质量和效益还不高，创新能力不够强，实体经济水平有待提高，生态环境保护任重道远，城乡区域发展和收入差距依然较大，等等。这就要求建设现代化经济体系，着力解决发展的不平衡不充分问题，坚定不移地贯彻创新、协调、绿色、开放、共享的发展理念，推动经济从高速增长向高质量发展转变，通过转变发展方式、优化经济结构、转换增长动力，提高发展的质量和效益，增强发展的公平性和可持续性，从而更好地满足人民在经济、政治、文化、社会、生态等方面日益增长的需要，解决发展的不平衡不充分与人民日益增长的美好生活需要之间的矛盾。

为了更高质量、更有效率、更加公平、更可持续的发展，需要推动发展的质量变革、效率变革和动力变革。我国经济之所以大而不强，是因为一直以来走的是一条以增量扩能为主的发展之路，重规模轻质量、重速度轻效益，主要依靠资源和低成本劳动力等要素投入作为发展动力。长此以往，资源不可接续、环境不可承载、经济不可持续。因此，必须坚持质量第一、效率优先，以供给侧结构性改革为主线，把发展经济的着力点放在实体经济上，把提高供给体系质量作为主攻方向，把创新作为引领发展的第一动力，用较少的要素投入、较小的资源环境代价产出较多的产品，获取较大的经济效益，推动发展方式从规模速度型转向质量效率型，经济结构调整从增量扩能为主转向调整存量、做优增量并举，发展动力从主要依靠资源和低成本劳动力等要素投入转向创新驱动。

从内容构成来看，现代化经济体系，是由社会经济活动各个环节、各个层面、各个领域的相互关系和内在联系构成的一个有机整体，主要包括：

1. 创新引领、协同发展的产业体系。当前制约我国经济发展的因素中，最突出的是结构性问题，矛盾的主要方面在供给侧。我国不是需求不足，或没有需求，而是需求变了，供给的产品却没有变，质量、服务跟不上。解决这些问题需要立足实体经济，推进结构调整，减少无效和低端供给，扩大有效和中高端供给，增强供给结构对需求变化的适应性和灵活性，提高全要素生产率。科技创新、现代金融、人力资源，共同构成了实体经济发展的要素支撑。创新是引领发展的第一动力，是建设现代化经济体系的战略支撑，科技创新与制度创新、管理创新、商业模式创新、业态创新和文化创新相结合，有助于推动发展方式向依靠持续的知识积累、技术进步和劳动力素质提升转变，促进经济向形态更高级、分工更精细、结构更合理的阶段演进。金融是实体经济的血脉，为实体经济服务是金融的天职，是金融的宗旨，也是防范金融风险的根本举措。人力资源是发展的第一资源，人才是创新的根基，是创新的核心要素。面对日趋激烈的国际竞争，一个国家发展能否抢占先机、赢得主动，越来越取决于国民素质特别是广大劳动者素质。建设现代化经济体系，就是要实现实体经济、科技创新、现代金融、人力资源协同发展，使科技创新在实体经济发展中的贡献份额不断提高，现代金融服务实体经济的能力不断增强，人力资源支撑实体经济发展的作用不断优化。

2. 统一开放、竞争有序的市场体系。经济发展就是要提高资源尤其是稀缺资源的配置效率，以尽可能少的资源投入生产尽可能多的产品、获得尽可能大的效益。理论和实践都证明，市场配置资源是最有效率的形式。市场决定资源配置是市场经济的一般规律，市场经济本质上就是市场决定资源配置的经济。统一开放、竞争有序的市场体系，是使市场在资源配置中起决定性作用的基础，主要包括公平开放透明的市场规则、统一的市场监管、法治化的营商环境、主要由市场决定价格的机制、完善的金融市场和金融监管体系，等等。建设现代化经济体系，就是要实现市场准入畅通、市场开放有序、市场竞争充分、市场秩序规范，加快形成企业自主经营公平竞争、消费者自由选择自主消费、商品和要素自由流动、平等交换的现代市场体系。

3. 体现效率、促进公平的收入分配体系。改善民生，实现发展成果更多更公平惠及全体人民，体现了以人民为中心的发展的根本目的。收入分配是民生之源，是改善民生、实现发展成果由人民共享最重要最直接的方式。建设现代化经济体系，就是要实现收入分配合理、社会公平正义、全体人民共同富裕，推进基本公共服务均等化，逐步缩小收入分配差距。主要包括：（1）建立和完善收入分配制度，增加劳动者特别是一线劳动者的劳动报酬，实现劳动报酬增长和劳动生产率提高同步。(2) 建立和完善市场评价要素贡献并按贡献分配的机制，完善以税收、社会保障、转移支付为主要手段的再分配调节机制。(3) 保护合法收入，规范隐性收入，遏制以权力、行政垄断等非市场因素获得收入，取缔非法收入，明显增加低收入劳动力者收入，扩大中等收入者比重，努力缩小城乡、区域、行业收入分配差距，逐步形成橄榄型分配格局。

4. 彰显优势、协调联动的城乡区域发展体系。促进城乡协调发展，是改变我国发展不平衡不充分现状、实现持续健康发展的内在要求。建设现代化经济体系，就是要实现区域良性互动、城乡融合发展、陆海统筹整体优化，培育和发挥区域比较优势，加强区域优势互补，塑造区域协调发展新格局。主要包括：(1) 推动新型城镇化和新农村建设协调发展，提升县域经济支撑辐射能力，促进公共资源在城乡间均衡配置，拓展农村广阔发展空间，形成城乡共同发展新格局。(2) 深入实施西部开发、东北振兴、中部崛起和东部率先的区域发展总体战略，创新区域发展政策，完善区域发展机制，促进区域协调、协同、共同发展，努力缩小区域发展差距。(3) 以"一带一路"建设、京津冀协同发展、长江经济带发展为引领，形成沿海沿江沿线经济带为主的纵向横向经济轴带，塑造要素有序自由流动、主体功能约束有效、基本公共服务均等、资源环境可承载的区域协调发展新格局。

5. 资源节约、环境友好的绿色发展体系。我们要建设的现代化是人与自然和谐共生的现代化，既要创造更多物质财富和精神财富以满足人民日益增长的美好生活需要，也要提供更多优质生态产品以满足人民日益增长的优美生态环境需要。改革开放以来，由于一些地方、一些领域没有处理好经济发展同生态环境保护的关系，以无节制消耗资源、破坏环境为代价换取经济发展，导致能源资源、生态环境问题越来越突出。这种情况不改变，能源资源将难以支撑、生态环境将不堪重负，反过来必然会对可持续发展带来严重影响，我国发展的空间和后劲将越来越小。因而必须坚持节约优先、保护优先、自然恢复为主的方针，形成节约资源和保护环境的空间格局、产业结构、生产方式、生活方式，还自然以宁静、和谐、美丽。建设现代化经济体系，就是要通过推进绿色发展，着力解决突出环境问题，加大生态系统保护力度和改革生态环境监管体制，实现绿色循环低碳发展、人与自然和谐共生，牢固树立和践行"绿水青山就是金山银山"理念，形成人与自然和谐发展现代化建设新格局。

6. 多元平衡、安全高效的全面开放体系。全方位对外开放是发展的必然要求。打开国门搞建设，既立足国内，充分运用我国资源、市场、制度等优势，又重视国内国际经济联动效应，积极应对外部环境变化，可以更好地利用两个市场、两种资源，推动互利共赢、共同发展。建设现代化经济体系，就是要发展更高层次开放型经济，推动开放朝着优化结构、拓展深度、提高效益方向转变。主要包括：（1）完善对外开放战略布局，全面推进双向开放，促进国内国际要素有序流动、资源高效配置、市场深度融合，加快培育国际竞争新优势。（2）健全对外开放新体制，完善法治化、国际化、便利化的营商环境，健全有利于合作共赢、同国际投资贸易规则相适应的体制机制。（3）推进"一带一路"建设，秉持亲诚惠容，坚持共商共建共享原则，开展与有关国家和地区多领域互利共赢的务实合作，打造陆海内外联动、东西双向开放的全面开放新格局。（4）积极承担国际责任和义务，参与全球经济治理，推动国际经济治理体系改革完善，积极引导全球经济议程，维护和加强多边贸易体制，促进国际经济秩序朝着平等公正、合作共赢的方向发展，共同应对全球性挑战。

7. 充分发挥市场作用、更好发挥政府作用的经济体制。经济体制改革仍然是全面深化改革的重点，经济体制改革的核心问题仍然是处理好政府和市场关系。发展社会主义市场经济，既要发挥市场作用，也要发挥政府作用，但市场作用和政府作用的职能是不同的。健全社会主义市场经济体制，一方面需要切实发挥市场在资源配置中的决定性作用，着力解决市场体系不完善、政府干预过多和监管不到位问题；另一方面要更好发挥政府作用，在保证市场发挥决定性作用的前提下，管好那些市场管不了或管不好的事情。科学的宏观调控、有效的政府治理，是发挥社会主义市场经济体制优势的内在要求。建设现代化经济体系，就是要通过健全宏观调控体系、全面正确履行政府职能、优化政府组织结构，发挥政府在保持宏观经济稳定、加强和优化公共服务、保障公平竞争、加强市场监管、维护市场秩序、推动可持续发展、促进共同富裕、弥补市场失灵方面的职责和作用，实现市场机制有效、微观主体有活力、宏观调控有度。

第四节　发展战略探索的主要经验

一、坚持从中国具体实际出发制定发展战略

新中国成立70年，国民经济发展和社会主义建设取得了巨大成就。总结新中国70年发展战略的探索和自我实现的突破，贯穿其中的一条逻辑主线就是始终以如何解放和发展社会生产力、实现社会主义现代化、增强社会主义国家的综

合国力为出发点和落脚点;从中得到的重要启示就是,发展战略应当从中国具体实际出发、体现以人民为中心的根本立场、实现与不断深化改革的有机结合。

从中国实际出发就是实事求是,就是要把马克思列宁主义普遍原理同中国具体实际相结合。毛泽东从来就反对离开中国社会和中国革命的实际去研究马克思主义,他强调不仅要研究客观事物的矛盾的普遍性,尤其重要的是要研究它的矛盾的特殊性,对于不同性质的矛盾,要用不同的方法去解决。邓小平也强调,我们的现代化建设必须从中国的实际出发。无论是革命还是建设,都要注重学习和借鉴外国经验。但是照抄照搬别国经验、别国模式,从来不能得到成功。这方面我们有过不少教训。把马克思主义普遍原理同我国的具体实际结合起来,走自己的道路,建设有中国特色的社会主义,这就是我们总结长期历史经验得出的基本结论。① 习近平也指出,实事求是,是马克思主义的根本观点,是中国共产党人认识世界、改造世界的根本要求,是我们党的基本思想方法、工作方法、领导方法。不论过去、现在和未来,我们都要坚持一切从实际出发,理论联系实际,在实践中检验真理和发展真理。②

发展是一个不断变化的过程。从中国具体实际出发,就意味着发展战略的选择应当根据中国社会主要矛盾的变化,符合我国社会主义发展的阶段性特征。新中国成立之初,我们从当时处于新民主主义社会向社会主义社会过渡时期的实际出发,采取符合中国实际的政策措施,创造性地完成了生产资料的社会主义改造,促进了国民经济的发展,确立了社会主义基本制度,取得伟大的历史胜利。生产资料的社会主义改造完成后,我们开展社会主义经济建设虽然发生过失误,走过弯路,但我们坚持从中国实际出发,及时纠正前进中发生的失误,仍然取得巨大成就。1978年党的十一届三中全会以后,正是坚持一切从实际出发,解放思想、实事求是,才开启了改革开放新征程。党的十八大以来,中国特色社会主义进入新时代,社会主要矛盾已经转化为人民日益增长的美好生活需要和不平衡不充分的发展之间的矛盾。正是坚持从实际出发,科学把握我们所处的新的历史方位,以习近平同志为核心的党中央才提出新时代"两步走"战略,领导中国人民走向伟大民族复兴。坚持从实际出发,实事求是,把马克思主义基本原理同中国具体实际结合起来,制定正确发展战略,是中国特色社会主义事业从胜利走向胜利的重要保证。

---

① 《邓小平文选》第3卷,人民出版社1993年版,第2~3页。
② 习近平:《在纪念毛泽东同志诞辰120周年座谈会上的讲话》,人民出版社2013年版,第15页。

二、坚持以人民为中心实施发展战略

全心全意为人民服务,是党一切行动的根本出发点和落脚点,是中国共产党区别于其他一切政党的根本标志。我们党在革命时期就把马克思列宁主义关于人民群众是历史的创造者的原理系统地运用在党的全部活动中,形成党的群众路线,一切为了群众,一切依靠群众和从群众中来,到群众中去。邓小平也指出,中国的事情要按照中国的情况来看,要依靠中国人自己的力量来办。① 江泽民在党的十六大报告中也指出,我们党要代表最广大人民的根本利益,正确反映和兼顾不同方面群众的利益,使全体人民朝着共同富裕的方向稳步前进。发展必须相信和依靠人民,人民是推动历史前进的动力。要集中全国人民的智慧和力量,聚精会神搞建设,一心一意谋发展。习近平在党的十八届五中全会上指出,人民是推动发展的根本力量,实现好、维护好、发展好最广大人民根本利益是发展的根本目的。必须坚持以人民为中心的发展思想,把增进人民福祉、促进人的全面发展作为发展的出发点和落脚点。

以人民为中心的发展思想,就是要做到发展为了人民、发展依靠人民、发展成果由人民共享。新中国成立以来特别是改革开放以来,我们在发展战略的制定和实施过程中,都坚持把提高人民生活水平摆在首位,提出让广大人民群众共享发展成果,是社会主义的本质要求,是社会主义制度优越性的集中体现,是我们党坚持全心全意为人民服务根本宗旨的重要体现。这方面问题解决好了,全体人民推动发展的积极性、主动性、创造性就能充分调动起来,国家发展也才具有最深厚的伟力。党的十八大以来,习近平强调,我国社会主要矛盾的变化,要求更好地贯彻以人民为中心的发展思想。人民对美好生活的向往就是党的奋斗目标。人民群众需求的变化,必将对我国发展全局产生广泛而深刻的影响。只有调整和完善发展战略、各项政策,在继续推动发展的基础上着力解决好发展不平衡不充分的问题;只有坚持在发展中保障和改善民生,解决好群众最关心、最直接、最现实的利益问题,不断促进社会公平正义,使人民更有获得感、幸福感、安全感,才能更好地满足人民对美好生活的需要。

坚持以人民为中心的发展思想,就是要尊重人民群众的首创精神,最大限度地激发人们的创造热情;就是要坚持由人民群众评价,把人民满意作为检验工作的第一标准。

---

① 《邓小平文选》第3卷,人民出版社1993年版,第3页。

三、发展战略的制定和实施与全面深化改革有机结合

改革是社会主义发展的根本动力。发展战略的制定和实施必须与改革有机结合起来,以改革精神制定发展战略,以改革推动发展战略的实施和落实。

在从新民主主义社会向社会主义社会的过渡过程中,过渡时期总路线的制定,生产资料的社会主义改造,"四个现代化"目标的提出,社会主义经济建设的进行,都是要通过变革来建立、完善社会主义生产关系,解放和发展生产力。改革开放以来,"三步走"战略的制定、实施、发展也是通过改革实现的。中国特色社会主义进入新时代,党的十九大提出的全面建设社会主义现代化国家实现民族复兴的宏伟战略,必须通过全面深化改革去落实。

实践发展无止境,全面深化改革无止境。发展战略的制定、实施与改革紧密结合,中华民族伟大复兴的目标就一定能实现。

第十一章

经济发展实践探索和理论创新

新中国成立70年特别是改革开放40年来,中国共产党领导全国各族人民,不断探索社会主义经济发展的道路和规律,取得了伟大成就,逐渐走出了一条中国特色社会主义发展道路。实践证明,中国特色社会主义是当代中国发展进步的根本方向和唯一正确道路,只有中国特色社会主义才能更好地发展中国。

第一节 改革开放前经济发展的实践探索与理论演变

一、改革开放前经济发展的实践探索

(一)过渡时期的经济发展实践

从新中国成立到1956年社会主义基本经济制度确立,是由新民主主义社会向社会主义社会的过渡时期。在这一时期,刚从半殖民地半封建社会走过来的中国,生产力水平极其落后,最为显著的特征是工业在国民经济中的比重占比很小,农业在经济中的占比过大,据统计资料显示(见表11-1),在一些重要的工业产品如钢铁、原油、水泥等的产量上,新中国只是西方发达国家的几十甚至几千分之一,甚至达不到印度的水平。若考虑到人口因素,当时我国的人均工业产品产量与西方发达国家的差距更大。而在农业方面,新中国成立之初,粮食与棉花等重要农产品年产量和劳动生产率水平都很低。

表 11-1　　　　1949 年中国主要工业产品产量与美国、印度对比

产品名称	单位	中国 产量	美国 产量	美国 为中国倍数	印度 产量	印度 为中国倍数
纱	万吨	32.7	171	5.23	62	1.9
布	亿米	18.9	76.8	4.05	34.6	1.83
原盐	万吨	299	1413	4.73	202	0.68
糖	万吨	20	199	9.95	118	5.9
卷烟	万箱	160	770	4.81	44	0.28
原煤	亿吨	0.32	4.36	13.63	0.32	1
原油	万吨	12	24892	2074.33	25	2.08
发电量	亿度	43	3451	80.26	49	1.14
钢	万吨	15.8	7074	447.72	137	8.67
生铁	万吨	25	4982	199.28	164	6.56
水泥	万吨	66	3594	54.45	214	3.24
硫酸	万吨	4	1037	259.25	10	2.5
纯碱	万吨	8.8	355	40.34	1.8	0.2
烧碱	万吨	1.5	202	134.67	0.6	0.4

资料来源：孙健：《中华人民共和国经济史》，中国人民大学出版社 1996 年版，第 12 页。

可以说，遭受了"三座大山"长期压迫与饱受战争之苦的中国，经济基础薄弱，百姓生活水平普遍低下。此时的中国大力发展经济是形势所需、民心所向。

在这样的形势下，新中国成立之初，中国共产党确立了过渡时期的主要任务是：巩固无产阶级政权，恢复发展国民经济，建立社会主义制度。同时分为两个时期：1949～1952 年为国民经济恢复时期，1953～1956 年为第一个五年计划和生产资料的社会主义改造时期，采取一切可能的措施恢复和发展国民经济，并取得了重大成效。到 1952 年，我们迅速恢复了在旧中国遭到严重破坏的国民经济，全国工农业生产已经达到历史的最高水平。

党中央按照毛泽东同志的建议，提出了过渡时期的总路线：要在一个相当长的时期内，逐步实现国家的社会主义工业化，并逐步实现国家对农业、手工业和资本主义工商业的社会主义改造。这个总路线反映了历史的必然性。1953 年，我国开始第一个五年计划的经济建设。此期间，依靠我们自己的努力，加上苏联和其他友好国家的支援，取得了重大的成就。一批为国家工业化所必需而过去又

非常薄弱的基础工业建立了起来。1953~1956 年，全国工业总产值平均每年递增 19.6%，农业总产值平均每年递增 4.8%。经济发展比较快，经济效果比较好，重要经济部门之间的比例比较协调。市场繁荣，物价稳定。人民生活显著改善。[①]总体来看，过渡时期我国经济发展呈现了良好的态势，这一时期的经济发展是成功的实践。

(二) 1957 年到改革开放前的经济发展实践

第一个五年计划取得重大成就，1956 年 4 月，毛泽东同志发表《论十大关系》的讲话，初步总结了我国社会主义建设的经验，提出了探索适合我国国情的社会主义建设道路的任务。

社会主义改造基本完成以后，我们党领导全国各族人民开始转入全面的大规模的社会主义建设。1956 年 9 月，中共八大通过了由周恩来总理亲自主持编制的《关于发展国民经济的第二个五年计划的建议的报告》，提出我国发展国民经济的基本任务是：继续进行以重工业为中心的工业建设，推进国民经济的技术改造，建立我国社会主义工业化的巩固基础；继续完成社会主义改造，巩固和扩大集体所有制和全民所有制；在发展基本建设和继续完成社会主义改造的基础上，进一步发展工业、农业和手工业的生产，相应地发展运输业和商业；努力培养建设人才，加强科学研究工作，以适应社会主义经济文化发展的需要；在工业农业生产发展的基础上，增强国防力量；提高人民的物质生活和文化生活的水平。[②] 这个报告基本符合当时社会经济发展要求，但由于受到 1958 年"大跃进"运动导致的高指标、瞎指挥、浮夸风的影响遭到搁置。1958 年 8 月 28 日，中共中央讨论并批准《关于第二个五年计划的意见》，提出第二个五年计划的基本目标是：完成社会主义改造，提前把我国建设成为一个具有现代工业、现代农业和现代科学文化的社会主义国家，为第三个五年计划经济、技术、文化的高度发展，开始向共产主义过渡创造条件。意见指出，到 1962 年，全国建成强大的独立的工业体系，各协作区建成比较完整的、不同水平和有各自特点的工业体系；全国在钢铁和其他若干重要产品的产量方面接近美国；在主要科技方面赶上世界先进水平。由于该计划脱离实际，指标过高，加之三年困难时期和苏联撕毁合同，使国民经济比例严重失调而陷入困境。

1958 年的"大跃进"运动造成国民经济比例关系的严重失调，使全国国民

---

① 《关于建国以来党的若干历史问题的决议》，人民出版社 1981 年版。
② 《关于发展国民经济的第二个五年计划的建议的报告》，中华人民共和国中央人民政府网站，http://www.gov.cn/test/2008-06/04/content_1005129.htm。

经济处于严重困境之中。为了摆脱严重困境，使国民经济转向正常发展的轨道，20世纪60年代初党和国家实行了"调整、巩固、充实、提高"的"八字方针"，对国民经济进行了重大调整与恢复。在经济管理体制方面，加强了中央对国民经济的集中统一管理和综合平衡，所有生产、基建、物资、劳动、收购、财务工作都要执行全国一盘棋、上下一本账的方针，不得层层加码，必须集中力量，努力完成和超额完成国家计划；中央统一行使有关行政管理、生产指挥、物资调度、干部安排等权力；货币发行权归中央，财权要集中，不许有预算赤字；注意运用经济杠杆的调节作用，制定各种管理条例，加强经济监督。同时，针对经济体制的弊端，进行了一些探索性的改革，如试办托拉斯工交公司，用社会主义的经济和科学办法来管理企业；改革企业管理体制，重新肯定党委领导下的厂长责任制，扩大企业财政权；改革物资管理体制，打破行政部门、行政区划界限，实行按经济区组织物资供应等。在农业方面，调整了人民公社所有制和分配关系；减少粮食征购，减轻农民负担；提高农副产品收购价格，规定适当的购销政策；加强各行各业支援农业的力度。

随着上述经济发展政策的积极调整，国民经济中农、轻、重的比例关系实现了一定程度上的协调优化，同时经济效益提高，积累和消费比例关系趋向正常，财政收支逐步趋于平衡，全国市场供应紧张的状况得到了一定的缓和，物价回归稳定，城乡人民生活水平开始显著回升。其中，全民所有制企业职工的平均实际工资，由1960年的415元增加到1961年的440元，全国城乡居民平均消费水平比上年提高4.5%，但仍比1957年低14.5%[①]；粮食产量由1960年的2870亿斤提高到1965年的3890亿斤，增产35%；工业与农业产值比例与工业内部轻重工业产值比例都得到了一定程度上的合理调整。周恩来总理在1964年三届全国人大第一次会议《政府工作报告》中，对这一阶段的经济建设做了总结，指出调整国民经济的任务已经基本完成，工农业生产已经全面高涨，整个国民经济全面好转，并且将要进入新的发展时期。

总之，从1957年开始直到"文化大革命"前夕的10年中，我们虽然遭遇过严重挫折，却仍然取得了很大的成就。以1966年同1956年相比，全国工业固定资产按原价计算，增长了3倍。棉纱、原煤、发电量、原油、钢和机械设备等主要工业产品的产量，都有巨大的增长。从1965年起实现了石油全部自给，电子工业、石油化工等一批新兴的工业部门建设了起来，工业布局有了改善。农业的基本建设和技术改造开始大规模地展开，并逐渐收到成效。全国农业用拖拉机和

[①] 孙健：《中华人民共和国经济史》，中国人民大学出版社1996年版，第163页。

化肥施用量都增长6倍以上，农村用电量增长70倍。高等学校的毕业生为前7年的4.9倍。经过整顿，教育质量得到显著提高，科学技术工作也有比较突出的成果。党在这10年中积累了领导社会主义建设的重要经验。[①]

1966年，发生"文化大革命"。这一时期虽然由于广大干部、工人、农民和知识分子的努力，我国国民经济有了一定的发展，在某些领域也取得了重大成绩，但从总体看，经济发展遭到了严重破坏，经济秩序混乱，正常生产经营活动被打断，经济战略目标扭曲，导致经济资源的巨大浪费和经济增速停滞，国民经济没有取得应有发展。

1976~1978年是"文化大革命"结束之后的两年，国民经济进入了在原有计划经济体制框架中恢复和调整阶段，人民群众以极大的热情投入到经济建设中，党中央也采取了一系列措施谋求经济恢复和发展，国民经济发展较快。1977年、1978年的工农业总产值和国民收入的增长速度都大大超过了"文化大革命"期间"三五""四五"时期的平均增速。但由于当时对"文化大革命"的后果估计不足，对形势的判断过于盲目乐观，导致国民经济比例失调、企业经营效率差，财政负担过重等。

二、改革开放前经济发展理论的探索[②]

(一) 社会主义工业化理论

新中国成立后，经过探索，我国形成了自己的工业化理论，包括以下方面的基本内容：从国情出发，发展工业和发展农业同时并举，发展重工业和发展轻工业同时并举，通过农业和轻工业的发展，加快重工业和整个国民经济的发展，从而实现我国的社会主义工业化。

首先，发展工业和发展农业同时并举。早在制定"一五"计划时，中共中央就提出要把优先发展重工业作为"一五"计划的重点。因为重工业基础薄弱，已经和落后的农业共同成为制约轻工业发展的两个主要障碍。随后，在制定国民经济发展计划时又强调以农轻重为顺序。我国是一个比较落后的农业国，当时农业人口比重高达80%，农业在整个国民经济中起着基础性作用，农业为工业发展

[①]《关于建国以来党的若干历史问题的决议》，人民出版社1981年版。
[②] 本部分参考了逄锦聚等：《马克思主义中国化进程中的经济学创新》，经济科学出版社2011年版。

提供劳动力和原材料，因此直接关系着工业的发展规模、发展速度及水平①。当然，制定这一工业发展道路并不是要否定优先发展重工业的方针，而是在保证重工业的同时，加强对农业和轻工业的投资，从而确保工业发展所需要的粮食和原材料，同时保证人民群众日用品的供应。这种发展思想突破了苏联社会主义建立初期压制农业和轻工业、片面强调发展重工业的模式，是既坚持马克思主义基本原理又立足本国国情的有益探索。其次，根据我国全部轻工业和重工业约有70%在沿海的不合理状况，同时为平衡工业发展布局，提出充分利用沿海的工业基地、大力发展内地工业的思路。最后，以独立自主、自力更生为原则，充分利用国际经济环境，引进先进技术设备，努力发展对外贸易以增强我国工业化物质基础，壮大国民经济实力。

（二）生产力和生产关系的辩证关系理论

新中国成立之初，面对战争创伤和生产力落后的状况，党就清醒地认识到，社会主义建设必须以经济建设为中心，努力提高生产力水平。新中国成立后，经过了短暂的过渡时期和生产资料的社会主义改造，我国就确立了以公有制为基础的社会主义制度，落后的生产力水平和人们日益提高的物质文化需要之间的矛盾已经成为社会的主要矛盾。在这样的情况下，社会主义建设应该着眼于经济发展，保护、解放和发展生产力，创造出更加丰富的物质财富和精神财富，满足人们的需要。

但是，由于认识上的偏差和缺乏经验，其后发生了急于求成、急躁冒进的问题，特别是"文化大革命"期间，我们偏离了以经济建设为中心，而以阶级斗争为纲，错误地认为社会主义的生产关系的调整仍需一个阶级推翻另一个阶级的斗争，试图用政治手段取代经济建设以发展社会主义生产力，由此使国民经济发展出现严重失误。

错误和挫折使我们认识到，经济发展一定要从实际出发，不能超越特定历史阶段。正确认识我国的国情是发展经济的基本出发点，必须充分考虑我国的历史、现状、人口、科学技术和社会文化等实际情况，并正确把握我国的发展阶段及国内外的影响因素。只有这样，才能做出正确的决策。同时，必须尊重而不能违背经济发展的客观规律，人的主观能动性的发挥要以客观经济规律为基础，任何违背客观经济规律的主观行为都会受到惩罚。改革开放前发生的一些经济发展

---

① 毛泽东在1957年指出："工业化道路的问题，主要是指重工业、轻工业和农业的发展关系问题"，"发展工业必须和发展农业同时并举。"

决策失误，重要原因就是脱离我国社会生产力的发展状况，违背客观经济规律，从而使国民经济付出了惨痛的代价。经验和教训告诉我们，社会主义经济发展必须坚持以经济建设为中心，致力于发展生产力，从实际出发，尊重生产力发展规律，从而创造出更多的社会财富，满足人们日益增长的物质文化需要。

（三）经济发展的根本目的是人的全面发展理论

经济发展要以提高人民生活水平为目的，促进人的全面发展。人民群众是历史的创造者，是社会发展的推动力，社会主义经济发展和建设的成果必须回归到广大人民群众身上。经济发展的目的就是要提高人民群众的生活水平，满足人民的物质和文化的需要，促进人的全面发展。只有切实保护好、实现好人民群众的根本利益，才能真正调动广大人民的生产积极性，实现国民经济的快速发展，人的全面发展受到束缚不利于经济的持续发展。在改革开放前，人民的生活水平总体上有所提高，但也在很大程度上存在过度重视生产的问题。1957~1978年，职工实际工资不仅没有增加，反而有所下降，农民每人年均收入仅递增0.7%[1]。

（四）经济发展统筹协调理论

首先，经济发展质量效益和速度的关系理论。在总结实践的基础上，理论上认识到，经济发展中一定要把质量、效益摆在首位，不能片面追求速度而忽视效益，要在不断提高效益的基础上讲求增长速度，实现速度和效益的协调统一。经济增长速度从一定意义上说只是手段，而经济发展的根本目的是提高效益和人民生活水平。经济增长速度是一个国家经济发展中重要的经济变量，发展中国家要改变落后面貌必须要有较高的增长速度。经济发展战略的规划、指标的确定必须考虑到社会和环境的承载能力，一定要以提高社会生产力和改善人民生活水平为宗旨。改革开放前30年的一段时间里，我们试图通过一条"高积累、高投入、低产出、低效益"的发展路径，实现高速度发展国民经济的"赶超战略"。"赶超战略"是新中国摆脱贫穷落后的强烈愿望的现实反映，同时也是对广大人民群众和劳动者建设社会主义的极大的鼓舞和激励[2]，但如果严重脱离了中国的客观

---

[1] 宋涛编：《马克思主义经济理论在当代中国的发展》，西南财经大学出版社1992年版，第299页。

[2] 1954年6月，毛泽东在《关于中华人民共和国宪法草案》中讲到，"要建成一个伟大的社会主义国家，大概经过50年即10个五年计划就差不多了。"随着新中国成立后各项工作的顺利完成，特别是社会主义改造的提前完成，毛泽东开始认为中国的社会主义建设速度可以加快些，尽可能以高的速度向前发展。由此，1958年1月1日《人民日报》公布了社会主义建设的新思路，即用15年左右赶上和超过英国后，"准备再用20年到30年时间在经济上赶上并且超过美国，以便逐步地由社会主义社会过渡到共产主义社会"；同年6月，毛泽东在军委扩大会议上说：我们三年基本超过英国，十年超过美国，有充分把握。

国情和现实可能,成为完全单纯的主观意志决定,就必然导致国民经济比例关系严重失调,结果欲速则不达,在造成巨大资源浪费的同时,削弱了经济建设的物质基础,减缓了国民经济发展速度,其教训是深刻的。

其次,经济发展的比例和结构协调理论。经济发展必须坚持国民经济全面协调可持续发展,比例协调、结构合理是社会再生产顺利进行的条件,也是社会主义经济可持续和健康发展的重要保证。在经济发展中,必须做到生产要素的合理配置,使国民经济处于良性循环之中。改革开放前,我国有保持国民经济比例结构协调发展的经验,也曾经一度片面地强调优先发展重工业而忽视了农业、轻工业的发展,造成农轻重比例严重失调的问题,并由此损害了国民经济的健康发展,教训同样是深刻的。

第二节 改革开放新时期的实践探索与理论创新[①]

一、邓小平理论中的经济发展思想

(一)"以经济建设为中心"的经济发展理论

中国共产党十一届三中全会做出了实行改革开放的重大决策,开辟了改革开放新时期。这一时期的经济发展取得了巨大的成就,发展理论实现了重大创新。

邓小平是中国特色社会主义理论的开创者。党的十一届三中全会以后,邓小平带领全国人民深刻总结正反两方面的历史经验教训,科学分析时代变化和中国国情,将马克思主义的基本原理与中国的具体实际相结合,进行改革开放和现代化建设的实践探索,在社会主义发展道路、发展阶段、发展战略、发展条件等方面提出了关于经济发展的一系列新思想、新观点、新论断。

十一届三中全会后,针对改革开放前经济建设的"左"的思想,邓小平指出:"搞建设,也要适合中国的情况,走出一条中国式的现代化道路。"[②] 1981年6月,在邓小平主持下,《中共中央关于建国以来若干历史问题的决议》第一次明确提出:我们的社会主义还是处在初级阶段,是生产力落后、商品经济不发

[①] 本部分参考了逄锦聚等:《马克思主义中国化进程中的经济学创新》,经济科学出版社2011年版。
[②] 《邓小平文选》第2卷,人民出版社1994年版,第163页。

达条件下,建设社会主义必然要经历的阶段。社会主义初级阶段的根本任务是发展生产力。邓小平明确指出:"社会主义的任务很多,但根本一条就是发展生产力,在发展生产力的基础上体现出优于资本主义,为实现共产主义创造物质基础。"①

1987年,党的十三大确立了社会主义初级阶段的基本路线,包括以经济建设为中心,坚持四项基本原则,坚持改革开放("一个中心,两个基本点")。在我国社会主义初级阶段,生产力比较落后,要解决这个矛盾,就要坚决执行这条基本路线,来完成工业化、生产的商品化、社会化和现代化的历史任务。而要完成这个任务,短时间内是不行的,可能需要整个社会主义初级阶段的时间,根据党的十三大的估计,至少需要上百年。贯彻这条基本路线,关键是要处理好"一个中心"和"两个基本点"之间的关系。邓小平说:"现代化建设的任务是多方面的,各方面需要综合平衡,不能单打一。但是说到最后,还是要把经济建设当作中心。离开了经济建设这个中心,就有丧失物质基础的危险。其他一切任务都要服从这个中心,围绕这个中心,决不能干扰它,冲击它。"②

(二)"改革也是解放生产力"的经济发展理论

针对如何发展社会主义生产力,邓小平创造性地提出了"改革也是解放生产力"的科学命题,③ 由此将改革对生产力的促进作用提升到新的理论高度。只有通过改革,才能革除传统计划经济的种种弊端,才能解放和发展生产力,摆脱与生产力发展要求不相适应的经济体制上的僵化模式,才能完善和发展社会主义制度。

(三)"科学技术是第一生产力"理论

邓小平指出,"科学技术是第一生产力""没有现代科学技术,就不可能建设现代农业、现代工业、现代国防。没有科学技术的高速度发展,也就不可能有国民经济的高速度发展",发展生产力的首要任务是发展科学技术。④ 基于这样的认识,邓小平进一步提出实施科教兴国战略,将经济发展与科技教育紧密结合起来。

(四)共同富裕与消除两极分化的理论

共同富裕是社会主义经济发展的目的。改革开放伊始,我们面临的突出发展

---

① 《邓小平文选》第3卷,人民出版社1993年版,第137页。
② 《邓小平文选》第2卷,人民出版社1994年版,第250页。
③ 邓小平在1985年会见日本自由民主党副总裁二阶堂进时讲到:"改革是中国的第二次革命。"
④ 《邓小平文选》第2卷,人民出版社1994年版,第86页。

命题是如何摆脱贫困。伴随着我们对社会主义初级阶段的认识深化和相应的党的基本路线的明确,如何以经济建设为中心推动发展、摆脱贫困成为重大理论和实践问题。邓小平指出,社会主义经济发展是要解决社会主义初级阶段的基本矛盾,是通过生产力的提高,逐步满足人民日益增长的物质文化生活的需要,因此,经济发展最终要体现在人民生活水平上,实现人民群众的共同富裕,这既是社会主义经济发展的目的,也是社会主义优越性的体现。邓小平说:"社会主义的目的就是要全国人民共同富裕,不是两极分化。如果我们的政策导致两极分化,我们就失败了。"① 然而,由于全国各地经济基础不同,自然条件不同,劳动者的劳动能力也不同,无法在短期内实现人民的共同富裕,因此只能"允许一部分地区、一部分企业、一部分工人农民,由于辛勤努力成绩大而收入先多一些,生活先好起来。一部分人生活先好起来,就必然产生极大的示范力量,影响左邻右舍,带动其他地区、其他单位的人民向他们学习。这样,就会使这个国民经济不断地波浪式向前发展,使全国各族人民都能比较快地富裕起来。"② 共同富裕不是平均主义,不是吃"大锅饭";允许一部分人、一部分地区先富起来也不是搞两极分化,在收入分配上要保护合法收入、取缔非法收入,调节过高收入,保障低收入者的基本生活,由此缩小不同地区和人民的两极分化,逐步实现共同富裕。

二、"三个代表"重要思想中的经济发展理论

(一) 努力实现经济体制和增长方式的根本性转变

党的十三届四中全会以后,以江泽民为核心的中央领导集体,继续带领全国人民,坚持马克思主义基本原理同中国社会实际相结合,根据国内外形势的发展和面临的新情况,对经济发展问题进行了进一步深入的探索,形成了"三个代表"重要思想。

随着改革的深化和社会主义市场经济体制的初步建立,中央认识到,不同的经济体制会产生不同的运行机制,进而影响其经济效率和增长方式。经济体制不仅是影响经济长期增长的一个重要因素,而且会对资源配置效率和经济效率产生重大影响。在此基础上江泽民指出,不实现经济增长方式的转变,就不能实现跨

---

① 《邓小平文选》第 3 卷,人民出版社 1993 年版,第 110~111 页。
② 《邓小平文选》第 2 卷,人民出版社 1994 年版,第 152 页。

世纪的宏伟目标；而不实现经济体制的根本性转变，就不可能实现经济增长方式的转变。1995年党的十四届五中全会审议通过《中共中央关于制定国民经济和社会发展"九五"计划和2010年远景目标的建议》，明确提出：实现"九五"计划和2010年远景目标的关键是实行两个具有全局意义的根本性转变：一是经济体制从传统的计划经济体制向社会主义市场经济体制转变；二是经济增长方式从粗放型向集约型转变。两个根本性转变，是我们党在深入探索和全面把握我国经济发展规律的基础上提出的重要方针，是关系国民经济全局紧迫而重大的战略任务，标志着我国经济建设将朝着深化体制改革、提高质量的方向发展。

（二）实施科教兴国战略

经济发展战略是一国根据经济发展的各种制约因素，从全局出发制定的长远目标及发展途径。经济发展战略选择的正确与否直接关系到现代化建设的成败。江泽民同志在党的十五大报告中明确指出："实施科教兴国战略和可持续发展战略……使经济建设真正转到依靠科技进步和提高劳动者素质的轨道上来。"把科教兴国和可持续发展视为发展国民经济、提高国民经济整体素质的重要途径。科教兴国战略是基于邓小平"科学技术是第一生产力"的著名论断和世界第三次科技革命方兴未艾，科技成就层出不穷，对社会生产力极大推动的国际环境而制定的战略构想。各国发展经验表明，科技水平是一国经济发展的重要决定因素。以江泽民为核心的第三代领导集体以高度的政治敏锐性和责任感，提出必须坚定不移地实施科教兴国战略，大力提高全民族的思想道德和科学文化素质，提高知识创新和技术创新能力，密切教育与经济、科技的结合，从而加快实现经济增长方式和经济体制的根本转变。1992年，江泽民在党的十四大报告中指出："科技进步、经济繁荣和社会发展，从根本上说取决于劳动者的素质，培养大批人才。我们必须把教育摆在优先发展的战略地位，努力提高全民族的思想道德素质和科学水平，这是实现我国现代化的根本大计。"至此，科技和教育被视为关系国计民生的重要战略进一步确立下来。事实证明，科教兴国发展战略的提出为我国经济效益和社会效益的提高指明了方向和途径。

（三）可持续发展战略

传统的经济发展理论将经济增长简单等同于经济发展，仅以GDP指标衡量一国经济发展水平高低，引发了经济结构、社会结构和政治结构等方面的一系列问题，如单纯追求增长速度，忽视效益和质量；贫困、失业和收入不均等社会问题；自然资源浪费严重，生态环境持续恶化；等等。尤其是我国长期在经济增长方式上采取粗放经营，使得经济发展与人口、资源、环境之间的矛盾越来越突出。因此，以江泽民为核心的党的领导集体郑重提出可持续发展战略。1994年，中国政府发表了《中国21世纪议程》，将我国可持续发展目标确立为"建立可持续发展的经济体系、社会体系和保持与之相适应的可持续利用资源的环境基础"。在此后的党的十四届五中全会、十五大报告以及建党八十周年讲话中，江泽民反复强调，现代化建设要把可持续发展作为一个重要发展战略，通过经济管理体制和运行机制的规范化、法制化，更好地配置资源，使人口、资源、环境、生态协调发展，为经济发展、社会进步提供持久的发展动力。

除上述几方面内容以外，这一时期经济发展新思想还包括协调产业发展，重视农业基础地位；协调区域发展，实施西部大开发战略；建立现代企业制度，搞好国有经济；扩大对外开放、加入世贸组织，融入国际经济一体化；等等。这些思想是建立在马克思列宁主义、毛泽东思想、邓小平理论基础上，针对我国正处于改革开放的攻坚阶段的新时期、新问题提出的一系列新观点，对建设有中国特色社会主义具有重大的指导意义。

三、"科学发展观"

党的十六大以后，以胡锦涛为总书记的中央领导集体，紧紧围绕中国特色社会主义主题，带领全国人民继续在建设中国特色社会主义道路上进行探索，不断总结经验，做出新的理论概括，创造性地回答了什么是发展、为什么发展、为谁发展、怎样发展等重大问题，形成了科学发展观这一重大战略思想，进一步完善、丰富和发展了中国特色社会主义发展理论。

胡锦涛在党的十七大报告中对科学发展观的科学内涵和本质要求作了概括，提出：在新的发展阶段继续全面建设小康社会、发展中国特色社会主义，必须深入贯彻落实科学发展观，必须"坚持以人为本，树立全面、协调、可持续的发展观，促进经济社会和人的全面发展"。"科学发展观，第一要义是发展，核心是以人为本，基本要求是全面协调可持续，根本方法是统筹兼顾"。[①]

"第一要义是发展"。揭示和概括了发展在科学发展观全部内容中的首要地位，是理解和贯彻科学发展观必须抓住的首要一环。发展是社会主义的根本命题、内在要求和优越性的体现。在当今现实国情下，发展对于全面建设小康社

---

① 胡锦涛：《高举中国特色社会主义伟大旗帜 为夺取全面建设小康社会新胜利而奋斗》，人民出版社2007年版。

会、加快社会主义现代化,具有决定性的意义。科学发展观是关于如何发展的思想和观念,是为发展服务的。只有把发展作为科学发展观的第一要义,才能体现社会主义的优越性,离开发展就无所谓科学发展观。

"核心是以人为本"。胡锦涛指出:"坚持以人为本,就是要以实现人的全面发展为目标,从人民群众的根本利益出发谋发展、促发展,不断满足人民群众日益增长的物质文化需要,切实保障人民群众的经济、政治和文化权益,让发展的成果惠及全体人民。"[①] 一方面,人的发展是社会发展的根本目标,社会主义经济、政治、文化建设都是以人的发展作为最终目标,并以此为指导方针;另一方面,人的发展反过来促进社会发展,人的全面发展为社会发展提供了智力支持和指导,二者彼此制约,互为条件。科学发展观将"以人为本"视为经济社会发展的核心内容,是对人的主体性及人与社会的辩证的关系做出的科学界定,深刻回答了"为谁发展"和"靠谁发展"的问题,明确了中国经济社会发展的根本宗旨和基本动力。

"基本要求是全面协调可持续"。这是针对当前中国现实国情提出的经济社会发展的新思路和新要求。"全面发展,就是要以经济建设为中心,全面推进经济、政治、文化建设,实现经济发展和社会全面进步。协调发展,就是要统筹城乡发展、统筹区域发展、统筹经济社会发展、统筹人与自然和谐发展、统筹国内发展和对外开放,推进生产力和生产关系、经济基础和上层建筑相协调,推进经济、政治、文化建设的各个环节、各个方面相协调。可持续发展,就是要促进人与自然的和谐,实现经济发展和人口、资源、环境相协调,坚持走生产发展、生活富裕、生态良好的文明发展道路,保证一代接一代地永续发展。"[②] 从而,对科学发展观的发展方式提出了基本要求。只有坚持这些基本要求,才能避免发展中的片面性和发展的失调、失衡、不可持续,从而实现科学的发展。"根本方法是统筹兼顾"。科学发展观在"为什么发展""为谁发展""靠谁发展"的基础上,全面回答了"怎样发展"的问题,这就是统筹城乡发展、统筹区域发展、统筹经济社会发展、统筹人与自然和谐发展、统筹国内发展和对外开放。社会主义经济社会发展是使全体人民朝着共同富裕的方向不断前进的发展,是全方位的发展。我们的社会作为一个庞大的体系,其内部存在着错综复杂的局部安排和结构关系,这些局部安排和结构关系在自身要求和价值得到满足的情况下,形成一个整体发展合力,共同推动社会的发展。因此,在社会主义建设过程中,一定要统一考虑这些局部的实际情况和要求,兼顾到各个局部和每个局部的各个方面,从而推动

---

① 胡锦涛:《在中央人口资源环境工作座谈会上的讲话》,载于《人民日报》2004年4月5日。
② 胡锦涛:《在中央人口资源环境工作座谈会上的讲话》,载于《人民日报》2004年4月5日。

经济社会的发展。"五个统筹"的战略思想和布局就是综合考虑了我国社会发展全局，并统筹兼顾到城市与农村，东西南北中不同区域，经济、政治、文化、社会，人与自然，国内发展与对外开放等各个局部的关系和利益，使社会主义社会朝着健康、全面、有序的方向进行。

科学发展观是对我国 20 多年改革开放实践的经验总结，是推进全面建设小康社会的迫切要求。全面建设小康社会，是要全面建设一个惠及十几亿人口的更高水平的小康社会，使经济更加发展、民主更加健全、科教更加进步、文化更加繁荣、社会更加和谐、人民生活更加殷实。要实现这个宏伟目标，必须坚持在经济发展的基础上促进社会全面进步和人的全面发展，促进社会主义物质文明、政治文明和精神文明协调发展，坚持在开发利用自然资源中实现人与自然的和谐相处，实现经济社会的可持续发展。因此，必须树立起全面、协调、可持续三个方面综合发展的科学发展观。

第三节　新时代的发展实践创新和新发展理念

一、创新、协调、绿色、开放、共享新发展理念

（一）新时代指引发展的纲领

党的十八大以来，中国特色社会主义进入新时代。以习近平同志为核心的党中央创新提出了坚持以人民为中心的发展思想和"创新、协调、绿色、开放、共享"新发展理念。2015 年 10 月，习近平在关于《中共中央关于制定国民经济和社会发展第十三个五年规划的建议》的说明中指出：发展理念是发展行动的先导，是管全局、管根本、管方向、管长远的东西，是发展思路、发展方向、发展着力点的集中体现。2015 年 10 月 29 日，习近平在党的十八届五中全会第二次全体会议上的讲话中鲜明提出了创新、协调、绿色、开放、共享的发展理念。新发展理念符合我国国情，顺应时代要求，对破解发展难题、增强发展动力、厚植发展优势具有重大指导意义。2016 年 1 月 18 日，习近平在省部级主要领导干部学习贯彻党的十八届五中全会精神专题研讨班上，结合历史和现实，结合一些重大问题，从理论上、宏观上提出要深入理解新发展理念，并对发展理念的内涵作了深刻阐释。2016 年 1 月 29 日，习近平在中共中央政治局第三十次集体学习时强调：新发展理念就是指

挥棒、红绿灯。

党的十九大对新发展理念的本质特征及其贯彻做出了进一步深入概括和具体部署，使之成为习近平新时代中国特色社会主义思想体系中的重要组成部分，把马克思主义历史辩证唯物主义的发展观与新时代中国特色社会主义发展实践深入结合，系统阐释了破解新发展难题的指导思想和行动纲领。[①] 习近平在党的十九大报告中强调，要贯彻新发展理念，建设现代化经济体系。习近平特别强调，发展理念是具有战略性、纲领性、引领性的，是发展思路、发展方向、发展着力点的集中体现，按照"新发展理念"推动我国经济社会发展，是我国发展的总要求和大趋势。

新发展理念是发展思路、发展方向、发展着力点的集中体现，具有高度的战略性、纲领性、引领性，集中反映了党对经济社会发展规律认识的深化。这是关系我国发展全局的一场深刻变革，影响将十分深远。创新发展是"十三五"时期经济结构实现战略性调整的关键驱动因素，是实现"五位一体"总体布局下全面发展的根本支撑和关键动力；协调发展是全面建成小康社会之"全面"的重要保证，是提升发展整体效能、推进事业全面进步的有力保障；绿色发展是实现生产发展、生活富裕、生态良好的文明发展道路的历史选择，是通往人与自然和谐境界的必由之路；开放发展是中国基于改革开放成功经验的历史总结，也是拓展经济发展空间、提升开放型经济发展水平的必然要求；共享发展是社会主义的本质要求，是社会主义制度优越性的集中体现，也是党坚持全心全意为人民服务根本宗旨的必然选择，为党带领全国人民夺取全面建成小康社会决战阶段的伟大胜利，不断开拓发展新境界，提供了强大的思想武器。

（二）创新发展理念

人类社会发展的历史经验表明，综合国力的竞争说到底是创新力的竞争，长期、持续、稳定的经济发展最根本的要靠创新，创新是民族进步的灵魂，是一个国家兴旺发达的不竭动力，是激发社会活力的第一要素。为此，要深入实施创新驱动发展战略，加快形成以创新为主要引领和支撑的经济体系和发展模式。五大新发展理念中，创新发展理念是方向、是钥匙，居于首要位置，是经济发展基点。创新发展包括理论创新、制度创新、科技创新、文化创新等各个方面，其中理论创新是核心与灵魂，制度创新是保证与关键，科技创新是基础与前提，文化

---

① 习近平：《决胜全面建成小康社会 夺取新时代中国特色社会主义伟大胜利——在中国共产党第十九次全国代表大会上的报告》，人民出版社2017年版，第21~22页。

创新是环境与氛围。

马克思主义经典作家对创新有过全面、丰富的思考。马克思以唯物史观与唯物辩证法为方法论基础，将经济社会形态的发展理解为一种历史的过程，从而使其创新驱动发展思想表现为包含科技创新与制度创新的多种层次，成为科学世界观与方法论贯之的有机体系。马克思认为，创新是解决生产力与生产关系、经济基础与上层建筑间基本矛盾的基本手段与方式，其根本动力与源泉来自资本家追求剩余价值的最大化；科技创新必然引发生产方式的变革，工厂和资本家的利益关系会有重大变化，整个社会的关系和人们的生活方式会发生根本性变化。此外，内生、可持续增长与发展，不仅需要科技创新推动生产力的发展，还应当适当地主动去引导生产力的发展方向，在发展过程中减少对环境的破坏，避免对资源的过度掠夺与开发。面对资源枯竭、环境污染问题日益严重，马克思相关理论思想为澄清技术创新与自然资源间关系的错误看法，提供了重要的思想来源，也为我国自主创新驱动发展战略的内核与特征提供了基本的理论来源和分析框架。

创新是经济发展的动力。创新使新的生产方法在经济发展中得以运用，使旧的经济结构被破坏，新的经济结构得以产生。创新是解决生产力与生产关系、经济基础与上层建筑间基本矛盾的基本手段与方式。当今世界，经济发展越来越依赖于理论、制度、科技、文化等领域的创新，国际竞争新优势也越来越体现在创新能力上。谁在创新上先行一步，谁就能拥有引领发展的主动权。

坚持和践行创新发展理念，就是要深刻把握创新是引领发展的第一动力[1]，把创新摆在国家发展全局的核心位置，作为贯穿党和国家工作的主线、建设现代化经济体系的战略支撑，在全社会形成崇尚创新、鼓励创新、支持创新、践行创新的舆论环境和社会风尚，为中华民族伟大复兴注入强劲的发展动力。

要全面提升自主创新能力，力争在基础科技领域和关键核心技术领域取得大的突破。形成促进创新的体制架构，培育发展新动力，优化劳动力、资本、土地、技术、管理等要素配置，推动大众创业、万众创新。深入实施创新驱动发展战略，发挥科技创新在全面创新中的引领作用。大力推进农业现代化，全面实施乡村振兴战略。构建产业新体系，实施《中国制造2025》，培育一批战略性新兴产业，加快发展现代服务业。构建发展新体制，加快形成有利于创新发展的营商环境、产权制度、投融资体制、分配制度等，大力推进简政放权、放管结合、优化服务，激发市场活力和社会创造力。创新和完善宏观调控方式，在区间调控基

---

[1] 习近平在2013年全国政协第十二届一次会议科协、科技界委员联组讨论时的讲话中指出，"实施创新驱动发展战略，是立足全局、面向未来的重大战略，是加快转变经济发展方式、破解经济发展深层次矛盾和问题、增强经济发展内在动力和活力的根本措施。"

础上加大定向调控力度。

(三) 协调发展理念

协调发展的基本内涵是要在经济发展过程中坚持统筹兼顾、综合平衡的原则,协调和处理好发展中涉及的各种重大关系,实现国民经济持续、协调、健康发展。协调发展包括产业之间、区域之间、城乡之间等的协调发展。我国社会主义经济建设的实践,充分表明什么时候注重保持经济的协调发展,处理好经济发展中的重大关系,什么时候经济建设就取得显著成就,经济就能实现持续健康发展;反之,则导致国民经济的结构失衡和低效运行。当前我国经济发展过程中,保持国民经济的协调发展、处理好经济发展中的重大关系,是我国实现"两个一百年"奋斗目标和民族复兴的重要一环。

协调发展是马克思主义关于经济社会发展理论的基本原理之一。马克思指出,人类社会是一个由各种相互联系、相互制约、相互转化的因素和领域构成的"有机体","这里表现出这一切因素间的交互作用,而在这种交互作用中归根到底是经济运动作为必然的东西通过无穷无尽的偶然事件……向前发展","这样就有无数互相交错的力量,有无数个力的平行四边形,而由此就产生出一个总的结果,即历史事变"。① 在这里,马克思提出了人类社会发展的有机整体观、交互作用观和发展合力观等重要观点,是对人类社会发展规律的深刻认识,也是社会经济实现协调发展的基本理论基础和依据。在创立其经济理论过程中,马克思曾对资本主义经济的社会化大生产及其协调性要求给予高度关注,并提出许多经典论断。在马克思看来,"一切规模较大的直接社会劳动或共同劳动,都或多或少地需要指挥,以协调个人的活动,并执行生产总体的运动——不同于这一总体的独立器官的运动——所产生的各种一般职能。一个单独的提琴手是自己指挥自己,一个乐队就需要一个乐队指挥"。② 社会化大生产这样一个巨大规模的"共同劳动"更需要"指挥"协调。

协调是经济发展新常态下我国经济持续健康发展的内在要求,协调既是发展手段,又是发展目标,同时还是评价发展的标准和尺度。党的十八大报告中指出,要全面落实经济建设、政治建设、文化建设、社会建设、生态文明建设"五位一体"总体布局。"五位一体"总体布局,是我们党对"实现什么样的发展、怎样发展"这一重大战略问题的科学回答,其中蕴含着十分丰富而鲜明的协调发

---

① 《马克思恩格斯全集》第 37 卷,人民出版社 1971 年版,第 461~462 页。
② 《马克思恩格斯全集》第 23 卷,人民出版社 1972 年版,第 367 页。

展内容。协调是经济发展新常态下我国经济持续健康发展的内在要求，协调既是发展手段，又是发展目标，同时还是评价发展的标准和尺度。树立协调发展理念，坚持协调发展，必须牢牢把握中国特色社会主义视野总体布局，正确处理发展中的重大关系，重点促进城乡区域协调发展，促进经济社会协调发展，促进新型工业化、信息化、城镇化、农业现代化同步发展，在增强国家硬实力的同时，注重提升国家软实力，不断增强发展的整体性。①

（四）绿色发展理念

绿色发展是我国五大发展理念之一，生态文明建设事关中华民族永续发展。处理好经济发展与环境保护的关系，把生态文明建设融入经济、政治、文化、社会建设各方面和全过程，利用环境保护推进经济转型升级，坚持绿色发展、循环发展、低碳发展，努力实现两者的协调和共赢，是经济社会发展的重要任务。

马克思主义经典著作是绿色发展理念的理论源泉，马克思恩格斯认为，自然环境是生产要素，劳动是人以自身的活动来中介、调整和控制人和自然之间的物质变换的过程；工业革命在给人类社会带来巨大财富的同时也带来了生态危机和环境灾难，进而导致阶级矛盾进一步激化；人与自然的关系和人与人的关系是有机统一的，人类社会通过生产活动，将自然逐渐转化为"人化自然"；人类生产生活会对生态环境造成负外部性，并且这种负外部性问题具有隐蔽性与长期性；应以自然辩证法为准则处理人与自然关系，通过人类自身发展与技术进步最终实现人与自然的和谐；资本逻辑是导致人与自然之间的物质变换出现断裂、制造人与自然直接矛盾的根源，要真正实现人与自然的和谐相处，就必须变革资本主义制度，实现社会主义和共产主义。此外，马克思主义经典著作中还蕴涵着大量人与自然和谐发展的思想、经济发展的绿色思想，如循环节约、适度人口、绿色消费等，这些为绿色发展理念提供了丰富的理论源泉和科学的方法论。

党的十八大报告明确指出，要把生态文明建设放在突出地位，融入经济建设、政治建设、文化建设、社会建设各方面和全过程，实现中华民族永续发展。中国特色社会主义进入新时代，形成了习近平生态文明思想。② 具体包括六个方

---

① 中共中央宣传部：《习近平总书记系列重要讲话读本》（2016年版），学习出版社、人民出版社2016年版，第134页。

② 2018年5月全国生态环境保护大会确立了"习近平生态文明思想"，作为习近平新时代中国特色社会主义思想的重要组成部分，这是对党的十八大以来习近平总书记围绕生态文明建设提出的一系列新理念、新思想、新战略的高度概括和科学总结，是新时代生态文明建设的根本遵循和行动指南，也是马克思主义关于人与自然关系理论的最新成果。

面的内容:"生态兴则文明兴"的深邃历史观、"人与自然和谐共生"的科学自然观、"绿水青山就是金山银山"的绿色发展观、"良好生态环境是最普惠的民生福祉"的基本民生观、"山水林田湖草是生命共同体"的整体系统观、"实行最严格生态环境保护制度"的严密法治观、"共同建设美丽中国"的全民行动观、"共谋全球生态文明建设之路"的共赢全球观。

中国特色社会主义进入了新时代,我国经济已由高速增长阶段转向高质量发展阶段,正处在转变发展方式、优化经济结构、转换增长动力的攻关期,建设现代化经济体系是跨越关口的迫切要求和我国发展的战略目标。习近平总书记指出,绿色发展是构建高质量现代化经济体系的必然要求,是解决污染问题的根本之策。坚持绿水青山就是金山银山,代表了绿色发展理念的价值取向,深刻揭示了发展与保护的本质关系,指明了实现发展与保护内在统一、相互促进、协调共生的方法论。

坚持绿色发展理念,必须要加快形成节约资源和保护环境的空间格局、产业结构、生产方式、生活方式,给自然生态留下休养生息的时间和空间。绿色发展是建立在生态环境和资源承载力的约束条件下,将环境保护作为实现可持续发展重要支柱的一种新型发展模式和生活方式。其基本要求:一是要将环境资源作为社会经济发展的内在要素;二是要把实现经济、社会和环境的可持续发展作为绿色发展的目标;三是要把经济活动过程和结果的"绿色化""生态化"作为绿色发展的主要内容和途径;四是努力实现经济社会发展和生态环境保护协同共进,为人民群众创造良好的生产生活环境。人类发展活动必须尊重自然、顺应自然、保护自然,否则就会遭到大自然的报复。这是客观规律。人因自然而生,人与自然是一种共生关系,对自然的伤害最终会伤及人类自身。只有尊重自然规律,才能有效防止在开发利用自然上走弯路。

(五) 开放发展理念

经济全球化是世界潮流,对外开放是我国的基本国策,中国将继续深入参与经济全球化进程。面对国内外经济新形势新挑战新任务,进一步加快构建开放型经济新体制,破除体制机制障碍,使对内对外开放相互促进,"引进来"与"走出去"更好地结合,以对外开放的主动赢得经济发展和国际竞争的主动,以开放促改革、促发展、促创新,建设开放型经济强国,仍然是重要任务。

马克思主义经典作家对开放发展和经济全球化有着深刻的论述,《共产党宣言》中写道:"资产阶级,由于开拓了世界市场,使一切国家的生产和消费都成为世界性的了。""过去那种地方的和民族的自给自足和闭关自守状态,被各民族的各方面的互相往来和各方面的互相依赖所代替了。"① 习近平总书记指出:"纵观国际经贸发展史,深刻验证了'相通则共进,相闭则各退'的规律。"② 开放带来发展,封闭导致落后,这一规律已为古今中外的理论和经济发展实践所证明。

开放发展是适应引领经济发展新常态的迫切需要,也是顺应世界发展潮流和深度融入世界经济的必然要求。我国经济发展进入新常态,经济从高速增长转为中高速增长,经济结构不断优化升级,同时经济增长动力逐步从要素驱动、投资驱动向创新驱动转换,经济发展不平衡、不充分和不可持续问题仍然突出。为加快经济发展方式转变和提高经济发展质量效益,要用好当前重要战略机遇期,以进一步的高水平开放来推动经济高质量发展,不断以新思路、新举措发展更高水平、更高层次的开放型经济,既要立足国内,充分发挥我国在制度、资源、市场等方面优势,同时又要更好地利用国际国内两个市场、两种资源,不断以开放促改革、促发展、促创新,从而与世界各国共享发展成果,实现互利共赢。

坚持开放发展,要进一步发展更高层次的开放型经济,更好地顺应和平、发展、合作、共赢的世界潮流,积极引领经济全球化的正确方向和健康发展,维护世界经济的开放性,不断增强全球经济应对挑战和走出困境的信心,从而为世界发展不断注入新动力。必须与国际社会一道,努力构建互利共赢、公平合理的国际经济新秩序,推动经济全球化不断朝着均衡、普惠、共赢的方向发展。同时,我们必须实行更加积极主动的开放战略,推动对外开放不断朝着优化结构、拓展深度、提高效益的方向转变,全面推进双向开放,完善对外开放战略布局,构建互利共赢、多元平衡、安全高效的开放型经济体系。

(六) 共享发展理念

共同富裕是科学社会主义的基本原则,按照马克思、恩格斯的构想,共产主义社会将彻底消除阶级之间、城乡之间、脑力劳动和体力劳动之间的对立和差别,实行各尽所能、按需分配,真正实现社会共享、实现每个人自由而全面的发展。社会主义生产的根本目的是不断满足人民日益增长的美好生活需要。而要实现社会主义生产的根本目的,就要坚持以人民为中心的发展思想,着力改善民生,让人民群众共享发展成果。这体现着改革发展的根本宗旨,也反映着社会主

---

① 马克思、恩格斯:《共产党宣言》,引自《马克思恩格斯文集》第 2 卷,人民出版社 2009 年版,第 35 页。

② 习近平:《共建创新包容的开放型世界经济——在首届中国国际进口博览会开幕式上的主旨演讲》,载于《新华网》,http://www.xinhuanet.com/politics/leaders/2018-11/05/c_1123664692.htm。

义逐步实现共同富裕的本质要求。习近平总书记指出，如果贫困地区长期贫困，面貌长期得不到改变，群众生活长期得不到明显提高，那就没有体现我国社会主义制度的优越性，那也不是社会主义。①

作为五大新发展理念的共享发展，是社会主义本质的体现，其内涵和根本要求主要包括四个方面：全民共享、全面共享、共建共享和渐进共享。要坚持人民主体地位，顺应人民群众对美好生活的向往，不断实现好、维护好、发展好最广大人民根本利益，做到发展为了人民、发展依靠人民、发展成果由人民共享。要通过深化改革、创新驱动，提高经济发展质量和效益，生产出更多更好的物质精神产品，不断满足人民日益增长的物质文化需要。要全面调动人的积极性、主动性、创造性，为各行业各方面的劳动者、企业家、创新人才、各级干部创造发挥作用的舞台和环境。要坚持社会主义基本经济制度和分配制度，调整收入分配格局，完善以税收、社会保障、转移支付等为主要手段的再分配调节机制，维护社会公平正义，解决好收入差距问题，使发展成果更多、更公平地惠及全体人民。

经济发展需要人人参与，其最终目的是提高全体人民的福祉、改善民生。如果经济发展不能回应人民期待，不能让群众得到实际利益，就会失去意义。要通过各种制度安排保障人民群众参与发展过程，分享发展成果，促进社会公平正义。

经济发展是前提，是改善民生的物质基础，改善民生必须建立在稳固的经济基础和现实的国家财力之上。这也意味着保障和改善民生必须从客观条件出发，尽力而为又量力而行。而改善民生也有利于经济的长远发展。在经济发展的基础上持续不断地改善民生，既能有效解除人民大众的后顾之忧，又能增强人们的消费能力、释放人们的消费潜力进而拉动内需，形成新的经济增长点，从而在根本上促进经济发展。

践行共享发展理念，切实改善民生，是一个系统工程。包括实现充分就业，让更多的劳动力参与经济发展过程；提高居民收入，让居民享受发展的成果；实现教育公平；完善社会保障；等等。

二、高质量发展与现代化经济体系

中国特色社会主义进入新时代，我国社会主要矛盾发生了变化，但我国仍处于并将长期处于社会主义初级阶段的基本国情没有变，我国是世界最大发展中国

---

① 中共中央宣传部：《习近平总书记系列重要讲话读本》，学习出版社、人民出版社2016年版，第219页。

家的国际地位没有变。① 经济建设仍然是整个工作的中心，经济建设、政治建设、文化建设、社会建设以及生态文明建设全面推进，工业化、信息化、城镇化、农业现代化深入发展，人口、资源、环境压力日益加大，改革经济体制、转变发展方式、实现高质量发展的要求更加迫切。

党的十九大明确指出，我国经济已由高速增长阶段转向高质量发展阶段，正处在转变发展方式、优化经济结构、转换增长动力的攻关期，为实现建成社会主义现代化强国的目标，必须贯彻新发展理念，实现高质量发展，建设现代化经济体系。建设现代化经济体系是跨越关口的迫切要求和我国发展的战略目标。②

建设现代化经济体系是建成社会主义现代化强国的迫切要求，是适应我国经济已由高速增长阶段转向高质量发展阶段的必然要求，是化解我国社会主要矛盾推进经济建设的客观要求。只有坚持建设现代化经济体系，坚定不移把发展作为党执政兴国的第一要务，坚持解放和发展社会生产力，坚持社会主义市场经济改革方向，才能推动经济持续健康发展，不断提高人民生活水平，建成社会主义现代化强国，实现中华民族伟大复兴的中国梦。只有坚持建设现代化经济体系，实现我国经济高质量发展，才能推动经济建设再上新台阶，推动转变发展方式、优化经济结构、转换增长动力，全面建成小康社会。只有坚持建设现代化经济体系，才能加快统筹推进"五位一体"总体布局和"四个全面"战略布局，更好解决人民日益增长的美好生活需要和不平衡不充分的发展之间的矛盾。

现代化经济体系，是由社会经济活动各个环节、各个层面、各个领域的相互关系和内在联系构成的一个有机整体。我国现代化经济体系由七个主要部分构成，包括创新引领、协同发展的产业体系；统一开放、竞争有序的市场体系；体现效率、促进公平的收入分配体系；彰显优势、协调联动的城乡区域发展体系；资源节约、环境友好的绿色发展体系；多元平衡、安全高效的全面开放体系和充分发挥市场作用、更好发挥政府作用的经济体制。

建设现代化经济体系，必须坚持质量第一、效益优先，以供给侧结构性改革为主线，推动经济发展质量变革、效率变革、动力变革，提高全要素生产率，着力加快建设实体经济、科技创新、现代金融、人力资源协同发展的产业体系，着力构建市场机制有效、微观主体有活力、宏观调控有度的经济体制，不断增强我国经济创新力和竞争力。具体要求包括：深化供给侧结构性改革、加快建设创新型国家、实施乡村振兴战略、实施区域协调发展战略、加快完善社会主义市场经

---

①② 习近平：《决胜全面建成小康社会 夺取新时代中国特色社会主义伟大胜利——在中国共产党第十九次全国代表大会上的报告》，人民出版社2017年版。

济体制和推动形成全面开放新格局。

第四节 经济发展实践与理论探索的主要经验

一、始终坚持以人民为中心

以人民为中心是马克思主义政治经济学的根本立场。践行以人民为中心的发展理念,把实现人民幸福作为发展的目的和归宿,体现了中国共产党全心全意为人民服务的根本宗旨,体现了人民是推动发展的根本力量的唯物史观。以人民为中心范畴的提出反映了中国特色社会主义的时代和实践的本质要求,是经济发展的根本出发点和落脚点。

新中国成立70年,中国共产党坚持把增进人民福祉、促进人的全面发展、朝着共同富裕方向稳步前进,作为经济发展的出发点和落脚点,部署经济工作、制定经济政策、推动经济发展。中国特色社会主义进入新时代,更是将以人民为中心的发展思想贯穿到统筹推进"五位一体"总体布局和协调推进"四个全面"战略布局之中,做到发展为了人民、发展依靠人民、发展成果由人民共享。

新中国成立70年来,中国共产党将马克思主义以人民为中心的发展思想和人的全面发展的原理与中国实践相结合,逐渐形成了关于坚持以人民为中心、发展经济的根本目的是为了满足人民日益增长的美好生活需要的理论,关于促进社会公平正义、逐步实现全体人民共同富裕的理论,关于坚持把增进人民福祉、促进人的全面发展作为经济发展的出发点和落脚点的理论等。以人民为中心,不仅反映中国特色社会主义的本质要求,也反映了时代发展要求,是民心所向,时代潮流。在经济全球化深入发展、世界各国应对新挑战的关键时刻,习近平提出实施"一带一路"建设,构建人类命运共同体,改善全球治理模式,推动世界和平、发展、互利、共赢,这是以人民为中心思想在全球范围的延伸和体现,反映了全世界人民的共同心声。

习近平总书记指出,"人民是创造历史的动力,我们共产党人任何时候都不要忘记这个历史唯物主义最基本的道理。"[①] 只有坚持这一基本原理,才能把握

[①] 中共中央宣传部:《习近平总书记系列重要讲话读本》,学习出版社、人民出版社2016年版,第126页。

历史前进的基本规律，只有按历史规律办事，才能无往而不胜。坚持以人民为中心，就要尊重人民、依靠人民，一切为了人民。

发展是实现以人民为中心的根本途径。经济发展是一个不断变化的过程，从"调动一切积极因素为社会主义事业服务""发展是硬道理""发展是执政兴国第一要务"，到"全面、协调、可持续发展"，再到"创新、协调、绿色、开放、共享发展"，发展理念的每一次变化，都意味着我们党对发展本质的认识和把握的新飞跃。新发展理念，深刻揭示了实现更高质量、更有效率、更加公平、更可持续发展的必由之路，是关系我国发展全局的一次深刻变革。

以人民为中心的发展思想，体现在经济社会发展的各环节。坚持以人民为中心，就是要把增进人民福祉、促进人的全面发展作为整个工作的出发点和落脚点。越是发展到更高层次、更高水平，越要坚持人人参与、人人尽力、人人享有，使发展更具公平性、普惠性。历史证明，不以人民为中心的社会是不可持续的社会。以人民为中心就要把实现好、维护好、发展好最广大人民根本利益作为发展的目的，把人民对美好生活的向往作为奋斗目标。必须坚持改革开放，解放生产，发展生产力。

二、坚持发展是执政兴国的第一要务

社会主义的根本任务是发展生产力。马克思和恩格斯在《共产党宣言》中指出：无产阶级取得政权并把全部资本集中到自己的手里后，就要"尽可能快地增加生产力的总量"。[①] 列宁在俄国十月革命胜利后论述苏维埃政权任务时更明确指出："在任何社会主义革命中，当无产阶级夺取政权的任务解决以后，随着剥夺剥夺者及镇压他们反抗的任务大体上和基本上解决，必然要把创造高于资本主义的社会结构的根本任务提到首要地位，这个根本任务就是：提高劳动生产率"[②]。在我国生产资料的社会主义改造基本完成以后，毛泽东也指出，我们的根本任务已经由解放生产力变为在新的生产关系下面保护和发展生产力。邓小平在设计中国特色社会主义宏伟蓝图时，多次精辟指出："社会主义阶段的最根本任务就是发展生产力。"[③] 特别是在总结我国改革开放的经验基础上，进一步把"解放生产力，发展生产力"提到社会主义本质的高度。江泽民指出：我们党要承担起推动中国社会发展的历史使命，必须始终紧紧抓住发展这个执政兴国的第

---

① 《马克思恩格斯文集》第2卷，人民出版社2009年版，第52页。
② 《列宁全集》第34卷，人民出版社1985年版，第168页。
③ 《邓小平文选》第3卷，人民出版社1993年版，第63页。

一要务"①。胡锦涛指出:"要实现全面建设小康社会的奋斗目标,必须牢固树立和全面落实科学发展观,切实抓好发展这个党执政兴国的第一要务。"② 习近平强调:"中国仍然是世界上最大的发展中国家……发展依然是当代中国的第一要务,中国执政者的首要使命就是集中力量提高人民生活水平,逐步实现共同富裕。"③

党的十九大确立了从全面建成小康社会到基本实现现代化,再到全面建成社会主义现代化强国的宏伟目标,要实现这样的宏伟目标,必须坚定不移把发展作为党执政兴国的第一要务,坚持解放和发展社会生产力,推动经济持续健康发展。为实现"两个一百年"奋斗目标,建成社会主义现代化强国,实现中华民族伟大复兴的中国梦,不断创造美好生活、逐步实现全体人民共同富裕,必须坚定不移把发展作为党执政兴国的第一要务,坚定不移地贯彻发展新理念。

三、注重处理经济发展中的重大关系

国民经济发展中的重大关系,始终是中国共产党领导集体所着重研究和解决的重大理论与实践问题。毛泽东在调查研究的基础上,对我国社会主义建设中带有全局性的十个问题,即十大关系进行了系统阐述,发表了著名的《论十大关系》;邓小平提出了经济发展速度和效益兼顾的理论、共同富裕与消除两极分化的理论、物质文明和精神文明"两手都要抓,两手都要硬"的经济社会协调发展理论;江泽民提出了要正确处理社会主义现代化建设中的十二个重大关系;胡锦涛提出要统筹城乡发展、统筹区域发展、统筹经济社会发展、统筹人与自然和谐发展、统筹国内发展和对外开放。

以习近平为核心的党中央提出了"创新、协调、绿色、开放、共享"五大发展理念,反映了我国把握经济发展规律的不断深入。五大发展理念之间相互贯通、相互促进,是具有内在联系的集合体,体现了生产力、生产关系和上层建筑的辩证统一关系。以五大发展理念引领经济发展,必将推动中国特色社会主义向更高境界、更深层次发展迈进,为中华民族开启更为广阔、更加光明、更加灿烂的前景。

---

① 2002年5月31日,江泽民在中央党校省部级干部进修班毕业典礼上的讲话(5·31讲话),http://www.cctv.com/special/777/1/51955.html。

② 胡锦涛:《全面落实科学发展观和科教兴国战略 充分发挥科学技术第一生产力的作用》,载于《人民日报》2004年12月25日,第1版。

③ 中共中央文献研究室编:《十八大以来重要文献选编》(中),中央文献出版社2016年版,第684页。

第十二章

政府经济职能与宏观调控探索

新中国成立70年,经过不断实践和理论摸索,我国建立起了适合国情的宏观调控体系,在政府经济职能的转变和宏观调控方面积累了宝贵经验,这些经验是新时代建设社会主义现代化国家、实现民族复兴的宝贵财富。

第一节 改革开放前的宏观经济理论与实践

一、改革开放前的宏观管理实践

（一）改革开放前宏观管理的两个阶段

改革开放以前,中国的宏观经济管理实践可以分为两个阶段:1949～1956年的过渡时期与1956年以后的社会主义建设时期。在第一个时期,伴随着军事斗争的胜利和政权的建立,全国建立起新民主主义的经济制度,并经过国民经济恢复和生产资料的社会主义改造,实现了新民主主义社会向社会主义社会的转变。在这个阶段,所有制关系中包括国营经济、集体经济、民族资本主义经济和个体经济等不同性质的经济成分同时存在;在经济运行中计划经济体制逐步建立、商品经济和自然经济并存。因此,在这个阶段政府对宏观经济管理的特点是直接调控与间接调控、行政手段与经济手段并用。

而在第二个阶段,随着计划经济体制建立,宏观经济管理的方式逐渐转变为计划和行政手段为主。

（二）过渡时期的宏观经济管理实践

新中国成立之初，国民经济满目疮痍，政府的宏观经济管理目标主要在于稳定经济形势、恢复发展生产。而在这个过程中首当其冲的是治理当时存在的恶性通货膨胀。长期战乱和旧中国滥发纸币的政策，遗留了严峻的经济形势和混乱的货币流通环境。由于全国性政权刚刚建立，还没有形成统一的财政收支体系，而此时战争仍在继续，政府也需要负担越来越多的公共财政支出，因此财政赤字陡然增加；再加上私人资本的投机行为，使得新生的政权面临通货膨胀的巨大压力。

在这样的情况下，政府所采取的主要的宏观经济管理政策就是"稳定物价、统一财经"。一方面利用经济、行政和法律手段，平抑物价、规范市场活动、打击不法的投机行为。另一方面在此过程中初步建立起宏观经济管理体系的雏形：第一，统一财政收支，将绝大部分财政税收权力收归中央，解决财政收支不平衡的问题；第二，初步建立金融管理体系，指定中国人民银行为国家现金的总调度机关，管理外汇、吸收存款、回笼货币；第三，利用国营贸易公司建立起全国统一的物资调度和商业流通体系，以保证市场的物资供应；第四，建立起国营工业的管理体制，中央和地方按照国营工业的重要性进行分级管理，引导生产的恢复。

在上述政策下，国民经济逐步恢复了稳定。以此为基础，政府利用已经初步建立的宏观经济管理体系，促进国民经济恢复和发展，利用行政和法律手段，规范私营工商业和个体经济的经营行为，确保经济运行秩序和经济政策的贯彻。同时，配合使用包括税收、信贷和价格在内的经济手段引导生产恢复和结构调整。在税收方面，主要通过降低税率，优化税收征收来降低私营经济和个体经济的税收负担，帮助其恢复和发展生产；同时贯彻《中国人民政治协商会议共同纲领》中的优先发展国营经济、积极扶持合作经济的宗旨，在税率上适当向国营经济和合作经济倾斜；并且为了更好地恢复国民经济，采取适度的扶持工业的原则，在税率上对工业采取相对于商业更低的税率。在信贷方面，降低存贷款利率，不仅起到改善工商业投资和经营状况的作用，也抑制了私营金融业的作用，提高了国家对金融体系的控制力，向需要扶持的私营工商业优先投放贷款。在价格政策方面，依靠强大的国营贸易体系实现对价格的有效控制，既稳定城市主要商品物价，保证城市正常生产生活，又有意识调控工农业产品比价，防止农产品价格过低损害农民利益。同时在国营贸易体系中，让国营商业更多集中于批发，并适当扩大批发与零售之间的价格差，使得私营和个体商业能够稳定盈利。

到1952年，国民经济基本恢复。1953年我国开始实行的一个五年计划并开始生产资料的社会主义改造。这一时期，计划经济体制的逐步建立，政府对于宏观经济的管理和调控也开始以指令性计划和行政手段为主。

由于中央的集中领导，在这一阶段的生产资料社会主义改造任务比较好地完成，有学习别国的经验，更有自己的创造。社会主义制度的确立，为以后的一切工作奠定了坚实的制度基础。

在1953～1957年第一个五年计划期间，由于我们经验不足，向苏联学习的同时加上我们自己的探索。在"一五"期间，在中央和地方的关系上，一方面延续了国民经济恢复时期的思路，在国民经济计划、基本建设投资、财政、金融和贸易等方面对权力进行了适当的调整和下放；另一方面中央集中统一日益加强。从国民经济产业结构来看，则以重工业为发展的重点。从积累的速度上来看，整体而言"一五"计划的制定是留有余地的，因此经济增长速度是比较符合经济的实际情况的。

（三）社会主义经济建设时期的宏观经济管理实践

"一五"计划取得了巨大成就，一方面为社会主义建设奠定了物质基础；另一方面也使急于求成的情绪滋长起来。其后发生的"大跃进"等，使积累速度过高导致扩大再生产比例失调，农轻重比例的协调关系也被打破，片面追求增长速度使经济效益下降。这些问题最终与其他原因一起造成了1959～1961年的三年困难时期。

面对"大跃进"的失误所造成的国民经济的严重困难，中央提出了"调整、巩固、充实、提高"的方针，在1961～1965年的国民经济调整时期，压缩基本建设支出、降低工业生产的计划指标，降低积累的速度。积极支持农业恢复和发展生产，调整农业核算单位，减轻农民负担、提高农产品价格，同时压缩城镇职工比例，调整农轻重产业的比例关系。再次将经济管理的权限上收，将一部分工业企业管理权限收归中央，在经济计划的制定上实行"全国一盘棋"，并加强了基本建设、财政和信贷的中央统一管理。在中央地方的共同努力下，到1965年国民经济调整的任务完成，国民经济有了新的发展。

国民经济调整时期的这种方针也体现在1966～1970年实行的第三个五年计划当中。在"三五"制定初期党中央的共同认识是在这个五年计划时期抓好"吃穿用"，实现农轻重的综合平衡。但是随着国际形势的日益严峻，这一方针被"备战、备荒、为人民"的方针所取代，从而国防工业的建设和"三线"建设成为这个时期建设的重点,在1969年中苏边境冲突后,这种向国防工业倾斜的情况得到了进一步的强化。"三五"的制定本身比较切合实际,保留了较大的余地,并在1966年前三个季度取得了较好的效果。但是接下来国民经济遭受到"文化大革命"的剧烈冲击,经济发展受到严重挫折。

整体来看,1956~1978年这一时期的宏观经济管理最明显的特征是强烈的波动性,这种波动性既体现在中央地方关系、积累速度和计划指标设定以及产业结构的反复调整上,也反映在国民经济发展速度的剧烈变化上。除此之外,另一个宏观经济管理的重要特征是计划经济体制在实施过程中的不完备性:"一五"计划是边编制边实施的,"二五"和"三五"计划都没有得到严格的执行,"四五"计划甚至没有形成正式的计划文件。这两个特点反映了在这一时期宏观经济管理经验的缺乏,处在不断探索的过程。

二、改革开放前关于宏观经济管理的理论探讨

(一) 以毛泽东为代表的中国共产党人对国民经济宏观管理的探索

改革开放前宏观经济管理的实践探索提供了大量的经验和教训,在总结这些经验和教训的基础上,以毛泽东为代表的中国共产党人对国民经济宏观管理进行了大量的理论探索,提出了许多有关宏观经济管理的重要思想。

毛泽东在1956年为中央政治局扩大会议上作的《论十大关系》的报告是其中代表性的成果。[①] 毛泽东集中了全党集体智慧,在文章中总结了以往革命斗争和社会主义建设中的经验,并对苏联的经验和问题进行了系统性的反思,堪称是"中国特色社会主义政治经济学的奠基之作"。《论十大关系》涉及社会主义建设的方方面面,其中多个关系中涉及宏观经济管理中的重大方针问题。首先是关于国民经济的重大比例关系的。文章中的第一个关系就是重工业、轻工业和农业之间的关系,提出即使国民经济的主要目标是发展重工业,也需要注意轻工业和农业之间的比例关系,只有农业和轻工业基础牢固,才能够为积累提供更多的资金,更好地满足人民生活,重工业的发展也才有更大的空间。除此之外,文章也以同样的方式论证了经济建设与国防建设之间的关系,提出只有通过降低军费发展经济才能够使未来在更高水平上进行国防建设。《论十大关系》中关于宏观经

---

① 毛泽东:《论十大关系》,引自中共中央文献研究室编:《毛泽东文集》第7卷,人民出版社1999年版,第23~49页。

济管理的另一个重要内容是有关宏观经济管理体制本身的，主要体现在国家、生产单位和生产者个人的关系以及中央和地方两个关系上。毛泽东同志认为应当重视劳动者的经济利益，让企业拥有更大自主权，调动基层生产单位和生产者的积极性；并注意经济管理工作过程中中央和地方的关系，既要有全国统一的计划和统一的纪律，又要考虑到地方自身的情况和意见，给地方一些自主性，让地方能够因地制宜地制定政策进行经济管理工作。这些原则尽管在改革开放前没有被完全贯彻，但是其中的宝贵思想对于我国宏观经济管理的体制和方针的影响非常深远。

在此期间，党的其他领导人也提出了许多有见地的观点。如陈云同志提出了计划指标必须切合实际，建设规模必须同国力相适应，人民生活和国家建设必须兼顾，制定计划必须做好物资、财政、信贷平衡等观点；邓小平同志提出了关于整顿工业企业，改善和加强企业管理，实行职工代表大会制等观点。所有这些，在当时和以后都有重大的意义。党中央在调整国民经济过程中陆续制定了多方面的工作条例，比较系统地总结了社会主义建设的经验，分别规定了适合当时情况的各项具体政策，至今对我们仍然有重要的借鉴作用。[①]

（二）理论界对国民经济宏观管理的探索

改革开放之前，理论界围绕宏观经济管理也进行了多方面的理论探讨。

首先是对于国民经济中重大比例关系的讨论。针对"大跃进"中宏观经济管理工作所出现的重大失误，许多学者都探讨了国民经济发展中速度和比例的关系问题，提出高速度必须以保持比例为前提（刘国光，1962），以及如何通过计划过程中"留有余地"防止国民经济中的缺口和由此带来的比例失调（李成瑞，1964）。还有一些学者从社会主义再生产理论出发，针对20世纪60年代国民经济重大比例中所存在的一些问题，在两大部类关系问题的讨论中提出，尽管第一部类在再生产中起着主导作用，但是第二部类对于扩大再生产的制约作用也是不能忽视的。更有一些学者认为消费资料部类并不是消极被动地起着"制约作用"，消费资料部类和生产资料部类在扩大再生产过程中既有制约作用也对国民经济有着促进作用。

其次是关于财政、信贷和物资综合平衡的思想。其基本内容是以财政为核心的一套宏观管理体系。在计划经济条件下，企业投资主要依靠财政拨款和银行贷款两个渠道，前者是主要的部分，用于企业的固定资本投资和其他的固定

---

① 《关于建国以来党的若干历史问题的决议》，人民出版社1981年版。

投资，而后者则是对前者的补充，用于企业季节性和临时性的资金需求。与上述的投资体制相适应的是一套维持国民经济投资与储蓄平衡的财政金融体系。在计划经济体系下，财政体系本身是经济中剩余和储蓄的主要占有者，因此要维持投资与储蓄的平衡，首先就需要财政收支能够平衡；同时金融体系也需要使其贷款与计划相适应，顺利完成货币的增发和回笼。在此基础上，财政信贷二者之间需要实现综合平衡，因为金融系统以存款为基础按计划发放贷款可能存在缺口，这个缺口可以通过两种方式解决：如果是由于财政性贷款产生的，可以通过财政系统增拨资金解决，也就意味着国民经济中的储蓄由财政系统转移到金融系统实现投资；而如果是由于经济性贷款产生的，这意味着生产规模的扩大，则可以通过金融系统创造更多货币来解决。更进一步，在实现财政信贷综合平衡的基础上，财政和信贷资金的支出必须与实际物资结构相适应，保持国民经济中各部门的比例结构，为实际的扩大再生产服务。财政、信贷和物资综合平衡的思想尽管是计划经济时期的产物，也主要是为了解决计划经济时期所产生的问题，但是其中包含着关于宏观经济管理的重要思想，包括如何在理论上理解投资和储蓄的关系、财政与扩大再生产的关系、财政与金融之间的关系以及金融部门与实体经济之间关系，等等，在关于宏观调控理论的探索上具有重要意义。

　　除了财政、信贷和物资综合平衡的思想以外，针对宏观经济管理中至关重要的财政和金融问题，改革开放前的理论界也有过大量有益的探讨。在财政理论的讨论中比较著名的是关于财政本质的学说，不仅有从苏联引进的"货币资财论""货币关系论"，也有中国学者提出的"价值分配论""国家资金运动论""剩余产品价值决定论"和"国家分配论"等，最终在经过长期的理论争论后，"国家分配论"一定程度上综合了其他学说的观点，形成了改革开放前具有中国特色且占有主流地位的财政本质理论。在金融理论方面，有学者在马克思主义政治经济学的货币理论基础上讨论了中国货币发行的基本规则问题，利用商品零售额、农副产品采购额、劳务供应、储蓄额变动和居民纳税五个部分估算总的货币需求量，再利用历史数据估计货币流通速度，讨论了中国货币发行的基本规则（林继肯，1963）。也有学者提出应当利用信贷资金配置来引导资源配置的思想，提出通过计划安排信贷在时间和空间上的分布，使得信贷成为引导经济的一个能动因素（黄达，1962）。这些有益探索都在理论和实践上对后来宏观经济管理产生了重要的影响。

第二节 改革开放新时期政府职能与宏观调控的探索

一、社会主义市场经济的建立与政府经济职能的转变

(一) 关于计划与市场关系的探索和社会主义市场经济的确立

1978年党的十一届三中全会开启了改革开放新时期。传统的计划经济逐渐向社会主义市场经济过渡，在这个过程中政府的经济职能和与之相适应的宏观经济管理体制也发生了重大的变化。因此，社会主义市场经济的建立和完善过程，就构成了我们理解这一时期政府宏观经济管理的发展和变化的逻辑和历史起点。

社会主义能不能发展商品经济，能不能利用市场，政府如何在计划和市场之间发挥作用，这是改革开放后我国国民经济管理面临的重大课题。对于计划和市场如何进行结合，学术界形成了若干种观点，其中比较主要的是"板块结合论""渗透结合论""胶体结合论""二次调节论""二层次调节论"和"综合体系论"，等等（赵晓雷，2001）。其中前三种观点提出得较早，而后几种观点则是随着经济形势的变化和党中央认识的突破进一步发展起来的。"板块结合论"的主要观点在于社会主义经济体制中计划和市场是并列的，负责调控不同产品的价格，对于一些重要的产品由计划调节生产和价格，其他产品则由市场进行调节，因此计划和市场存在着"分工"，对应着不同的"板块"，二者是"拼接"在一起的。与"板块结合论"不同，"渗透结合论"则认为计划和市场并不是能够截然分开的，计划调节受到市场调节因素的影响，而市场调节的过程中也有计划因素的存在，因此二者实际上是互相"渗透"的，是"你中有我、我中有你"的。比"渗透结合论"更进一步的是"胶体结合论"，认为计划和市场是紧密结合的，整个经济运行机制是二者的一个"胶合体"。

随着改革的推进和对经济规律认识的逐步深化，在这三种观点以外，一些新的观点产生出来："二次调节论"将计划调节和市场调节从时间顺序上分开，认为市场调节是"一次调节"，计划调节是"二次调节"，如果市场能够达成政府所预定的经济目标，则政府就不需要进行进一步的计划调节，反之则需要利用计划来实现政府所设定的目标。与"二次调节论"在顺序上将两种调节方式区分开不同，"二层次调节论"则认为计划和市场分属于不同的调节层次，计划对应宏

观调节而市场对应微观调节。而"综合体系论"则认为计划和市场是一种双重"覆盖式"重合,首先,国家是调控的主体,而计划是主体的行为,市场则是调控的对象,计划控制着市场;其次,二者在"覆盖式"重合的基础上,国家通过计划对市场形成控制,那么计划和市场本身都发生了变化,不再是纯粹的计划或者市场。

(二) 社会主义市场经济的确立

中国共产党对社会主义与市场经济之间关系问题的认识经历了几个重要的历史阶段,在改革开放之初的1981年,在党的十一届六中全会通过的《关于建国以来党的若干历史问题的决议》提出必须在公有制的基础上实行计划经济,同时发挥市场调节的辅助作用;在1982年党的十二大报告中进一步被表述为贯彻计划经济为主、市场调节为辅的原则。

1984年党的十二届三中全会通过的《中共中央关于经济体制改革的决定》(以下简称《决定》)在对社会主义商品经济问题的认识上以及计划与市场的关系的认识上形成了历史性的突破。《决定》提出不应该将商品经济和计划经济对立起来,不仅承认社会主义中存在商品经济,而且认为商品经济是经济发展不可逾越的阶段,是与中国的发展阶段相适应的。商品经济不是社会主义经济体制的一种补充,而是实现经济现代化的"必要条件"。运用计划和价值规律调节生产在社会主义条件下是统一的。提出了我国实行的是"有计划的商品经济"。《决定》将当时的计划体制概括为:"第一,就总体说,我国实行的是计划经济,即有计划的商品经济,而不是那种完全由市场调节的市场经济;第二,完全由市场调节的生产和交换,主要是部分农副产品、日用小商品和服务修理行业的劳务活动,它们在国民经济中起辅助的但不可缺少的作用;第三,实行计划经济不等于指令性计划为主,指令性计划和指导性计划都是计划经济的具体形式;第四,指导性计划主要依靠运用经济杠杆的作用来实现,指令性计划则是必须执行的,但也必须运用价值规律。"①

1987年党的十三大报告不仅肯定了上述《决定》中的提法和认识,而且进一步提出有计划的商品经济体制应当是"计划与市场内在统一的","计划和市场的作用范围都是覆盖全社会的新的经济运行机制,总体来上来说,应当是国家调节市场,市场引导企业的机制。国家运用经济手段、法律手段和必要的行政手段,调节市场供求关系,创造适宜的经济和社会环境,以此引导企业正确的经营

---

① 《中共中央关于经济体制改革的决定》,人民出版社1984年版。

决策"。党的十三大报告不仅进一步提高了市场在经济体制中的地位，而且进一步理顺了国家调节与市场调节之间的关系，"国家调节市场，市场引导企业"成为理解政府和市场关系的一个关键性的理论命题，并且对于国家的调控对象和调控手段以及手段之间的差异都有了新的认识。

应该说，在这一时期的理论探索过程中，市场在社会主义经济体制中的作用是逐渐扩大的，与之相适应的对于政府的计划和调控的认识也相应发生了变化，这些认识为进一步的理论突破提供了基础。

1992年，党中央对市场经济的认识有了进一步的突破，在党的十四大报告中明确提出市场经济和计划经济不是社会基本制度的范畴，而是经济运行方式和资源配置方式。并由此提出我国经济改革的目标是建设社会主义市场经济体制。社会主义市场经济理论是对马克思主义经济学的重大理论创新，极大地解决了社会主义经济建设中的理论和实践的困惑，明确了经济体制改革的方向，是改革开放过程中的重大历史性突破。

在党的十四大报告确定的改革目标的基础上，对于社会主义市场经济体制的认识在不断深化和完善。1993年，党的十四届三中全会通过了《中共中央关于建立社会主义市场经济体制若干问题的决定》（以下简称《决定》），这一《决定》为社会主义市场经济体系的建设提供了更为完整的框架。《决定》提出不仅要进一步完善全国统一的开放的商品市场体系，同时也要发展和完善生产要素市场体系。与此相对应，《决定》也提出要建立"健全的宏观调控体系"，"建立计划、金融、财政之间相互配合和制约的机制，加强对经济运行的综合协调。计划提出国民经济和社会发展的目标、任务，以及需要配套实施的经济政策；中央银行以稳定币值为首要目标，调节货币供应总量，并保持国际收支平衡；财政运用预算和税收手段，着重调节经济结构和社会分配。运用货币政策与财政政策，调节社会总需求与总供给的基本平衡，并与产业政策相配合，促进国民经济和社会的协调发展。"[①] 此外，还提出了财税体制、金融体制、投资体制和计划体制的具体改革方向。到21世纪初，我国社会主义市场经济体制初步建立，在此背景下，党的十六届三中全会通过了《中共中央关于完善社会主义市场经济体制若干问题的决定》。提出要继续完善市场体系，同时"进一步健全国家计划和财政政策、货币政策等相互配合的宏观调控体系"，[②] 并加快转变政府的经济管理职能。

---

① 《中共中央关于经济体制改革的决定》，人民出版社1984年版。
② 《中共中央关于完善社会主义市场经济体制若干问题的决定》，人民出版社2003年版。

二、政府经济职能与宏观经济管理理论的发展

（一）关于政府经济职能和宏观调控理论的探索

对社会主义市场经济认识的深化过程，同时也是重新界定政府经济职能以及重新理解政府宏观经济管理、构建宏观调控理论的过程。可以从以下几个方面来总结政府经济职能和宏观调控理论的进展。

一是市场经济范围的扩展。从1978年到21世纪，在党的历次重要的决议以及学术界的讨论中，对市场经济在社会主义中的地位和作用的认识经历了从无到有、从小到大的过程。从1982年党的十二大报告中的计划为主、市场为辅逐渐演变为1992年党的十四大报告中的市场在资源配置中起基础性作用。这一变化同时也意味着政府的经济职能从对经济进行"全能式"管理转向培育市场体系，维持市场秩序，维护市场环境，并利用市场经济以宏观调控的形式对资源配置进行调整。

二是市场与政府之间的关系变化。在这一时期内，对市场和政府的关系从简单排斥市场经济到市场与计划的"板块结合"，再到市场与计划的"相互渗透"，"国家调节市场，市场引导企业"，认识不断深化，直到形成"市场在社会主义国家宏观调控下对资源配置起基础性作用"，既认识到市场经济调节资源配置的优势，也认识到其局限性，既认识到传统计划经济模式下政府直接进行资源配置的弊端，也认识到市场经济条件下政府在塑造市场、引导市场方面的作用，二者之间是互为前提、互相补充、有机统一的。

三是政府调控手段从直接转变为间接。在市场经济建立的过程中，政府调控资源配置的方式逐渐从直接通过指令性计划和行政手段转变为通过经济手段调整市场主体的行为，以及通过法律手段规范市场运行环境。这一过程既是社会主义市场经济建立的必要条件，也是市场和政府对经济调节的有机结合的基础。政府对经济的直接调节本质上是对市场调节的一种替代，只有政府利用市场经济，引导市场经济才能够真正发挥市场作用，同时也能够真正高效地实现政府的调控目标。

四是政府调控对象从微观转变为宏观。调控对象从微观转向宏观意味着政府不再以直接干预微观主体尤其是企业的行为来实现其调控目标。这是市场经济的题中之义，让企业和其他微观主体在经济活动中能够根据自身情况独立决策、自主经营是市场经济实现资源优化配置的前提条件。而这一转变同时也与调控手段

的转变存在着紧密的联系，只有调控对象转变为经济的总量指标而不是一些具体化的市场主体，政府才有动力、有必要也有可能采取以间接调控为主的手段。

上述政府经济职能与宏观调控理论的探索，是对传统计划经济条件下资源配置方式和相应理论在各种维度上的突破。需要指出的是，这种突破尽管是以市场化改革为导向的，却绝不是对西方理论的照搬照抄，也不是对已有的社会主义宏观经济管理经验的全盘否定，而是在继承、借鉴基础上对社会主义经济理论的创新。

首先，在社会主义市场经济理论框架下的政府和市场关系是有机统一的，既不是传统计划经济条件下对市场的完全排斥；也不是对于市场的盲目崇拜和对政府的一味否定。

其次，政府的调控手段是多样化的。宏观调控以经济手段为主，但是也并不完全排斥计划手段和行政手段；计划手段在市场经济条件下以指导性计划为主，能够对国民经济的发展进行规划和引导，保证国家经济战略的实施和国家的长期利益实现，对于国民经济的可持续发展具有重要作用；对于行政手段，尽管市场经济条件下行政手段的使用应当更为谨慎，但是这一手段仍然有非常重要的应用场景，在国民经济无法在保证市场正常运行的特殊条件下，以及其他调控手段不能完全解决市场中所存在的问题时，或是可以通过其他手段解决但是成本更高时，就需要政府使用行政手段，利用其直接、快速的优势解决问题，这种手段的多样性和灵活性是区别于西方机械的宏观调控理论的。不仅如此，在宏观调控的经济手段内部，我国可以采取的政策类型也是更加多样的。除了传统的财政政策和货币政策外，我国的调控手段还包括收入分配政策和产业政策等。前者不仅可以直接调整国民收入在不同人群之间的分布，一方面可以在发展经济的同时顾及社会公平；另一方面也可以通过改变不同收入的比例和分布，间接地改变总需求和需求结构，也能够达到改善宏观经济运行的目的。后者则可以通过调整产业结构、空间布局、产业内组织结构和技术研发方向，在总量调控之外实现经济的结构优化和效率提升。

再次，政府的调控对象的差异化。在社会主义市场经济条件下，我国宏观调控的对象是较为多元的，政府在需要通过政策引导的市场主体包括国有企业、集体企业、私营企业、外资企业乃至个体企业。这些企业所对应的生产方式、生产关系和分配关系有所不同，行为逻辑也有所不同，因此在宏观调控的过程中，就必须考虑到这种差异性。而且在企业之外，宏观调控的对象甚至还包括地方政府，在中国特殊的经济体制下，地方政府不仅仅是作为一级政府起着调控经济的作用，同时也不同程度地参与到经济活动和市场竞争当中，这就带来了比不同性质的企业更大的复杂性，宏观调控也就需要针对这些主体以及它们之间的关系进行分层次、差异化的调控。

最后，政府的调控目标更加多元化。尽管在我国这一时期通常将宏观调控的目标表述为促进经济增长、增加就业、稳定物价和保持国际收支平衡，看上去与西方国家的宏观调控目标并没有什么不同，实际上，在社会主义市场经济体制下，中国的宏观经济目标是更加多元化的。这方面体现在上述四个目标之内，例如，促进经济增长并不仅仅是 GDP 增长速度这个总量指标，同时增长方式本身以及增长过程中结构是否合理也是调控过程中需要重点考虑的内容；再如稳定物价，这不仅仅是出于稳定通货膨胀，从而让价格机制能够更好地发挥作用的目的，同时也是出于民生的原因，中国的宏观调控历来重视与民生息息相关的产品的价格波动，防止价格波动过于剧烈影响人民群众的生产生活。另外，目标多元化也体现在这四个目标之外，例如，中国作为一个从计划经济向市场经济过渡的转型国家，需要国家利用自身经济职能培育市场，从宏观上需要构建完整的市场体系，从微观上需要引导市场主体的行为。

（二）财政理论的发展与公共财政理论体系的构建

作为宏观调控的重要组成部分，在改革开放新时期，学界对于财政理论的认识也经历了逐步深化的过程。财政理论的发展可以分为 1992 年之前和之后两个阶段，在 1992 年之前，财政理论的发展主要体现为马克思主义经济学框架下的财政理论的进一步发展，而 1992 年之后的标志性特征是西方财政学的引入和公共财政理论的建立。

改革开放之后，财政理论的研究迎来了繁荣。一方面，财政学的许多具体领域被深入的讨论，形成了一些财政学的分支学科，如税收经济学、公债经济学，等等，使得财政理论在具体问题上的解释力得以加强，也使得财政工作的开展更加条理化。另一方面，一些新的财政学学说或体系则对长期占据统治地位的"国家分配论"形成了挑战，这些学说包括"社会共同需要论""再生产决定论""剩余产品决定论"，这些学说与"国家分配论"的争论使得包括财政本质论、财政职能论等理论得到进一步深化。并且，值得指出的是，这一时期的财政理论争论，与改革开放前不同的是包括"国家分配论""社会共同需要论"在内的学说都受到西方财政学的一定影响，开始体现了财政理论对西方财政学的借鉴。在 20 世纪 80 年代末，争论再次以"国家分配论"综合了其他各个流派的学说形成新的综合而告终。

1992 年之后，随着社会主义市场经济的逐步建立，财政理论需要面对更多的新情况新问题，与此同时对于西方经济理论的引进也开始进入一个高潮。这一时期开始有许多有影响力的学者开始系统性地介绍、翻译和编著西方财政理论的教材和专著。而随着对西方财政理论评介和研究的深入，也开始有一些学者试图系统性将传统财政理论与西方财政理论加以综合。

而随着社会主义市场经济的逐步建立，"公共财政"的概念开始受到人们的重视，并成为主导中国财政领域的主要思想，在党的十六大报告中提出"按照公共财政的要求，积极推进财政管理体制改革，完善预算管理制度，严格实行'收支两条线'，健全部门预算、国库集中收付和政府采购等制度。"① 党的十七大报告进一步提出"围绕推进基本公共服务均等化和主体功能区建设，完善公共财政体系。"②

对于公共财政与传统财政的区别，学界曾经有多种不同的观点。一些简单直接的观点将公共财政理论等同于西方财政理论，或者类似地，将公共财政理论视为"新"财政理论，与"旧"的或者"传统"财政理论相对。但这些观点显然是难以成立的，不仅割断了财政理论的演进过程，也难以概括公共财政理论在中国所具有的特殊特征。财政作为以国家为主体的分配关系，也是最能够体现国家经济制度特殊性的领域之一，与之相适应，解释一国财政体系具体运行规律的财政理论也自然在体现财政活动一般规律的同时也更多地会突出这种特殊性。而中国的公共财政体系的构建，是在中国特色社会主义市场经济体制下的改革实践，也不可能是"西方财政理论"能够完全概括和解释的。另一些对于公共财政与传统的区别则主要从财政支出的方向上进行，例如，财政是否从事营利性活动或者基本建设支出，抑或是否侧重于公共服务领域。这些观点是具有建设性的，不过这些观点在抓住了公共财政体系支出结构特征的同时，也存在如何解释新体系的"公共性"与旧体系"非公共性"的差别。实际上，根据高培勇（2009）的观点，这种公共性实际上体现了传统计划经济和市场经济的根本差别，在计划经济体系下，企业投资、经营和收益的过程均内在于整个国有经济领域内，财政是串联这一切的主体。这种政企不分的体系下，财政是支撑国有经济自身运转的主要框架。因此市场化改革后，一方面公有制内部政企分开，另一方面多种所有制共同发展，财政成为维护和调控各种经济成分共同运行的市场经济体系的手段时，其公共性就体现出来了。

---

① 江泽民：《全面建设小康社会 开创中国特色社会主义事业新局面——在中国共产党第十六次全国代表大会上的报告》，人民出版社2002年版。

② 胡锦涛：《高举中国特色社会主义伟大旗帜 为夺取全面建设小康社会新胜利而奋斗——在中国共产党第十七次全国代表大会上的报告》，人民出版社2007年版。

实际上，一言以蔽之，公共性体现了社会主义市场经济条件下财政体系整体定位的转变。因此，公共财政理论随着社会主义市场经济的逐渐建立而日渐完善，含义逐渐丰富，其主要特征体现在三个方面：一是财政运行逻辑的变化，财政不再成为经营活动的主体，也就不再以盈利为目的。二是财政支出方向的变化，也即以满足社会共同需要为主，这既体现在其支出结构向公共服务领域支出的转变，也体现在提供的公共品在城乡、地区和所有制之间的均等化。显然，财政运行逻辑的变化是支出方向变化的前提。三是财政运行过程的变化，财政的公共性决定了财政运行过程的法制化和财政决策的民主化。

（三）货币金融理论的发展与创新

改革开放以后的金融理论的进展包括纯理论讨论和金融政策与改革两个部分。针对纯理论的讨论，在马克思主义经济学框架下主要集中在货币本质、货币流通规律方面的讨论上，尤其是在布雷顿森林体系解体之后国际货币失去"价值锚"，这引发了对于马克思货币理论的许多探讨。而这些关于货币本质与流通规律的探讨虽然增加了我们对于货币本身认识的深刻程度，但并没有形成相应的共识，而且令人遗憾的是，随着时间的流逝，这些讨论逐渐退潮了。

这一时期真正繁荣且对政策产生巨大影响的是关于金融和改革的讨论。在改革开放早期，理论界开始提出改革开放前金融体系从属于财政体系所带来的问题，尤其财政拨款代替银行融资的诸多问题，强调银行融资作为有偿融资在改善经济效率方面的作用，建议增加银行融资在国有企业资金来源中的比重。而随着"拨改贷"成为现实的政策，讨论开始集中在银行体系的重构之上，理论界的讨论普遍指向了中央银行的建立，将中央银行和专业银行分开，从而能够区分出金融体系的运行者和管理者之间的差别。这一讨论在1983年中国人民银行成为中央银行之后仍然在继续，此时理论界讨论的内容重点在于中央银行在政府机关中的定位、中央银行的独立性以及如何理顺中央银行和商业银行的关系。对于前两个问题，随着实践的积累，学界逐渐形成了结合中国实际的央行独立性的认识，与以往以财政为中心的财经体制不同，中央银行应当独立于财政部门和其他经济管理部门，也应当独立于地方政府，但中央银行仍然是政府体系内的一员，不能将其剥离出去。对于后一个问题，随着中央银行"发行的银行、银行的银行、政府的银行"职能定位的详细阐述而被确定下来。

在中央银行与专业银行分离的同时，关于专业银行的研究也逐渐展开，其中最为核心的是专业银行的企业化问题，也即讨论专业银行是否应该实现独立经营以及应该采取何种改革路径以使其能够实现独立经营。与其相伴而生的是专业银行职能的复杂性问题,也即专业银行并不仅仅是单纯的企业,也承担了大量不以营利为目的的政策活动。最终专业银行逐步转向商业银行,并单独成立政策性银行成为学术界的共识。

在金融体系的改革展开相当长的一段时间内,整个金融体系仍然以银行主导的间接融资体系为主,一些学者提出应当发展资本市场,解决融资渠道过分单一、银行体系风险过分积累的问题。这一提法提出之后产生了激烈的争论,一些观点认为以直接融资取代间接融资不符合发展中国家的国情。尽管这一争论在整个时期一直在持续,但是多数学者的观点都仅仅存在量上的差别,都基本上赞同间接融资和直接融资相结合,并且应当支持直接融资和资本市场发展的态度,差别仅仅在于银行体系与资本市场合理比例的判断。

(四) 产业政策理论的发展与创新

尽管产业政策现在已经成为中国特色社会主义市场经济体制和宏观调控的一个重要特征,但是相比于财政、货币政策及与之相适应的财政、金融体系,产业政策的引进和讨论起步是比较晚的。这一类型的探索主要是在向市场转型的过程中学习东亚其他国家经验,尤其是日本、韩国经验的结果。实际上,这一现象是必然的,因为相比与财政和金融这类在社会化大生产中都存在的体系不同,产业政策本身就是以市场经济和企业自主经营为前提的,因此只有在相当程度上确立了市场化改革的导向,产业政策才有可能在真正意义上发挥作用。

根据有学者的研究[①],中国对产业政策的认识经历了四个阶段的发展,而在本节所考虑的时期内包括三个阶段:第一个阶段是以行政思路解读市场逻辑,这一解读产生于我国的社会主义经济是"有计划的商品经济"的时期,产业政策很大程度上被作为一种计划手段来理解。显然作为经济手段的产业政策本身与计划手段是有差别的,但是这种解读最终并没有让产业政策归并为计划手段,而是让政府的一部分行为转变为了一定意义上的产业政策,从而为引导市场化转型和政府职能转变提供了空间。第二个阶段是以行政手段培育市场的过程。随着市场化改革方向的确立,第一个阶段的认识不再成立,但是产业政策的调控对象——市场也不是一夜之间就能形成的,因此这一时期产业政策就表现出最具中国特色的一面,通过各种形式的产业组织政策为产业内的竞争提供条件。随着市场经济体系的逐步建立,中国的产业政策开始成为调控结构性问题、提升经济增长潜力的

---

① 参见宋磊、谢予昭:《中国式政府——市场关系的演进过程与理论意义:产业政策的视角》,载于《中共中央党校(国家行政学院)学报》2019年第1期。

重要手段，这也就是第三个阶段，以政策调整引导市场主体的阶段。对于产业政策的认识，以及产业政策赖以发挥作用的体制机制在这一个阶段逐渐趋于完善。

三、改革开放新时期的宏观经济理论改革与宏观调控体系的形成

在整个改革开放新时期，随着中国特色社会主义市场经济体制的逐渐形成，中国的宏观经济管理体系也经历了深刻的变革并逐步形成。

（一）计划体制改革

计划体制在从计划经济走向市场经济的过程中经历了最为深刻的变革。在1992年之前，党和政府就对计划体制进行了大幅度的调整，主要的思路可以概括为扩大市场调节范围；在计划体制内部减小指令性计划的比例和覆盖范围，扩大指导性计划的重要性；以及简化短期的计划，将计划工作重点放到中长期计划上来。在1992年确立了社会主义市场经济的改革方向之后，对计划体制的改革也进一步加快。党的十四大报告提出："国家计划是宏观调控的重要手段之一。要更新计划观念，改进计划方法，重点是合理确定国民经济和社会发展的战略目标，搞好经济发展预测、总量调控、重大结构与生产力布局规划，集中必要的财力物力进行重点建设，综合运用经济杠杆，促进经济更好更快地发展。"① 1993年在《中共中央关于建立社会主义市场经济体制若干问题的决定》中，进一步提出"计划提出国民经济和社会发展的目标、任务，以及需要配套实施的经济政策"，"国家计划要以市场为基础，总体上应当是指导性的计划。计划工作的任务，是合理确定国民经济和社会发展的战略、宏观调控目标和产业政策，搞好经济预测，规划重大经济结构、生产力布局、国土整治和重点建设。计划工作要突出宏观性、战略性、政策性，把重点放到中长期计划上，综合协调宏观经济政策和经济杠杆的运用。建立新的国民经济核算体系，完善宏观经济监测预警系统。"② 可以看到，随着改革的深入，计划体制从大一统的经济管理体系逐渐转向以宏观总量和长期战略为主的经济管理手段。

（二）财税体制改革

财税体制的改革可以概括为以财政包干为内容的改革。这一改革的主要思路

---

① 江泽民：《加快改革开放和现代化建设步伐，夺取有中国特色主义事业的更大胜利》，人民出版社1992年版。

② 《中共中央关于建立社会主义市场经济体制若干问题的决定》，人民出版社1993年版。

在于改变改革开放前财政统收统支的情况，让地方获得更大的自主权。1980年国务院颁布了《关于实行"划分收支、分级包干"的财政管理体制的暂行规定》，将中央和地方的收支范围进行了明确的划分，以此确定包干基数，并以包干基数进行固定比例分成。并对广东、福建两省给予了更多的权限，实行定额上交的"大包干"体制。到1985年，配合国有企业"利改税"改革，国务院将这一体制进一步调整为"划分税种，核定收支，分级包干的制度"，在广东、福建和民族自治地区以外的地区实行。到1988年，财政包干体制全面确立，全部的财政收入划分为中央和地方的固定收入、中央地方固定比例分成收入以及中央与地方共享收入，按地区类型实行收入递增包干、总额分成、总额分成加增长分成、上解递增包干、定额上解和定额补助六种形式的包干制度。

在财政包干体制下，一方面给予了地方政府很大的自主权，调动了地方政府推动经济发展、支持体制改革、进行制度创新的动力，地方政府的独立行为和互相竞争也成为中国改革开放过程中一个特殊的推动力。但另一方面也造成中央财政收入比例严重下降，导致中央的宏观调控和经济管理能力下降的问题。为了改变这一问题，国务院开始施行分税制改革。这也是财税体制改革的第二个阶段。

1994年国务院开始实行《关于实行分税制财政管理体制的决定》，其基本思路在于以下几个方面。首先，按照事权划分收入，中央财政主要承担国家安全、外交、中央国家机关运转、调整国民经济结构、协调地区发展、实施宏观调控以及中央直管的事业发展支出。地方一级财政则主要承担本地区行政机关运转、事业发展和地区经济发展所需要的支出。其次，按照税种划分收入，中央和地方设立各自的税收机关获得税收收入，同时中央根据各个地区的不同情况，进行税收返还和转移支付。最后，在改革的过程中，实行了渐进式的改革，通过增量调整逐步调整到位。

通过分税制改革，财税体制中最为关键的中央地方关系得以理顺，一方面扭转了中央财政收入比例过低、宏观调控能力变弱的情况；另一方面也保持了地方的自主权，调动了地方政府推进体制改革和经济发展的积极性。这一具有中国特色的中央地方财政关系也被许多学者认为是中国长期稳定高速发展的重要原因。

随着中央地方关系的理顺，财税体制改革开始了第三阶段的改革，也即公共财政导向的改革。公共财政导向的改革有几个要点：一是减少各级财政在一般竞争性领域的支出，将支出重点转向满足社会共同需要的方面；二是财政收支过程法制化，实行"收支两条线"，规范管理各级财政的收支行为，进行政府集中采购，加强国库集中收付，等等；三是财政预算管理体系的规范化，完善预算编制过程。这一改革正在进行中。

（三）金融体制改革

在改革开放新时期金融体制的改革的主线有四条：一是银行体系的重构；二是非银行金融机构的建立；三是货币政策体系的改革；四是金融监管体制的完善。其中银行体系的重构主要在于在改革开放前大一统的银行体系下区分出银行的不同层级、类型和功能，以建立对应类型的银行。首先是中央银行的建立。1982年国务院授权中国人民银行行使中央银行的职能，1983年规定中国人民银行不再办理工商信贷和储蓄业务，中央银行制度正式建立。这一制度在改革中不断完善，中央银行的职权在改革中逐渐明晰，独立性也得到了制度上的保证。除了中央银行的建立，商业银行体系的建立是银行体系重构的另一个重要方面。商业银行中的一些主要银行最初是以专门负责某一领域的专业银行出现的，在1979~1984年，中国农业银行、中国银行、中国建设银行和中国工商银行相继成立，主要分别负责农村信贷、外汇、固定资产投资和工商信贷等业务。1986年以后，包括交通银行在内的一些全国综合性银行和适应地方特殊需要的地方银行发展起来，逐渐丰富了银行体系。1994年，三大政策性银行成立，将非营利的政策业务从专业银行中剥离出来，在1995年各级专业银行成为商业银行，由此形成了商业银行与政策性银行分离的体系。

非银行金融机构的建立与银行系统的重构基本上是同一时期开始的，以适应非银行类金融业务的发展。1979年中国开始建立保险公司，恢复保险业务。1983年中国人民保险公司开始独立进行业务活动。1986年以后，多家保险公司和保险投资机构相继成立，保险体系初具规模。而随着1990年中国股票市场开始建立，证券公司也开始逐渐出现，以综合类和经济类为主要逻辑的分类证券公司体系逐渐形成。

货币政策的改革是随着中央银行体系的确立而逐步建立起来的。1984~1998年，经历了包括存款准备金制度的建立、再贷款业务的建立和集中、商业信用体系的确立和汇率并轨在内的多轮改革之后，央行逐渐形成了以法定存款准备金率，再贷款、再贴现以及公开市场业务为主，信用控制和补偿性政策手段为辅的货币政策体系。

金融监管体系的建立同样是伴随着中央银行体系的改革而确立起来的，最初金融体系的监管主要是依靠中央银行来完成的，而随着非银行类金融机构的建立，1992年我国成立了证监会以监管证券市场，1998年又成立了保监会以监管保险市场的运行。在2003年，银行业的监督管理从中国人民银行剥离出来，单独成立银监会，对银行、资产管理公司、信托投资公司以及其他存款类金融机构进行监管。金融监管逐渐形成了完整的体系。

第三节　新时代政府经济职能转变与宏观调控的理论与实践

一、市场在资源配置中起决定性作用和更好发挥政府作用

以党的十八大为标志中国特色社会主义进入了新时代。在新时代对于市场和政府的关系的认识进一步深化，党的十八届三中全会提出："经济体制改革是全面深化改革的重点，核心问题是处理好政府和市场的关系，使市场在资源配置中起决定性作用和更好发挥政府作用。"[①] 这一认识进一步理顺了政府和市场的关系，是对"市场在社会主义宏观调控下对资源配置起基础性作用"的进一步发展。

对这一论断在一段时间内理论界有不同的理解。一些观点认为市场在资源配置中起决定性作用，意味着市场在几乎所有领域、所有层次都要起作用，政府的作用是次要的、补充性的；有人甚至以新自由主义的市场万能论来理解这一认识，将市场和政府对立起来。实际上，这些观点都误解或者片面化地理解了"市场在资源配置中起决定性作用和更好发挥政府作用"这一论断的含义。

使市场在资源配置中起决定性作用的目的，是为了发挥价值规律的作用，让市场能够在社会主义市场经济体制中更有效地配置资源。正如在党的十八届三中全会通过的《中共中央关于全面深化改革若干重大问题的决定》中明确提出："市场决定资源配置是市场经济的一般规律"，只有市场在资源配置中起决定性作用才有可能让市场经济显示出在效率方面的优势。因此，这一论断可以概括为"有效的市场"。而有效的市场作为一个实现经济发展的手段，不是能够单独存在的，需要其他社会结构的配合才能够起到它应有的作用。在不同社会结构中的市场运行逻辑和所带来的影响也是完全不同的，而如何让市场发挥出其正面的作用，同时避免或减小其负面后果就需要政府来实现，因此政府的行为重点在"更好"，而不是"更少"或者"更小"。规模或者范围这种简单的指标是不能说明

[①] 《中共中央关于全面深化改革若干重大问题的决定（2013 年 11 月 12 日中国共产党第十八届中央委员会第三次全体会议通过）》，人民出版社 2013 年版。

问题的，更好地发挥政府作用，关键在于是否能够有合理的定位，在社会主义市场经济体制中实现资源的有效配置，简单来说就是"有为政府"。

可以看到，十八届三中全会关于"使市场在资源配置中起决定性作用和更好发挥政府作用"的论断，说明了政府和市场是一个有机的整体，彻底破除了关于市场和政府的机械二分法。从理论上来说，国家是阶级社会的产物，本身既是阶级社会中重要的社会结构和社会关系，也体现着阶级结构这种最基本、最关键的社会关系。而市场是人类社会发展到一定阶段的产物，作为私人劳动实现为社会劳动的机制，体现着互相独立的商品生产者之间的关系。这就意味着，国家和作为国家的具体体现的政府，本身就是市场经济这种社会结构所必需的基础，二者共同存在一个由不同的社会关系和结构组织起来的社会制度之内。而一切对政府"大小""多少"的争论都是没有认识到这种社会关系的有机统一，依然是一种对于经济关系"板块"式的理解。

就中国的现实情况而言，中国的政府和市场的有机统一至少体现在三个维度上：

在市场经济一般的角度来看，要使价值规律起作用，一方面，需要在市场可以起作用的领域创造使其发挥作用的条件，包括良好的法律制度、有序的竞争环境和稳定的经济社会环境，等等。前两者自不必多言，而稳定的经济社会环境，尤其是稳定的宏观环境，使得经济主体能够对经济进行预期，进行有效的、长期的决策。另一方面，在市场无法起作用或者不能完全起作用的领域，政府也能够有效地进行资源配置。这个维度是市场经济的一般规律。

而从历史的角度看，中国既是一个经济体制正在转变的国家又是一个发展中国家，这两重身份都意味着不能让市场完全自发发挥作用。对于经济体制正在转变的国家，历史上的经济体制决定了市场体系和市场主体的长期缺失；而对于发展中国家，包括二元经济、国际分工等在内的经济结构意味着价格体系可能没有弹性，甚或存在贫困的低端锁定，因此很难通过完全的市场机制实现经济增长。这都意味着在这样的历史阶段上，中国必须依靠政府来构建市场体系，引导市场主体。

最后从中国的社会制度来看，与西方国家不同，中国是社会主义国家，实行的是公有制为主体、多种所有制共同发展的基本经济制度。而要将基本经济制度与市场经济体制相结合，就必然要求政府能够针对这种结合所带来的特殊性，提供一种有效的制度安排和政策手段。

对于政府和市场关系的这些重要认识，是新时代政府宏观经济管理改革创新的理论起点。

二、新时代宏观调控的理论与实践

(一) 新时代宏观经济主客观条件的变化

从客观条件上来看,新时代最根本的变化是社会主要矛盾的变化。党的十九大报告指出:"中国特色社会主义进入新时代,我国社会主要矛盾已经转化为人民日益增长的美好生活需要和不平衡不充分的发展之间的矛盾。"① 社会主要矛盾的变化作为事关全局的历史性变化,势必会影响到整个社会的方方面面,对于经济形势和经济工作的影响尤其重要。一切宏观调控的手段都应当适应这一根本性的变化。

就具体的经济条件来说,目前的经济主要面临几个主要的变化。

一是经济从高速增长向中高速增长转变。经历了 40 年的经济快速发展,中国面临经济增长的换挡器,从经常性的两位数增长逐渐稳定到 6% ~7% 之间。这是经济增长所必然面临的规律,随着经济体量的增大,同等水平的增速所对应的经济增量更大,因此保持高速增长也会更加困难。而且随着经济的发展,经济的潜在增长率也会下降,一方面技术进步带来的资本替代劳动的过程在提高劳动生产率的同时也会降低经济的长期利润率和最高潜在增长水平;另一方面经济发展带来的人口结构变化也会影响要素投入量、分配关系和储蓄率。两个方面的因素都会带来经济增速的放缓。在经济增速放缓的大背景下,就必须转变经济增长方式,从高速发展转向高质量发展。

二是经济中的结构性矛盾更加突出,在主要矛盾转换之后,包括收入分配结构、城乡区域结构、产业结构在内的许多结构性矛盾在经济发展到一定水平的情况下愈加凸显。这就要求我们进一步强化能够用于调控结构的宏观政策和手段。

三是国际环境不确定性增加。2008 年金融危机之后,许多发达国家都没有完全从危机中恢复过来,国内矛盾重重,经济上的停滞甚至会使得某些国家寻求非经济手段为本国谋求世界市场上的优势地位。这既影响了我国利用国际市场和国际投资,也会使得国际市场上的风险在一定程度上对国内产生影响,并且在国内长期高积累高增长的条件下,国内市场也会积累一定的风险。这些更为复杂的情形就要求我们更新宏观调控工具来抵御可能存在的风险。

---

① 习近平:《决胜全面建成小康社会 夺取新时代中国特色社会主义伟大胜利——在中国共产党第十九次全国代表大会上的报告》,人民出版社 2017 年版,第 11 页。

从主观条件上来说，指导中国特色社会主义的新时代的发展理念有了进一步的发展，党的十九大报告将新发展理念总结为"发展是解决我国一切问题的基础和关键，发展必须是科学发展，必须坚定不移贯彻创新、协调、绿色、开放、共享的发展理念。"① 传统的宏观调控手段以追求经济增长尤其是总量增长为主，因此五大发展理念的提出也意味着必须转变传统的宏观调控手段才能够适应新发展理念的要求。

（二）新时代宏观调控的发展与创新

在新发展理念提出、客观上经济形势发生变化的情况下，宏观调控的理论和实践也发生了重大变化。这些发展变化表现在四个方面：

第一，宏观调控从需求侧管理转向供给侧改革。这一转变是适应了经济转向高质量发展方向的要求。传统的需求侧总量管理更多地从"量"上去刺激经济，而不是从"质"上去提升经济的运行质量和增长潜力。只有转向供给侧结构性改革才能更好地解决经济当前所面临的矛盾和问题。十九大报告指出："必须坚持质量第一、效益优先，以供给侧结构性改革为主线，推动经济发展质量变革、效率变革、动力变革，提高全要素生产率"。②

第二，宏观调控从总量调控转向结构调控。在经济结构性矛盾更加突出的前提下，要着力解决发展不平衡不充分的问题，必须依靠合理结构政策，强调产业政策和区域政策的作用。在传统的宏观政策中，也要实施精准调控，让财政和信用支持落实到具体的产业和领域。

第三，宏观调控从短期调控为主转向更加注重长期调控。过去的宏观调控政策，主要是为了维持宏观经济的稳定，以平滑周期的操作为主。但是我国目前面临的情况中，短期因素是一方面，但是更加重要的是长期经济增长趋势的变化，因此宏观经济也需要更加重视长期的经济战略和经济规划的作用，以助推经济的长期可持续发展。

第四，宏观调控更加注重处理好金融和实体经济的关系。十九大报告当中明确提出"深化金融体制改革，增强金融服务实体经济能力"。面对目前经济可能存在的"脱实向虚"的趋势，尤其需要通过宏观调控抑制金融部门的过度膨胀。与此同时还需要防止金融体系在这个过程中风险的过度积累，因此新时代处理好

---

① 习近平：《决胜全面建成小康社会 夺取新时代中国特色社会主义伟大胜利——在中国共产党第十九次全国代表大会上的报告》，人民出版社2017年版，第21页。

② 习近平：《决胜全面建成小康社会 夺取新时代中国特色社会主义伟大胜利——在中国共产党第十九次全国代表大会上的报告》，人民出版社2017年版，第30页。

金融和实体经济关系的一个重要创新是引入"宏观审慎政策",从而实现"健全金融监管体系,守住不发生系统性金融风险的底线"。

第四节　宏观经济管理的主要经验

一、抓住宏观经济管理体系的关键

回顾和总结新中国成立70年来政府经济职能和政府宏观经济管理理论与实践演变过程可以发现,正确理解政府和市场的关系、理解好政府的经济职能是建立起有效的宏观经济管理体系的关键。

对此,在前面已经反复提到。政府和市场之间的关系不是互相排斥或者互相独立的。市场在资源配置中的有效性依赖于政府经济职能的正确行使。市场体系和市场主体的形成有赖于政府的培育,市场有效发挥作用的条件需要政府来创造,政府和市场都是社会主义经济体制的组成部分,有机地统一在这一体系之内。既不能像计划经济下的理论那样排斥市场或者将市场视作是一种次要的、补充性的因素,忽视市场经济在社会化大生产条件下的作用;也不能像新自由主义理论那样将市场视作经济运行唯一合理、最为有效的机制,将政府视作市场有效调控经济的阻碍或是对立面。

二、着力建立适合国情的宏观经济管理体系

经济在不断发展,宏观调控对象和要解决的问题在不断发生变化,因此,国家必须根据积极发展的具体情况选择适合的宏观管理体系。在改革开放之前,中国作为一个落后的农业国,所面临的问题是生产社会化程度不高、经济结构不完整且经济所生产的剩余无法有效地被转化为投资。在这种条件下,通过建立高度集中的计划经济体制,在一定程度上可以人为地构建起全国范围内有效分工协作的生产体系,重点解决经济起步阶段主要制约发展的技术因素、培育相应的产业,并强制将分散的剩余集中在一起,转化为积累和经济的增长。因此,中国所建立的计划经济体制,是一种针对后进国家经济起步阶段的体制。但是,当社会化生产逐步建立起来,产业结构渐趋复杂,在这样的情况下,其调节资源配置的能力就会被削弱。这就需要以市场经济为基础的宏观调控体系来发挥宏观经济管

理的职能。而随着经济的进一步发展，中国特色社会主义进入新时代，社会主要矛盾的变化就相应的要求宏观调控的重点要更多注重供给端，更多运用结构性的政策进行宏观调控。

三、正确处理经济发展中的重大比例关系

从理论上来说，平衡增长是在技术不变的条件下实现最快增长的最主要条件，因此保持国民经济比例关系的稳定是实现经济快速发展的手段。新中国历史上尤其是改革开放前，经济所出现的一些问题都和部门间比例关系失衡有关。在实践中，要保持适当的比例关系并不容易。原因在于，一方面技术一直处在不断变化过程中，因此所对应的比例关系也会相应发展变化；另一方面技术的变化背后是经济结构的升级，而结构升级过程中不同部门的作用是不同的，一些部门相对来说更重要。如何处理这种结构的"变"与"不变"是宏观经济管理中所面临的难题。在改革开放前，最主要的问题不是没有注意到结构之间的关系，而是对"变"的强调压倒了"不变"，而在改革开放之后，随着市场经济体系的建立，在社会主义市场经济体制下，我们实际上是利用政府和市场的双向互动来维持"变"与"不变"的平衡，市场调节资源在各个部门之间的配置以实现部门之间比例的稳定，而政府则可以针对国民经济未来发展至关重要的产业给予相应的支持，使其优先发展。而当市场调节由于自身的盲目性导致国民经济比例失衡的时候，政府则可以利用宏观调控引导国民经济比例重新实现平衡。

在经济发展过程中，中央和地方之间的关系始终是一个相对复杂的问题。中国地区之间发展阶段、自然条件、经济结构的巨大差异，带来了信息传递和政策制定的复杂性。因此，中国的经济体制对中央和地方之间关系的处理对于很多问题都有着重要的影响。体现在宏观经济管理问题上，在对市场进行调控的时候，中央地方关系的复杂性体现在地方政府角色的多样性上。地方政府既是中央调控政策的执行者、地方调控政策的制定者和执行者，同时也是许多调控政策的对象。如何能够发挥地方政府的积极性，使其有动力根据本地的实际情况推动经济发展，同时又能够使其与中央整体战略保持一致，就需要宏观调控体系内部具有平衡的中央—地方结构。许多既有的研究都认为中国特有的央地关系是经济发展的重要推动因素，而我们回顾历史就会发现，这种央地关系是从新中国成立以来不断探索的结果。新中国成立70年来，不论是在计划经济体制下还是市场经济体制下，中国经济的央地关系都经历了若干轮集中—放权—集中的循环过程，并在这种动态循环中更新政策，寻找央地关系在特定历史条件下的平衡点。

第十三章

改善民生实践探索与理论创新

为人民谋幸福,为民族谋复兴,是共产党的初心。新中国成立以来,中国共产党带领全国各族人民,在发展经济改善民生方面进行了艰苦努力,取得了举世瞩目的成就,积累了丰富经验。

第一节 改革开放前发展经济改善民生的探索

一、改革开放前发展经济改善民生的实践

(一)过渡时期民生领域的建设

自新中国成立以来,党和国家一直高度重视民生问题,包括就业、温饱、医疗卫生等。在新民主主义社会向社会主义社会过渡时期,中国共产党采取一系列措施、政策,包括对历史遗留问题的灵活处理等,在民生领域取得了显著成就,为新中国顺利进入社会主义建设时期奠定了基础。

在就业方面,主要采取"包下来""统一介绍"为主的就业方式。"包下来"是指国家负责统一"包办"旧社会遗留下的部分人就业;"统一介绍"是指对"包下来"以外的失业人员、新成长劳动力、农村剩余劳动力的就业进行统筹安排、统一介绍。此外,对于暂时没有工作的人员,通过以工代赈、生产自救、转业训练等方式,为其提供暂时收入来源。1950年毛泽东在中国共产党第七届中央委员会第三次全体会议上的报告中指出:"必须认真地进行对于失业工人和失

业知识分子的救济工作,有步骤地帮助失业者就业。"① 据当时的情况,毛泽东强调"我们要合理地调整工商业,使工厂开工,解决失业问题,并且拿出二十亿斤粮食解决失业工人的吃饭问题,使失业工人拥护我们。"② 同时毛泽东在考虑军人复员问题和行政人员整编问题时提出,"必须谨慎地进行此项复员工作,使复员军人回到家乡安心生产。行政系统的整编工作是必要的,亦须适当地处理编余人员,使他们获得工作和学习的机会。"③

在医疗卫生方面,1949 年中央政府成立了卫生部,1951 年《劳动保险条例》颁布,1952 年公费医疗制度确立,1953 年劳保医疗制度确立。公费医疗制度和劳保医疗制度构成了中国计划经济时期城镇居民的医疗保障制度。根据公费医疗制度,医疗经费由国家和各级政府财政预算拨款,一般按照人头划拨到各单位包干使用,机关事业单位工作人员基本实行免费就医,并对员工家属单位进行互助或补助。根据劳保医疗制度,劳保医疗费按照企业职工工资总额和国家规定比例计入生产成本,在职职工医疗费从职工福利费中开支,离退休人员从劳动保险费中列支。大多数雇员超过 1000 人的大企业都有自己的医院,雇员在 200 ~ 1000 人的企业拥有自己的诊所,中小型企业大多由企业和医院以合同制提供医疗服务,费用参考国家标准由企业报销。

对于农村来说,土地问题就是最大的民生。1950 年,在党和政府的领导下开展大规模的土地改革运动,到 1952 年年底,除部分少数民族地区外,土地改革在全国范围内胜利完成,废除了封建土地剥削制度。在土地改革中,全国大约有 3 亿多无地和少地的农民分得了 7 亿亩土地,还分得牲畜、农具、房屋等,免除了每年向地主缴纳 3500 万吨粮食的苛重地租,从几千年遭受封建剥削的生产关系中解放出来。土地改革完成后,党和政府及时引导个体农民通过互助组、农业生产合作社等形式走上集体化道路。到 1956 年年底,参加农业生产合作社的农户 1.18 亿户,占总农户数量的 96.3%,社会主义改造基本完成。

(二) 社会主义建设时期民生领域的发展

根据过渡时期总路线的要求,1953 年开始执行发展国民经济的第一个五年计划。第一个五年计划制定后,中国的民生建设随着工业化建设和社会主义改造蓬勃发展。1957 年底第一个五年计划超额完成时,人民生活得到较大改善。1957 年全国职工的平均工资达到 637 元,比 1952 年增长 42.8%,农民的收入比 1952

---

①③ 《毛泽东文集》第 6 卷,人民出版社 1999 年版,第 71 页。
② 《毛泽东文集》第 6 卷,人民出版社 1999 年版,第 74 页。

年增加近30%。人均消费水平1957年达到102元，比1952年的76元提高了34.2%。文教、卫生、科学、艺术事业也有很大发展。至1956年，生产资料的社会主义改造完成，社会主义制度确立。

社会主义建设时期，医疗卫生领域的建设获得了极大成功。在公费医疗制度和劳保医疗制度规定下，基本所有的城镇居民都可以享受免费或者低廉的门诊医疗和住院医疗服务。对于农村地区而言，在1958年合作医疗制度实行前，虽然没有正式的医疗保障制度，在名义上实行"谁看病谁付钱"的自费医疗，但由于国家对医疗机构进行补贴，并对医疗服务和药品价格进行严格把控，所以农村地区也享有一定程度上的医疗保障。根据合作医疗制度，生产大队和公社社员每年缴纳固定金额作为回报，病人只需对治疗和药品支付很小数额的一笔金钱。除了村级诊所的医疗费用是集体和个人承担外，县级和公社两级的医疗服务机构由政府承担基本建设费。

这一时期，农村医疗体系最大的改善来自国家对基本医疗卫生机构的建立和医疗卫生状况的改善上，血吸虫病、疟疾等疾病得到有效预防。1965年，中国2000个县中每个县都至少有一个医疗中心或医院。为保障农村农业人口的健康，农村卫生服务事业发展迅速，建立了农村保健中心、吸收传统从业者、倡导城市知识青年上山下乡和培训兼职辅助人员。政府也积极鼓励城市医疗队向农村转移，大量农村地区涌现了一批"赤脚医生"，广泛推行了农村合作医疗制度。为了把集中在城市的医疗保障资源提供给农村居民，政府在农村建立了医疗队。1965年毛泽东发表了著名的"6月26日"指令，提出把医疗卫生工作重点放在农村中，卫生部党委相应地提出《关于把卫生工作重点放到农村的报告》，在党和政府的号召下，大量移动医疗队和城市医疗人员被派到农村地区。把医疗点分布到农村，大大便利了农民看病。

尽管新中国还不富裕，但是对医疗卫生的财政支出比例却非常大。政府预算支出和社会支出占卫生总费用的80%，计划经济时期的医疗保障制度取得了显著的成效（如表13-1所示），1950~1958年，中国的婴儿死亡率从200‰下降到80.8‰。在1950~1965年的15年，中国以人类历史上前所未有的速度改善了6亿人的健康状况，霍乱、鼠疫、天花和大部分营养性疾病基本消失，鸦片成瘾被灭绝。

表 13-1　　　　　　　　改革开放前中国卫生事业费用情况

时期	卫生事业费（亿元）	国家财政支出（亿元）	卫生事业费占国家财政支出份额（%）
恢复时期	5.59	366.56	1.52
"一五"时期（1953~1957年）	14.55	1345.68	1.08
"二五"时期（1958~1962年）	23.34	2283.67	1.02
调整时期（1963~1965年）	18.84	1204.98	1.56
"三五"时期（1966~1970年）	44.5	2518.6	1.52
"四五"时期（1971~1975年）	65.62	3919.6	1.67
"五五"时期（1976~1980年）	113.64	5247.35	2.17

资料来源：《中国卫生年鉴》编辑委员会：《中国卫生年鉴》，人民卫生出版社1990年版，第477页。

在就业方面，计划经济时期的社会就业有两个突出的特点：一是就业率高，由于政府要求作为"行政附属物"的用人单位不能裁减职工，劳动者基本上一旦就业就基本"终生不会失业"。计划经济时期，中国基本上消灭了私有制，大量工人从属于国有和集体企业，其工作岗位极为稳定。在农村地区，集体经济性质的生产队与农民身份紧密联系，农村居民在达到劳动年龄后自然成为人民公社社员，自动参与到生产中，往往被看作自然就业，从形式上看基本不存在失业现象。二是就业与户籍制度相联系。根据1958年《中华人民共和国户口登记条例》规定，户籍制度在计划经济时期成为限制劳动力自由流动的制度性规定。这两个特点使得就业结构与国家产业发展战略密切相关。计划经济时期，在大力发展工业化的战略下，为了满足工业发展需要，"一五"期间大批农民涌入城市成为工人。随着大量农村人口涌入城市，带来城市粮食供应紧张，毛泽东提出组织农民在农村发展副业和手工业生产解决就业问题。

二、改革开放前的民生思想

（一）社会主义制度是改善民生的根本保障

对于改善民生来说，社会主义制度有两个方面的优越性。一是社会主义制度是促进生产力发展的最有力的保证。通过将马克思列宁主义的普遍真理与中国现实相结合，中国共产党选择了社会主义制度，并且在实践中证明只有社会主义制度才能建设和发展中国。二是只有社会主义制度,才能保证社会生产力的发展成果用于满足民生改善的需求。在生产力极度落后的时期,毛泽东就对社会主义制度的生命力表达出极高的期望。"无产阶级专政的国家,一定可以做到有菜吃、有油吃、有猪吃、有鱼吃、有菜牛吃、有羊吃、有鸡鸭鹅兔吃、有蛋吃。我们应当有志气、有决心做到这一项在政治上经济上都有伟大意义的社会主义事业。"①"没有了地主和资产阶级,人民完全能够有计划地建设自由幸福的新生活。"②

在社会主义国家,广大人民群众只要参与社会主义建设,都能享受到社会发展所带来的生活改善。毛泽东指出:"现在我们实行这么一种制度,这么一种计划,是可以一年一年走向更富更强的,一年一年可以看到更富更强些。而这个富,是共同的富,这个强,是共同的强,大家都有份,也包括地主阶级。地主过了几年之后,就有了选举权,他就不叫地主了,叫农民了。资产阶级,总有一天,大约三个五年计划之内,就不叫资产阶级了,他们成为工人了。农民这个阶级还是有的,但他们也变了,不再是个体私有制的农民,而变成合作社集体所有制的农民了。这种共同富裕,是有把握的,不是什么今天不晓得明天的事。"③

民生发展既是社会主义社会发展的结果,也反过来促进社会发展。随着生产力的不断发展,社会主义建设程度的不断提高,劳动者所享受到的劳动成果也必然要相应提高,反过来推动社会生产力和社会主义社会的进一步发展。毛泽东说:"工人的劳动生产率提高了,他们的劳动条件和集体福利就需要逐步有所改进。我们历来提倡艰苦奋斗,反对把个人物质利益看得高于一切,同时我们也历来提倡关心群众生活,反对不关心群众痛痒的官僚主义。随着整个国民经济的发展,工资也需要适当调整。关于工资,最近决定增加一些。主要加在下面,加在工人方面,以便缩小上下两方面的距离。我们的工资一般还不高,但是因为就业的人多了,因为物价低和稳,加上其他种种条件,工人的生活比过去还是有了很大改善。在无产阶级政权下面,工人的政治觉悟和劳动积极性一直很高。……我们需要大力发挥他们这种艰苦奋斗的精神,也需要更多地注意解决他们在劳动和生活中的迫切问题。"④

(二) 统筹兼顾、重点建设和改善民生

新中国成立后,百废待兴,国民经济亟须恢复和发展,广大群众也需要改

---

① 《毛泽东文集》第8卷,人民出版社1999年版,第70页。
② 《毛泽东文集》第7卷,人民出版社1999年版,第312页。
③ 《毛泽东文集》第6卷,人民出版社1999年版,第495~496页。
④ 《毛泽东文集》第7卷,人民出版社1999年版,第28~29页。

善生活。群众生活是中国共产党高度重视的领域,但是,民生的改善是一个长期的过程,需要生产力的快速发展,不可能随着中国社会的生产关系的变化而迅速得以解决的问题。毛泽东指出:"我们现在需要几十年的和平,至少几十年的和平,以便开发国内的生产,改善人民的生活。"①"人民生活的改善,必须是渐进的,支票不可开得过多。过高的要求和暂时办不到的事情,要向人民公开地反复地解释。"②

统筹兼顾经济建设和提高人民生活水平之间的关系,关键是正确处理积累和消费的比例、工业和农业的比例。一方面,农业要为工业积累资金,只有工业快速的发展,才能更好地提高生产力,改善人民生活。毛泽东认为,"我国人民现在还要像苏联那个时候一样,忍受一点牺牲,但是只要我们能够使农业、轻工业、重工业都同时高速度地向前发展,我们就可以保证在迅速发展重工业的同时,适当改善人民的生活。苏联和我们的经验都证明,农业不发展,轻工业不发展,对重工业的发展是不利的。"③ 在生产的积累和用于改善民生的消费之间的比例关系要根据现实灵活处理。"今年(1958年,作者注释)如果丰收,积累要比去年多一点,但是不能太多,还是先让农民吃饭多一点。丰收年多积累一点,灾荒年或半灾荒年就不积累或者少积累一点。"④"国家积累不可太多,要为一部分人民至今口粮还不够吃、衣被甚少着想。"⑤

与此同时,民生的改善是经济持续发展的前提和保证。发展为了人民,发展依靠于人民,只有不断改善民生,不断提高人民群众生活水平,社会主义建设才能得到最广大的支持,实现持续长期的发展。

(三)坚持群众路线解决民生问题

群众路线是毛泽东思想的重要部分,是党的工作的路线和成功经验。坚持群众路线解决民生问题包含两层含义:第一层含义是人民群众必须依靠自己的力量解放自己,争取和创造自己的幸福生活。人民群众是历史的创造者和建设者,党的一切工作都是以服务于人民群众为宗旨。毛泽东指出:"八年来积累起来的规章制度许多还是适用的,但是有相当一部分已经成为进一步提高群众积极性和发展生产力的障碍,必须加以修改,或者废除。在修改或者废除这些不合理的规章

---

① 《毛泽东文集》第6卷,人民出版社1999年版,第365页。
② 《毛泽东文集》第7卷,人民出版社1999年版,第159页。
③ 《毛泽东文集》第8卷,人民出版社1999年版,第121页。
④ 《毛泽东文集》第7卷,人民出版社1999年版,第200页。
⑤ 《毛泽东文集》第8卷,人民出版社1999年版,第428页。

制度方面，最近一个时期，在群众中间，已经创造了许多先进经验，例如石景山发电厂改进职工福利待遇的办法，湘江机械制造厂改进职工宿舍制度的办法，江苏戚墅堰发电厂改进奖金的办法，广西省一级几个商业机关合并为一个机关，由总数二千四百人缩减为三百五十人，即减少七分之六的人员等。应该作出这样一个总的规定，即是在多快好省地按计划按比例地发展社会主义事业的前提下，在群众觉悟提高的基础上，允许并且鼓励群众的那些打破限制生产力发展的规章制度的创举。"①

第二层含义是民生问题是否得以解决，民生发展是否取得了进展，关键是是否采取了群众路线。在毛泽东看来，"要按照群众意见办事。无论什么办法，只有适合群众的要求，才行得通，否则终久是行不通的。"② 群众路线可以保证党在贯彻自己的理念、改善民生问题时不发生偏离。"不善于分析情况，不善于及时用鼻子嗅出干部中群众中关于人民生活方面的不良空气的话，那他们一定要犯别人犯过的同类错误。在我们对于人民生活这样一个重大问题缺少关心，注意不足，照顾不周（这在现时几乎普遍存在）的时候，不能专门责怪别人，同我们对工作任务提得太重，密切有关。千钧重担压下去，县、乡干部没有办法，只好硬着头皮驱赶，少干一点就被叫做'右倾'，把人们的心思引到片面性上去了，顾了生产，忘了生活。解决办法：（一）任务不要提得太重，不要超过群众精力负担的可能性，要为群众留点余地；（二）生产、生活同时抓，两条腿走路，不要片面性。"③

第二节　改革开放新时期发展经济改善民生的探索

一、改革开放新时期发展经济改善民生指导思想的演进

党的十一届三中全会把工作重心转移到经济建设上来，开辟了改革开放的新时期。在改革开放新时期，我国民生建设取得了重大成就。

1978年后，中国共产党在吸取过去民生领域建设的经验基础上，更加强烈地意识到民生改善与经济发展必须相互适应。民生改善过快，超出经济实力承担

---

① 《毛泽东文集》第7卷，人民出版社1999年版，第353页。
② 《毛泽东文集》第8卷，人民出版社1999年版，第29~30页。
③ 《毛泽东文集》第7卷，人民出版社1999年版，第451~452页。

的可能会遏制经济发展，民生改善过慢，会挫伤劳动者的积极性。"发展生产，而不改善生活是不对的；同样，不发展生产，要改善生活，也是不对的，而且是不可能的。"① 在针对当时部分人存在着脱离实际的改善民生的思想时，邓小平对这种错误的思想进行了明确的批评，指出："必须再一次向干部和群众进行教育，我们是个穷国，大国，一定要艰苦创业，逐步改善人民的生活，提高人民的收入，必须建立在发展生产的基础上。"② 陈云也指出："提高人民生活水平，要掌握一定的幅度，不能过高、过快……要量力而行。"③

基于中国的国情，邓小平提出了著名的"三步走"发展战略。围绕着改善人民生活这一主线，民生建设与经济发展共同前进。第一步目标，从 1980 年到 1990 年，实现国民生产总值翻一番，解决人民的温饱问题；第二步目标，1991 年到 20 世纪末国民生产总值再增长一倍，人民生活达到小康水平；第三步目标，到 21 世纪中叶人民生活比较富裕，基本实现现代化，人均国民生产总值达到中等发达国家水平，人民过上比较富裕的生活。从民生建设的角度看，这是改革开放以来中国共产党对社会主义初级阶段民生建设的路线图。

20 世纪 90 年代后，面对国际国内局势的变化，党中央对民生建设的重要性有了更清晰的认识。江泽民指出："我们党所以赢得人民的拥护，是因为我们党在革命、建设、改革的各个历史时期，总是代表着中国先进生产力的发展要求，代表着中国先进文化的前进方向，代表着中国最广大人民的根本利益，并通过制定正确的路线方针政策，为实现国家和人民的根本利益而不懈奋斗。"④ 他告诫全党，一定要心中始终都想着如何为人民谋利益，创造幸福生活，才会获得人民的真心拥护。"党的理论、路线、纲领、方针、政策和各项工作，必须坚持把人民的根本利益作为出发点和归宿，使人民群众不断获得切实的经济、政治、文化利益。"⑤ "我们建设有中国特色社会主义的各项事业，我们进行的一切工作，既要着眼于人民现实的物质文化生活需要，同时又要着眼于促进人民素质的提高，这是马克思主义关于建设社会主义新社会的本质要求。"⑥

江泽民明确了民生建设与经济发展的辩证关系，强调二者互为条件、共同发展。"没有经济的发展，就没有人民生活水平的提高，没有民族的强盛，没有国

---

①② 《邓小平文选》(1975~1982 年)，人民出版社 1983 年版，第 222 页。
③ 陈云：《当前经济工作的几个问题》，载于中共中央文献研究室编：《改革开放三十年重要文件选编》(上册)，中央文献出版社 2008 年版，第 510 页。
④ 《江泽民文选》第 3 卷，人民出版社 2006 年版，第 2 页。
⑤ 《江泽民文选》第 3 卷，人民出版社 2006 年版，第 279 页。
⑥ 《江泽民文选》第 3 卷，人民出版社 2006 年版，第 294 页。

家的稳定,也没有国际的安全和人类的进步。经济是基础。一切政治归根到底都是为经济服务的。一个国家不搞好经济,不致力于改善人民生活,是难以稳定的。一个国家过高估计自己的经济实力,从事过多的超越本身承受能力的事情,也会捉襟见肘、力不从心。"① "在经济发展的基础上,促进社会全面进步,不断提高人民生活水平,保证人民共享发展成果。"② "物质贫乏不是社会主义,精神空虚也不是社会主义。社会主义不仅要使人民物质生活丰富,而且要使人民精神生活充实。"③

在党的十五大提出的"新三步走"战略的基础上,纵观国内国际发展大势,党的十六大报告中明确提出,21世纪头20年,是我国必须紧紧抓住并且可以大有作为的重要战略机遇期,要集中力量全面建设惠及十几亿人口的更高水平的小康社会,为到21世纪中叶基本实现现代化奠定基础。④

胡锦涛强调,民生工作是社会主义建设的根本出发点和落脚点。"要坚持人民群众在建设中国特色社会主义事业中的主体地位,坚持把最广大人民的根本利益作为一切工作的根本出发点和落脚点,把改善人民生活作为经济社会发展的目的和归宿,切实保障人民群众的经济、政治、文化权益。"⑤ "保障和改善民生,是我们搞革命、搞建设、搞改革的出发点和落脚点,也是坚持党的全心全意为人民服务宗旨的根本要求。"⑥ 党要做到权为民所用,情为民所系,利为民所谋,带领群众创造自己的幸福生活,在新世纪新阶段全面建设小康社会这场考试中经受考验,努力交出优异的答卷。⑦ "党的一切奋斗,归根到底都是为了解放和发展社会生产力,不断改善人民生活。"⑧

在科学发展观指导下,党的十七大报告将社会和谐作为中国特色社会主义发展的基本要求,"要继续大力保障和改善民生,坚定不移推进社会主义和谐社会

---

① 《江泽民文选》第1卷,人民出版社2006年版,第332页。
②④ 中共中央文献研究室编:《十六大以来重要文献选编》(上),中央文献出版社2005年版,第21~22页。
③ 《江泽民文选》第1卷,人民出版社2006年版,第621页。
⑤ 中共中央文献研究室编:《十六大以来重要文献选编》(中),中央文献出版社2005年版,第1091页。
⑥ 中共中央文献研究室编:《十六大以来重要文献选编》(上),中央文献出版社2005年版,第851页。
⑦ 中共中央文献研究室编:《十六大以来重要文献选编》(上),中央文献出版社2005年版,第82~86页。
⑧ 中共中央文献研究室编:《十六大以来重要文献选编》(下),中央文献出版社2005年版,第445页。

建设。""加快建立覆盖城乡居民的社会保障体系,保障人民基本生活。"①

党的十七大以后,党对改善民生有了更深入的思考,对改善民生和推动社会发展的关系有了更深刻的认识。一方面,在坚持以经济建设为中心的同时,更加注重社会建设,重点解决人民最关心、最直接、最现实的利益问题,推动教育、就业、社会保障、医疗卫生、社会管理等事业迅速发展,将改善民生摆在经济社会发展的优先位置,强调以改善民生为核心的经济社会发展方式。另一方面,将改善民生和扩大内部联系在一起,重视二者的内在统一性。"必须坚持改善民生和扩大内需内在统一。发展经济的最终目的是保障和改善民生。做好保障和改善民生工作,是坚持以人为本、实现发展成果由人民共享的必然要求,也是扩大国内需求、拉大经济增长的内在动力。从当前我国经济结构和经济社会发展状况看,我们必须更加注重围绕保障和改善民生来谋划发展,把增加居民消费作为扩大内需的重点,通过保障和改善民生促进经济结构优化、增强经济发展拉动力。"②

二、民生领域的改革举措和实践

(一) 医疗卫生

我国医疗卫生领域的改革经历了一段比较长的探索时期。1979 年,《关于加强医院经济管理试点工作的通知》的发布,使医院开始走向市场化。1980 年国务院批转卫生部《关于允许个体医生开业行医问题的请示报告》,1985 年 4 月,卫生部《关于卫生工作改革若干政策问题的报告》得到国务院的批转,开启了以"放权让利、扩大医院自主权"为方向的医疗卫生体制改革。1992 年《关于深化卫生改革的几点意见》提出"支持有条件的单位办成经济实体或实行企业化管理,做到自主经营、自负盈亏"。城市居民的劳保医疗制度从社会统筹转向企业保障。到 20 世纪 90 年代中期,财政资金支持的比例只占医院所有花销的 20% ~ 25%。农村地区随着集体经济的衰落,大部分村级医务室都被私人承包,基于集体经济的合作医疗制度迅速瓦解,到 20 世纪 80 年代末期,参加合作医疗的行政村已经不足 5%。

---

① 中共中央文献研究室编:《十六大以来重要文献选编》(上),中央文献出版社 2005 年版,第 30 页。

② 中共中央文献研究室编:《十七大以来重要文献选编》(中),中央文献出版社 2011 年版,第 281 页。

针对改革初期存在的问题,1994年,国务院以江苏镇江、江西九江为改革试点,探索建立社会统筹与个人账户相结合的社会医疗保险制度。1998年颁布《关于建立城镇职工基本医疗保险制度的决定》,决定在全国范围内建立覆盖城镇职工、社会统筹与个人账户相结合的基本医疗保险制度。2000年出台《关于城镇医药卫生体制改革的指导意见》。2003年爆发的"非典"疫情引起了国家和社会对医疗卫生问题的关注和反思,开始推广覆盖农民的新农合制度。

2006年提出"建设覆盖城乡居民的疾病卫生保健制度"。2006年,十届全国人大四次会议通过《国家"十一五"规划纲要》首次明确提出覆盖几乎全部民生领域的政府基本公共服务的11个优先领域:义务教育、公共卫生、社会保障、社会救助、促进就业、减少贫困、防灾减灾、公共安全、公共文化、基础科学与前沿技术以及社会公益性技术研究、国防等公共服务领域。2006年就业和社会保障、教育、卫生和文化四项直接关乎民生的公共支出合计11236.46亿元,占全部支出的27.9%。[1] 到2007年,农村合作医疗覆盖率自2002年提出以来,覆盖率达到82.83%。[2]

在随后的改革实践中,逐渐更加明确医疗卫生体制改革不仅需要市场化改革,更需要政府发挥积极作用。2008年发布《关于深化医疗卫生体制改革的意见(征求意见稿)》,2009年发布《2009~2011年深化医药卫生体制改革实施方案》,明确了新医改以建立健全覆盖城乡居民的基本医疗卫生制度为总体目标。到2012年时,我国医疗改革已经取得了阶段性成绩。世界卫生组织、美国国际战略研究中心、摩根银行等国际组织都积极评价了中国新医改的进展和成果。

(二)就业

改革开放新时期,我国经历了两次就业形势严峻的挑战,1979年知青返城和1998~2002年国有企业改革所带来的大量国有企业员工下岗。前者主要是历史原因,后者则反映了社会主义市场经济体制改革过程中存在如何兼顾经济效率和社会民生问题。对于知青返城造成的就业压力,党中央提出在建立技术先进、劳动生产率高的企业和部门的同时,还要发展容纳劳动力较多的行业和部门,充分利用劳动力资源。在此思想指导下,城镇就业问题基本得到解决。到1981年,城镇累计安置就业人数2622.6万人,城镇待业率从5.4%下降到3.8%。1984年

---

[1] 《中国统计年鉴》,中国统计出版社2007年版,第280~281页。
[2] 《中国卫生年鉴》,中国统计出版社2008年版,第335页。

进一步下降到2%以下。①

在解决知青回城问题后的很长一段时期，我国失业率水平长期保持在较低的水平，大约为2%，这一方面是因为民营经济的发展创造了大量就业岗位，另一方面是国有经济仍然担负着吸收劳动力的重任。1980年，在国有单位中就业的城镇劳动力总数是8019万人，到1997年国有企业员工超过了1亿人。随着改革的深入，20世纪90年代初期开始已经出现国有企业的员工下岗情况，1998年国有企业新增下岗职工560多万人，一直到2000年三年累计下岗员工多达1500万人。对此，党中央在十五大报告中强调："党和政府要采取积极措施，依靠社会各方面的力量，关心和安排好下岗职工生活，搞好职业培训，拓宽就业门路，推进再就业工程。"② 在坚持减员增效同促进再就业相结合、职工下岗分流同社会承受能力相适应的原则下，建立全方位、多渠道、多领域的再就业体系。到1998年9月，全国95%以上有下岗职工的国有企业建立了再就业服务中心。到2002年，国有企业职工大规模下岗形成的就业压力及其对社会稳定的冲击基本被化解。

2002年后，城镇就业压力从国有企业员工下岗转变为高校扩招的新毕业大学生和城镇化进程中农村富余劳动力向城镇的转移，据统计，2000～2005年城镇新增劳动力供给每年为2200多万人，而每年新增劳动岗位为700万～800万人。面对新的劳动力市场问题，应对策略转向积极扩大就业市场，指出我国就业方面的主要矛盾是劳动者充分就业的需要与我国劳动力总量过大、素质不相适应之间的矛盾。③ 党的十六大将就业列为社会民生建设的重点内容和经济社会发展的有限目标，通过多种渠道开发就业岗位，鼓励自主就业，基本化解了严峻的就业压力。

(三) 教育

1978年后，随着党中央的工作重心转移到经济建设上来，在计划经济时期就被非常重视的教育和科学技术提到更重要的位置上来。邓小平明确指出："没有科学技术的高速度发展，也就不可能有国民经济的高速度发展。""在无产阶级专政的条件下，不搞现代化，科学技术水平不提高，社会生产力不发达，国家的

---

① 国家统计局社会统计司：《中国劳动工资统计资料（1949－1985）》，中国统计出版社1987年版，第109～110页。
② 《江泽民文选》第2卷，人民出版社2006年版，第22页。
③ 国家统计局社会统计司：《中国劳动工资统计资料（1949－1985）》，中国统计出版社1987年版，第505页。

实力得不到加强,人民的物质文化生活得不到改善,那么,我们的社会主义政治制度和经济制度就不能充分巩固,我们国家的安全就没有可靠的保障。"① 在强调科学技术进步的重要性的同时,邓小平反复指出科学技术进步依赖于提高科学文化的教学水平,只有稳步提高教学质量,才能更好地将科学技术服务于社会主义建设。江泽民强调:"全党同志和全国各族人民都要从实现祖国富强和民族振兴的高度,继续关心和支持我国教育的发展。"②

胡锦涛对教育建设的目标做了更具体的阐述。2010 年,党中央、国务院召开了 21 世纪第一次全国教育工作会议,发布了《国家中长期教育改革和发展规划纲要(2010~2020 年)》,相继启动实施一系列国家教育体制改革试点和重大教育工程项目,完善了公共教育投入的保障机制,出台了若干重大教育政策。胡锦涛提出,要根据纲要的全部部署,确保到 2020 年我国基本实现教育现代化,基本形成学习型社会,进入人力资源强国行列。③

到 2012 年,全国共有幼儿园 18.13 万所,学前教育毛入园率达到 64.5%。义务教育阶段学校 28.2 万所,全国义务教育阶段共招生 3285.43 万人,其中,小学学龄儿童净入学率达到 99.85%;初中阶段毛入学率 102.1%;高中阶段教育(包括普通高中、成人高中、中等职业学校)共有学校 26868 所,高中阶段毛入学率 85.0%。全国各类高等教育总规模达到 3325 万人,高等教育毛入学率达到 30%。④

(四) 社会保障体系

社会保障体系是国家通过立法而制定的社会保险、救助、补贴等一系列制度的总称。改革开放后,我国的社会保障体系建设取得了巨大进展。

2006 年中国共产党第十六届中央委员会第六次全体会议通过《中共中央关于构建社会主义和谐社会若干重大问题的决定》,其中明确提出,"完善社会保障制度,保障群众基本生活。适应人口老龄化、城镇化、就业方式多样化,逐步建立社会保险、社会救助、社会福利、慈善事业相衔接的覆盖城乡居民的社会保障体系。"

---

① 《邓小平文选》第 2 卷,人民出版社 1994 年版,第 86 页。
② 江泽民在全国教育工作会议上的讲话(1999 年 6 月),央视网,news.cntv.cn/china/20111222/116294.shtml。
③ 胡锦涛在全国教育工作会议上的讲话,中国政府网,www.gov.cn/ldhd/2010-09/08/content_1698579.htm。
④ 《中华人民共和国教育部全国教育失业发展统计公报》(2012)。

党的十七大报告对社会保障体系建设的具体内容做了进一步明确规定,"加快建立覆盖城乡居民的社会保障体系",并且第一次在党的重要文献中提出了三个基础、三个重点和两个补充的发展新思路,即"要以社会保险、社会救助、社会福利为基础,以基本养老、基本医疗、最低生活保障制度为重点,以慈善事业、商业保险为补充,加快完善社会保障体系。"

党的十七届五中全会提出,"十二五"期间健全覆盖城乡居民的社会保障体系,必须坚持"广覆盖、保基本、多层次、可持续"的方针。"广覆盖",就是要尽快健全社会保障制度并迅速普及城乡,把人人享有基本社会保障作为社保制度建设的优先目标;"保基本",就是要从我国社会主义初级阶段的基本特征出发,充分考虑各方面承受能力,确定与经济社会发展相适应的基本保障水平;"多层次",就是要以政府主导的社会保险、社会救助、社会福利为基础,以城乡基本养老、基本医疗、最低生活保障制度为重点,以慈善事业、商业保险为补充,构建多层次体系,满足人民群众多样化的保障需求;"可持续",就是在着力解决现实突出问题和历史遗留问题的同时,着眼长远,统筹协调,探索建立长效机制,保持社会保障事业长期、稳定、可持续发展。

在党和国家的一系列重大战略部署下,社会保障体系建设取得突飞猛就的成就。各项制度建设逐步完善,各类社会保险覆盖范围不断扩大,社会保障水平稳步提高。到 2012 年年底,全国参加城镇职工基本养老保险、城镇基本医疗保险、工伤保险、失业保险、生育保险的人,分别达到 30427 万人、53641 万人、199010 万人、15225 万人、15429 万人,城乡居民社会养老保险实现了制度全覆盖,参保人数达到 48370 万人。全国城镇职工养老保险基金收入 20001 亿元,基金支出 15562 亿元;全国企业参保退休人员基本养老金水平连续 8 年不断提高,达到 1721 元。①

(五) 扶贫脱贫

改革开放后,党中央高度重视扶贫开发工作。在我国,农村人口占多数,中国扶贫的关键在农村。邓小平明确指出,贫穷不是社会主义,社会主义要消灭贫穷。②"农民没有摆脱贫困,就是我国没有摆脱贫困。"③

随着农村家庭联产承包责任制的实行,我国大部分农村已经解决了困扰多年的温饱问题,农民收入增加,生活消费水平提高,开始向小康社会迈进。1998

---

① 《2012 年度人力资源社会保障事业发展统计公报》,人社部。
② 《邓小平文选》第 3 卷,人民出版社 1993 年版,第 223～225 页。
③ 《邓小平文选》第 3 卷,人民出版社 1993 年版,第 237 页。

年农村居民人均纯收入2162元，比1978年增长15倍，比1954年增长33倍。从1954年到1998年，农民人均纯收入年均增长8.3%。1998年，农民用于生活消费的支出约为1590元，比1978年增长12.7倍。改革以来农民人均生活消费水平年均增长6%，高于前29年平均3.7%的增长速度。1988年，农民人均收入544.9元，比1949年增加501.1元，平均每年增加12.8元。农民人均生活消费支出476.7元，比1954年59.6元增加417.1元，增长7倍。①

江泽民进一步完善和丰富了扶贫工作的内容、重点，并结合国家发展战略对扶贫工作做了深刻阐述。"下个世纪继续开展扶贫开发，要首先解决剩余贫困人口的温饱问题，巩固扶贫成果，使已经解决温饱的人口向小康迈进，同时在稳定解决温饱的基础上，全面推进贫困地区经济社会发展。这项工作，必须同我们对下个世纪整个经济发展战略的考虑结合起来，同加快中西部地区建设、缩小东西部地区发展差距，实现共同富裕的目标结合起来。"②

1994年，党中央国务院颁布了我国第一个也是世界第一个有明确时间的开发式扶贫计划《国家八七扶贫攻坚计划（1994～2000年）》，明确提出用7年时间解决8000万贫困人口的温饱问题。2001年颁布了《中国农村扶贫开发纲要（2001～2010年）》，明确了新一个10年的国家减贫战略。

随着大规模扶贫工作的推行和实施，中国农村扶贫开发工作在解决温饱问题方面取得了显著进展，相应地，在新的历史时代背景下，党和国家对扶贫工作提出了更高要求。在科学发展观的要求下，胡锦涛明确阐述了扶贫开发与和谐社会的关系；提出我国扶贫开发已经从以解决温饱为主要任务的阶段转入巩固温饱成果、加快脱贫致富、改善生态环境、提高发展能力、缩小发展差距的新阶段；进一步完善了扶贫工作格局，从专项扶贫为主转向专项扶贫、行业扶贫、社会扶贫"三位一体"，从政府为主转向政府、市场、社会协同推进。"扶贫开发是建设中国特色社会主义事业的一项历史任务，也是构建社会主义和谐社会的一项重要内容。"③

2005年中央一号文件《中共中央　国务院关于进一步加强农村工作提高农业综合生产能力若干政策的意见》出台针对国家扶贫开发重点县的特殊支持政策，实行免征农业税试点。此后出台多项针对扶贫重点地区的特殊政策。2011年中共中央、国务院颁布实施《中国农村扶贫开发纲要（2011～2020年）》，根据相关工作部署，国家扶贫标准提高到2300元，覆盖1.2亿农村扶贫对象，划

---

① 《中国农村统计年鉴》，中国统计出版社1999年版，第241页。
② 《江泽民论有中国特色社会主义（专题摘编）》，中央文献出版社2002年版，第138～139页。
③ 《胡锦涛总书记关于构建社会主义和谐社会的有关论述》，载于《党建》2005年第5期。

定 11 个连片特困地区，加上已明确实施特殊政策的西藏、四省藏区和新疆南疆三地州，作为扶贫攻坚的主战场。到 2012 年，扶贫开发工作取得显著成效，农村扶贫对象总规模下降到 9899 万人，占农村户籍人口的比例下降到 10.2%。①

第三节　新时代改善民生的理论和实践创新

一、以人民为中心改善民生

党的十八大以来，党对民生建设的认识更加深入，进一步明确了民生建设的信念、内容和指导思想。习近平指出，"人民对美好生活的向往，就是我们的奋斗目标。"② 中国共产党将民生与民族复兴高度统一起来，将保障和改善民生作为改革发展的重点，形成了"以改革促民生，以民生促发展"的深化改革思路和"守住底线、突出重点、完善制度、引导舆论"的民生工作思路，将民生建设推进到一个更全面建设的新阶段。

（一）深刻把握社会主要矛盾变化

随着中国特色社会主义进入新时代，我国社会主要矛盾发生了转化，人民日益增长的美好生活需要和不平衡不充分的发展之间的矛盾成为社会主要矛盾。我国社会主要矛盾的变化是关系全局的历史性变化，对党和国家的民生建设工作提出了许多新要求。十九大报告明确指出：我们在经济方面所面临的困难和挑战主要是："发展不平衡不充分的一些突出问题尚未解决"；"民生领域还有不少短板，脱贫攻坚任务艰巨，城乡区域发展和收入分配差距依然较大"等。

（二）改善民生工作的长期性

"保障和改善民生是一项长期工作，没有终点站，只有连续不断的新起点。" "在前进道路上，我们一定要坚持从维护最广大人民根本利益的高度，多谋民生之利，多解民生之忧，在学有所教、劳有所得、病有所医、老有所养、住有所居上持续取得新进展。我们要坚持党的群众路线，坚持人民主体地位，时刻把群众

---

① 《中国 2012 年来农村扶贫对象总规模降至 9899 万人》，载于《人民网》2013 年 2 月 26 日。
② 《人民对美好生活的向往，就是我们的奋斗目标》，引自中共中央文献研究室编：《十八大以来重要文献选编》（上），中央文献出版社 2014 年版，第 70 页。

安危冷暖放在心上，及时准确了解群众所思、所盼、所忧、所急，把群众工作做实、做深、做细、做透。"①

"民生连着民心，民心关系国运。我们党和政府做一切工作的出发点、落脚点都是让人民过上好日子。由于历史欠账和老工业基地特殊性问题，辽宁困难群众还不少，民生工作压力比较大。保障和改善民生是一项系统工程，需要进行长期不懈的努力，总的要求是坚定不移走共同富裕道路，让发展成果更好更公平惠及全体人民。"②

（三）民生的内涵更加丰富

在全面建设小康的要求下，民生改善不再局限于经济发展指标之内，进一步将民生建设看作全面小康社会建设的突出短板，将民生与社会发展和美好生活紧密联系在一起。全面建成小康社会突出的短板主要在民生领域，发展不全面的问题很大程度上也表现在不同社会群体民生保障方面。"天地之大，黎元为先。"要按照人人参与、人人尽力、人人享有的要求，坚守底线、突出重点、完善制度、引导预期，注重机会公平，着力保障基本民生。"我们的人民热爱生活，期盼有更好的教育、更稳定的工作、更满意的收入、更可靠的社会保障、更高水平的医疗卫生服务、更舒适的居住条件、更优美的环境，期盼孩子们能成长得更好、工作得更好、生活得更好。人民对美好生活的向往，就是我们的奋斗目标。人世间的一切幸福都需要靠辛勤的劳动来创造。我们的责任，就是要团结带领全党全国各族人民，继续解放思想，坚持改革开放，不断解放和发展社会生产力，努力解决群众的生产生活困难，坚定不移走共同富裕的道路。"③

二、新时代民生改善取得的巨大进展

（一）扩大就业呈现新局面

党中央一直把解决就业问题的工作放在突出位置，提出"劳动者自主就业、市场调节就业、政府促进就业和鼓励创业"的新时代就业方针，不断完善社会主

---

① 《全面贯彻落实党的十八大精神要突出抓好六个方面工作》，载于《求是》2013年第1期。
② 《习近平关注民生问题：民生连着民心　民心关系国运》，中国网，http://news.china.com.cn/2013lianghui/2013-03/07/content_28156362.htm。
③ 中共中央文献研究室编：《十八大以来重要文献选编》（上），中央文献出版社2014年版，第70页。

义就业机制。一方面确保经济平稳快速增长,提供足够的就业岗位;另一方面出台一系列具有针对性的措施,鼓励支持自主创业,不断扩大就业机会。2017年末全国就业人员达7.76亿人,比1978年增加3.75亿人,十八大以来城镇新增就业年均1300万人以上,比2003年到十八大的平均1178万人显著增加。①

就业结构也不断优化。从城乡结构来看,城镇就业人员占全部就业人员比重增加,从1978年的23.7%上升到2017年的54.7%;从产业结构来看,第三产业就业人口占全部就业人口比重最高,到2017年,就业人数从1978年的0.49亿人增加到3.49亿人,所占比重从12.2%增加到44.9%;从经济类型来看,私营企业所吸纳的就业比例越来越高,2017年末,非公企业经济的就业人数基本占据了总就业人数的一半。②

(二) 扶贫工作成就举世瞩目

在全面建成小康社会、实现第一个百年奋斗目标的推动下,全国全社会向贫困发起了总攻。2014年国务院颁布施行《社会救助暂行办法》,2015年中央召开扶贫开发工作会议,提出要在未来5年实现全面建成小康社会目标。农村的脱贫工作被看作重中之重,为确保扶贫工作的连续性的基础上,加大对扶贫工作的支持力度,在《国家八七扶贫攻坚计划(1994~2000年)》、《中国农村扶贫开发纲要(2001~2010年)》的基础上,颁布了《中国农村扶贫开发纲要(2011~2020年)》。2015年中央财政安排专项扶贫资金467.5亿元,比2014年增长8%,各地大幅增加扶贫投入,2015年达到334.5亿元,比2014年增长25%,甘肃省级和片区县按当年地方财政收入增量的20%以上、市级按10%以上、"插花县"按15%以上增列本级专项扶贫资金预算。2015年中央财政安排民族八省区专项扶贫资金200亿元,比2014年增长8.1%。2018年中央财政补助地方专项资金达1060.95亿元,新增200亿元全部用于支持深度贫困地区脱贫攻坚,2019年中央财政补助地方转向扶贫资金进一步增加到1260.95亿元。③

在产业扶贫、健康扶贫、易地扶贫搬迁等的一系列措施的支持下,十八大以后脱贫、扶贫工作取得了决定性进展,创造了中国扶贫史上最好成绩。"十二五"期间,我国农村贫困人口从2010年的1.66亿人减少到2015年底的5575万人,减少了1亿多人。贫困县农民人均收入从2010年3273元增长到2015年6828元,翻了一番多,增长幅度连续5年高于全国农村平均水平。从2012年到2017年

---

① ② 《中国统计年鉴》,中国统计出版社2018年版,第109页。
③ 《中国财政年鉴》,中国统计出版社2018年版,第245页。

底,近七千万贫困人口稳定脱贫,贫困发生率从10.2%下降到3.1%以下,减少了153个贫困县。2018年农村贫困人口减少1386万人,异地扶贫搬迁280万人。①

(三) 医疗卫生和教育领域成绩斐然

"十二五"期间我国医疗事业成绩斐然,构建了惠及13亿人口的世界上规模最大的基本医疗保障网,覆盖率达98%,医保人均补助标准从2012年的240元提高到450元。城镇居民医保和新农合实现整合,全国90%以上的地区实现了医疗救助和医保的一站式结算,异地就医结算在全国大部分地区基本实现。2019年政府工作报告对医疗领域的重点工作做了明确的规定,各项医疗事业计划更加全面、完善,进一步提高了医疗领域的建设水平。例如,将继续提高城乡居民基本医保和大病保险保障水平,降低并统一大病保险起付线,报销比例由50%提高到60%,深化公立医院综合改革等。这些举措在提高全民健康水平、寿命等方面发挥了积极作用。以婴儿、孕妇死亡率为例,2017年新生婴儿死亡率、婴儿死亡率、5岁以下儿童死亡率、孕产妇死亡率相较于2012年分别下降了2.4%、3.5%、4.1%、4.9%,② 如图13-1所示。

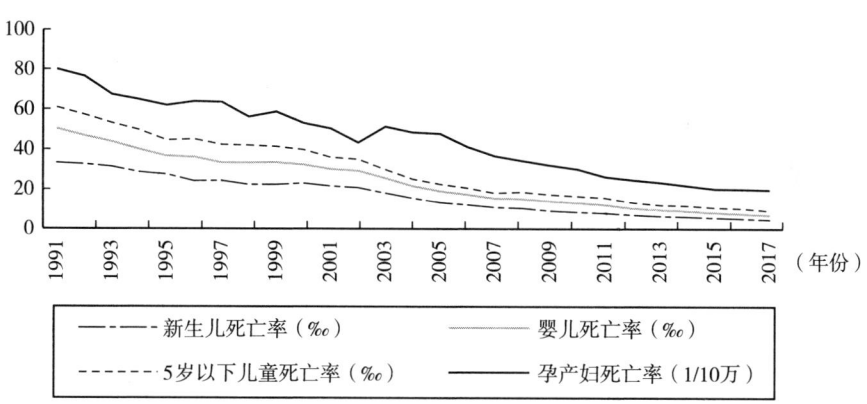

图13-1 15岁以下儿童和孕产妇死亡率

资料来源:国家统计局:《中国统计年鉴》,中国统计出版社2018年版。

党的十八大以来,在党中央优先发展教育的理念下,教育投入不断增加,教育改革发展取得显著成就。一方面出台了一系列涉及教育改革的文件和方案,如

---

① 《中国农村统计年鉴》,中国统计出版社2018年版,第303页。
② 《中国统计年鉴》,中国统计出版社2018年版,第731页。

《乡村教师支持计划（2015~2020年）》、《关于深化教育体制机制改革的意见》、《统筹推进世界一流大学和一流学科建设总体方案》、《关于统筹推进城乡义务教育一体化改革发展的若干意见》等，对教育进行了务实的顶层设计。另一方面加大对教育的公共投入。2012年我国财政学教育经费支出突破2万亿元，占当年国内生产总值比例首次超过4%，此后连续保持在4%以上，2018年国家财政性教育经费达46135亿元，比上年增长8.39%。2017年全国学前教育毛入园率接近80%，比2012年提高15.1个百分点；15岁及以上人口平均受教育年限达到9.6年，劳动年龄人口平均受教育年限达到10.5年。高等教育向普及化阶段快速迈进，2017年，高等教育毛入学率达到45.7%，高于中高收入国家平均水平，[①] 如图13-2所示。

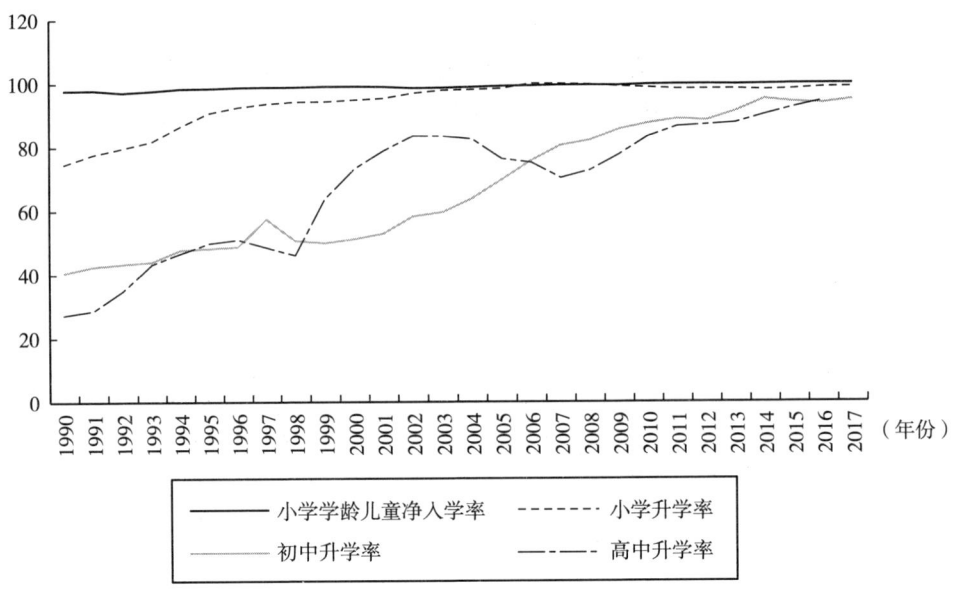

图13-2 小学学龄儿童净入学率和各级普通学校毕业生升学率

资料来源：国家统计局：《中国统计年鉴》，中国统计出版社2018年版。

（四）对改革和民生的辩证关系认识更加明晰

经过几十年民生领域改革实践的探索，将改善民生作为推进社会主义改革的目的，将民生作为解决社会主义市场经济改革过程中产生和遗留难题的主要手

[①] 《中国统计年鉴》，中国统计出版社2018年版，第692、698页。

段。2014年6月6日，习近平在中央深改领导小组会议上强调改革要坚持从具体问题抓起，把有利于稳增长、调结构、防风险、惠民生的改革举措往前排，还分别对财税体制、户籍制度和司法体制这三大领域的改革要求进行了阐述，认为它们是深化社会主义市场经济体制改革的三大攻坚任务，也直接关系到完全的竞争性市场机制能否真正解决高房价、高药价、乱涨价、低福利、贫富分化、就业困难、食药品安全、行贿受贿严重、劳资冲突频发、教育和城镇化的质量不高等民生迫切问题。

（五）脱贫攻坚与全面小康的理论发展

一是利用制度优势创新扶贫工作。社会主义以共同富裕为目标。在生产力落后的条件下建设社会主义，可以充分利用制度优势，在党的领导下，将政府、社会、市场等多方面的力量都集中到扶贫工作中。首先，将党的基层组织与脱贫攻坚工作紧密有机结合起来。具体而言，"在乡镇层面，要着力选好贫困乡镇一把手、配强领导班子，使整个班子和干部队伍具有较强的带领群众脱贫致富能力。在村级层面，要注重选派一批思想好、作风正、能力强的优秀年轻干部和高校毕业生到贫困村工作，根据贫困村的实际需求精准选配第一书记、精准选派驻村工作队。要完善村级组织运转经费保障机制，通过财政转移支付和党费支持等办法，保障村干部报酬、村办公经费和其他必要支出。要探索各类党组织结对共建，通过贫困村同城镇居委会、贫困村同企业、贫困村同社会组织结对等多种共建模式，为扶贫带去新资源、输入新血液。"[①] 其次，在党的领导下，动员全社会力量参与脱贫工作，构建政府、社会、市场协同推进的大扶贫格局，形成跨地区、跨部门、跨单位、全社会共同参与的多元主体的社会扶贫体系。"脱贫致富不仅仅是贫困地区的事，也是全社会的事。要更加广泛、更加有效地动员和凝聚各方面力量，要强化东西部扶贫协作。东部地区不仅要帮钱帮物，更要推动产业层面合作，推动东部地区人才、资金、技术向贫困地区流动，实现双方共赢。不仅要推动省级层面协作，而且要推动市县层面协作。近些年来，中央和国家机关各部门、人民团体等承担定点扶贫任务的单位，围绕扶贫做了不少事情，为扶贫开发做出了重要贡献。今后要继续努力，同时要更加重视制度建设，明确各单位责任，建立考核评价机制。承担定点扶贫任务的中央企业要把帮扶作为政治责任，不能有丝毫含糊。守望相助、扶危济困是中华民族的传统美德。要研究借鉴

---

① 《在中央扶贫开发工作会议上的讲话》，引自中共中央文献研究室编：《十八大以来重要文献选编》（下），中央文献出版社2018年版，第47~48页。

其他国家的成功做法,创新我国慈善事业制度,动员全社会力量广泛参与扶贫事业,鼓励支持各类企业、社会组织、个人参与脱贫攻坚。同时,要引导社会扶贫重心下沉,促进帮扶资源向贫困村和贫困户流动,实现同精准扶贫有效对接。"①

二是深入认识贫困一般与贫困特殊的关系。随着扶贫工作的开展,中国的扶贫工作进入到了新阶段,需要更好地认识贫困问题和具体的贫困问题之间的辩证关系,并以此指导具体的扶贫工作。在将脱贫攻坚摆到治国理政突出位置的同时,必须针对具体的贫困类型,采取具体的措施。以"六个精准"的要求,即按照扶持对象精准、项目安排精准、资金使用精准、措施到户精准、因村派人精准、脱贫成效精准,确保各项政策好处落到扶贫对象身上。通过采取分类措施,因人因地施策,因贫困原因施策,因贫困类型施策,通过扶持生产和就业发展一批,通过易地搬迁安置一批,通过生态保护脱贫一批,通过教育扶贫脱贫一批,通过低保政策兜底一批。

为了实现2020年全面建成小康社会的战略目标,需要对贫困程度深、扶贫成本高、脱贫难度大的民族地区、边疆地区等处于弱势地位的深度贫困地区作为扶贫开发的主战场。对于革命老区,习近平提出了五点要求,加大政策倾斜扶持力度、加快社会事业发展、加大产业培育扶持力度、认真贯彻中央改革决策部署以及夯实管党治党基础。对于比较贫困的民族地区,由于经济、社会、政治、生态环境因素,需要党和政府对扶贫工作更加重视,积极发扬当地居民自强自立精神,找准发展道路。边境地区由于安全稳定等因素,在加大对边境地区投入的同时,通过加强沿边地区的基础设施建设和改造提升工程,实施建设跨境旅游合作区等产业兴边工程等多种方式早日改变贫困面貌。

第四节 改善民生的主要经验

一、坚持以人民为中心的正确导向

新中国成立70年来,从毛泽东强调为人民服务,到邓小平建设小康社会和"三步走"战略,到"三个代表"重要思想和"科学发展观",再到习近平提出的以人民为中心的发展理念,中国的革命、建设、改革、发展始终坚持以人民为

---

① 中共中央文献研究室编:《十八大以来重要文献选编》(下),中央文献出版社2018年版,第50~51页。

中心，发展为了人民，依靠人民发展。这是党和国家带领全体人民在改善民生过程中不断取得成功的根本。关注民生、重视民生、保障民生、改善民生，是中国共产党自创立以来就始终坚持的工作重点，也是新时代全面建设社会主义现代化国家实现民族复兴的重点。

二、坚持以改革促民生发展与以民生建设促改革深化

改革是我国经济社会发展、不断推动民生建设的动力。在中国特色社会主义道路上不断深化改革，是新中国成立 70 年来民生建设不断夺取新胜利的主要动力。民生建设是社会稳定之本，是不断深化改革的保证，只有在稳定的社会环境中才有可能推动改革，只有民生建设得到人民群众的拥护和认可，才能实现全面改革的深化和经济社会的持续健康发展。

三、妥善处理经济发展与民生改善的关系

新中国成立 70 年特别是改革开放 40 年来，有重视民生、改善民生取得巨大成功的宝贵经验，也有重生产而忽视人民生活改善的教训。之所以在有一段时间，发生重生产而忽视民生改善的问题，从历史的原因看，是新中国成立时间不长，对于如何在生产力极度落后、国际环境十分恶劣的条件下开展社会主义民生建设缺乏经验。另一方面是因为在认识上急于加快经济发展，摆脱落后面貌，而对于如何处理经济建设和民生改善关系的规律还缺乏科学的认识。70 年的实践证明，一定要把改善人民生活摆在首要地位，但要改善民生，一定要发展经济，以经济发展促民生改善，以民生改善、人民积极性的发挥促经济发展。

四、妥善处理共同富裕与先富后富的关系

社会主义的本质是解放生产力，发展生产力，消灭剥削，消除两极分化，实现共同富裕。但共同富裕并非同步富裕。由于历史、自然、社会等原因，社会主义初级阶段事实上存在生产力不平衡发展，劳动者劳动能力也存在差异。由此决定，在民生改善过程中也会存在差别，一部分个人和地区先富起来，另一部分个人和地区后富起来。为了实现共同富裕的目标，就要既发挥市场在资源配置中的决定性作用，又更好发挥政府的作用，同时调动社会一切积极因素，做到先富帮后富，实现共同富裕。

第十四章

开放发展与对外开放理论

新中国成立70年特别是改革开放40年以来,中国对开放发展持续进行了理论和实践探索,取得了丰硕成果。对外开放已经成为我国长期坚持的基本国策,同时开放也成为引领我国发展的五大发展理念之一。开放带来进步,封闭必然落后。中国特色社会主义进入新时代,将实行更加积极主动的开放政策,推动形成全方位、多层次、宽领域的全面开放新格局,为构建人类命运共同体不断贡献中国智慧和中国方案。

第一节 改革开放前开放发展的理论和实践探索

一、改革开放前开放发展的实践

(一)经济基本处于封闭半封闭状态

中华人民共和国的建立成功实现了中国历史上最深刻最伟大的社会变革,为当代中国发展进步奠定了根本政治前提和制度基础。新中国成立后至改革开放前,尽管受当时国内外条件的限制,中国经济基本处于封闭半封闭状态,但中国还是对开放发展进行了不懈的理论和实践探索,取得了许多独创性的理论和实践成果。

新中国成立初期,党和政府带领人民迅速恢复国民经济,用几年时间在全国绝大部分地区完成了对生产资料所有制的社会主义改造。同时借鉴苏联的发展经验,逐步建立起全国集中统一的计划经济体制,这种体制对当时历史条件下中国的经济建设发挥了重要作用。1958年开始的"大跃进"和1966年开始的"文化大革命",由于违背了客观经济规律,使得中国经济遭到了严重破坏。

从总体看,新中国成立后到改革开放前的30年,中国经济建设取得了巨大的成绩,建立了独立的比较完整的国民经济体系,农业生产条件也得到极大改善。另外,由于中国的工业化进程仍处于起步阶段,加之"文化大革命"等政治运动的冲击,错过了抓住第二次世界大战后科技革命和产业结构调整的宝贵机遇实现经济腾飞的机会,使得我国生产力水平仍然比较落后。

在当时的国内外形势下,面对以美国为首的西方国家的封锁和禁运,中国积极发展同苏联、东欧社会主义国家以及亚洲一些发展中国家的贸易,并积极对朝鲜、越南、阿尔巴尼亚、坦桑尼亚等国家提供了不附带任何条件的无偿援助。但由于当时我国经济基础薄弱,物质生产匮乏,经济建设资金短缺,更由于西方国家对我国进行敌视和封锁,因而与世界经济交往的范围非常狭窄。特别是在"文化大革命"的混乱时期,中国进入了"闭关锁国"状态。虽然20世纪70年代,随着中美、中日建交,西方国家纷纷与中国建立了外交关系,我国在联合国的合法席位也得到了恢复,新中国与世界其他国家和地区的经济、文化交流有所发展,但真正意义上的对外开放仍未开始。从货物贸易的发展来看,如表14-1所示,1950~1977年,中国货物贸易进出口总额累计只有1487.1亿美元,对外贸易规模极其有限。中国除了对外援建项目和少数外国友人来华旅游外,基本上没有对外服务。另外,中国当时也基本上没有利用外资和对外投资。总之,从新中国成立到1978年改革开放之前,中国经济基本上处于封闭半封闭状态。

表14-1　　　　　　1950~1977年中国货物进出口贸易　　　　　　单位:亿美元

年份	进出口总额	出口总额	进口总额	进出口差额
1950	11.3	5.5	5.8	-0.3
1951	19.6	7.6	12.0	-4.4
1952	19.4	8.2	11.2	-3.0
1953	23.7	10.2	13.5	-3.3
1954	24.4	11.5	12.9	-1.4
1955	31.4	14.1	17.3	-3.2
1956	32.1	16.5	15.6	0.9
1957	31.0	16.0	15.0	1.0
1958	38.7	19.8	18.9	0.9

续表

年份	进出口总额	出口总额	进口总额	进出口差额
1959	43.8	22.6	21.2	1.4
1960	38.1	18.6	19.5	-0.9
1961	29.4	14.9	14.5	0.4
1962	26.6	14.9	11.7	3.2
1963	29.2	16.5	12.7	3.8
1964	34.7	19.2	15.5	3.7
1965	42.5	22.3	20.2	2.1
1966	46.2	23.7	22.5	1.2
1967	41.6	21.4	20.2	1.2
1968	40.5	21.0	19.5	1.5
1969	40.3	22.0	18.3	3.7
1970	45.9	22.6	23.3	-0.7
1971	48.4	26.4	22.0	4.4
1972	63.0	34.4	28.6	5.8
1973	109.8	58.2	51.6	6.6
1974	145.7	69.5	76.2	-6.7
1975	147.5	72.6	74.9	-2.3
1976	134.3	68.5	65.8	2.7
1977	148.0	75.9	72.1	3.8
合计	1487.1	754.6	732.5	—

资料来源：中华人民共和国国家统计局：国家数据，http://data.stats.gov.cn/easyquery.htm? cn = C01。

（二）同主要国家建交并恢复在联合国的合法席位

新中国成立后，为争取有利的国际环境和发展条件，中国一直努力改善同世界各国的国际关系。1949 年 10 月 3 日，苏联成为第一个与新中国建交的国家。1950 年 1 月 6 日，英国政府宣布承认中华人民共和国，成为第一个承认新中国的西方国家，但直到 1972 年 3 月两国才正式建立大使级外交关系。瑞典于 1950 年 5 月 9 日同中国建交，成为第一个与中国建交的西方国家。1964 年 1 月 27 日，中法建交，法国是第一个与新中国建交的西方大国。1971 年 10 月 25 日，第 26

届联合国大会以76票赞成、35票反对、17票弃权的压倒性多数,通过了阿尔巴尼亚、阿尔及利亚等23个国家提出的"恢复中华人民共和国在联合国组织中的合法权利问题"的决议,由此中华人民共和国在联合国的合法席位得以恢复。1972年,美国总统尼克松访华,标志着自新中国成立后中美两国相互隔绝的局面被打破,中美关系开始朝正常化方向发展,并于1979年1月1日建立正式外交关系。1972年9月29日中国和日本也正式建立外交关系。可以说,中国与主要国家相继建立外交关系特别是恢复在联合国的合法席位,为中国经济和社会发展创造了有利的国际环境。

二、中国开放发展的理论探索

(一)和平共处五项原则

新中国成立后,以毛泽东为代表的中国共产党人,始终关注世界政治经济形势的发展变化,探索形成了开放发展的理论,其中有代表性的集中体现在和平共处五项原则、"三个世界"划分的战略思想以及对外开放和"向外国学习"思想。

和平共处五项原则是国与国间建立正常关系及进行交流合作时应遵循的基本原则。最早是在1953年12月,中国政府与印度政府就两国在西藏地方的关系问题进行谈判,周恩来在会见印度代表团时第一次提出的。"根据互相尊重主权和领土完整、互不侵犯、互不干涉内政、平等互利的原则,社会制度不同的国家是可以实现和平共处的。在保证实施这些原则的基础上,国际间的争端没有理由不能够协商解决。"[①] 1957年毛泽东在莫斯科向全世界庄严宣告,中国坚决主张一切国家实行和平共处五项原则。和平共处五项原则提出和实施后产生了广泛的影响。1955年万隆会议提出的十项国际关系原则包括了和平共处五项原则的全部内容;1970年第25届联合国大会通过的《关于各国依联合国宪章建立友好关系及合作的国际法原则宣言》和1974年第6届特别联大《关于建立新的国际经济秩序宣言》中,都明确把和平共处五项原则包括在内;许多国际组织和国际会议的文件中也引用了和平共处五项原则。和平共处五项原则是中国独立自主外交政策的完整体现,它的提出是国际关系史上的伟大创举,已成为规范国际关系、为世界上绝大多数国家所接受的重要准则,为推动各国建立公正合理的新型国际关

---

① 《周恩来选集》下卷,人民出版社1984年版,第151~152页。

系做出了历史性贡献。

(二)"三个世界"划分的战略思想

"三个世界"划分的战略思想,最早是毛泽东根据不断变幻的国际形势,在1974年2月会见赞比亚总统时提出的。"美国、苏联是第一世界。中间派,日本、欧洲、澳大利亚、加拿大,是第二世界。"① "亚洲除了日本,都是第三世界。整个非洲都是第三世界,拉丁美洲也是第三世界。"② 1974年4月10日,邓小平在纽约举行的联合国大会第六届特别会议上,第一次正式向全世界阐明了这一新的战略观点。邓小平指出:"从国际关系的变化看,现在的世界实际上存在着互相联系又互相矛盾着的三个方面、三个世界。美国、苏联是第一世界。亚非拉发展中国家和其他地区发展中国家,是第三世界。处于这两者之间的发达国家是第二世界。"③ 中国作为第三世界的一员,永远不称霸,永远不做超级大国。④ "三个世界"划分的战略思想为中国开放发展过程中正确处理和积极发展同第三世界国家及其他类型国家的友好合作关系提供了重要的理论和思想指导。

(三) 对外开放和"向外国学习"思想

新中国成立之后,毛泽东主张,在和苏联等社会主义国家进行交往的同时,也要和西方国家恢复、发展贸易,争取它们来华投资。"在准备对苏贸易条约时应从统筹全局的观点出发……同时要准备和波、捷、德、英、日、美等国做生意。"⑤ "为了利用外国资本以促进中国的工业化,某些事业的和外资合营及成立这种合股公司甚为必要,不独和苏联,和各新民主国家以至和某些资本主义国家还可能在适当条件下订立这种合营合同,甚至租让合同。"⑥

同时,毛泽东反对盲目排外,主张"向外国学习",但在学习中要坚持以我为主、"洋为中用"、学中有创、立足于赶超的原则,最终服务于中国社会主义现代化建设。"我们的方针是,一切民族、一切国家的长处都要学,政治、经济、科学、技术、文学、艺术的一切真正好的东西都要学。但是,必须有分析有批判

---

① 《毛泽东文集》第8卷,人民出版社1999年版,第441页。
② 《毛泽东文集》第8卷,人民出版社1999年版,第442页。
③ 《中华人民共和国代表团团长邓小平在联大第六届特别会议上的发言》,载于《人民日报》1974年4月11日,第1版。
④ 《邓小平文选》第3卷,人民出版社1993年版,第363页。
⑤ 《毛泽东文集》第6卷,人民出版社1999年版,第35页。
⑥ 《建国以来刘少奇文稿》第1册,中央文献出版社2005年版,第615页。

地学，不能盲目地学，不能一切照抄，机械搬用。"① "外国有用的东西，都要学到，用来改进和发扬中国的东西，创造中国独特的新东西。"② "我们要学的是属于普遍真理的东西，并且学习一定要与中国实际相结合。"③ "我们一定要努力把党内党外、国内国外的一切积极的因素，直接的、间接的积极因素，全部调动起来，把我国建设成为一个强大的社会主义国家。"④

总之，和平共处五项原则、"三个世界"划分的战略思想以及对外开放和"向外国学习"思想等，为中国对外开放发展实践提供了重要的理论指导。正如习近平所说"在探索过程中，虽然经历了严重曲折，但党在社会主义革命和建设中取得的独创性理论成果和巨大成就，为在新的历史时期开创中国特色社会主义提供了宝贵经验、理论准备、物质基础。"⑤

第二节　改革开放新时期开放发展的理论和实践探索

一、改革开放新时期开放发展的实践

（一）对外开放体制改革

党的十一届三中全会开辟了改革开放新时期。中国不断推进对外经贸体制改革，形成了多层次、全方位的对外开放格局。同时，中国对时代主题、发展道路、互利共赢的开放战略，以及推动构建公正合理的国际新秩序以及和谐世界等开放发展理论，也进行了深入探索。

在新中国成立后的一段时期，我国实行了高度集中统一的计划经济体制，对外贸也实行高度集中统一管理。在当时的历史条件下，这种计划经济体制发挥了重要的作用。但是，随着经济和社会的发展，国家对对外贸易活动进行统一管理和安排，难以充分调动对外贸易企业的积极性，也难以适应国内外市场变化的需求。

---

① 《毛泽东文集》第7卷，人民出版社1999年版，第41页。
② 《毛泽东文集》第7卷，人民出版社1999年版，第82页。
③ 《毛泽东文集》第7卷，人民出版社1999年版，第42页。
④ 《毛泽东文集》第7卷，人民出版社1999年版，第44页。
⑤ 习近平：《在庆祝改革开放40周年大会上的讲话》，载于《人民日报》2018年12月19日。

改革开放以来，随着国内外经济形势的变化，我国经济体制逐步从高度集中统一的计划经济体制转向社会主义市场经济体制。与此同时，中国外贸体制也逐步进行改革。最初的外贸体制改革主要针对国家对外贸经营管得过严过死、不能充分调动外贸发展的积极性、指令性计划不适应市场变化等弊端，以外贸经营权下放为主，逐步推行外贸承包经营责任制。国务院于1988年2月颁布了《关于加快和深化对外贸易体制改革若干问题的规定》，决定全面推行对外贸易承包经营责任制，进一步加快和深化对外贸易体制改革。1990年12月国务院又发布了《关于进一步改革和完善对外贸易体制若干问题的决定》，对深化外贸体制改革做出了进一步的要求，从建立自负盈亏机制入手，取消国家对外贸出口的财政补贴，使对外贸易发展逐步走上统一政策、平等竞争、自主经营、自负盈亏、工贸结合、推行代理制、联合统一对外的轨道。1993年11月召开的党的十四届三中全会通过了《中共中央关于建立社会主义市场经济体制若干问题的决定》，把党的十四大确定的经济体制改革的目标和基本原则加以系统化和具体化，其中强调要"进一步改革对外经济贸易体制，建立适应国际经济通行规则的运行机制。坚持统一政策、放开经营、平等竞争、自负盈亏、工贸结合、推行代理制的改革方向"。我国外贸体制改革由此取得了新的突破。

1994年中国正式制定并颁布了《中华人民共和国对外贸易法》（2004年进行了修订），揭开了中国对外贸易法制化的进程。之后中国对外开放相关法律制度不断完善，从而使对外开放健康有序发展切实得到了法律保障。特别是2001年12月11日中国正式加入世界贸易组织，标志着中国的改革开放进入了一个崭新的阶段：从自主、单边的对外开放变为以世界贸易组织为基础的相互、多边的对外开放；从政策导向型的开放逐步转变为以世界贸易组织协议与协定为基础的开放；由被动接受国际经贸规则的开放转变为主动参与制定国际经贸规则的开放。2003年10月召开的党的十六届三中全会通过了《中共中央关于完善社会主义市场经济体制若干问题的决定》，强调要"完善对外开放的制度保障。按照市场经济和世贸组织规则的要求，加快内外贸一体化进程。形成稳定、透明的涉外经济管理体制，创造公平和可预见的法制环境，确保各类企业在对外经济贸易活动中的自主权和平等地位。依法管理涉外经济活动，强化服务和监管职能，进一步提高贸易和投资的自由、便利程度。建立健全外贸运行监控体系和国际收支预警机制，维护国家经济安全。"中国按照这一要求在加入世界贸易组织后切实履行入世承诺：以世界贸易组织的法律制度框架为基础进行国家涉外经济法律、法规和规章的清理和修订工作；平均关税水平从2001年加入世界贸易组织前的15.3%降到了2010年的9.8%；非关税贸易限制措施大幅度减少，贸易与投资的自由化程度不断提高；积极扩大服务贸易领域的开放程度；不断提高贸易政策的透明度；努力保护知识产权，等等。截至2010年，我国加入世界贸易组织的承诺已全部履行完毕，建立起了符合世界贸易组织规则要求的经济贸易体制，成为全球最开放的市场之一。

在外贸体制改革的同时，我国还不断推进和完善外汇制度和人民币汇率形成机制的改革。在改革开放初期，为鼓励外贸企业出口的积极性，我国的汇率制度从单一汇率制转为双重汇率制，先后经历了官方汇率与贸易外汇内部结算价并存（1981～1984年）和官方汇率与外汇调剂价格并存（1985～1993年）两个汇率双轨制时期。随着改革开放的不断深入，人民币汇率双轨制导致的外汇市场秩序混乱、外汇投机和黑市等弊端逐渐显现。1993年年底我国发布了《国务院关于进一步改革外汇管理体制的通知》和《中国人民银行关于进一步改革外汇管理体制的公告》，从1994年1月1日开始实行"以市场供求为基础的、单一的、有管理的浮动汇率制度"，取消外汇留成制度和汇率"双轨"制，实行结售汇制度，逐步建立统一规范的外汇市场，逐步实现人民币可兑换，人民币汇率形成机制逐渐走向市场化。按照党的十四届三中全会和十六届三中全会的精神，我国自2005年7月21日起，开始实行以市场供求为基础、参考一篮子货币进行调节、有管理的浮动汇率制度。之后，我国不断推进人民币汇率形成机制改革，增强人民币汇率弹性，保持人民币汇率在合理均衡水平上的基本稳定。应当说，汇率制度和人民币汇率形成机制改革不断朝着市场化、更具弹性和灵活性的方向稳步推进为我国对外开放的深入发展创造了良好条件。

（二）全面对外开放格局形成

1. 多层次、全方位、分步骤对外开放的格局

以党的十一届三中全会召开为标志，我国开始了对外开放的历史转变。我国的对外开放经过先试验后推广，逐步形成了从建立经济特区到开放沿海、沿江、沿边、内陆地区的分步骤、多层次、逐步开放的格局。

1979年7月，国家决定对邻近港澳、华侨众多的广东、福建两省的对外经济活动实行特殊政策和灵活优惠措施，充分发挥两省的优越条件，扩大对外贸易。1980年8月，在深圳、珠海、汕头、厦门设立经济特区，实行不同于其他地区的优惠待遇、经济运行和管理体制以及特殊政策，发挥它们对全国改革开放和社会主义现代化建设的重要窗口和示范带动作用。设立经济特区政策具有历史远见，为中国全面改革开放、探索具有中国特色的社会主义道路打下了基础。

在总结对外开放经验的基础上，国家决定进一步扩大对外开放的步伐。1984

年5月，开放大连、秦皇岛、天津、烟台、青岛、连云港、南通、上海、宁波、温州、福州、广州、湛江、北海等14个沿海港口城市。1985年2月，将长江三角洲、珠江三角洲、闽南厦漳泉三角地区开辟为沿海经济开放区。1988年初，又将辽东半岛和山东半岛全部对外开放。同年4月，设立海南经济特区。1990年4月，开发和开放上海浦东新区，实行经济技术开发区和某些经济特区政策。1991年，开放满洲里、丹东、绥芬河、珲春等4个北部口岸，并相继批准上海外高桥、深圳福田、天津港等沿海重要港口设立保税区，发展保税仓储、保税加工和转口贸易。至此，中国对外开放由点到线再到面全面展开，对外开放的范围也由经济特区逐步扩大到了沿海、沿江、沿边地区，并初步形成了经济特区—沿海开放城市—沿海经济开放区—内地这样一个多层次、有重点、点面结合的对外开放格局。

1992年春，邓小平视察南方并发表重要谈话，强调要进一步把握时机加快改革开放步伐。中国对外开放由此加速向纵深推进，逐步由沿海向沿江、沿边及内陆城市延伸。1992年，以上海浦东为龙头，开放了重庆、岳阳、武汉、九江、芜湖等5个沿江城市和三峡库区，同时开放哈尔滨、长春、呼和浩特、石家庄等4个边境和沿海地区省会城市，开放珲春、黑河、绥芬河、满洲里、二连浩特、伊宁、塔城、博乐、瑞丽、畹町、河口、凭祥、兴东等13个沿边城市，开放太原、合肥、南昌、郑州、长沙、成都、贵阳、西安、兰州、西宁、银川等11个内陆省会城市。2000年，伴随着西部大开发战略的实施，对外开放进一步扩大到广大西部地区。至此，中国多层次、全方位的对外开放格局基本形成。

2. 对外开放的领域扩大、水平提高

1978年以后，通过不断扩大对外开放领域，提高对外开放水平，我国的对外贸易得到快速增长，日益成长为贸易大国。如表14-2所示，改革开放之后，中国货物贸易进出口总额从1978年的206.4亿美元猛增到2012年的38671.19亿美元，35年增长了186倍。特别是2001年中国加入世界贸易组织之后，对外贸易更是高速增长。2001年，中国货物贸易进出口总额为5096.51亿美元，2004年突破1万亿美元，2007年突破2万亿美元，2011年突破3万亿美元，2012年高达38671.19亿美元。中国货物贸易居世界的位次也由1978年的第29位上升到了2012年的第2位。随着对外贸易的发展，中国进出口商品结构不断优化升级：如表14-3和表14-4所示，出口商品结构从以初级产品为主转变为以工业制成品为主，从以轻纺等劳动密集型产品为主转变为以机电产品和高新技术产品等资本技术密集型产品为主；进口商品结构中，资源、基础原材料等初级产品所占比重先降后升，机电产品和高新技术产品所占比重则不断增长。

表 14-2　　　　　1978~2012 年中国货物进出口贸易　　　　单位：亿美元

年份	进出口总额	出口总额	进口总额	进出口差额
1978	206.40	97.50	108.90	-11.40
1979	293.30	136.60	156.70	-20.10
1980	381.40	181.20	200.20	-19.00
1981	440.22	220.07	220.15	-0.10
1982	416.06	223.21	192.85	30.30
1983	436.16	222.26	213.90	8.40
1984	535.49	261.39	274.10	-12.70
1985	696.02	273.50	422.52	-149.02
1986	738.46	309.42	429.04	-119.70
1987	826.53	394.37	432.16	-37.70
1988	1027.84	475.16	552.68	-77.50
1989	1116.78	525.38	591.40	-66.00
1990	1154.36	620.91	533.45	87.46
1991	1356.34	718.43	637.91	80.52
1992	1655.25	849.40	805.85	43.55
1993	1957.03	917.44	1039.59	-122.15
1994	2366.21	1210.06	1156.15	53.91
1995	2808.64	1487.80	1320.84	166.96
1996	2898.81	1510.48	1388.33	122.15
1997	3251.62	1827.92	1423.70	404.22
1998	3239.49	1837.12	1402.37	434.75
1999	3606.30	1949.31	1656.99	292.32
2000	4742.97	2492.03	2250.94	241.09
2001	5096.51	2660.98	2435.53	225.45
2002	6207.66	3255.96	2951.70	304.26
2003	8509.88	4382.28	4127.60	254.68
2004	11545.54	5933.26	5612.29	320.97
2005	14219.06	7619.53	6599.53	1020.01
2006	17604.38	9689.78	7914.61	1775.17

续表

年份	进出口总额	出口总额	进口总额	进出口差额
2007	21761.75	12200.60	9561.15	2639.44
2008	25632.55	14306.93	11325.62	2981.31
2009	22075.35	12016.12	10059.23	1956.89
2010	29740.01	15777.54	13962.47	1815.07
2011	36418.64	18983.81	17434.84	1548.97
2012	38671.19	20487.14	18184.05	2303.09

资料来源：中华人民共和国国家统计局：国家数据，http://data.stats.gov.cn/easyquery.htm? cn = C01。

表14-3　　1980～2012年初级产品和工业制成品在中国出口商品总额中所占比重

年份	出口商品总额（亿美元）	初级产品		工业制成品	
		出口额（亿美元）	比重（%）	出口额（亿美元）	比重（%）
1980	181.20	91.14	50.3	90.05	49.7
1981	220.07	102.48	46.6	117.59	53.4
1982	223.21	100.50	45.0	122.71	55.0
1983	222.26	96.20	43.3	126.06	56.7
1984	261.39	119.34	45.7	142.05	54.3
1985	273.50	138.28	50.6	135.22	49.4
1986	309.42	112.72	36.4	196.70	63.6
1987	394.37	132.31	33.5	262.06	66.5
1988	475.16	144.06	30.3	331.10	69.7
1989	525.38	150.78	28.7	374.60	71.3
1990	620.91	158.86	25.6	462.05	74.4
1991	718.43	161.45	22.5	556.98	77.5
1992	849.40	170.04	20.0	679.36	80.0
1993	917.44	166.66	18.2	750.78	81.8
1994	1210.06	197.08	16.3	1012.98	83.7
1995	1487.80	214.85	14.4	1272.95	85.6
1996	1510.48	219.25	14.5	1291.23	85.5
1997	1827.92	239.53	13.1	1588.39	86.9

续表

年份	出口商品总额（亿美元）	初级产品		工业制成品	
		出口额（亿美元）	比重（%）	出口额（亿美元）	比重（%）
1998	1837.12	204.89	11.2	1632.20	88.8
1999	1949.31	199.41	10.2	1749.90	89.8
2000	2492.03	254.60	10.2	2237.43	89.8
2001	2660.98	263.38	9.9	2397.60	90.1
2002	3255.96	285.40	8.8	2970.56	91.2
2003	4382.28	348.12	7.9	4034.16	92.1
2004	5933.26	405.49	6.8	5527.77	93.2
2005	7619.53	490.37	6.4	7129.16	93.6
2006	9689.78	529.19	5.5	9160.17	94.5
2007	12200.60	615.09	5.0	11562.67	94.8
2008	14306.93	779.57	5.4	13527.36	94.6
2009	12016.12	631.12	5.3	11384.83	94.7
2010	15777.54	816.86	5.2	14960.69	94.8
2011	18983.81	1005.45	5.3	17978.36	94.7
2012	20487.14	1005.58	4.9	19481.56	95.1

资料来源：中华人民共和国国家统计局：国家数据，http://data.stats.gov.cn/easyquery.htm?cn=C01。

表14-4 1980~2012年初级产品和工业制成品在中国进口商品总额中所占比重

年份	进口商品总额（亿美元）	初级产品		工业制成品	
		进口额（亿美元）	比重（%）	进口额（亿美元）	比重（%）
1980	200.20	69.59	34.8	130.58	65.2
1981	220.15	80.44	36.5	139.71	63.5
1982	192.85	76.34	39.6	116.51	60.4
1983	213.90	58.08	27.2	155.82	72.8
1984	274.10	52.08	19.0	222.02	81.0
1985	422.52	52.89	12.5	369.63	87.5
1986	429.04	56.49	13.2	372.55	86.8
1987	432.16	69.15	16.0	363.01	84.0

续表

年份	进口商品总额（亿美元）	初级产品		工业制成品	
		进口额（亿美元）	比重（%）	进口额（亿美元）	比重（%）
1988	552.68	100.68	18.2	452.07	81.8
1989	591.40	117.54	19.9	473.86	80.1
1990	533.45	98.53	18.5	434.92	81.5
1991	637.91	108.34	17.0	529.57	83.0
1992	805.85	132.55	16.4	673.30	83.6
1993	1039.59	142.10	13.7	897.49	86.3
1994	1156.15	164.86	14.3	991.28	85.7
1995	1320.84	244.17	18.5	1076.67	81.5
1996	1388.33	254.41	18.3	1133.92	81.7
1997	1423.70	286.20	20.1	1137.50	79.9
1998	1402.37	229.49	16.4	1172.88	83.6
1999	1656.99	268.46	16.2	1388.53	83.8
2000	2250.94	467.39	20.8	1783.55	79.2
2001	2435.53	457.43	18.8	1978.10	81.2
2002	2951.70	492.71	16.7	2458.99	83.3
2003	4127.60	727.63	17.6	3399.96	82.4
2004	5612.29	1172.67	20.9	4439.62	79.1
2005	6599.53	1477.14	22.4	5122.39	77.6
2006	7914.61	1871.29	23.6	6043.32	76.4
2007	9561.15	2430.85	25.4	7128.65	74.6
2008	11325.62	3623.95	32.0	7701.67	68.0
2009	10059.23	2898.04	28.8	7161.19	71.2
2010	13962.47	4338.50	31.1	9623.94	68.9
2011	17434.84	6042.69	34.7	11392.15	65.3
2012	18184.05	6349.34	34.9	11834.71	65.1

资料来源：中华人民共和国国家统计局：国家数据，http://data.stats.gov.cn/easyquery.htm?cn=C01。

改革开放以来，我国在大力发展货物进出口贸易的同时，也积极发展服务贸易。1982年，中国服务贸易进出口总额仅为43亿美元，到2012年则上升到

4726亿美元。同时，中国服务贸易结构逐步优化。改革开放初期，中国服务贸易出口以旅游、运输、建筑等传统服务为主，传统服务贸易出口占服务贸易出口的比重达80%以上。随着改革开放的不断深入，金融、保险、通信、咨询、计算机和信息服务等高附加值服务贸易出口显现出强劲的增长势头，在服务贸易出口中的比重不断提高。中国已基本形成了以旅游、运输等传统服务为基础，以金融、保险、通信、计算机和信息服务、咨询和广告等新兴服务贸易为增长点的服务贸易全面发展格局，服务贸易已经成为中国对外贸易的重要组成部分，同时也成为中国发展与其他国家和地区的合作与交流、密切与世界经济联系的重要载体。

改革开放以来，中国敞开大门吸引外资，利用外资规模和领域不断扩大。改革开放初期，中国利用外资以对外借款特别是政府贷款为主，且外商投资总体上呈现出数量扩张的特征，形成了以劳动密集型加工贸易为主的外商投资格局。从总体上来看，利用外资规模较小，质量较低；同时，利用外资总量少，单位项目投资量小。1979年，中国吸引外商直接投资总量只有8万美元，1980年也只有0.57亿美元。之后，随着改革开放的深入推进，中国投资环境不断改善，吸引外商直接投资逐年增加。特别是20世纪90年代后，中国确定了积极合理有效利用外资的方针，吸引外资进入高速发展时期。如表14-5所示，1990年，中国实际利用外商直接投资金额上升到34.87亿美元，2000年进一步提高到407.15亿美元，2010年突破1000亿美元，2012年达1117.16亿美元。在吸引外商直接投资不断增长的同时，注重发挥利用外资在推动自主创新、促进产业升级等方面的积极作用，引资的重点从改革开放初期的轻纺、家电等行业逐步发展到计算机、通信、集成电路等高新技术产业以及金融、保险、信息咨询等现代服务业，外商在华设立地区总部、研发中心、营销中心等也逐步成为中国吸引外资的新亮点。

表14-5　　　　　　　1983~2012年中国利用外资情况　　　　　　单位：亿美元

年份	实际利用外资额	实际利用外商直接投资金额	实际利用外商其他投资额
1983	22.61	9.16	2.80
1984	28.66	14.19	1.61
1985	47.60	19.56	2.98
1986	76.28	22.44	3.70
1987	84.52	23.14	3.33
1988	102.26	31.94	5.45

续表

年份	实际利用外资额	实际利用外商直接投资金额	实际利用外商其他投资额
1989	100.60	33.92	3.81
1990	102.89	34.87	2.68
1991	115.54	43.66	3.00
1992	192.03	110.08	2.84
1993	389.60	275.15	2.56
1994	432.13	337.67	1.79
1995	481.33	375.21	2.85
1996	548.05	417.26	4.10
1997	644.08	452.57	71.30
1998	585.57	454.63	20.94
1999	526.59	403.19	21.28
2000	593.56	407.15	86.41
2001	496.72	468.78	27.94
2002	550.11	527.43	22.68
2003	561.40	535.05	26.35
2004	640.72	606.30	34.43
2005	638.05	603.25	34.80
2006	698.76	658.21	40.55
2007	783.39	747.68	35.72
2008	952.53	923.95	28.58
2009	918.04	900.33	17.71
2010	1088.21	1057.35	30.86
2011	1176.98	1160.11	16.87
2012	1132.94	1117.16	15.78

资料来源：中华人民共和国国家统计局：国家数据，http：//data.stats.gov.cn/easyquery.htm? cn = C01。

改革开放初期，中国只有少数国有企业主要是国有外贸企业走出国门，开办代表处或设立企业。随着对外开放步伐的加快，特别是加入世界贸易组织以来，中国企业对外投资进入快速发展时期。2012 年，中国企业全年非金融类对外直接投资额达 772 亿美元。同时，中国对外投资的领域不断拓宽，形式逐步多样化，对外投资层次和水平不断提升。资源采掘业、电信及石油化工等行业成为中国对外投资的主要领域，商业服务业、制造业和金融业也成为中国对外投资的重要领域。中国对外投资的形式由单一的"绿地投资"向跨国并购、参股、境外上市等多种方式扩展，其中跨国并购逐步成为对外投资的重要方式。

改革开放之后，中国对外经济合作的数量逐年增多，规模不断扩大。据统计，1979 年，中国对外承包工程和对外劳务合作合同金额仅分别为 0.33 亿美元和 0.18 亿美元，而到 2012 年对外承包工程业务完成营业额增加至 1166 亿美元，对外劳务合作派出各类劳务人员达 51.2 万人。中国参与对外经济合作的企业已经从改革开放之初的仅有几家，发展成为一支由 1000 多家企业组成的门类比较齐全、具有国际竞争力的队伍。在对外经济合作规模不断扩大的同时，中国对外经济合作的领域也逐年拓展。从 1995 年起，中国开展了对外设计咨询服务。同时，在总结长期与第三世界国家合作经验的基础上，中国对援外工作进行了一系列合理调整和改革，援助方式更加灵活，援助项目更加务实，提高了成套项目和技术援助比重。经过 30 多年的发展，中国对外经济合作业务已经遍及全球 180 多个国家和地区，电力、冶金、石化、轨道交通和电子通信等资本和技术密集行业成为中国对外经济合作的主要领域。

二、改革开放新时期开放发展的理论探索

（一）关于时代主题和发展道路

改革开放以来，围绕时代主题和中国发展道路、互利共赢的开放战略以及构建公正合理国际新秩序和和谐世界等重大问题进行了一系列探索，为新时期中国开放发展的实践提供了重要的理论指导。

1985 年 3 月 4 日，邓小平会见日本商工会议所访华团时发表了一个重要观点："现在世界上真正大的问题、带全球性的战略问题，一个是和平问题，一个是经济问题或者说发展问题。和平问题是东西问题，发展问题是南北问题。概括起来，就是东西南北四个字。南北问题是核心问题"。[①] 邓小平基于对世界发展大势洞察所做出的关于时代主题的这一重大判断，深刻揭示了当今世界面临的主要矛盾和根本问题。在此基础上，党的十三大报告正式提出了"和平与发展是当代世界的主题"这一科学命题，明确了以经济建设为中心的社会主义初级阶段基

---

① 《邓小平文选》第 3 卷，人民出版社 1993 年版，第 105 页。

本路线，开启了全国集中力量进行社会主义现代化建设的历史进程。之后党的历次全国代表大会报告中都坚持和强调了这一时代主题的判断，从而为中国共产党制定内政外交各方面方针政策提供了基本依据。

和平与发展是当今时代主题，求和平、谋发展、促合作已经成为不可阻挡的时代潮流。这一时代主题的判断也为中国走和平发展道路提供了理论依据。中国始终高举和平、发展、合作的旗帜，坚定不移地走和平发展道路，通过争取和平的国际环境来发展自己，又通过自己的发展来促进世界和平，永远做维护世界和平、促进共同发展的坚定力量。始终不渝地奉行独立自主的和平外交政策，在和平共处五项原则的基础上，同所有国家发展关系，努力营造有利于中国发展的国际环境。世界上没有放之四海而皆准的发展道路和发展模式，也没有一成不变的发展道路和发展模式，维护世界多样性和发展模式多样性对于促进各国共同发展具有重要现实意义和深远历史意义，应当倡导开放和兼容并蓄的文明观，尊重各自选择的发展道路，相互交流发展经验，彼此借鉴发展模式。努力建设一个持久和平、共同繁荣的和谐世界，符合世界各国人民的共同福祉，是实现世界安全稳定繁荣的必由之路，也是人类社会发展的必然要求。

（二）互利共赢的开放战略

2001年加入世界贸易组织以来，中国同世界的关系发生了历史性变化，中国经济与世界经济也产生了前所未有的深刻互动。中国的发展离不开世界，世界的繁荣稳定也离不开中国，这已成为不可否认的现实，成为当代中国在世界存在的基本状态。在这样的情况下，党中央审时度势、与时俱进，在党的十六届五中全会通过的《中共中央关于制定国民经济和社会发展第十一个五年规划的建议》中，明确提出"实施互利共赢的开放战略"。党的十七大报告和十七届五中全会通过的《中共中央关于制定国民经济和社会发展第十二个五年规划的建议》以及十八大报告中都进一步强调中国将始终不渝奉行和大力实施互利共赢的开放战略。这是我们党以宽广的世界眼光，立足科学发展，根据我国面临的更为复杂深刻的国际环境，而作出的进一步提高对外开放水平的重大战略举措。

实施互利共赢的开放战略，就是要把既符合我国利益、又能促进共同发展，作为处理与各国经贸关系的基本准则。正如党的十七大报告所指出，"我们将继续以自己的发展促进地区和世界共同发展，扩大同各方利益的汇合点，在实现本国发展的同时兼顾对方特别是发展中国家的正当关切。我们将继续按照通行的国际经贸规则，扩大市场准入，依法保护合作者权益。我们支持国际社会帮助发展中国家增强自主发展能力、改善民生，缩小南北差距。我们支持完善国际贸易和金融体制，推进贸易和投资自由化便利化，通过磋商协作妥善处理经贸摩擦。中国决不做损人利己、以邻为壑的事情。"①党的十八大报告进一步强调，"中国将始终不渝奉行互利共赢的开放战略，通过深化合作促进世界经济强劲、可持续、平衡增长。中国致力于缩小南北差距，支持发展中国家增强自主发展能力。中国将加强同主要经济体宏观经济政策协调，通过协商妥善解决经贸摩擦。中国坚持权利和义务相平衡，积极参与全球经济治理，推动贸易和投资自由化便利化，反对各种形式的保护主义。"②

在互利共赢开放战略的指导下，我国实行了更加积极主动的对外开放战略，不断拓展新的开放领域和空间，扩大和深化同各方利益的汇合点，完善更加适应发展开放型经济要求的体制机制，同时有效防范对外开放带来的风险，以开放促发展、促改革、促创新。我们坚持扩大开放与区域协调发展相结合，协同推动沿海、内陆、沿边开放，形成优势互补、分工协作、均衡协调的区域开放格局；加快转变外贸发展方式，外贸发展由出口为主转向进口和出口并重，推动外贸发展从规模扩张向质量效益提高转变、从成本优势向综合竞争优势转变；坚持"引进来"和"走出去"相结合，利用外资和对外投资并重，提高安全高效地利用两个市场、两种资源的能力；积极参与全球经济治理机制改革和区域合作机制建设，不断深化多边、双边经贸合作，共同营造和平稳定、平等互信、合作共赢的发展环境。总之，通过实施互利共赢的开放战略，我国内外联动、互利共赢、安全高效的开放型经济体系不断得到完善，从而形成了在经济全球化条件下参与国际经济合作和竞争的新优势，开放型经济迈上了新台阶，对外开放也进入了新格局。

(三) 关于构建公正合理国际新秩序和和谐世界的主张

发展需要和平，和平离不开发展。但霸权主义和强权政治的存在，始终是解决和平与发展问题的主要障碍。世界的发展也决不能长期建立在广大发展中国家贫穷落后的基础之上。世界要和平，国家要发展，社会要进步，经济要繁荣，生活要提高，已成为各国人民的普遍要求。在这样的形势下，中国提出了构建公正合理国际政治经济新秩序的主张。

党的十四大报告指出，"当今世界正处在大变动的历史时期"，"和平与发展

---

① 胡锦涛：《高举中国特色社会主义伟大旗帜　为夺取全面建设小康社会新胜利而奋斗——在中国共产党第十七次全国代表大会上的报告》，人民出版社2007年版，第48页。
② 胡锦涛：《坚定不移沿着中国特色社会主义道路前进　为全面建成小康社会而奋斗——在中国共产党第十八次全国代表大会上的报告》，人民出版社2012年版，第48页。

仍然是当今世界两大主题"。"建立什么样的国际新秩序，是当前国际社会普遍关心的重大问题。根据历史经验和现实状况，我们主张在互相尊重主权和领土完整、互不侵犯、互不干涉内政、平等互利、和平共处等原则的基础上，建立和平、稳定、公正、合理的国际新秩序。这一新秩序包括建立平等互利的国际经济新秩序。世界是多样性的，各个国家之间存在着种种差异。各国人民都有权根据本国的具体情况，选择符合本国国情的社会制度和发展道路。国家无论大小、强弱、贫富，都应当作为国际社会的平等成员参与国际事务。国与国之间理应互相尊重，求同存异，平等相待，友好相处。国与国之间的分歧和争端，应当遵照联合国宪章和国际法准则，通过协商和平解决，不得诉诸武力和武力威胁。霸权主义和强权政治，少数几个国家垄断和操纵国际事务，是行不通的。建立国际新秩序是长期的任务，中国人民将同各国人民一道，为此作出不懈的努力。"① 党的十五大报告强调，"要致力于推动建立公正合理的国际政治经济新秩序。这种国际新秩序是以和平共处五项原则为基础的，符合联合国宪章的宗旨和原则，反映了和平与发展的时代潮流。"② 党的十六大报告进一步阐述了公正合理的国际政治经济新秩序的核心内容，即"各国政治上应相互尊重，共同协商，而不应把自己的意志强加于人；经济上应相互促进，共同发展，而不应造成贫富悬殊；文化上应相互借鉴，共同繁荣，而不应排斥其他民族的文化；安全上应相互信任，共同维护，树立互信、互利、平等和协作的新安全观，通过对话和合作解决争端，而不应诉诸武力或以武力相威胁。"③

在此基础上，2005年9月，胡锦涛在联合国成立60周年首脑会议上发表讲话，发出"努力建设持久和平、共同繁荣的和谐世界"的倡议。党的十七大也呼吁"各国人民携手努力，推动建设持久和平、共同繁荣的和谐世界。""为此，应该遵循联合国宪章宗旨和原则，恪守国际法和公认的国际关系准则，在国际关系中弘扬民主、和睦、协作、共赢精神。政治上相互尊重、平等协商，共同推进国际关系民主化；经济上相互合作、优势互补，共同推动经济全球化朝着均衡、普惠、共赢方向发展；文化上相互借鉴、求同存异，尊重世界多样性，共同促进人类文明繁荣进步；安全上相互信任、加强合作，坚持用和平方式而不是战争手

---

① 江泽民：《加快改革开放和现代化建设步伐，夺取有中国特色社会主义事业的更大胜利——在中国共产党第十四次全国代表大会上的报告》，人民出版社1992年版，第43~45页。
② 江泽民：《高举邓小平理论伟大旗帜，把建设有中国特色社会主义事业全面推向二十一世纪——在中国共产党第十五次全国代表大会上的报告》，人民出版社1997年版，第48页。
③ 江泽民：《全面建设小康社会，开创中国特色社会主义事业新局面——在中国共产党第十六次全国代表大会上的报告》，人民出版社2002年版，第48页。

段解决国际争端,共同维护世界和平稳定;环保上相互帮助、协力推进,共同呵护人类赖以生存的地球家园。"①

构建公正合理国际新秩序和和谐世界的主张是中国改革开放新时期对于开放发展做出的新的理论探索和贡献,为和平与发展时代主题下中国改革开放的深入推进和发展良好的国际关系指明了方向。

第三节 新时代开放发展的理论和实践探索

一、新时代中国开放发展的实践

(一) 高水平对外开放的新格局

党的十八大以来,中国特色社会主义进入新时代,我国改革开放进一步深入推进,中国在新时代形成了高水平对外开放的新格局,在全球经济治理中的话语权也不断增强。同时,在习近平新时代中国特色社会主义思想指导下,中国在参与引领经济全球化进程、"一带一路"合作倡议、推动构建人类命运共同体等开放发展理论方面也持续进行了探索和创新。

党的十八大以来,面对经济全球化的新形势,我国实行更加积极主动的开放战略,加快构建开放型经济新体制,积极转变对外贸易和对外投资方式,坚持出口和进口、货物贸易和服务贸易、利用外资和对外投资协调发展,对外开放的广度和深度进一步拓展,日益形成高水平对外开放的新格局。

1. 贸易大国向贸易强国迈进。党的十八大以来,我国贸易大国地位不断巩固,贸易规模屡创新高,贸易结构持续优化。如表14-6所示,2013年我国货物贸易进出口总额突破4万亿美元,超越美国成为世界第一货物贸易大国,并于2014年达到43015.27亿美元。之后由于国内外环境的变化,我国货物贸易进出口总额有所下滑,但在2017年又重新回到4万亿美元以上,并在2018年达到46230.38亿美元,货物贸易进出口总额、出口额和进口额均创历史新纪录。在贸易规模扩大的同时,我国贸易结构持续优化:商品结构持续升级,2018年机电

---

① 胡锦涛:《高举中国特色社会主义伟大旗帜 为夺取全面建设小康社会新胜利而奋斗——在中国共产党第十七次全国代表大会上的报告》,人民出版社2007年版,第46~47页。

产品出口占比提高到58.7%；贸易结构进一步优化，2018年一般贸易出口占比提高到56.3%；外贸经营主体共同发展，2018年民营企业出口占比提升至48.0%，继续保持出口第一大经营主体地位；国际市场结构更加多元，2018年我国与新兴市场进出口占比提高到57.7%，其中与"一带一路"沿线国家进出口占比提高至27.4%；对外贸易国内区域布局更加均衡，2018年中西部地区进出口占比提高至15.8%。

表14-6　　　　　　　2012~2018年中国货物进出口贸易　　　　　单位：亿美元

年份	进出口总额	出口总额	进口总额	进出口差额
2012	38671.19	20487.14	18184.05	2303.09
2013	41589.93	22090.04	19499.89	2590.15
2014	43015.27	23422.93	19592.35	3830.58
2015	39530.33	22734.68	16795.64	5939.04
2016	36855.57	20976.31	15879.26	5097.05
2017	41071.38	22633.71	18437.93	4195.78
2018	46230.38	24874.01	21356.37	3517.64

注：由于四舍五入，计算存在误差。
资料来源：中华人民共和国国家统计局：国家数据，http：//data.stats.gov.cn/easyquery.htm? cn = C01。

随着我国经济结构的深入调整和供给侧结构性改革的持续推进，我国服务贸易的发展也进入黄金期。2014年我国服务进出口的全球排名由第三位提升至第二位。2018年，我国服务进出口总额达7919亿美元，居世界第二位，其中服务贸易出口额和进口额在世界服务贸易出口总额和进口总额中的比重分别上升到4.6%和9.4%。[①] 同时，我国服务贸易结构也日益优化，信息服务、金融服务等高附加值服务和新兴服务贸易快速增长。服务贸易在对外贸易中的地位显著上升，已经成为促进我国外贸转型升级的重要支撑，也是我国培育外贸增长新动能和进一步扩大对外开放的重要抓手。

2. 双向投资质量和水平进一步提升。党的十八大以来，我国市场准入不断放宽，全面落实准入前国民待遇加负面清单管理制度，投资环境持续优化，引进

---

① 根据WTO：https：//www.wto.org/english/news_e/pres19_e/pr837_e.htm 的数据计算。文中服务进出口总额的数据来源于国家统计局："沧桑巨变七十载　民族复兴铸辉煌——新中国成立70周年经济社会发展成就系列报告之一"，http：//www.stats.gov.cn/ztjc/zthd/bwcxljsm/70znxc/201907/t20190701_1673373.html。根据WTO统计，2018年中国服务贸易进出口总额为7860亿美元。

外资特别是外商直接投资规模不断扩大（如表14-7所示）。2018年，我国实际使用非金融类外商直接投资达1349.66亿美元，比1983年增长146倍，年均增长15.3%，连续两年成为全球第二大外资流入国；1979~2018年，我国累计吸引非金融类外商直接投资达20343亿美元。十八大以来随着我国加快推进高水平对外开放，引进外商直接投资领域也不断拓展，质量和水平进一步提升。服务业持续成为外商投资的热点和我国利用外资的主要增长点，2018年我国制造业和服务业实际使用外资占比分别为30.6%和68.1%。我国中西部地区利用外资实现快速增长，2018年中部地区、西部地区实际使用外资同比分别增长15.4%和18.5%。利用外资大项目也快速增长，2018年我国利用外资合同金额5000万美元以上的大项目近1700个，同比增长23.3%。

表14-7　　　　2012~2018年中国利用外商直接投资额　　　　单位：亿美元

年份	2012	2013	2014	2015	2016	2017	2018
中国利用外商直接投资额	1117.16	1175.86	1195.62	1262.67	1260.01	1310.35	1349.66

资料来源：中华人民共和国国家统计局：国家数据，http://data.stats.gov.cn/easyquery.htm?cn=C01。

另外，党的十八大以来我国对外投资也不断发展，方式不断创新。2018年，我国全行业对外直接投资达1298.3亿美元，同比增长4.2%，其中非金融类对外直接投资1205亿美元，比2003年增长41.3倍，年均增长28.4%。截至2018年年底，我国对外直接投资存量达到1.94万亿美元。十八大以来，共建"一带一路"促进了设施联通和贸易畅通，我国对"一带一路"沿线国家投资持续快速增长，2018年我国对"一带一路"沿线56个国家非金融类直接投资为156亿美元，占非金融类对外直接投资总额的13%。我国企业对外投资形式持续优化，企业跨国并购日趋活跃，投资方式不断扩展。2018年我国对外投资并购项目405个，实际交易总额达702.6亿美元。同时，我国企业实物投资、股权置换、联合投资、投建营一体化等对外投资方式也呈现出良好的发展态势。企业通过对外投资正在加快形成面向全球的贸易、金融、生产、服务和创新网络。

3. 全方位开放取得新进展。党的十八大以来，我国坚定不移奉行互利共赢的开放战略，通过二十国集团、金砖国家等合作机制，建设性参与全球经济治理，不断发展与世界各国和地区在贸易、投资等领域的交流与合作，全方位融入世界经济。另外，通过不断深化区域经济合作、加快实施自由贸易区战略也为新形势下中国以全方位开放促改革、促发展提供新的途径和方式。2007年党的十七大报告中明确提出要"实施自由贸易区战略，加强双边多边经贸合作"，将自由贸易区建设上升为国家战略，之后中国逐步构筑起了立足周边、面向全球的自由贸易区网络。截至 2019 年 7 月，中国与亚洲、大洋洲、拉丁美洲、欧洲、非洲的 30 多个国家和地区建设了 30 个自由贸易区，其中已签署并实施自由贸易协定的有 17 个，正在谈判或升级谈判的有 13 个。2013 年中国提出共建"一带一路"的重大倡议并从 2018 年起举办中国国际进口博览会，成为新的历史条件下扩大全方位开放、引领各国合作共享发展的重要抓手和平台。同时，为进一步推动完善开放型经济体制、提升全方位开放水平，2013 年 9 月正式设立上海自由贸易试验区；2015 年设立广东、天津、福建自贸试验区；2016 年进一步在辽宁省、浙江省、河南省、湖北省、重庆市、四川省、陕西省新设立 7 个自贸试验区；2018 年开始在海南全岛建设自贸试验区，探索实行符合海南发展定位的自由贸易港政策。2019 年 6 月习近平在二十国集团领导人大阪峰会上又宣布中国将新设 6 个自由贸易试验区，增设上海自由贸易试验区新片区①，加快探索建设海南自由贸易港进程。自贸试验区的建设为中国在新时代全面深化改革和提升全方位开放水平不断探索新途径、积累新经验。

（二）全球经济治理话语权提升

随着综合国力和国际竞争力的提升，中国在全球经济治理中的话语权也不断增强。这突出表现在以下几个方面。

第一，在国际经济组织中的地位不断提升。改革开放之前，中国基本被排斥在主要的国际经济组织之外。改革开放后，中国分别于 1980 年 4 月和 5 月恢复了在国际货币基金组织和世界银行的合法席位，在 2001 年 12 月成为世界贸易组织的成员。随着中国经济贸易迅速发展和综合国力的增强，中国在国际货币基金组织、世界银行和世界贸易组织中的地位不断提高，影响力逐步扩大。2010 年 4 月，世界银行通过了发达国家向发展中国家转移 3.13 个百分点投票权的改革方案，这次改革使中国在世界银行的投票权由 2.77% 提高到 4.42%，成为世界银行第 3 大股东国。2010 年 11 月，国际货币基金组织执行董事会通过了份额改革方案，中国在国际货币基金组织的份额从 3.72% 上升至 6.39%，投票权也从 3.65% 上升至 6.07%，从而超越德国、法国和英国，位列美国和日本之后。2008~2012 年，林毅夫担任世界银行高级副行长和首席经济学家；2011~2016

---

① 2019 年 8 月 6 日，国务院印发《中国（上海）自由贸易试验区临港新片区总体方案》；8 月 20 日，中国（上海）自由贸易试验区临港新片区正式揭牌。2019 年 8 月 26 日，国务院发布《国务院关于印发 6 个新设自由贸易试验区总体方案的通知》，公布了在山东、江苏、广西、河北、云南、黑龙江新设立 6 个自贸试验区的总体方案。

年，朱民出任国际货币基金组织副总裁，这在一定程度上也反映了中国在国际货币基金组织和世界银行等重要国际组织中话语权的提升。同样，随着中国经贸实力的增强，在世界贸易组织推动的多边贸易谈判中，中国的声音也不断增强。特别是作为一个发展中国家成员和新加入成员，中国积极参与了世界贸易组织于2001年发起的多哈回合谈判，在2008年7月世界贸易组织小型部长会议上首次进入多边贸易谈判核心决策圈。2017~2019年，面对逆全球化思潮盛行，保护主义、民粹主义抬头的复杂形势，中国积极推动世界贸易组织《修改〈与贸易有关的知识产权协定〉议定书》和《贸易便利化协定》正式生效，并且在二十国集团、亚太经合组织、"金砖国家"、世界经济论坛、"一带一路"国际合作高峰论坛等各种高层会晤机制和治理平台持续发出维护以世界贸易组织为核心、以规则为基础的多边贸易体制，反对贸易保护主义、共同促进多边主义和自由贸易的中国声音，受到国际社会高度评价。

第二，人民币纳入了特别提款权货币篮子，提升了中国在国际货币金融领域的话语权。2015年11月30日，国际货币基金组织正式宣布将人民币纳入SDR货币篮子，SDR货币篮子相应扩大至美元、欧元、人民币、日元、英镑五种货币，这五种货币在SDR货币篮子中的权重分别为41.73%、30.93%、10.92%、8.33%和8.09%。新的SDR货币篮子于2016年10月1日生效。人民币加入SDR货币篮子，是IMF首次将一个新兴经济体货币作为国际储备货币，这一方面大大提升了人民币在国际货币舞台的地位，促进了人民币国际化；另一方面也有助于提升包括中国在内的新兴经济体和发展中国家在国际货币金融领域的话语权，改变美、欧、日等发达国家和地区垄断国际货币金融体系的格局，促进国际货币金融体系改革朝着更加公平、公正、包容、有序的方向发展。

第三，提出共建"一带一路"倡议，建立亚洲基础设施投资银行，积极探索全球治理新模式。中国于2013年提出共建"一带一路"的重大倡议，是对国际合作以及全球治理新模式的积极探索，受到国际社会广泛关注。"一带一路"已经成为中国开展更大范围、更高水平、更深层次的区域合作，推动建立一个包括欧亚非大陆在内的世界各国政治互信、经济融合、文化包容的利益共同体、命运共同体和责任共同体的重要抓手和平台。2015年，亚洲基础设施投资银行正式成立。亚洲基础设施投资银行是全球首个由中国倡议设立的多边金融机构，是一个政府间性质的亚洲区域多边开发机构，其创始成员为57个，其中域内成员37个，域外成员20个。截至2019年7月，亚投行成员已扩大至93个。亚投行重点支持能源、交通、农村发展、城市发展和物流等基础设施建设，旨在促进亚洲区域基础设施的互联互通和经济合作。实际上，亚投行的建立不仅有利于亚洲地区的基础设施建设和经济发展,也在一定程度上有利于继续推动国际货币基金组织和世界银行等国际组织的进一步改革,有助于提高包括中国在内的新兴市场和发展中国家在国际金融体系中的话语权。

二、新时代开放发展的理论探索

(一) 引领经济全球化进程

党的十八大以来,由于2008年国际金融危机的影响,全球经济复苏迟缓,国际贸易和投资增长乏力,收入与财富分配不均状况日益严重,导致逆全球化思潮和形形色色的贸易保护主义抬头,世界经济面临的不确定性和潜在风险不断增加。英国"脱欧"和特朗普当选美国总统并挑起与多国贸易争端则是逆全球化思潮和贸易保护主义抬头的体现。面对这种复杂多变的国际环境,中国积极引领经济全球化的潮流,倡导维护世界经济的开放性,从而为全球经济应对挑战和走出困境提供了理论指导,为世界发展不断注入正能量。

2017年1月,习近平在世界经济论坛2017年年会开幕式上发表了题为《共担时代责任,共促全球发展》的主旨演讲。他强调指出,经济全球化是一把"双刃剑",面对经济全球化带来的机遇和挑战,正确的选择应当是充分利用一切机遇,合作应对一切挑战,引导好经济全球化的走向。2008年国际金融危机爆发后,世界经济领域存在着尚未得到有效解决的三大突出矛盾:全球增长动能不足、全球经济治理滞后和全球发展失衡。把这些困扰世界的问题简单归咎于经济全球化,既不符合事实,也无助于问题解决。要适应和引导好经济全球化,化解经济全球化的负面影响,使全球化更具活力、包容性和普惠性。要解决世界经济增长、治理和发展模式存在的突出问题,必须要坚持创新驱动,打造富有活力的增长模式;坚持协同联动,打造开放共赢的合作模式;坚持与时俱进,打造公正合理的治理模式;坚持公平包容,打造平衡普惠的发展模式。

2017年3月,中国主办的博鳌亚洲论坛2017年年会主题为"直面全球化与自由贸易的未来"。论坛发布的《博鳌亚洲论坛关于促进经济全球化的宣言》指出,经济全球化是科技进步的必然结果,经济全球化带来的新问题并不在于经济全球化本身,而是由于现行全球治理体制同世界经济格局深刻变化不相适应所造成的。世界各国政府应视经济全球化为积极力量,主动顺应经济全球化,在经济主权以及权利与义务公平对等的原则基础上,通过加强对话与合作,不断改革完善国际经济秩序和全球治理体系,同时通过进一步推动贸易投资自由化和便利化进程，确保世界各国经济的共同繁荣和可持续增长。

习近平于2017年在德国汉堡二十国集团领导人第十二次峰会上发表讲话，强调"要坚持建设开放型世界经济大方向""要坚持走开放发展、互利共赢之路，共同做大世界经济的蛋糕"。在2018年举行的二十国集团领导人第十三次峰会上，习近平明确提出了从历史大势中把握规律、引领世界经济正确方向的四点倡议：坚持开放合作，维护多边贸易体制；坚持伙伴精神，加强宏观政策协调；坚持创新引领，挖掘经济增长动力；坚持普惠共赢，促进全球包容发展。在2019年6月举行的二十国集团领导人第十四次峰会上，习近平进一步为携手共进，合力打造高质量世界经济提出了四点建议：坚持改革创新，挖掘增长动力；坚持与时俱进，完善全球治理；坚持迎难而上，破解发展瓶颈；坚持伙伴精神，妥善处理分歧。

2017年11月和2018年11月，习近平在亚太经合组织工商领导人峰会上的主旨演讲中进一步指出，过去数十年，经济全球化对世界经济发展作出了重要贡献，已成为不可逆转的时代潮流。同时，面对形势的发展变化，经济全球化在形式和内容上都面临新的调整，理念上应该更加注重开放包容，方向上应该更加注重普惠平衡，效应上应该更加注重公正共赢。经济全球化是人类社会发展必经之路，在各国相互依存日益紧密的今天，全球供应链、产业链、价值链紧密联系，各国都是全球合作链条中的一环，日益形成利益共同体、命运共同体。走保护主义、单边主义的老路，不仅解决不了问题，还会加剧世界经济的不确定性。只有坚持开放合作才能获得更多发展机遇和更大发展空间。

2018年11月，习近平在首届中国国际进口博览会的主旨演讲再一次充分表达了中国坚定维护经济全球化进程、通过积极推动各国开放合作共同建设开放型世界经济的立场。他指出："经济全球化是不可逆转的历史大势，为世界经济发展提供了强劲动力。""回顾历史，开放合作是增强国际经贸活力的重要动力。立足当今，开放合作是推动世界经济稳定复苏的现实要求。放眼未来，开放合作是促进人类社会不断进步的时代要求。"他进一步提出面对世界经济格局的深刻变化，为了共同建设一个更加美好的世界，各国都应该拿出更大勇气，积极推动开放合作，实现共同发展。

可以说，在当前经济全球化遭遇质疑、逆经济全球化思潮涌动和贸易保护主义抬头的背景下，中国在世界经济论坛、博鳌亚洲论坛、二十国集团领导人峰会、亚太经合组织领导人非正式会议以及中国国际进口博览会等重要场合和平台，不断清晰传递出坚定支持经济全球化进程、维护世界经济开放性的声音，彰显了中国作为世界大国引领各国合作发展的责任和担当，提振了人们对世界经济未来发展的信心和希望。

(二) 共建"一带一路"倡议

当今世界正发生复杂深刻的变化,国际金融危机的深层次影响继续显现,世界经济缓慢复苏、各经济体发展分化,国际贸易投资格局和多边贸易投资规则酝酿深刻调整,保护主义、孤立主义等与全球化背道而驰的逆全球化思潮有所抬头,全球价值链分工结构调整和重塑的压力增大,各国面临的发展问题依然严峻。同时,和平、发展、合作、共赢仍然为时代主题,世界多极化和经济全球化深入发展,各国之间的经济联系愈发紧密。为顺应世界多极化、经济全球化、文化多样化和社会信息化的潮流,秉持开放的区域合作精神,致力于维护全球自由贸易体系和开放型世界经济,习近平于2013年出访中亚和东南亚国家期间先后提出共建"丝绸之路经济带"和"21世纪海上丝绸之路"(简称"一带一路")的重大倡议,受到国际社会广泛关注。"一带一路"建设既是中国扩大和深化对外开放、构建全方位开放新格局、深度融入世界经济体系的需要,同时也符合国际社会的根本利益,彰显了人类社会共同理想和美好追求,是对国际合作以及全球治理新模式的积极探索,将为世界和平发展增添新的正能量,开辟世界经济和中国经济发展新阶段。

"一带一路"倡议旨在促进经济要素有序自由流动、资源高效配置和市场深度融合,推动沿线各国实现经济政策协调,开展更大范围、更高水平、更深层次的区域合作,共同打造开放、包容、均衡、普惠的区域经济合作架构,建立一个包括欧亚非大陆在内的陆海内外联动、东西双向开放,世界各国政治互信、经济融合、文化包容的利益共同体、命运共同体和责任共同体。2015年3月,中国国家发展改革委、外交部、商务部联合发布了《推动共建丝绸之路经济带和21世纪海上丝绸之路的愿景与行动》,明确提出了"一带一路"的共建原则、框架思路、合作重点以及合作机制等倡议,为"一带一路"建设提供了行动指南。之后,中国政府有关部门相继发布了《共建"一带一路":理念、实践与中国的贡献》《推动"一带一路"能源合作愿景与行动》《共同推进"一带一路"建设农业合作的愿景与行动》《关于推进绿色"一带一路"建设的指导意见》《"一带一路"建设海上合作设想》《"一带一路"生态环境保护合作规划》《"一带一路"融资指导原则》《标准联通共建"一带一路"行动计划(2018~2020年)》以及《共建"一带一路"倡议:进展、贡献与展望》等文件,不断完善"一带一路"建设的顶层规划和设计。2017年5月,中国在北京成功举办了第一届"一带一路"国际合作高峰论坛,习近平在论坛开幕式发表了题为《携手推进"一带一路"建设》的主旨演讲,指出要坚持共商、共建、共享原则,以政策沟通、设施联通、贸易畅通、资金融通、民心相通为目标,将"一带一路"建成和平之路、繁荣之路、开放之路、创新之路、文明之路。2019年4月,在第二届"一带一路"国际合作高峰论坛开幕式上,习近平发表了题为《齐心开创共建"一带一路"美好未来》的主旨演讲,强调面向未来,我们要聚焦重点、深耕细作,共同绘制精谨细腻的"工笔画",推动共建"一带一路"沿着高质量发展方向不断前进。

共建"一带一路"倡议同联合国、东盟、非盟、欧盟、欧亚经济联盟等国际和地区组织的发展和合作规划对接,同各国发展战略对接,自2013年提出以来,在各方共同努力下,已取得显著成效。丝路基金和亚洲基础设施投资银行分别于2014年和2015年正式成立,中巴经济走廊、渝新欧大动脉、巴基斯坦瓜达尔港、希腊比雷埃夫斯港、印度尼西亚雅万高铁、马尔代夫中马友谊大桥、中老铁路、肯尼亚蒙巴萨—内罗毕铁路等一大批惠及长远的重大互利合作项目已陆续启动开工建设或完成,"六廊六路多国多港"的互联互通架构基本形成。2013~2018年,中国与"一带一路"沿线国家货物贸易进出口总额超过6万亿美元,年均增长率高于同期中国对外贸易增速,占中国货物贸易总额的比重达到27.4%;中国企业对沿线国家直接投资超过900亿美元,在沿线国家完成对外承包工程营业额超过4000亿美元。"一带一路"框架下,中国已同80个国家和组织签署共建合作协议,同30多个国家开展了机制化产能合作,在沿线国家推进建设80多个境外经贸合作区,大大推动了贸易和投资自由化便利化,将沿线各国紧密地联系在一起。据国际货币基金组织预测,到2020年,"一带一路"沿线国家和地区货物贸易总额将达到19.6万亿美元,占全球货物贸易总额的38.9%。共建"一带一路"合作倡议还先后于2016年11月、2017年3月和2017年5月被载入联合国决议、联合国安理会决议和联合国亚洲及太平洋经济社会委员会决议。可以说,"一带一路"建设是中国引领各国合作共享发展的积极探索,通过秉持"和平合作、开放包容、互学互鉴、互利共赢"的丝绸之路精神,中国不断扩大与"一带一路"沿线国家的合作共识,已经推动共建"一带一路"由规划设计蓝图方案变为了各方积极参与的实际合作行动。"一带一路"已取得的一系列丰硕成果表明,共建"一带一路"倡议为世界经济增长开辟了新空间,为国际贸易和投资搭建了新平台,为完善全球经济治理拓展了新实践,为增进各国民生福祉作出了新贡献,是新时代中国以开放发展促进世界共同发展的重要理论和实践贡献。

（三）构建人类命运共同体理念

当前，人类社会正处于大发展、大变革、大调整时期，世界多极化和经济全球化深入发展，各种挑战和风险与日俱增，需要人类社会共同面对、共同应对。习近平指出，"在经济全球化时代，各国发展环环相扣，一荣俱荣，一损俱损。没有哪一个国家可以独善其身，协调合作是必然选择"。正是基于此背景，中国提出和倡导建立共商共建共享的"人类命运共同体"理念，从而为应对人类面临的共同挑战和全球性问题提供了中国智慧和中国方案。

2013年3月，习近平在当选中国国家主席后首次出访俄罗斯时指出："这个世界，各国相互联系、相互依存的程度空前加深，……越来越成为你中有我、我中有你的命运共同体。"这是构建人类命运共同体倡议的首次提出。2015年在以"亚洲新未来：迈向命运共同体"为主题的博鳌亚洲论坛上，习近平在演讲中主张"共同营造对亚洲、对世界都更为有利的地区秩序，通过迈向亚洲命运共同体，推动建设人类命运共同体"。2015年9月，在第七十届联合国大会一般性辩论时，习近平再次强调："我们要继承和弘扬联合国宪章的宗旨和原则，构建以合作共赢为核心的新型国际关系，打造人类命运共同体。"

2017年1月，习近平在联合国日内瓦总部发表了题为《共同构建人类命运共同体》的主旨演讲，全面系统阐述了人类命运共同体理念。习近平指出，"世界命运应该由各国共同掌握，国际规则应该由各国共同书写，全球事务应该由各国共同治理，发展成果应该由各国共同分享。"他强调，在构建人类命运共同体理念的引领下，国际社会关键要采取"五个坚持"的实际行动：坚持对话协商，建设一个持久和平的世界；坚持共建共享，建设一个普遍安全的世界；坚持合作共赢，建设一个共同繁荣的世界；坚持交流互鉴，建设一个开放包容的世界；坚持绿色低碳，建设一个清洁美丽的世界。中国在与国际社会共同推进构建人类命运共同体的进程中，"维护世界和平的决心不会改变""促进共同发展的决心不会改变""打造伙伴关系的决心不会改变""支持多边主义的决心不会改变"。党的十九大报告进一步呼吁，"各国人民同心协力，构建人类命运共同体，建设持久和平、普遍安全、共同繁荣、开放包容、清洁美丽的世界"。

中国所倡导的构建人类命运共同体、实现共赢共享的中国方案，引起了世界范围的广泛关注，日益得到国际社会普遍认同。联合国秘书长古特雷斯表示："中国已成为多边主义的重要支柱，而我们践行多边主义的目的，就是要建立人类命运共同体。"① "联合国愿同中国共同推进世界和平与发展事业,实现构建人类命运共同体的伟大理想。"② 2017年2月,联合国社会发展委员会第55届会议通过了"非洲发展新伙伴关系的社会层面"决议,呼吁国际社会本着合作共赢和构建人类命运共同体的精神,加强对非洲经济和社会发展的支持。"构建人类命运共同体"理念首次被写入了联合国决议。2017年3月,"构建人类命运共同体"理念又被首次载入了联合国安理会决议。同月,联合国人权理事会第34次会议通过了关于"经济、社会、文化权利"和"粮食权"两个决议,决议明确表示要"构建人类命运共同体",这标志着"构建人类命运共同体"理念成为国际人权话语体系的重要组成部分。2017年11月,中国关于"构建人类命运共同体"的理念又被写入第72届联大负责裁军和国际安全事务第一委员会(联大一委)会议通过的"防止外空军备竞赛进一步切实措施"和"不首先在外空放置武器"两份安全决议中。2018年9月,中非合作论坛北京峰会通过了《关于构建更加紧密的中非命运共同体的北京宣言》等成果文件。联合国决议和许多重要会议文件相继载入中国所倡导的"构建人类命运共同体"理念,说明国际社会对这一理念的重要意义和价值形成了共识,同时也彰显了中国对人类社会合作发展和全球治理的理念引领已经产生了重要影响。

第四节　开放发展理论和实践探索的主要经验

一、坚持对外开放的基本国策

习近平多次指出:"开放带来进步,封闭必然落后。"③ 这一论断已为中外经济发展实践所证明。新中国成立以来特别是改革开放以来,通过不断深化改革和扩大开放,我国逐步实现了从贫穷落后到目前世界第二大经济体的飞跃发展。对外开放作为长期的基本国策,在促进经济发展和社会进步、加快中国特色社会主

---

① 王政淇、张益智:《习近平日内瓦演讲一周年:世界为何青睐"人类命运共同体"》,载于《人民网》2018年1月17日。
② 吴绮敏、裴广江等:《让思想之光引领世界前行之路——习近平主席二〇一七年达沃斯、日内瓦主旨演讲的世界意义》,载于《人民日报》2018年1月25日。
③ 习近平:《决胜全面建成小康社会　夺取新时代中国特色社会主义伟大胜利——在中国共产党第十九次全国代表大会上的报告》,人民出版社2017年版,第34页。

义建设过程中发挥了至关重要的作用。

自重商主义开始,西方资产阶级经济学家,包括古典经济学家亚当·斯密和大卫·李嘉图在内,都曾在理论上阐释过开放对于经济和社会发展的重要作用。马克思在《共产党宣言》中也曾经指出:"资产阶级,由于开拓了世界市场,使一切国家的生产和消费都成为世界性的了。""过去那种地方的和民族的自给自足和闭关自守状态,被各民族的各方面的互相往来和各方面的互相依赖所代替了。""资产阶级在它的不到一百年的阶级统治中所创造的生产力,比过去一切世代创造的全部生产力还要多,还要大。"① 这里,马克思讲的"世界市场""各民族的各方面的互相往来和各方面的互相依赖"和生产力的飞速发展,是对资产阶级统治下开放促进生产力发展的生动写照。

第二次世界大战后,随着经济全球化持续推进和各国经济联系日益紧密,开放促进发展这一发展规律也为世界上越来越多国家和地区的经济发展实践所证实。世界银行在1987年发布的《世界发展报告》中,选择41个发展中国家和地区按照贸易发展战略分成4种类型:坚定外向型、一般外向型、一般内向型和坚定内向型。根据一系列经济发展指标对比发现,采取开放型(外向型)经济发展战略的国家和地区比采取内向型经济发展战略的国家和地区经济发展的表现更优。世界银行在2008年发布的另一份报告也指出,全球有13个经济体实现了持续25年以上的高速增长,而它们的共同特征就是都实行了对外开放。②

新中国成立后到改革开放前,由于外部环境和自身认识的局限,基本处于封闭半封闭状态,社会主义优越性没有充分发挥出来。改革开放以来,我国坚持对外开放的基本国策,实行积极主动的开放政策,逐步形成全方位、多层次、宽领域的全面开放格局,为我国创造了良好国际环境、开拓了广阔发展空间,实现了经济社会的繁荣发展。开放之所以能发挥如此巨大的作用,就是因为它符合利用深化分工、扩大市场、发挥优势推动经济发展的要求。特别是在经济全球化深入发展、各国经济联系日益紧密的当今时代,只有打开国门搞建设,才能充分发挥比较优势和竞争优势,推动经济发展和社会进步。可以说,开放是国家繁荣发展的必由之路,中国正是长期坚持了对外开放的基本国策,不断扩大对外开放,加快发展开放型经济,逐步实现了经济腾飞。正如习近平所指出的"改革开放是中国人民和中华民族发展史上一次伟大革命,正是这个伟大革命推动了中国特色社会主义事业的伟大飞跃!""改革开放是党和人民大踏步赶

---

① 《马克思恩格斯文集》第2卷,人民出版社2009年版,第35、36页。
② 任理轩:《坚持开放发展——"五大发展理念"解读之四》,载于《人民日报》2015年12月23日。

上时代的重要法宝,是坚持和发展中国特色社会主义的必由之路,是决定当代中国命运的关键一招,也是决定实现'两个一百年'奋斗目标、实现中华民族伟大复兴的关键一招。"①

二、坚持符合中国国情的开放道路

中国改革开放采取了渐进式发展道路,改革开放措施先进行探索试验,总结经验后再予以推广。这种"摸着石头过河"、渐进式道路可以最大限度将改革开放、经济发展和社会稳定有机统一起来从而获得成功。邓小平指出,中国的改革开放事业,"是一项新事业,马克思没有讲过,我们的前人没有做过,其他社会主义国家也没有干过,所以,没有现成的经验可学。我们只能在干中学,在实践中摸索。"② "现在我们搞的实质上是一场革命。从另一个意义来说,我们现在做的事都是一个试验,对我们来说,都是新事物,所以要摸索前进。"③

中国的对外开放,在空间区域开放范围上就典型体现了先行试点、由点到线再到面、进而全面展开的渐进式发展特点。20 世纪 80 年代初,设立深圳④等四个经济特区进行先行试点;20 世纪 80 年代中期开放沿海城市和经济开放区;20 世纪 90 年代推进沿江和沿边开放;21 世纪初推进西部内陆开发开放。这样中国对外开放由点到线再到面全面展开,逐步形成了多层次、全方位的对外开放格局。中国自由贸易试验区的设立和发展同样采取了渐进式道路:2013 年设立上海自由贸易试验区;2015 年设立广东、天津、福建自贸试验区;2016 年进一步在辽宁省、浙江省、河南省、湖北省、重庆市、四川省、陕西省设立 7 个自贸试验区;2018 年开始在海南全岛建设自贸试验区,探索实行符合海南发展定位的自由贸易港政策;2019 年 6 月又宣布将新设 6 个自由贸易试验区,增设上海自由贸易试验区新片区,并加快探索建设海南自由贸易港进程,从而使得自贸试验区能够为中国在新时代全面深化改革和提升全方位对外开放水平不断探索新途径、积累新经验。随着中国对外开放的不断深入,中国引进和利用外资的政策逐步由超国民待遇向国民待遇进而向准入前国民待遇加负面清单方向变化。2015 年

---

① 习近平:《在庆祝改革开放 40 周年大会上的讲话》,人民出版社 2018 年版,第 19 页。
② 《邓小平文选》第 3 卷,人民出版社 1993 年版,第 258~259 页。
③ 《邓小平文选》第 3 卷,人民出版社 1993 年版,第 174 页。
④ 2019 年 8 月 18 日,中共中央、国务院发布《关于支持深圳建设中国特色社会主义先行示范区的意见》,支持深圳高举新时代改革开放旗帜、建设中国特色社会主义先行示范区,从而在更高起点、更高层次、更高目标上推进改革开放,形成全面深化改革、全面扩大开放新格局。

《自由贸易试验区外商投资准入特别管理措施（负面清单）》划分为15个门类、50个条目、122项特别管理措施。在总结实施经验的基础上，2017年版《自由贸易试验区外商投资准入特别管理措施（负面清单）》则减少为40个条目、95项特别管理措施，与上一版相比，减少了10个条目、27项措施。2018年版自由贸易试验区外资准入负面清单大幅减至45项措施，2019年版则进一步由45项减至37项。同样，为进一步推动新一轮对外开放，2018年版全国《外商投资准入特别管理措施（负面清单）》由原来的63项减至48项，2019年版则进一步由48项措施减至40项。

可以说，正是这种从本国实际出发、渐进式开放道路将对外开放、经济发展和社会稳定有机统一起来，使得中国能够不断通过总结经验推进理论创新、实践创新、制度创新、文化创新以及各方面创新，从而不断推动经济发展和社会进步。

三、坚持统筹国内国际两个大局

新中国成立以后，以毛泽东为主要代表的中国共产党人，始终关注世界政治经济形势的发展变化，统筹国内国际两个大局，提出了和平共处五项原则和"三个世界"划分的战略思想，为中国对外开放发展实践提供了重要的理论指导。党的十一届三中全会以后，以邓小平为主要代表的中国共产党人，基于对国内国际两个大局的深刻洞察，提出了"和平与发展是当代世界主题"的科学论断，明确了以经济建设为中心"一个中心两个基本点"的社会主义初级阶段基本路线，从而为制定内政外交各方面方针政策提供了基本依据。党的十三届四中全会以后，以江泽民为主要代表的中国共产党人，面对十分复杂的国内外形势，坚持统筹国内国际两个大局，提出在和平与发展仍然是当今世界两大主题的背景下，以和平共处五项原则为基础，推动建立公正合理的国际政治经济新秩序的主张。党的十六大以后，以胡锦涛为主要代表的中国共产党人，根据新的发展要求，坚持统筹国内国际两个大局，提出抓住重要战略机遇期，实施互利共赢的开放战略，努力建设持久和平、共同繁荣的和谐世界。党的十八大以来，以习近平为核心的党中央全面审视国际国内新的形势，通过统筹国内国际两个大局，总结实践、展望未来，提出推动经济全球化朝着更加开放、包容、普惠、平衡、共赢的方向发展，以共建"一带一路"为引领，推动构建人类命运共同体，建设持久和平、普遍安全、共同繁荣、开放包容、清洁美丽的世界。

新中国成立以来特别是改革开放以来，正是始终坚持统筹国内国际两个大局，中国的开放发展不断进行理论创新和实践探索，中华民族迎来了从站起来、富起来到强起来的伟大飞跃，中国才能够日益走近世界舞台中央、不断为人类发展进步作出更大贡献。统筹国内国际两个大局，推动改革开放发展，是几十年积累的宝贵经验。

第十五章

对国外经验和经济学理论的学习和借鉴

一个国家一个民族的建设和发展离不开世界,各国文明成果是可以互鉴的。新中国成立70年,中国共产党领导中国人民在将马克思主义与中国实际相结合、独立自主地进行社会主义经济建设、改革的过程中,也注意学习、借鉴国外的实践经验和理论成果并为我所用。总结在这方面的经验教训,对新时代的社会主义现代化建设是有益的。

第一节 改革开放前对国外经济学理论的学习和借鉴

一、改革开放前对国外经济学理论的借鉴概况

从新中国建立到改革开放前,对外国实践经验和经济理论的学习借鉴,主要是学习苏联社会主义经济建设经验和经济理论,而对西方经济理论的引入和研究十分有限。1949~1979年末,我国翻译的西方经济学论著一共只有68部,其中英、美两国占52部。在这些翻译的论著中,古典经济学的原著占有很大比重,因为从李嘉图以后的西方经济学理论曾被马克思斥为"庸俗",所以翻译引进的自然不会多。这一状况,对于中国学者较为系统地研究西方古典经济学理论是有好处的,但却影响了对西方经济学整体发展状况以及最新进展的学习和研究。胡寄窗在其《一八七〇年以来的西方经济学说》(经济科学出版社1988年版)的序言中指出:"建国30余年来基于种种原因,我们对西方经济学的理解,除马克思分析过的古典经济学和早期庸俗经济学尚能基本掌握外,对19世纪末期以来大量涌现的西方经济学理论几乎全无所知,即使有少数涉及它们的著作问世,大

都语焉不详并持全盘否定态度。"这一评论基本上说明了1970年代末以前我国关于西方经济理论引入和研究的总体状况。①

有关社会主义政治经济学的研究，除了在马克思恩格斯的著作中对未来社会做过原则性预测外，最早出现于苏联十月革命后的社会主义实践。当时带有典型意义的著作，有列宁关于社会主义的论著、斯大林的论著特别是《苏联社会主义经济问题》，还有在斯大林指导下由苏联科学院集体编写的《政治经济学教科书》。② 作为第一部比较系统地阐述社会主义经济问题的教科书，第一版于1954年在苏联出版，其中译本于1955年由我国人民出版社引进并正式出版。此后相当长一段时期里，该部著作一直被认为是关于社会主义经济问题研究的经典作品。直到改革开放以前，我国政治经济学的教学都是以它为主要参考书，无论是理论观点、分析模式，还是框架结构，对我国影响甚大。

除了苏联之外，东欧经济学也是我国经济理论界学习和研究的重点。那时我国翻译出版的苏联和东欧经济学家的著作，除了上述《政治经济学教科书》之外，还包括：诺特金《社会主义再生产理论概要》（中华书局1952年版）、贝琴和贝洛夫《战争经济》（人民出版社1953年版）、弗明娜《生产力和生产关系在社会主义社会中的辩证关系》（上海人民出版社1955年版）、什里赫舍尔《资本主义制度下农民贫困和破产的原因何在》（上海人民出版社1958年版）、科尔冈诺夫《论国民收入》（三联书店1963年版）等，以及商务印书馆资料室编译《南斯拉夫的经济改革》（商务印书馆1963年版）和《南斯拉夫报刊对苏联和东欧经济的评论》（商务印书馆1965年版）、还有列宁格勒大学社会科学教师进修学院编写《社会主义政治经济学史纲》（三联书店1979年版）等著作。

有关资本主义国家经济学的研究在我国主要出现于改革开放以后。当然，早在改革开放前20世纪60年代初期，我国一些大学经济系已经开始引入并出版《当代资产阶级经济学说》课程和系列教材；但由于当时的情况，这门课程处于受抑制状态。

"西方经济学"这一名称是20世纪70年代末期在我国出现的，后来逐渐被用来代替内涵相似的"当代资产阶级经济学说"。这个新的名称很快得到国内经济学界的认同和接受，并逐步成为教育部和学位委员会规定的高等学校本科和研究生课程正式名称。③ 目前，我国高等学校理论经济学的课程主要有政治经济学

---

① 转引自赵晓雷：《新中国经济理论史》，上海财经大学出版社1999年版，第93页。
② 《斯大林选集》下卷，人民出版社1979年版，第540页。
③ 吴易风：《关于西方经济学的几个问题》，载于《经济学动态》1999年第2期。

和西方经济学，前者讲授马克思经济学和马克思主义经济学的相关理论，① 后者论述流行于西方国家的各种经济理论。② 因此，通常我们所说的政治经济学在西方国家一般称为马克思经济学，而通常所说的西方经济学在西方国家被称为经济学。

改革开放以前，我国对西方经济学的引进和研究工作主要围绕资产阶级古典政治经济学和庸俗经济学展开，而对西方经济学其他流派的理论较少涉及。其中，新中国成立以后中国较早引进的西方古典政治经济学是王亚南主编的《资产阶级古典政治经济学选辑》，该书于1965年由商务印书馆出版，系统介绍了资产阶级古典政治经济学的产生、发展及主要理论观点，包括威廉·配第、魁奈、杜尔阁、斯密、李嘉图、西斯蒙第等学者及其著作的介绍，使中国经济学界对西方古典政治经济学的理论体系有了较为全面了解。此外，商务印书馆还系统出版了古典政治经济学主要代表人物的代表作及其相关论著，如配第《政治算术》（1960）、西斯蒙第《政治经济学新原理》（1964）、李嘉图《政治经济学及赋税原理》（1972）、斯密《国民财富的性质和原因的研究》（1974），以及托马斯·孟《英国得自对外贸易的财富》（1978）、《魁奈经济著作选集》（1979）等著作。此外，对资产阶级庸俗经济学的批判是这一时期理论界的另一主要内容。商务印书馆于1964年出版的季陶达《资产阶级庸俗政治经济学选辑》，选编了马尔萨斯、萨伊、詹姆斯·穆勒、西尼尔、巴师夏、约翰·穆勒、李斯特、罗雪尔、施穆勒、庞巴维克、威塞尔、克拉克及马歇尔等人的理论，对资产阶级庸俗经济学的产生和发展以及各个时期的主要观点进行系统梳理，并运用马克思主义理论对其进行了全方位批判。③ 此外，商务印书馆还出版了上述资产阶级庸俗经济学家的部分原著，如马尔萨斯《政治经济学原理》（1962）和《人口论》（1964）、萨伊《政治经济学概论》（1963）、马歇尔《经济学原理》（1964）、西尼尔《政治经济学大纲》（1977）等著作。

---

① "马克思经济学"主要是指以马克思《资本论》为蓝本的马克思的经济理论，"马克思主义经济学"或"马克思主义政治经济学"是指马克思之后西方国家致力于研究马克思经济学的学者（即马克思主义学者）进行的相关经济理论研究。

② 改革开放以来，在我国划分学科的经济学学科门类中，一级学科被划分为理论经济学和应用经济学。其中，政治经济学和西方经济学均为理论经济学科（专业）下面、彼此并列的两个二级学科。

③ 白永秀、任保平：《新中国经济学60年》，高等教育出版社2010年版，第97页。

二、改革开放前对国外经济学理论学习和借鉴的进一步分析

（一）苏联政治经济学教科书

通常认为，"苏联范式"主要是指以苏联1954年版《政治经济学教科书》和多种中国社会主义政治经济学教科书为代表的马克思主义政治经济学研究体系。在此范式影响下，研究经济学理论、讨论中国经济问题所采用的范畴术语、分析方法和理论依据均有一定的特征。对此，有学者指出："中国经济学在1979年以前'社会主义政治经济学'的主流范式，应该说就是50年代初在斯大林主持下写成的《政治经济学教科书（社会主义部分）》的那个范式。"[①]

简要地说，"苏联范式"有三个基本特点，即：一是生产资料公有制；二是优先发展重工业为特征的社会主义工业化；三是高度集中的计划管理体制。贯穿其中的是斯大林定义的社会主义基本经济规律。这一理论体系不仅对我国理论界，而且对我国的社会主义建设也产生了广泛影响。特别是在经济理论界，促成了一批具有时代特点的经济学研究成果，如孙冶方《社会主义经济论稿》（人民出版社1985年版）、薛暮桥《社会主义经济理论问题》（人民出版社1979年版）、马寅初《新人口论》（《人民日报》1957年7月15日）、卓炯《论社会主义商品经济》（广东人民出版社1981年版），以及较为有影响的政治经济学教材，如《社会主义政治经济学（南方本）》（四川人民出版社1979年版）和《社会主义政治经济学（北方本）》（陕西人民出版社1979年版）等。

从新中国成立到改革开放以前，我国也有不少从中国实际出发进行研究而提出的独特经济理论，如毛泽东的《论十大关系》《关于正确处理人民内部矛盾的问题》，以及理论工作者提出的有真知灼见的理论著作。理论界也对苏联教科书的观点进行过质疑和批评，但总体看，苏联政治经济学的理论体系一直是我国社会主义政治经济学的主流范式。直到1978年改革开放以后，国内学者开始着手编写自己的政治经济学教材，由此揭开了改革社会主义经济学理论研究的序幕。

其实，我国学者在1958年后即开始自己编写政治经济学教科书，但由于当时特定的政治背景与理论发展水平，人们对于社会主义的本质、原则等重大问题的认识并不清楚；加之在意识形态领域人们依然存在着"宁左勿右"的错误观念，极大地影响了经济理论的研究。在这种情况下，我国政治经济学的研

---

① 樊纲：《苏联范式批判》，载于《经济研究》1995年第10期。

究与教学几乎很难形成自主创新发展。直到 1978 年党的十一届三中全会实行改革开放以后,我国经济理论界在思想解放与百家争鸣的背景下才真正逐步取得重大进展。

(二) 西方古典政治经济学

新中国成立以来,我国理论界以马克思主义为指导思想,对西方经济学说进行了批判性研究。

英国古典政治经济学被认为是马克思主义政治经济学的重要来源之一,因此中国经济学界对这部分经济学说相对持有较为客观和中肯的评价,其目的是为了更好地理解马克思主义政治经济学的相关论点和原理。根据季陶达编著《英国古典政治经济学》(三联书店 1960 年版),国内经济学界对古典政治经济学的产生、发展乃至逐渐走向破产的演变过程进行了历史的和经济的全面分析,其研究内容包括:探讨了古典政治经济学的缘起,表明只有通过考察生产过程,才能揭示资本主义生产关系的内部联系;分析了古典政治经济学得以全面建立的历史动因,表明斯密继承和发展了配第的劳动价值论,并且考察了作为独立经济范畴的利润,从而认识到剩余价值的真正起源;进一步讨论了古典政治经济学得以充分发展的历史条件,表明李嘉图作为产业资本代言人,对地租、利润和工资之间的矛盾以及地主阶级与社会其他阶级之间的利益矛盾进行了深刻论证;还较为中肯地论证了古典政治经济学逐渐走向破产的原因和表现,表明古典政治经济学的演变发展反映的正是当时资本主义经济的演变与发展。

除了对古典政治经济学的发展过程进行历史考察之外,当时中国经济学界的研究还十分关注马克思主义政治经济学与古典政治经济学之间的关系,其目的是为了更好地了解马克思对于古典政治经济学合理成分的批判性继承。王亚南主编《资产阶级古典政治经济学选辑》(商务印书馆 1965 年版)认为,古典政治经济学的科学贡献大致包括:其一,奠定了劳动价值论的根基;其二,不自觉地发现了剩余价值,即在古典政治经济学中虽然已发现剩余价值,但由于受到当时经济范畴所限而未认识到,只能将其归入地租或利润的范畴;其三,提出了初步分配理论,即初步探讨了将社会收入合理分配为利润、利息、地租和工资等以促进社会经济的发展;其四,对资本主义社会中地主、资本家和工人三大阶级的相关关系和利益冲突进行了初步描述,提出了有关各阶级之间经济对立的理论等。[①]

---

① 柳欣、秦海英:《新中国经济学 60 年》,中国财政经济出版社 2010 年版,第 96 页。

总的来说，当时的中国经济学界已经开始从马克思主义政治经济学的观点、立场、方法出发，主要从价值理论、剩余价值理论、资本主义社会再生产理论以及分配理论等各个方面，对西方古典政治经济学做了初步研究，形成了一些理论观点和认识。

（三）西方庸俗经济学

马克思将西方经济学区分为"古典政治经济学"和"庸俗经济学"；其中，西方庸俗经济学，是指为资本主义制度作辩护的经济学。这一学说将资本主义制度看作是合乎人的本性、合乎自然、绝对和永恒的社会生产形式，局限于对资本主义经济的表象进行研究。对于西方庸俗经济学，当时的中国经济学界都是持批判态度的，评价基本是否定的。

根据季陶达编纂《资产阶级庸俗政治经济学选辑》，中国经济学界对李嘉图学派以后的西方经济理论做了一定范围的研究和评述。其中，法国的萨伊和英国的马尔萨斯是把斯密学说庸俗化的最初两个经济学家。萨伊从"斯密教条"（商品的价值由工资、利润和地租构成）引出生产三要素（劳动、资本和土地）和三种报酬（工资、利息和地租分别是劳动、资本、土地的报酬），完全掩盖了资本主义剥削。马尔萨斯则从斯密的另一个观点，即商品价值取决于所能购买到的劳动，引出利润在于商品贱买贵卖的结论，歪曲了利润的真正来源。英国的詹姆斯·穆勒和麦克库洛赫作为李嘉图学派的主要成员，是李嘉图经济学说的庸俗化者。19 世纪 20~30 年代李嘉图学派解体以后，以英国的西尼尔和法国的巴师夏等为代表的一批经济学家攻击古典政治经济学，美化资本主义制度。19 世纪 40 年代德国历史学派形成后，其先驱者李斯特和代表人物罗雪尔、施穆勒等反对斯密和李嘉图，否认有普遍经济规律，认为经济学的任务只是对历史过程的描述。19 世纪 70 年代，英国的杰文斯、法国的瓦尔拉斯、奥地利的门格尔先后发表了边际效用学说，运用主观效用论反对马克思的劳动价值论和剩余价值理论，特别是运用边际分析工具将主观效用数量化，在经济学说史上被称为"边际革命"。19 世纪末 20 世纪初，以马歇尔为代表的英国剑桥学派和以克拉克为代表的美国学派等理论的出现，反映出各种庸俗经济理论融合的迹象。20 世纪 30 年代在世界性经济危机的背景下，凯恩斯的宏观经济学应运而生，其为了刺激有效需求而主张实施国家干预的"有调节的资本主义"被称为经济学说史上的"凯恩斯革命"。同时，其他一些学派和理论如不完全竞争理论、福利经济学、新自由主义经济学、货币学派、经济增长理论、发展经济学等均有不同程度的发展。

与单纯介绍西方古典政治经济学理论相比较，中国经济学界对于庸俗经济学的研究更为深入和系统，并注重理论的延续性。更重要的是，这类著述将大部分篇幅放在对资产阶级庸俗经济学的批判研究上，可以说当时对这些西方经济理论进行研究的目的正是为了进行批判。例如，对于新福利经济学基本命题的批判，认为宣扬了资产阶级利己主义，否认了人的本质是社会关系的总和，从而掩盖了资本主义社会的剥削关系等；又如，对哈罗德经济增长理论的批判，认为避开了帝国主义阶段资本主义经济现实的发展趋势，暴露了为垄断辩护的反动面目；再如，对马歇尔需求理论的批判，认为从心理因素出发掩盖了资本主义基本矛盾等。这些批判性论点固然有着深刻的时代烙印，但也反映了当时中国学界对西方经济理论的掌握程度。由于未能从分析方法（如实证分析）、基本假设条件（如理性人假设）、基本概念（如马歇尔需求定律）等方面去理解西方经济理论，因此对其批判存在一定的不当之处。①

三、对改革开放前关于国外经济学理论研究的评论

回顾新中国成立以来我国经济学界对国外经济学理论的引进研究，实际上是伴随着社会主义政治经济学理论的发展历程而不断深化的。其间，马克思主义政治经济学在中国的每一步前进都是由于社会主义经济建设和改革的实践提出了需要解决的新问题。经济理论发展方向的变化往往是由现实的需要促成的，因为一种理论一旦被群众所接受而成为社会观念后是不会轻易改变的，只有在按照原有思路发展的实践已经无法继续下去时才会转而接受新的理念。事实上，社会主义政治经济学理论的发展包括研究范式的变革，在很大程度上都是在与传统理论、各种西方经济学观点的争论中实现的。

从新中国成立初期到1978年改革开放以前，我国社会主义政治经济学的主流范式是"苏联范式"。在此影响下，我国的社会主义政治经济学的体系基本是照搬苏联的，由此导致出现了对马克思主义政治经济学的理论教条式地叙述和社会主义部分僵化式地套用等问题，而疏于对现实经济问题的解释和分析。在理论研究中，也存在泛政治化倾向、学术性不强；规范分析有余而实证分析不足，造成理论与实际相脱节，使理论难以起到指导实践的作用。

需要强调指出的是，1958年毛泽东研读了斯大林《苏联社会主义经济问题》和苏联《政治经济学教科书》，对苏联政治经济学中有关理论和观点进行了批判性研究，提出了许多有意义的观点，这为后来中国社会主义经济建设理论和中国

---

① 赵晓雷：《新中国经济理论史》，上海财经大学出版社1999年版，第103页。

特色社会主义经济理论的形成奠定了思想基础。

与此同时，新中国成立后至改革开放前的 30 年间，我国对待西方经济学特别是 19 世纪以来的西方经济学理论几乎采取了全盘否定、全面批判的态度。但是，由于受到各种条件的限制，当时批判分析的角度还不够客观、内容也不全面。

第二节　改革开放新时期对国外经济学理论的学习和借鉴

一、改革开放新时期对国外经济学理论的引进概况

（一）20 世纪 80 年代

1978 年，党的十一届三中全会召开，开启了我国改革开放的新时期。伴随着改革开放的不断深入和国民经济的日益发展，我国经济学的研究空前活跃。各种国外经济学理论被大量引入和介绍到我国，并对我国的经济学理论研究产生了重要影响。

改革开放初期，在解放思想的大背景下，中国经济学界开始更多地引进学习借鉴国外实践经验和经济理论。主要有两个方向，一个是学习苏联东欧的改革理论；另一个是重新认识资本主义国家及其发展经验，也开始逐渐理性客观地认识西方经济学。

苏联东欧国家先于中国进行改革，形成了一些理论成果。当时我国翻译引进的著作主要有：奥斯卡·兰格的《社会主义经济理论》（中国社会科学出版社 1981 年版）和《政治经济学》（中国社会科学出版社 1987 年版）、马尔塞尼奇的《南斯拉夫经济制度》（人民出版社 1981 年版）、布鲁斯的《社会主义的政治与经济》（中国社会科学出版社 1981 年版）和《社会主义经济的运行问题》（中国社会科学出版社 1984 年版）、科尔奈的《短缺经济学》（经济科学出版社 1986 年版）和《增长、短缺与效率》（四川人民出版社 1986 年版）、以及奥塔·锡克的《社会主义的计划和市场》（中国社会科学出版社 1982 年版）、《第三条道路》（人民出版社 1982 年版）和《经济、利益、政治》（中国社会科学出版社 1984 年版）等。当时引进学习苏联东欧改革的理论和经验有历史的原因，主要是因为这些国家都曾经学习苏联实行过计划经济，这种情况与中国很相似，而当时也尚

未发生后来改革失败的问题,再加上我国理论界又急于借鉴别国的改革经验,所以这一时期对有关苏联东欧改革的著作引进比较集中。但随着我国改革的深入,特别是随着20世纪八九十年代苏联解体、东欧剧变,学习苏联东欧改革理论基本就成为历史,更多的就是吸取教训了。

同时,为了介绍和研究西方经济学,1979年由我国老一辈经济学家发起筹备成立了外国经济学学说研究会。在研究会的推动下,1980年前后,我国经济理论界主要通过邀请西方经济学家访华交流、举办经济学讲座、译介出版西方经济学著作以及派遣留学生出国学习和进修等路径,将西方经济学引入中国。所谓西方经济学,是指西方国家所流行的宏观经济学、微观经济学以及其他经济学分支(如货币金融学、财政学、国际经济学、发展经济学、计量经济学等)的统称。此后,西方经济学在我国的引入、研究和应用进入了快速阶段。

在20世纪80年代上半期,西方经济学的引进和研究主要是以古典和新古典经济理论为主,其中最多的是对凯恩斯主流学派一些重要著作的介绍和研究。如美国经济学家萨缪尔森的《经济学》在中国广为流行,成为大多数大专院校经济学专业的指定参考书。其他如阿克利的《宏观经济学》、马歇尔的《经济学原理》、摩根的《货币学派与凯恩斯学派》、克莱因的《凯恩斯革命》、希克斯的《凯恩斯经济学的危机》、琼·罗宾逊的《现代经济学导论》等。这一时期,中国经济学家对西方经济理论的研究较多地集中于古典经济学和凯恩斯经济学;同时,其他一些非主流理论如货币学派、供给学派的著作也有翻译并展开研究。[①]

在20世纪80年代下半期,西方经济学的引入和研究转变为以经济增长理论和发展经济学为主,同时对经济管理、企业管理理论的介绍和研究成为一个重点。这一时期翻译出版的论著有多玛的《经济增长理论》、库兹涅茨的《现代经济增长》、罗斯托的《从起飞进入持续增长的经济学》、钱纳里等人的《工业化和经济增长的比较研究》,以及舒尔茨的《改造传统农业》等。同时,国内学者关于经济增长、经济发展的研究也以较大规模相继展开。

整个20世纪80年代,除了翻译西方经济学的名著外,我国经济学工作者们通过对西方经济理论的研究,也出版了不少相关著作。如张培刚、厉以宁合著的《宏观经济学和微观经济学》(人民出版社1980年版)、刘涤源和谭崇台合著的《当代西方经济学说》(武汉大学出版社1983年版)、胡代光和厉以宁合著的《当代资产阶级经济学主要流派》(商务印书馆1982年版)、范弘著的《凯恩斯有效需求原则和就业倍数学说批判》(四川人民出版社1982年版)等,另外还

---

① 赵晓雷:《新中国经济理论史》,上海财经大学出版社1999年版,第291页。

有教材类书籍，如宋承先编的《现代西方经济学》（复旦大学出版社 1988 年版）、高鸿业和吴易风合著的《现代西方经济学》（经济科学出版社 1988 年版），以及罗志如、范家骧、厉以宁和胡代光合著的《当代西方经济学》（北京大学出版社 1989 年版）等。此外，国内重要的经济学报刊如《经济研究》《比较》《社会经济体制比较》《经济学家》《经济学动态》《经济学消息报》《经济学观察报》等，不仅翻译介绍许多国外著名经济学家的论文，还发表了大量我国经济学家的相关研究成果。[①]

（二）20 世纪 90 年代

1992 年，党的十四大确立社会主义市场经济体制的改革目标，我国的改革开放事业开启新的篇章。

20 世纪 90 年代，我国理论界一方面关注"亚洲四小龙"在一段较长时间里经济快速增长的实践经验和关于"东亚模式"的讨论。另一方面对西方经济学的研究和应用有了进一步发展，对理论的引进不再是零散的，而是整个理论体系、整个学派的引进介绍；对基本理论把握得更为准确，对基本分析工具也运用得比较娴熟，而且对现代经济学发展的新学科也有了更多介绍和了解。

就东亚奇迹或东亚经济的崛起而言，主要是指在 20 世纪 60 年代以来的 30 多年时间里，日本、"亚洲四小龙"、东盟的高速增长和工业化发展；从东亚各国和地区的工业化水平及其理论概括意义上讲，"东亚模式"的研究对象和范围主要是日本和"亚洲四小龙"。从本质上说，"东亚模式"的内涵是一种制度模式，即战后日本和"亚洲四小龙"的经济增长和工业化，是政府理性地进行制度创新和制度供给，在产权、决策和经济运行等方面形成一整套有助于经济增长的组织及其规则，并有效地予以实施的结果。这是第二次世界大战后日本和"亚洲四小龙"经济发展的共同路径，也是其经济增长和工业化取得很大绩效的根本原因。关于"东亚模式"的主要特征，一般认为第二次世界大战后东亚经济的起飞和发展并非纯粹的经济过程，还明显表现为一种强政府主导下的特殊政治过程，并多以有效的政府替代直接发育和扩张市场。比如"亚洲四小龙"实行政府替代的手段和形式是多种多样的，如制订和推行计划、确定战略产业和直接推动资本积累等，实际上是以强大的行政力量进行制度创新和制度供给。

关于对西方经济学的研究和应用，从 20 世纪 90 年代初期起，我国引入西方经济学的特征与 80 年代相比开始发生变化，主要表现为以介绍和研究西方新制

[①] 张卓元：《当代中国经济学理论研究（1949 – 2009）》，中国社会科学出版社 2009 年版，第 651 页。

度经济学、产权经济学理论为重点,科斯、德姆塞茨、阿尔钦、诺思、布坎南、威廉姆森、耐特等经济学家的著作大量翻译出版。可以说,中国经济学界掀起了一股产权热,新制度经济学或产权经济学的思路和方法产生了广泛的影响,一大批相关著作被引入中国。比如科斯著《企业、市场与法律》及《财产权利与制度变迁:产权学派与新制度学派译文集》、德姆塞茨著《所有权、控制与企业:论经济活动的组织》、诺思著《制度、制度变迁与经济绩效》及《经济史中的结构与变迁》、威廉姆森著《反托拉斯经济学:兼并、协约和策略行为》、斯蒂格利茨等著《契约经济学》、卢瑟福著《经济学中的制度:老制度主义和新制度主义》、霍奇逊著《现代制度主义经济学宣言》等,这些都是20世纪90年代翻译介绍过来的新制度经济学与产权经济学的相关著作。

在学习新制度经济学的体系和方法的同时,我国学者借鉴新制度经济学理论解释中国经济体制转轨过程中出现的经济现象也取得了一定成果。比如20世纪90年代,上海三联书店推出"当代经济学系列丛书",出版了一批新制度经济学相关领域的著作,包括樊纲等的《公有制宏观经济理论大纲》(1994)、林毅夫著《制度、技术与中国农业发展》(1994)及《中国的奇迹:发展战略与经济改革》(1994)等著作。此外,20世纪90年代还引进翻译了大量西方经济学教科书,使国内学术界逐步形成了不同体系、不同层次的西方经济学教科书体系,具有代表性的如中国人民大学出版社和北京大学出版社等单位出版的"经济科学译丛"。其中,初级教程包括曼昆的《经济学原理》(1999)、斯蒂格利茨的《经济学》(1997)等,中级教程包括平狄克的《微观经济学》(1999)、多恩布什的《宏观经济学》(1997)等,高级教程包括瓦里安的《微观经济学(高级教程)》(1997)、布兰查德的《宏观经济学(高级教程)》(1998)等,另外还有除经济学原理之外的其他各种经济学教材。

总的来说,整个20世纪90年代,经济学界对西方经济学的研究态度发生了大的转变,由过去的全面否定转变为借鉴和吸收,并积极地运用西方经济学尤其是新制度经济学的相关理论研究我国经济转变过程中出现的各种实际问题,形成了一系列研究成果。

(三) 21世纪开端

20世纪中后期,西方经济学演化出了若干新的理论分支,这些分支在一定程度上弥补了原来主流经济学的不足,也对西方经济学理论起到了完善和发展的作用。尤其是进入21世纪以来,随着学术界对西方经济学理论学习和研究的不断深入,我国学者对新政治经济学的引进和研究迅速升温,使之成为21世纪开端我国经济学理论引进和研究的重点领域。

新政治经济学是以政治和经济、社会和个人、国家和市场之间的相互关系作为研究内容的社会科学。由于并无统一的理论框架，经济学界对其研究内容和研究范围尚未形成一致的意见，但普遍认为新政治经济学的研究内容包括社会选择、公共选择、产权经济学、制度和组织经济学，以及法律的经济分析、规制的政治经济学等。[1] 21世纪初始，我国经济学界翻译出版了一批新政治经济学著作，其中经济科学出版社推出的"西方政治经济学译丛"比较具有代表性。比如克拉克著《政治经济学——比较的观点》（2001）、伊藤·诚等著《货币金融政治经济学》（2001）、赫希曼著《退出、呼吁与忠诚：对企业、组织和国家衰退的回应》（2001）以及德雷泽著《宏观经济学中的政治经济学》（2003）等新政治经济学领域的相关著作。此外，在这些新政治经济学著作的影响下，我国理论界也相继发表了一批由国内学者结合西方新政治经济学理论对中国政治经济学进行反思的相关著述，如程恩富等的《西方新政治经济学的发展与我国政治经济学革新》（2003）、汪丁丁的《中国的新政治经济学的可能依据》（2004）等。

21世纪开端，一方面新政治经济学在我国学术界方兴未艾，另一方面西方经济学发展的新的分支理论在我国的引进和研究也取得一定成果。这些新的分支包括：行为经济学和实验经济学的发展、演化经济学的演化与发展、法经济学的兴起与发展，以及以克鲁格曼为代表的新经济地理学的发展与推广等。总的来说，进入21世纪以来，我国学术界对于西方经济理论的引入和研究呈现出多样化的发展格局，在逐步掌握传统的主流经济学理论体系的同时，也在不断追踪和了解国外新的理论发展和新兴的分支理论，而且看待西方经济学的态度也更加客观化和科学化，并通过借鉴西方经济学的合理成分深入研究中国经济的现实问题，不断丰富和发展我国的理论经济学。

二、改革开放新时期对国外经济学理论的学习和借鉴

（一）经济学的学科定位

在改革开放新时期，中国经济学界对经济学的学科定位的认识，已不再局限于传统政治经济学所规定的对生产关系的研究，而是有了很大扩展。学术界一般认为，经济学可以分为三个组成部分，即经济理论研究、经济政策研究和经济应

---

[1] 白永秀、任保平：《新中国经济学60年》，高等教育出版社2010年版，第108页。

用研究。其中，经济理论研究包括纯理论研究和现实经济研究，经济政策研究主要是指社会经济的公共政策研究，经济应用研究也就是通常所说的应用经济学。可以说，这种经济学研究的分类和分工与世界发展趋势是相符合的，也是中国经济学研究向现代化发展的一个表现。①

从经济学的学科内容上来说，这一时期我国经济学研究，一方面坚持和发展马克思主义政治经济学基本原理，另一方面开始对于政治经济学学科的内容体系进行改革探索，形成了不同的主张，大体分为三类：一是沿用传统的政治经济学理论框架，由资本主义和社会主义两部分组成；二是从研究内容入手，打通资本主义和社会主义两部分，为解释经济实践中存在的问题而借鉴、引入西方经济学的范畴方法和理论；三是以社会主义市场经济学取代社会主义政治经济学，改版为"中国的社会主义经济学"，并随着每一次改革举措的变化而调整学科内容。根据这些争论，20世纪80年代末期我国出现了一些有代表性的著作和教科书，如谷书堂的《政治经济学（社会主义部分）》（陕西人民出版社1988年第4版和1992年第5版）和《社会主义经济学通论》（上海人民出版社1989年版），宋则行的《社会主义宏观经济学》（辽宁大学出版社1989年版），雍文远的《社会主义政治经济学再探索——双重运行机制论》（上海人民出版社1990年版），王珏的《必要价值论》（人民出版社1992年版第2卷），吴树青、卫兴华、谷书堂、吴宣恭主编的《政治经济学（社会主义部分）》（中国经济出版社1993年版）等。

从一定程度上说，政治经济学教科书的不断革新，体现出我国经济学理论研究在对人类文明成果广泛借鉴的基础上与社会主义市场经济改革实践的逐步融合。但这一时期马克思经济学主流地位的逐步弱化却是不争的事实。比如在大学课堂教学上，西方经济学成为中国理论经济学科目录中与政治经济学并列的二级学科（专业）；换句话说，在学科划分上西方经济学与政治经济学取得了形式上的平等地位。而且，传统的马克思经济学在研究对象、方法和体系以及教学上也越来越多地融入现代西方主流经济学的内容。一方面，在各种新编政治经济学教科书和著作中大量借鉴西方经济学方法，不仅研究制度或生产关系，同时也把资源配置、经济运行和经济发展纳入研究对象。另一方面，在政治经济学专业的硕士生和博士生课程中，西方经济学（包括中高级微观经济学和中高级宏观经济学、发展经济学、国际经济学、货币银行学、计量经济学等）被列入学位课或必修课，而政治经济学却失去了应有地位。其实，政治经济学作为一门理论经济学，其主要功能并不是直接用来解释具体经济问题，而是为各种应用经济学提供

---

① 赵晓雷：《新中国经济理论史》，上海财经大学出版社1999年版，第306页。

理论和方法论基础。但自改革开放以来，诸多高等院校的经济学（本科）和政治经济学专业（硕士和博士研究生教育）设置很多如企业管理、市场营销、房地产经济等方向，政治经济学理论则缩小甚至变成专题研究，如当代资本主义经济问题研究、社会主义经济问题研究、经济体制改革研究等。① 由此导致的一个严重后果是，政治经济学基础理论的教学与研究被削弱。

（二）经济学方法论

马克思主义政治经济学首要的或基本的研究方法是辩证唯物主义和历史唯物主义的方法论。在此基础上，还有作为分析方法和论述方法的具体形式，包括科学抽象的方法、研究方法与叙述方法的统一、逻辑与历史相统一的方法等。但是，马克思主义不是教条，它所提供的是观察与分析经济现象的基本原理和方法；而且马克思主义政治经济学不是静止的、停滞的，而是不断前进和发展的。因此，我国的经济学理论工作者既要传授马克思主义政治经济学的基本原理和方法，也要运用马克思主义的立场、观点与方法研究当代经济的新现象、新问题和新特点。比如，根据社会主义市场经济的实践过程发展和创新马克思主义政治经济学，并在经济学的教学与研究中有选择性地吸收和借鉴西方经济学的研究方法。

我国传统政治经济学在研究方法上侧重于规范分析。随着20世纪80年代以来西方经济学的大量引进，经济学的实证分析方法逐渐被推广采用。该方法认为经济学是一种实证科学，即在分析过程中假定各人不同的偏好是事先给定的，也就是在给定的价值标准条件下研究人们的经济行为及其后果，而对分析对象的价值偏好和道德标准忽略不计，即经济学具有道德中性的特征。在这种强调实证分析方法的基础上，发展经济学的结构分析、新制度经济学的制度分析，以及行为经济学与实验经济学的实验方法等开始在国内理论界迅速传播和推广。特别是结构分析和制度分析强调将实证分析与现实经济问题相结合的方法论特征，符合中国经济制度变革创新的实践需要，因而具有较强的适用性。其中，结构分析在方法论上的意义在于，从经济整体的角度考察社会经济的发展过程，并以经济过程内部结构变化作为划分经济发展阶段的标准，认为经济发展过程的变化是通过结构转换而实现的。基于此，20世纪80年代中后期以后，中国在经济结构调整的思想上和宏观经济分析方法上，都产生了由总量分析向结构主义思路的转变，许多经济学者认为决定经济成长阶段特征的主要是产业结构的不同发展高度以及与

---

① 蔡继明：《转型期的中国理论经济学》，载于《经济学动态》2003年第4期。

之相联系的结构效益。20世纪90年代以后，西方新制度经济学及制度分析方法开始对中国经济学界产生广泛影响。当时，一些经济学家认为，经济分析必须以一种既定的经济制度作为前提；在此前提下，通过将制度纳入新古典模型的约束框架建立制度制约与个人选择的联系，从而实现制度方法与新古典经济理论的整合，用以分析转型期中国经济发展变化过程中的实际问题。进入21世纪开端，行为经济学与实验经济学的实验方法开始在国内经济学界流行起来。其中，行为经济学以心理学为基础，即在心理学的基础上研究经济行为和经济现象，这与西方主流经济学中理性行为人的假设存在一定差异，从而对主流经济学进行了修正；同时，实验经济学也否定了主流经济学从经济现象出发的研究思路，通过观察实验对象在模拟、简化的经济环境中的特定经济行为，用以检验、比较和完善经济理论或提供决策依据。

（三）创建"中国经济学"的探索

学习借鉴的目的是应用。20世纪90年代，随着我国改革开放和现代化建设的发展，国内理论界展开了要不要和如何构建中国经济学的讨论，形成了几种不同观点。一种观点认为，应将传统的政治经济学吸纳部分西方市场经济理论，并结合我国的基本国情，建立"具有中国特色的经济学理论"[①]。另一种观点主张，用西方经济学的基本理论取代传统的政治经济学，认为"经济的基本理论本身具有普遍的、一般的科学意义，是无国界、无阶级性的"[②]。还有一种观点认为，"经济学的基础理论是无国界的，如果每个国家都有自己的特殊的经济学，世界上可能就会出现100多种经济学"，不过"在经济学研究领域，人们之间会有内容、方法和观点上的差别，甚至会形成各种流派。但这种差异与国家的不同无关"，因此主张建立"中国经济学"，并将其作为经济学的一个流派。[③]

在讨论的基础上，学者们进行了建设符合我国国情的经济学的可贵探索，形成了一些有益成果。这些成果大致有几类：一类是坚持马克思经济学理论体系的分析框架，加强对中国经济改革发展的分析。如张宇主编的《高级政治经济学》（经济科学出版社2002年版）等。其宗旨为："坚持马克思主义经济学的正统，按其创始人奠定的方向发展、扩大和深化马克思主义政治经济学，创造出适应时代要求的马克思主义经济学的现代形式。"[④] 另一类是，把传统的政治经济学与

---

① 崔之元：《西方经济理论的范式危机》，载于《中国书评》1995年第9期。
② 樊纲：《苏联范式"批判"》，载于《经济研究》1995年第10期。
③ 张仁德：《也谈中国经济学向何处去》，载于《经济学动态》1999年第3期。
④ 林岗、张宇：《探索马克思主义经济学的现代形式》，载于《教学与研究》2000年第9期。

西方经济学的几个分支理论相结合，形成各具特色的经济学体系。其中，与新制度经济学理论相结合的，如樊纲的《渐进改革的政治经济学分析》（上海远东出版社1996年版）、林岗和张宇的《马克思主义与制度分析》（经济科学出版社2001年版）；与发展经济学理论相结合的，如陈宗胜的《新发展经济学：回顾与展望》（中国发展出版社1996年版）等；另外，也有同信息经济学和博弈论等新兴学科相结合而形成的经济学理论。还有一类是，把社会主义政治经济学的理论体系与我国现行改革所处的转轨阶段相联系，也称为转型经济学或过渡经济学。转型经济学，如厉以宁的《转型发展理论》（同心出版社1996年版）、胡家勇的《转型经济学》（安徽人民出版社2003年版）等。过渡经济学，如宋承先的《过渡经济学与中国经济》（上海财经大学出版社1996年版）、张军的《中国过渡经济导论》（立信会计出版社1996年版）等。

在教科书建设方面也取得了重要成果，这些成果虽然各具特色，但共同特点是坚持以马克思主义经济学基本原理，大量联系中国实际努力揭示我国经济改革发展的规律性。如伍柏麟的《社会主义市场经济学教程》（复旦大学出版社1993年版），张维达的《政治经济学》（高等教育出版社1999年版），逄锦聚、洪银兴、林岗和刘伟主编的经济学基地本《政治经济学》（高等教育出版社2002年版），以及程恩富的《现代政治经济学》（上海财经大学出版社2006年版）等。以逄锦聚等主编的《政治经济学》为例，该著作突破了传统政治经济学在体系上分为两部分的结构，在体系上分为三篇：第一篇政治经济学的一般理论，第二篇为资本主义经济，第三篇社会主义经济。这一体系从坚持和发展马克思经济学的高度界定一般范畴和特殊范畴，并结合当代资本主义最新发展和我国建设有中国特色社会主义实践对政治经济学相关范畴的含义及其运动进行探索，较好地体现了科学性与实践性的统一。

三、对改革开放新时期学习借鉴国外经济理论的评论

改革开放新时期我国对国外经济理论特别是西方经济学的引入和借鉴，是开放和理论自信的表现。改革开放以来特别是20世纪90年代以来中国经济学理论研究取得了一些新的进展，一方面是因为中国的改革开放实践为经济学的研究提供了丰富的营养，同时马克思主义政治经济学的基本原理与中国实际相结合取得了新的进展；另一方面也在一定程度上得益于对西方经济学一些有用方法的借鉴。

然而需要引起重视的是，随着西方经济学理论的大量引进，也出现了一种对西方经济学盲目照抄照搬，甚至奉为圭臬的不健康现象，以至于"实际工作中，

在有的领域中马克思主义被边缘化、空泛化、标签化,在一些学科中'失语'、教材中'失踪'、论坛上'失声'。这种状况必须引起我们高度重视。"①

科学的态度是:"对一切有益的知识体系和研究方法,我们都要研究借鉴,不能采取不加分析、一概排斥的态度。马克思、恩格斯在建立自己理论体系的过程中就大量吸收借鉴了前人创造的成果。对现代社会科学积累的有益知识体系,运用的模型推演、数量分析等有效手段,我们也可以用,而且应该好好用。需要注意的是,在采用这些知识和方法时不要忘了老祖宗,不要失去了科学判断力。""我们既要立足本国实际,又要开门搞研究。对人类创造的有益的理论观点和学术成果,我们应该吸收借鉴,但不能把一种理论观点和学术成果当成'唯一准则',不能企图用一种模式来改造整个世界,否则就容易滑入机械论的泥坑。一些理论观点和学术成果可以用来说明一些国家和民族的发展历程,在一定地域和历史文化中具有合理性,但如果硬要把它们套在各国各民族头上、用它们来对人类生活进行格式化,并以此为裁判,那就是荒谬的了。对国外的理论、概念、话语、方法,要有分析、有鉴别,适用的就拿来用,不适用的就不要生搬硬套。哲学社会科学要有批判精神,这是马克思主义最可贵的精神品质。"②

第三节 新时代对国外经济学理论的学习和借鉴

一、新时代国外经济学理论的研究概况

2012年党的十八大以来,中国特色社会主义进入新时代。在新时代,我国学术界对于国外经济学理论的引进、学习和借鉴有了更新更加理性的进展。

2008年,世界金融危机爆发。这场危机引发了其后10年间世界各国经济学者对于经济理论变革的反思和探讨,特别是马克思三卷本《资本论》在欧美国家的畅销,带动了一大批国外研究马克思主义经济学著述的出版,这些著作在我国也产生了一定影响。

2016年,中国人民大学出版社翻译出版了"马克思主义研究译丛"系列丛书,包括麦克莱伦的《马克思传》(第四版)和《马克思以后的马克思主义》、

---

① 习近平:《在哲学社会科学工作座谈会上的讲话》,人民出版社2016年版,第10页。
② 习近平:《在哲学社会科学工作座谈会上的讲话》,人民出版社2016年版,第26~27页。

埃尔斯特的《理解马克思》、伍德的《资本主义的起源》、卡弗的《马克思与恩格斯：学术思想关系》、布伦纳的《马克思社会发展理论新解》、雷斯尼克的《马克思主义理论的新起点》、莫斯托的《马克思的〈大纲〉》等经典著作。2017年，商务印书馆也翻译出版了"国外马克思主义和社会主义研究丛书"，包括保罗·巴兰的《增长的政治经济学》、伊格尔顿的《马克思为什么是对的》、卢卡奇的《历史与阶级意识》、奥斯卡·兰格的《政治经济学（全两卷）》等。此外，西方经济学界各学派学者也出版了多部反思当代发达资本主义国家现实问题和西方主流经济学理论困境的著述，比如皮凯蒂的《21世纪资本论》（中信出版社2014年版）和《不平等经济学》（中国人民大学出版社2016年版）、马丁·沃尔夫的《转型与冲击：马丁·沃尔夫谈未来全球经济》（中信出版社2015年版）、兰德尔·雷的《下一场全球金融危机的到来》（中信出版社2016年版）、雅各布斯和马祖卡托的《重思资本主义》（中信出版社2017年版）等。2013年，经济科学出版社还翻译出版了"剑桥欧洲经济史"系列丛书，包括中世纪系列（中世纪农业、中世纪工业和贸易、中世纪经济组织和经济政策）、近代早期欧洲工农业生产、16～17世纪不断扩张的欧洲经济，以及工业革命及其经济发展系列（包括收入、人口、技术革命、资本、劳动力和企业、以及经济学发展和社会政策）等。这些著作的翻译出版丰富了我国国外经济学理论的学术研究。

在大量研究国外经济学理论著作的同时，国内经济理论工作者也相继出版了一批政治经济学领域的相关著作。如白暴力的《价值价格通论》（经济科学出版社2006年版）、聂锦芳的《〈资本论〉及其手稿再研究》（经济科学出版社2013年版）、逄锦聚的《中国经济研究》（中国经济出版社2016年版）、张俊山的《马克思主义的分配理论和我国收入分配制度改革研究》（经济科学出版社2016年版）、邱海平的《〈资本论〉及其当代价值》（经济科学出版社2017年版）、张宇的《资本主义向何处去》（经济科学出版社2018年版）等。其间，中国特色社会主义政治经济学及其理论体系的研究也取得了丰硕成果，出版了一批相关著作，包括顾海良的《中国特色社会主义政治经济学读本》（江苏人民出版社2016年版）、逄锦聚等的《中国特色社会主义政治经济学通论》（经济科学出版社2017年版）和《中国特色社会主义政治经济学概论》（经济科学出版2019年版）、洪银兴的《中国特色社会主义政治经济学理论体系构建》（经济科学出版社2016年版）、刘灿等的《中国特色社会主义收入分配制度研究》（经济科学出版社2017年版）等，极大地推动了中国特色社会主义政治经济学理论体系建设事业的蓬勃发展。

此外，国内学者还组织专业人员出版了一批经济学词典和丛书，为我国经济学理论的规范化研究提供了良好的借鉴平台。例如，2016年9月洪银兴主编的"现代经济学大典丛书"出版，涵盖经济学方法论、政治经济学、金融经济学、经济统计学、制度经济学、世界经济与国际经济、发展经济学、财政学、区域经济学、转型经济学、国民经济学、资源与环境经济学、计量经济学、产业经济学等分册，几乎涵盖了我国经济学理论研究的各个领域。2016年9月还出版了顾海良主编的"新编经济思想史丛书"，包括中外早期经济思想发展、古典政治经济学、国外马克思主义经济学发展、西方经济思想发展、中国近代经济思想发展、中国现代经济思想发展等十卷著作，全面回顾了国内外各种经济思想与经济理论的发展演变。2017年9月"中国道路系列丛书"出版，包括马克思主义基本原理与当代中国、现代政府建设、中国经济国际化、中国金融体制发展与改革、社会主义初级阶段理论与实践、中国新型城镇化道路、中国养老保障制度改革、中国人口发展政策与实施、中国农村劳动力转移、中国制造业发展以及中国生态发展等，几乎涵盖了我国社会主义市场经济建设和实践各个领域的理论发展。

二、新时代国外经济学理论的学习和借鉴

（一）西方马克思主义经济学的新发展与西方主流经济学的多元化发展

进入新的时代，西方马克思主义经济学的发展，既延续了20世纪70年代以来一以贯之的融合性特点，也萌生了21世纪以来结合危机理论所发展的批判性特点。一方面，在融合性特点上，一是通过使用博弈论、数学化建模等方法实现马克思主义经济学的新古典化，这种方向以分析马克思主义为代表；二是在继承传统马克思主义对西方主流经济学批判的同时，实现马克思主义经济学的创造性转化，如激进制度主义、生态马克思主义、女性马克思主义、演化经济学等。另一方面，在批判性特点上，进入21世纪主要是2008年全球金融动荡和经济危机之后，越来越多的西方研究马克思主义经济学家要求重回马克思《资本论》的批判性视角来探讨当代发达资本主义国家出现的各种现实问题。这些西方马克思主义经济学者大多主张，经济关系集中反映了发生在国家、企业、家庭中的人们相互之间的社会关系，因而不能把这些社会关系中的性别歧视、种族歧视、家庭劳动、阶级斗争等问题排除在政治经济学理论研究的范围之外。通常，主流新古典经济学习惯于把环境污染、生态失衡等全球性问题看作是对一个完美世界的偏离；而西方研究马克思主义经济学家却认为，当代资本主义经济中日益严重的环境污染和生态破坏，完全是由资本主义经济制度及其市场竞争造成的，是这一经

济制度中普遍存在的外部经济负效果作用的必然结果。而且重要的是,西方主流经济学总是从个人主义的观点出发构造经济学理论体系,因而任何经济行为和经济后果如资源配置、市场投入、价格决定等,都只是由个人偏好造成的;相反,西方马克思主义经济学主要从社会制度结构的角度来理解所谓的"个人偏好",认为任何经济行为和经济后果实际上都是资本主义经济制度本质的外在表现形式。可以说,这些西方研究马克思主义经济学家对当代资本主义及其现存制度所作的研究,以及对主流经济学的批判性研究都是有意义的。

与此同时,西方主流经济学在新的时代也走向了多元化发展的道路,主要表现在:金融危机之后主流宏观经济学与金融理论的交叉与融合,也有主流经济学与非主流经济学各流派的共生与多元化发展。一方面,2008 年 11 月全球金融危机继续发酵期间,英国女王伊丽莎白二世在视察伦敦政治经济学院时曾提出"为什么没有人预测到危机"。该问题引发了西方主流经济学界对自身经济学理论缺少金融危机预警的质疑,并带动了其后主流宏观经济学与金融理论的融合发展,不啻于对主流宏观经济学的严重警醒。另一方面,西方经济学理论本身正在向复杂性科学转变,随着非主流经济学的影响日益增大,西方经济学的整体格局呈现出多元化特征,即西方经济学越来越多地借鉴其他学科的方法和研究成果并表现出跨学科研究的趋势。理论的发展源于实践,危机的出现往往是经济理论发展和创新的转折点;而世界的多样化和全球化等也使经济问题变得越来越复杂,对经济的研究也需要从多学科、多层次角度探究问题。进入 21 世纪以来,制度经济学、信息经济学、心理经济学、行为经济学、实验经济学、演化经济学等非主流经济学研究都取得进展,其从一个或几个特定视角对主流经济学作出修正。因此,主流经济学在不断尝试与其他经济学的融合发展,引入诸如马克思主义经济学、后凯恩斯主义等多种研究范式,并在研究中借鉴政治学、伦理学、思想史等人文社会科学知识,或在原有理论基础上加入当下经济社会发展的新特征,使其研究更符合经济发展的内在要求和现实经济社会状况,由此呈现出西方主流经济学与各非主流经济学派共生与多元化发展的态势。其中,除了西方主流经济学自身理论的拓展外,西方非马克思主义的非主流经济学包括老制度主义经济学、后凯恩斯主义经济学、新熊彼特经济学、女性主义经济学、社会政治经济学,以及生态经济学等都取得了进一步的发展。①

---

① 贾根良:《中国经济学教育改革建议书》,载于《政治经济学评论》第 11 卷,上海人民出版社 2018 年版。

（二）构建中国特色社会主义政治经济学

学习和研究国外经济理论的目的是借鉴其合理成分为我所用。党的十八大以来，习近平多次强调要构建中国特色社会主义政治经济学。2014年习近平提出，各级党委和政府要学好用好政治经济学；2015年在主持政治局第二十八次集体学习时强调，要立足我国国情和我国发展实践，揭示新特点新规律，提炼和总结我国经济发展实践的规律性成果，把实践经验上升为系统化经济学说，不断开拓当代中国马克思主义政治经济学新境界；2015年在中央经济工作会议上，进一步强调要坚持中国特色社会主义政治经济学重大原则；在2016年5月17日全国哲学社会科学工作座谈会上，强调要构建中国特色社会主义哲学社会科学。在习近平倡导下，中国特色社会主义政治经济学呈现出繁荣发展的新局面；作为指导新时代经济建设的理论基础，其建设和发展受到了国内经济学界的高度重视和热烈讨论。

2017年党的十九大报告提出，中国特色社会主义进入新时代。新时代的总目标是，继续夺取中国特色社会主义伟大胜利，决胜全面建成小康社会，进而全面建设社会主义现代化强国，逐步实现全体人民共同富裕，实现中华民族伟大复兴的中国梦。总目标对我国理论经济学的创新发展提出了全新要求，我国经济学界必须立足于新时代中国特色社会主义实践需要，在马克思主义基本原理指引下开创中国经济学发展创新的新时代。在深刻总结改革开放以来我国发展实践的成功经验基础上，习近平创造性地提出坚持和发展中国特色社会主义政治经济学，并形成了中国特色社会主义经济思想，这是经济学理论的重大创新，在我国经济学教育和科研中具有指导地位。[①]

在习近平新时代中国特色社会主义思想的指引下，一批反映中国实践、中国经验、中国理论的经济学成果纷纷涌现。例如，由南开大学逄锦聚等编写完成的《中国特色社会主义政治经济学通论》（2017）和《中国特色社会主义政治经济学概论》（2019）就是其中的代表性论著。这两部著作坚持以习近平新时代中国特色社会主义经济思想为指导，回应时代和实践发展的要求，力求在理论发展和实践指导上做到科学性、人民性、实践性、开放性和发展性，为进一步构建、发展和完善中国特色社会主义政治经济学理论体系作出了基础研究的探索性工作。[②]

---

① 顾海良：《中国特色社会主义政治经济学史纲》，高等教育出版社2019年版，第476页。
② 逄锦聚：《以习近平经济思想为指导构建中国特色社会主义政治经济学》，摘自"在习近平新时代中国特色社会主义经济思想研讨会暨《中国特色社会主义政治经济学概论》首发式上的发言"，2019年7月18日。

三、新时代国外经济学理论研究的新进展

(一) 坚持以马克思主义为指导思想

党的十八大以来,我国的经济改革和发展实践有了新的突破,同时,我国对国外经济学理论的研究和借鉴也有了新的进展。

对国外经济学理论的研究和借鉴,首先要旗帜鲜明地坚持以马克思主义为指导,运用马克思主义的立场观点和方法,去分析,去借鉴。进入新时代,习近平鲜明地指出:"坚持以马克思主义为指导,是当代中国哲学社会科学区别于其他哲学社会科学的根本标志,必须旗帜鲜明加以坚持。"①

马克思主义经济学的创立和发展过程客观反映了人类社会经济发展的规律,体现了世界经济发展的内在要求。改革开放40年来,马克思主义为中国特色社会主义经济理论的产生与发展,提供了科学的世界观和方法论、正确的立场和价值观、完整的理论体系和分析框架,以及基本的制度规范。因此,研究和借鉴国外经济理论,发展中国特色社会主义政治经济学,首先必须坚持以马克思主义为指导思想。

当今世界正处在大发展、大变革、大调整时期,世界经济格局正在发生深刻变化。尽管我们所处的时代同马克思所处时代相比发生了巨大而深刻的变化,但从世界社会主义500年的大视野来看,我们依然处在马克思主义所指明的历史时代,这是对马克思主义保持坚定信心、对社会主义保持必胜信念的科学根据。有人认为马克思主义经济学过时的说法是武断的。从2008年金融危机来看,许多西方国家经济持续低迷、两极分化加剧、社会矛盾加深,说明资本主义固有的生产社会化和生产资料私人占有之间的矛盾依然存在,但表现形式和存在特点有所不同。金融危机的爆发让世界上越来越多的人相信,马克思主义经济学对于预测和判断当代世界经济发展趋势具有重要解释力。危机不但动摇了资本主义世界的经济金融秩序,也引起了中西方无数学者对西方主流经济学的深刻反思和重新认识。反思的一个重要结果是,背离或放弃马克思主义就会迷失方向;在坚持以马克思主义为指导这一根本问题上必须坚定不移,任何时候、任何情况都不能动摇。金融危机发生后,不少西方学者也在重新研究马克思主义经济学、研究《资本论》,马克思主义经济学再次成为人们理解资本主义经济发生发展及周期运行规律的重要理论。当前,我们正确认识现代资本主义经济,正确分析和认识中国

---

① 习近平:《在哲学社会科学工作座谈会上的讲话》,人民出版社2016年版,第9页。

的社会主义经济，仍然需要以马克思主义经济学为指导。实践证明，中国经济改革和发展是在中国化马克思主义、中国特色社会主义政治经济学指导下取得巨大成就的，而并非是在西方经济理论指导下取得的，全面深化改革加快经济发展更需要马克思主义、中国特色社会主义政治经济学的指导。

毫无疑问，坚持以马克思主义为指导思想是中国特色社会主义政治经济学区别于西方经济学的根本标志。马克思主义是认识世界、改造世界的科学理论，是人类文明的结晶。中国革命和社会主义建设是在马克思主义指导下取得成功的，我们党历来重视对马克思主义政治经济学的学习、研究、运用，并不断提出独创性观点，开辟了马克思主义政治经济学的新境界。马克思主义已经融入中国经济理论的肌体，成为中国经济理论的血脉和灵魂。只有坚持以马克思主义为指导，发展中国特色社会主义政治经济学才有正确的方向和科学的分析方法，才能更好地回答我国经济发展的理论和实践问题，提高引领我国经济发展的能力和水平。坚持以马克思主义为指导，既包括坚持以马克思主义政治经济学基本原理为指导，也包括以中国化的马克思主义为指导，特别是坚持以人民为中心的导向，反映人民的根本利益，才能使中国特色社会主义政治经济学的发展同国家和民族的前途命运紧紧联系在一起。①

（二）紧跟改革实践发展经济学理论

中国特色社会主义政治经济学是随着时代的发展而不断发展的理论体系，也是随着实践的深化而不断创新的理论体系。发展和创新是中国特色社会主义政治经济学的鲜明特征，更是其生命力所在。新中国成立70年特别是改革开放40年来，中国经济快速发展，创造了人类历史上少有的发展奇迹，为世界发展做出了历史性贡献。面对中国特色社会主义经济的生动实践，发展具有中国特色、中国风格、中国气派的经济理论和话语体系，把中国的实践经验上升为系统化的经济学说，比任何时候都更加迫切也更加重要。没有这样一种科学的理论，就不可能真正树立道路自信、理论自信、制度自信、文化自信。

长期以来，指导中国特色社会主义经济建设取得巨大成就的不是西方经济学理论，而是当代中国马克思主义政治经济学即中国特色社会主义政治经济学。中国特色社会主义政治经济学来源于实践又经受实践检验，为我们正确认识经济现象、指导经济实践提供科学的理论指南。党的十八大以来，我们把马克思主义政治经济学

---

① 逄锦聚：《在实践创新中丰富和发展中国特色社会主义政治经济学》，载于《求是》2016年第11期。

基本原理同改革开放的具体实践结合起来，坚持和发展几十年实践中形成的关于社会主义本质的理论，关于社会主义初级阶段基本经济制度的理论，关于社会主义市场经济的理论，关于经济发展新常态的理论，关于新发展理念的理论，关于推动新型工业化、信息化、城镇化、农业现代化协调发展的理论，关于坚持以人民为中心的发展思想和逐步实现全体人民共同富裕的理论等。这些理论成果有力地指导了我国经济发展实践，是反映当代中国国情和时代特点的马克思主义政治经济学。①

党的十八大以来，国内外形势发生深刻复杂的变化，中国特色社会主义建设进入新的时代。世界经济复苏乏力、局部冲突和动荡频发、全球性问题加剧，这是我国社会经济发展面临的外部环境；与此同时，经济发展进入新常态、转向高质量发展阶段，这是我国国内经济发展的总体环境和基本特征。面对新的时代及其变化特征，中国特色社会主义政治经济学必须在实践中丰富和发展，又要经受实践的检验进而指导实践。发展中国特色社会主义政治经济学，就是要不断总结和提炼我国改革开放和社会主义现代化建设的实践经验，这是中国特色社会主义政治经济学的主体内容，也是中国特色社会主义政治经济学对马克思主义政治经济学发展的最大增量。当前，我国正在进行的改革开放和社会主义现代化建设事业，是史无前例的人类发展实践。在实践基础上取得的伟大成就，积累的丰富经验，形成的中国特色社会主义道路、理论、制度和文化，都为中国特色社会主义政治经济学的发展提供了宝贵材料。因此，发展中国特色社会主义政治经济学必须坚持从我国实际出发，从我国改革发展的实践中挖掘新材料、发现新问题、提出新观点、构建新理论，加强对改革开放和社会主义现代化建设实践经验的系统总结，加强对社会主义市场经济改革与发展的分析研究，揭示经济发展的内在规律，提炼出有学理性的新理论总结上升为系统化的经济学说，为中国特色社会主义建设事业提供理论支持和服务。

（三）在推进理论创新中超越西方经济学理论

回顾 40 年我国经济学理论的发展历程，新中国建立初期，我国经济学的教学和研究均以苏联教科书为蓝本，因而对待西方经济学理论往往持全盘否定态度。1978 年，党的十一届三中全会明确了经济改革和对外开放的任务，理论界对待西方经济学的态度有了明显改变；特别是 20 世纪 80 年代以来，我国开始介绍和大量引进西方经济学理论。然而 20 世纪 90 年代中期以后，马克思主义政治经济学在我国高校的经济学教育和科研中逐渐被边缘化，西方经济学话语的影响

---

① 张宇：《发展中国特色社会主义政治经济学》，载于《求是》2016 年第 11 期。

越来越大,这种状况与中国特色社会主义实践发展需要很不相称。

党的十八大以来,中国经济学的西方化现象得到了扭转。2017年中央经济工作会议在认真总结我国经济发展取得的成就和发生的变革基础上,首次提出习近平新时代中国特色社会主义经济思想,意味着中国经济学理论的巨大进步。从世界和全球角度来看,习近平新时代中国特色社会主义经济思想,在经济学上为发展中国家的现代化发展、为解决全人类命运问题提供了中国理论和中国贡献。正是在推进中国特色社会主义的伟大实践中,习近平提出"中国特色社会主义政治经济学"这一重要理论范畴,并阐明了构建中国特色社会主义政治经济学理论体系的方法论原则,指明了中国经济学发展的根本方向。在坚持和发展中国特色社会主义政治经济学的影响下,我国马克思主义政治经济学的理论研究空前活跃,越来越多从事西方主流经济学研究的学者开始认识到西方经济学的局限性,许多高校也开始重新重视马克思主义政治经济学的教学工作。这种经济学理论教学和研究的转变趋向,在一定程度上反映了新时代我国经济学界跟随实践变化来发展和变革经济学理论的需要,这也是时代发展赋予我国经济理论工作者的重要责任和历史担当。

西方经济学无疑是现代经济学的重要组成部分,但其理论本身存在许多逻辑缺陷而且长期得不到讨论,其霸权地位也已对学术自由造成了严重威胁,这是战后美欧经济学发展的重要教训。我国经济改革的目标是建立完善的社会主义市场经济体制,体制转变时期面临的许多问题既不同于市场经济发达国家,也有别于其他体制转轨国家。因此,中国经济改革是参考借鉴而不是以西方经济学为指导,中国经济改革和发展中遇到的许多问题在西方经济学中找不到答案,以西方经济学为指导可能使中国经济改革和发展误入歧途。特别是当前世界经济形势、世界格局正在发生重要的新变化,中国的理论经济学者更需要进一步强化实践意识、时代意识、问题意识、创新意识、主体意识和世界意识。因此,我国的经济学理论研究应当以中国的经济体制改革和经济发展为主题,全面研究中国和世界的突出经济问题,从中总结和抽象出一般规律用以指导经济实践并预测发展趋势和动向,才会有强大的生命力和牢固的基础地位,并在理论创新中实现对西方经济学理论的超越。

第四节 学习借鉴国外经验和经济学理论的启示

一、在学习借鉴中坚持以我为主

新中国成立70年来,我国经济学理论研究妥善处理坚持马克思主义、借鉴国外理论与从中国实际出发的关系，走出了一条坚持马克思主义为指导，以我为主，借鉴国外实践和理论，立足中国实际的创新发展之路。

在学习借鉴国外经济学中坚持以我为主，就要坚持中国化马克思主义的指导地位。中国化马克思主义是马克思主义基本原理与中国实际相结合的产物，是指导我国社会主义革命、建设、改革、发展的根本思想。毛泽东思想、中国特色社会主义理论体系都是中国化的马克思主义，习近平新时代中国特色社会主义思想是马克思主义中国化的最新成果，是 21 世纪的马克思主义。在学习借鉴国外经济学中，要以中国化马克思主义为思想武器，对其加以分析和鉴别，对其中科学的成分就吸收，对其中糟粕就抛弃，反对照抄照搬。

在学习借鉴国外经济学中坚持以我为主，就要坚持从中国的实际需要出发，从解决建设、改革、发展中突出的重大问题的需要出发，对国外经济理论进行检验和筛选。1944 年，毛泽东同志就说过："我们既反对盲目接受任何思想也反对盲目抵制任何思想。我们中国人必须用我们自己的头脑进行思考，并决定什么东西能在我们自己的土壤里生长起来"。习近平也指出："对人类创造的有益的理论观点和学术成果，我们应该吸收借鉴，但不能把一种理论观点和学术成果当成'唯一准则'，不能企图用一种模式来改造整个世界，否则就容易滑入机械论的泥坑。一些理论观点和学术成果可以用来说明一些国家和民族的发展历程，在一定地域和历史文化中具有合理性，但如果硬要把它们套在各国各民族头上、用它们来对人类生活进行格式化，并以此为裁判，那就是荒谬的了。"[①]

二、有分析地对待国外经济学理论

要正确对待国外经济学理论，首先要掌握国外经济学理论的内容并对其理论进行深入剖析。不论是苏联和东欧的社会主义政治经济学理论，还是西方主流经济学和非主流经济学派的各种理论。对国外理论似懂非懂，不加分析就全盘否定，或者照抄照搬，都不是科学的态度。新中国成立初期，我们照搬苏联做法，在较长时间实行计划体制，造成了理论与实际的脱节。改革开放以来的一段时间，在有的领域对西方现代主流经济学盲目照抄照搬，也是教训深刻的。因此，在学习借鉴国外经济理论时，特别需要对西方经济学理论有客观的分析和判断。

西方经济学理论中的有些内容，一定程度上反映了现代化大生产和市场经济的规律，体现了资源配置的一般要求。对于作为人类文明成果的部分，我们需要

---

① 习近平：《在哲学社会科学工作座谈会上的讲话》，人民出版社 2016 年版，第 26 页。

认真借鉴和吸收，这对我国建立社会主义市场经济体制和进行经济体制改革都具有重要意义。但是必须看到，西方经济学作为来自西方发达资本主义市场经济国家的经济理论，是根据西方发达国家的制度背景和经济条件得出来的。它以西方发达国家的市场经济作为研究对象，分析建立在私有产权基础上的市场运行机制及其作用规律。更何况，当代西方经济学的不同流派各自有不同的理论，只有全面深入地了解西方各个学派的理论体系、主要思想和政策主张，了解其理论的差异、争论的交锋，以及政策实施的效果，才能在借鉴和运用西方经济理论时避免片面性。

更需要注意的是，我国是一个发展中国家，建立的是以公有制为基础的社会主义市场经济体制，与西方发达国家的市场经济体制具有本质区别，因而对于我国社会主义市场经济体制建设和改革时期所出现的问题和面临的困难，西方经济学并不能真正给出合理的解释和有效的治理对策。而且，西方经济学的基本原理是以一定的假设为前提、运用各种抽象方法推导出来的。这些假设前提往往不具有现实性，或者即使具有现实性也会随着时间变化而发生改变，因而随着经济全球化的不断深入，市场经济中的各种新情况和新问题也会不断涌现。当现实与理论假设之间存在巨大差距时，如果继续将西方理论直接套用于社会主义市场经济改革，则很容易导致结论上的谬误和政策上的误导。由此，我们运用西方经济学理论研究中国经济问题时，必须从实际出发，切忌乱搬照套；如果脱离实际而照搬西方的经济理论并以此解决实际问题，必然会对社会稳定和经济发展带来危害。因此，我们要以正确的态度对待国外经济学理论，有分析地借鉴和吸收世界各国经济学的有益成分。

三、创建具有中国特色的经济学理论体系

几十年的探索证明，学习借鉴国外经济理论并非目的，而真正目的在于要在学习借鉴的基础上，努力构建适应我国经济发展要求的、具有中国特色的经济学理论体系和话语体系，以指导中国的改革开放和社会主义现代化建设。

当前，我国处在建设社会主义现代化强国的关键时期，立足于时代和实践发展的需要，要在学习借鉴国外理论的基础上，创建能够服务和助推中国特色社会主义的发展和民族复兴的新的经济学理论体系，这是当代中国经济学界的重大任务。

首先，要注意多方面吸收前人成果。联系到中国市场经济改革的实践需要和国外经济理论的发展趋向，构建和发展中国特色社会主义政治经济学需要多方面

吸收前人的成果。通常，任何理论都不可能在没有前人理论研究基础上构筑起来。因此，构建适应中国发展需要的具有中国特色的经济学理论体系应该有自己的理论渊源并不断地发展完善，从而更好地推动中国特色社会主义经济学理论的发展与创新。习近平讲："我们要善于融通古今中外各种资源，特别是要把握好3方面资源。一是马克思主义的资源，包括马克思主义基本原理，马克思主义中国化形成的成果及其文化形态，如党的理论和路线方针政策，中国特色社会主义道路、理论体系、制度，我国经济、政治、法律、文化、社会、生态、外交、国防、党建等领域形成的哲学社会科学思想和成果。这是中国特色哲学社会科学的主体内容，也是中国特色哲学社会科学发展的最大增量。二是中华优秀传统文化的资源，这是中国特色哲学社会科学发展十分宝贵、不可多得的资源。三是国外哲学社会科学的资源，包括世界所有国家哲学社会科学取得的积极成果，这可以成为中国特色哲学社会科学的有益滋养。要坚持古为今用、洋为中用，融通各种资源，不断推进知识创新、理论创新、方法创新。我们要坚持不忘本来、吸收外来、面向未来，既向内看、深入研究关系国计民生的重大课题，又向外看、积极探索关系人类前途命运的重大问题；既向前看、准确判断中国特色社会主义发展趋势，又向后看、善于继承和弘扬中华优秀传统文化精华。"①

其次，要采取科学的研究方法。构建中国特色社会主义经济学一定要坚持辩证唯物主义和而历史唯物主义的方法论，同时要汲取国外经济学的有益方法。例如理论假定的方法，在具体理论构建的基础上通过前提假设的进一步梳理和整合，以及变量的相应设置和调整，创立适应中国实践需要的经济学。同时也可以借鉴现代社会科学的研究方法，如法学的案例分析法、史学的归纳法、现代科学哲学的系统论、控制论、信息论中的有关方法等，并将各种方法交互使用、有机结合，从而使政治经济学不仅具有科学的理论结构而且具有解释现实经济问题的能力。经济学与自然科学相比最大的特点在于它是一门非实验科学，在理论正式被用于指导实践之前不可能像自然科学一样通过设立实验室来提前进行精确地检验，而模拟实际的案例研究便是对实验室实验的替代。比如在对案例进行讲解和分析的基础上，通过对理论进行证实或证伪、并逐步修正和完善理论，将能够为理论更好地应用于现实的社会经济生活提供典范。此外，还有数学工具的合理运用。辩证唯物主义和历史唯物主义是马克思经济学坚持的根本研究方法，放弃了这个方法论基础也就取消了其学科特色。但是，正如马克思在创立政治经济学过程中开放地吸收当时社会科学乃至自然科学的一切先进的、合理的具体分析方法

---

① 习近平：《在哲学社会科学工作座谈会上的讲话》，人民出版社2016年版。

一样，政治经济学改革的一个重要内容就是科学而合理地运用分析工具，特别是在研究方法上解决正确处理辩证唯物主义和历史唯物主义方法论基础与数学、统计等具体分析工具的关系。既不能因为坚持辩证唯物主义和历史唯物主义而排斥和影响其他具体分析工具的运用，也不能因为使用数学或统计学方法而取消了辩证唯物主义和历史唯物主义的基础地位。辩证唯物主义和历史唯物主义是认识人类社会本质的最为有效的方法，是经济学深入认识到经济现象最本质层次不可或缺的手段，但它缺乏量的、分析性的范式或工具，在研究精度上有所欠缺；而数学的或统计的方法虽然难以揭示社会现象的本质，但是在描述经济现象的量的特征方面有着特别的功能，对于研究短期的、简单的、静态的现象或提高研究精度非常有力。因此，在运用经济理论研究现实问题时可以在分析方法上有所侧重，如政治经济学在揭示经济社会发展的本质问题、长期问题、动态问题时应该坚持运用辩证唯物主义和历史唯物主义方法论，但是在描述经济生活的现象形态、短期和静态特征时也可以引进和运用数学的、统计分析的工具。这样既可以保证政治经济学对经济社会本质问题的洞察力，又能够保证其认识的精确性。

最后，坚持从中国实际出发，以我为主，同时面向世界。经济学首先要研究各个国家的特殊规律，在此基础上才可以揭示为数不多的人类经济发展的一般规律。中国的特殊国情决定了在汲取国外经济学长处的基础上必须建立适应中国国情的经济学。与自然科学不同，任何一种经济理论都是对特定的、具体的、历史的社会经济实践活动的概括和总结，并为特定的具体的社会经济服务。西方经济学是在西方社会经济制度与历史文化背景下发生和发展起来的，是对西方资本主义经济发展实践的概括和总结，并为资本主义经济制度服务。但中国现实的经济制度、基本国情、文化传统等都与西方国家根本不同，这就决定了必须对中国社会经济活动的实践进行概括和总结，努力创建具有中国特色的经济学理论体系以指导中国的改革开放和社会主义经济建设实践。

今天，中国经济发展已经进入新时代，随着经济全球化的发展，中国经济与世界经济已高度融合在一起。所以，中国特色社会主义政治经济学也要关注世界经济的发展，研究经济全球化发展中突出的新问题，提出解决问题的中国理论和中国方案，为世界为人类的共同发展贡献中国智慧和中国力量。

结束语

奋进新时代

新中国走过 70 年，取得了伟大的成就，辉煌的历程。回看过去，我们无比自豪，中华民族正以崭新姿态屹立在世界的东方！展望未来，前途光明，我们比任何时候都充满着对中国特色社会主义的道路自信、理论自信、制度自信、文化自信！

社会主义社会是不断发展的社会。实践发展无止境，理论探索也无止境。总结过去是为了更好地前进。以党的十八大为标志，中国特色社会主义进入新时代。新时代要有新气象更要有新作为。党的十九大勾画了到 21 世纪中叶要建成社会主义现代化强国，实现民族复兴的宏伟蓝图。实现这样的目标，必须以习近平新时代中国特色社会主义思想为指导，以更加坚定的决心、更加有力的举措、更加完善的制度，奋进新时代，不断开创中国特色社会主义的美好未来，为中华民族的复兴提供不竭的强大动力和保证。

奋进新时代，要贯彻新发展理念，使国民经济高质量发展。我国经济已由高速增长阶段转向高质量发展阶段，正处在转变发展方式、优化经济结构、转换增长动力的攻关期，发展是解决我国一切问题的基础和关键。要坚定不移贯彻创新、协调、绿色、开放、共享的发展理念，着力发展完善坚持高质量发展，"坚持质量第一、效益优先，以供给侧结构性改革为主线，推动经济发展质量变革、效率变革、动力变革，提高全要素生产率，着力加快建设实体经济、科技创新、现代金融、人力资源协同发展的产业体系"，[①] 建设现代化经济体系，推动新型工业化、信息化、城镇化、农业现代化同步发展的新路子，不断增强我国经济创

---

① 习近平：《决胜全面建成小康社会 夺取新时代中国特色社会主义伟大胜利——在中国共产党第十九次全国代表大会上的报告》，新华社，2017 年 10 月 27 日，http://news.cnr.cn/native/gd/20171027/t20171027_524003098.shtml。

新力和竞争力。

奋进新时代，要以更大的步伐全面深化改革。改革开放是建成社会主义现代化强国，实现民族振兴的必由之路。只有进一步全面深化改革，扩大开放，才能更好地发展中国、发展社会主义、发展马克思主义。改革只有进行时没有完成时，中国特色社会主义道路的开辟靠改革，发展和完善仍然要靠改革。全面深化改革，要坚持以完善中国特色社会主义制度，不断推进国家治理体系和治理能力现代化为目标，坚决破除一切不合时宜的思想观念和体制机制弊端，突破利益固化的藩篱，吸收人类文明有益成果，构建系统完备、科学规范、运行有效的制度体系，充分发挥我国社会主义制度优越性。要着力构建市场机制有效、微观主体有活力、宏观调控有度的经济体制，既充分发挥市场在资源配置中的决定性作用，又更好发挥政府作用，大力发展社会主义市场经济。要坚持和完善我国社会主义基本经济制度和分配制度，毫不动摇巩固和发展公有制经济，毫不动摇鼓励、支持和引导非公有制经济发展，不断壮大我国经济实力和综合国力。要深化上层建筑领域的改革，使社会主义上层建筑更好适应经济基础的要求，适应保护生产力、解放生产力和发展生产力的要求。

奋进新时代，要更加坚定地坚持中国共产党领导。中国共产党领导是中国特色社会主义最本质的特征。[①] 没有中国共产党的领导就没有新中国革命、建设、改革、发展的成功。在社会主义现代化强国建设实现民族复兴的进程中，要坚持党对一切工作的领导。要完善坚持党的领导的体制机制。中国共产党领导的多党合作和政治协商制度必须长期存在和发展。中国共产党要加强自身建设，始终不忘初心，牢记使命，保持先进性和生机活力，要增强把方向、谋大局、定政策、促改革的能力和定力，确保党始终总揽全局、协调各方。

奋进新时代，必须进一步扩大开放。当今世界正处于大发展大变革大调整时期，和平与发展仍然是时代主题，世界多极化、经济全球化、社会信息化、文化多样化深入发展，全球治理体系和国际秩序变革加速推进，各国相互联系和依存日益加深，国际力量对比更趋平衡，和平发展大势不可逆转。但国际金融危机以来，保护主义、单边主义持续蔓延，贸易和投资争端加剧，全球产业格局和金融稳定受到冲击，世界经济运行风险和不确定性显著上升，国际投资者信心明显不足。面对这样的世界形势，我们有责任为世界经济和全球治理把准航向，进一步开放市场，主动扩大进口，持续改善营商环境，全面实施平等待遇，大力推动经贸谈判，以更大的开放拥抱发展机遇，以更好的合作谋求互利共赢，主动参与和

---

① 《中华人民共和国宪法》，中国民主法治出版社2018年版，第6页。

推动经济全球化进程,发展更高层次的开放型经济,引导经济全球化朝正确方向发展,为市场增强信心,给世界人民带来希望。要进一步推动共建"一带一路"倡议的落实,释放增长动力,实现市场对接,让更多国家和地区融入经济全球化,共同走出一条互利共赢的康庄大道。要弘扬伙伴精神,本着相互尊重、相互信任态度,平等协商、求同存异、管控分歧、扩大共识推动世界和平与发展。要坚定信心走好自己的路、办好自己的事,同世界各国和平共处、合作共赢,共建人类命运共同体,为创造世界经济更加美好的明天不懈努力。①

在前进的道路上,我们还有艰难险阻。但无论形势如何发展变化,中国都坚持做好自己的事情,通过改革开放发展壮大自己。让我们发挥中国特色社会主义的优势,在中国共产党领导下全中国人民凝聚在一起,砥砺前行,朝着党的十九大确定的目标奋力前进!

任何力量也阻挡不了我们前进的步伐,中华民族建成社会主义现代化强国,实现民族伟大复兴的目标一定要实现,一定能够实现!

---

① 习近平:《携手共进,合力打造高质量世界经济——在二十国集团领导人峰会上关于世界经济形势和贸易问题的发言》,载于《人民日报》2019年6月29日。

主要参考文献

[1] 白永秀、任保平:《新中国经济学60年(1949~2009)》,高等教育出版社2009年版。

[2] 本书编写组:《国有企业若干问题研究》,中国经济出版社2017年版。

[3] Yao, Shujie, Economic grouth, income incquality and poverty in China under economic reforms [J]. Journal of Development Stadies, 1999, 35 (6): 104-130.

[4] 陈宗胜、陈根来:《引领全球的声音:2008天津夏季沃斯论坛参考报告》,天津人民出版社2009年版。

[5] 陈宗胜、吴浙、谢思全:《中国经济体制市场化进程研究》,上海人民出版社1999年版。

[6] 陈宗胜、周云波:《再论改革与发展中的收入分配》,经济科学出版社2002年版。

[7] 洪银兴:《非劳动生产要素参与收入分配的理论辨析》,载于《经济学家》2015年第4期。

[8] 李实、魏众、古斯塔夫森:《中国城镇居民的财产分配》,载于《经济研究》2000年第3期。

[9] 李实、赵人伟:《中国居民收入分配再研究》,载于《经济研究》1999年第4期。

[10] 李实:《中国收入分配格局的变化与政策》,载于《北京工商大学学报(社会科学版)》2015年第4期。

[11] 恽希良:《也谈谈对"按劳分配"的看法》,载于《学习》1957年第6期。

[12] 仲津:《对"按劳分配"的一些看法》,载于《学习》1957年第2期。

[13] 仲津:《再来谈谈"按劳分配"问题》,载于《学习》1957年第6期。

[14] 常修泽:《所有制改革与创新》,广东经济出版社2018年版。

[15] 陈东琪:《中国经济学史纲:1900~2000》,中国青年出版社2004年版。

[16] 陈锡文、赵阳、陈建波、罗丹:《中国农村制度变迁60年》,人民出版社2009年版。

[17] 陈宗胜、高玉伟：《论我国居民收入分配格局变动及橄榄形格局的实现条件》，载于《经济学家》2015年第1期。

[18] 陈宗胜：《关于收入差别倒U曲线及两极分化研究中的几个方法问题》，载于《中国社会科学》2002年第5期。

[19] 陈宗胜：《经济发展中的收入分配》，上海人民出版社和上海三联书店1991年版。

[20] 陈宗胜：《经济发展中的收入分配》，上海人民出版社和上海三联书店1994年版。

[21] 陈宗胜、黎德福：《内生农业技术进步的二元经济增长模型——对"东亚奇迹"和中国经济的再解释》，载于《经济研究》2004年第11期。

[22] 陈宗胜、周云波：《城镇居民收入差别及制约其变动的某些因素——就天津市城镇居民家户特征的影响进行的一些讨论》，载于《经济学（季刊）》2002年第1卷第3期。

[23] 陈宗胜、周云波：《再论改革与发展中的收入分配》，经济科学出版社2002年版。

[24] 邓小平：《邓小平文选》第3卷，人民出版社1993年版。

[25] 丁任重、陈志舟、顾文军：《倒U假说：与我国转型期收入差距》，载于《经济学家》2004年第1期。

[26] 龚关：《中华人民共和国经济史》，经济管理出版社2010年版。

[27] 龚志民、伏帅、吴雄：《实现中国经济增长动力转换的关键是收入分配制度改革》，载于《湘潭大学学报（哲学社会科学版）》2018年第4期。

[28] 谷书堂：《社会主义经济学通论》第三版，高等教育出版社2006年版。

[29] 顾海良：《中国特色社会主义政治经济学史纲》，高等教育出版社2019年版。

[30] 国家发展改革委经济体制综合改革司，国家发展改革委经济体制与管理研究所：《改革开放三十年：从历史走向未来》，人民出版社2008年版。

[31] 洪银兴：《经济学与经济理论创新》，江苏人民出版社2005年版。

[32] 胡锦涛：《胡锦涛文选》第2卷、第3卷，人民出版社2016年版。

[33] 江泽民：《江泽民文选》第2卷、第3卷，人民出版社2006年版。

[34] 蒋学模：《论按劳取酬规律与工农收入的对比关系》，载于《新建设》1957年第7期。

[35] 蒋学模：《谈谈按劳分配中的劳动问题》，载于《经济研究》1964年第8期。

[36] 蒋学模：《怎样认识按劳分配同资产阶级法权的关系》，载于《文汇报》1961年8月10日。

[37] 李清彬：《建设体现效率、促进公平的收入分配体系》，载于《宏观经济管理》2019年第5期。

[38] 李善同、侯永志：《中国城市化状况与政策取向》，载于《经济研究参考》2003年第2期。

[39] 李实：《中国经济发展中的收入分配》，载中国留美经济学会和中国经济论坛编委会《效率、公平和深化改革研究》，北京大学出版社1993年版。

[40] 李实：《中国农村劳动力流动与收入增长和分配》，载于《中国社会科学》1999年第2期。

[41] 李勇辉、修泽睿：《我国城镇住房制度改革对收入分配影响分析》，载于《当代经济研究》2005年第5期。

[42]《列宁专题文集（论社会主义）》，人民出版社2009年版。

[43] 林毅夫、蔡昉、李周：《中国的奇迹：发展战略与经济改革》上海三联出版社1999年版。

[44] 刘仲藜：《奠基——新中国经济60年》，中国财政经济出版社2009年版。

[45] 柳欣、秦海英：《新中国经济学60年》，中国财政经济出版社2010年版。

[46] 马健行：《20世纪社会主义经济思想史》，中共中央党校出版社2003年版。

[47] 马克思：《马克思恩格斯文集》第2卷、第5卷，人民出版社2009年版。

[48] 毛泽东：《毛泽东文集》第6卷、第7卷、第8卷，人民出版社1999年版。

[49] 毛泽东：《毛泽东选集》第4卷，人民出版社1991年版。

[50] 逄锦聚、洪银兴、林岗、刘伟：《政治经济学》（第六版），高等教育出版社2018年版。

[51] 商德文：《马克思主义经济思想》，北京大学出版社1992年版。

[52]《苏联社会主义经济问题》，引自《斯大林选集》（上下），人民出版社1975年版。

[53] 孙健：《中华人民共和国经济史》，中国人民大学出版社1996年版。

[54] 谈敏：《新中国经济思想史纲要（1949～1989）》，上海财经大学出版

社1997年版。

[55] 唐丽霞、罗江月、李小云：《精准扶贫机制实施的政策和实践困境》，载于《贵州社会科学》2013年第5期。

[56] 陶然、刘明兴、章奇：《农民负担、政府管制与财政体制改革》，载于《经济研究》2003年第4期。

[57] 汪海波：《中国经济发展30年（1978~2008）》，中国社会科学出版社2008年版。

[58] 汪三贵：《论中国的精准扶贫》，载于《贵州社会科学》2015年第5期。

[59] 汪三贵、曾小溪：《后2020贫困问题初探》，载于《河海大学学报（哲学社会科学报）》2018年第4期。

[60] 王小鲁、樊纲：《中国收入差距的走势和影响因素分析》，载于《经济研究》2005年第10期。

[61] 卫兴华：《近年来关于效率与公平关系的不同解读和观点评析》，载于《教学与研究》2013年第7期。

[62] 卫兴华：《理性理解关于公平与效率关系提法的演变》，引自卫兴华、张宇主编：《公平与效率的新选择》，经济科学出版社2008年版。

[63] 卫兴华：《中国特色社会主义经济理论体系研究》，中国财政经济出版社2015年版。

[64] 吴宣恭：《实现公平与效率相互促进》，引自卫兴华、张宇主编：《公平与效率的新选择》，经济科学出版社2008年版。

[65] 武力：《中华人民共和国经济史1949~1999》，中国经济出版社1999年版。

[66] 习近平：《决胜全面建成小康社会 夺取新时代中国特色社会主义伟大胜利——在中国共产党第十九次全国代表大会上的报告》，人民出版社2017年版。

[67] 习近平：《习近平谈治国理政》第2卷，外文出版社2017年版。

[68] 习近平：《习近平谈治国理政》，外文出版社2014年版。

[69] 习近平：《在纪念毛泽东同志诞辰120周年座谈会上的讲话》，人民出版社2013年版。

[70] 习近平：《在庆祝改革开放40周年大会上的讲话》，人民出版社2018年版。

[71] 徐丹丹：《对新世纪公平与效率关系争论的综述》，引自卫兴华、张宇主编：《公平与效率的新选择》，经济科学出版社2008年版。

[72] 杨俊、李晓羽、张宗益：《中国金融发展与居民收入分配的实证分

析》，载于《经济学家》2015 年第 2 期。

［73］于光远主编：《论中国经济 50 年》，江苏人民出版社 1999 年版。

［74］张平：《中国农民居区域间收入不平等与非农就业》，载于《经济研究》1998 年第 8 期。

［75］张宇、卢荻：《当代中国经济》，中国人民大学出版社 2010 年版。

［76］张在桥：《破除资产阶级法权思想》，载于《解放》1958 年第 9 期。

［77］张卓元：《中国经济学 60 年（1949～2009）》，中国社会科学出版社 2009 年版。

［78］赵人伟、李实、卡尔·李思勤：《中国居民收入分配再研究》，中国财政经济出版社 1999 年版。

［79］赵晓雷：《新中国经济理论史》，上海财经大学出版社 1999 年版。

［80］郑海航主编：《中国企业理论 50 年》，经济科学出版社 1999 年版。

［81］中共中央文献研究室编：《十六大以来重要文献选编》，中央文献出版社 2005 年版。

［82］中共中央文献研究室：《建国以来重要文献选编》第七册，中央文献出版社 1993 年版。

［83］中共中央文献研究室：《十八大以来重要文献选编》（上中下），中央文献出版社 2014 年、2016 年、2018 年版。

［84］中共中央文献研究室：《十一届三中全会以来党的历次全国代表大会中央全会重要文件选编》，中央文献出版社 1997 年版。

［85］中共中央文献研究室：《习近平关于社会主义经济建设论述摘编》，中央文献出版社 2017 年版。

［86］中共中央宣传部：《习近平总书记系列重要讲话读本》，人民出版社 2016 年版。

［87］《中国共产党中央委员会关于建国以来党的若干历史问题的决议》，人民出版社 2009 年版。

［88］中央档案馆、中共中央文献研究室：《中共中央文件选集》（第 1 集），中共中央党校出版社 1982 年版。

［89］周东涛：《中国道路与中国模式（1949～2009）》，社会科学文献出版社 2009 年版。

［90］周云波、覃晏：《中国居民收入分配差距实证分析》，南开大学出版社 2008 年版。

［91］周云波：《我国农村二元经济转换及其对居民收入差别的影响》，载于

《经济学家》2004 年第 1 期。

[92] 朱舜、赵峰:《社会主义经济理论创新与中国经济发展》,西南财经大学出版社 2005 年版。

[93] 邹文广:《不妨"公平优先、兼顾效率"》,载于《人民论坛》2013 年 5 月 5 日。

[94] Athar Hassain, Peter Lanjouw and Nicholas stern (1994): "Income Inequalities in China: Evidence from House hold Survery Data", world Development, Vol. 22, No. 12, pp. 1947 – 1957.

[95] Khan Azizur, Keith Griffin, Carl Riskin and Zhao Renwei (1992): "Household Income and its Distribution in Chian", China Quarterly, No. 132, pp. 1029 – 1061.

[96] Yao, Shyie. Economic growth、income inequality and poverty in China under economic reforms [J]. Journal of Development Studies, 1999, 35 (6): 104 – 130.